흥망으로 본 세계의 역사

흥망으로 본 세계의 역사

박인호 · 김건우 · 김필영
손재현 · 최윤정 · 최현미

머리말

이 책은 대학 교양과정 정도의 학생들에게 세계 역사의 전개과정을 쉽게 이해시키려는 의도에서 기획한 책이다. 학생들이 세계 역사의 변화에 작용하는 흥망의 원리를 이해하여 역사에서 교훈을 얻을 수 있도록 구성하였다.

우리는 흔히 역사는 사실에 입각하여 서술되고 객관적 사실만을 드러내며 주관적인 생각은 집어넣지 않아야 한다고 말한다. 그러나 역사는 사실에 입각하되 역사가가 역사를 바라보는 관점에 따라 매우 다르게 해석될 수 있다. 역사를 불편부당하게 쓴다는 것은 역사가의 책임을 회피하는 것이다. 왜냐하면 역사를 바라본다는 행위에서는 중립이라는 것이 없다. 자신의 관점에 따라 역사를 볼 수밖에 없으며 그것이 바로 역사관이다.

일반 사람들이 역사가들에게 요구하는 것은 신문이나 방송에서 말하는 단순한 사실의 나열이 아니라 사실 뒤에 내재하고 있는 점을 들추어내어 그것이 가지는 의미까지 밝혀 주기를 원한다. 그러나 우리 역사가들은 과거 식민정권과 독재정권을 거치면서 자신의 속에 있는 생각을 말하기보다는 중립을 가장하여 논란에서 도망치다시피 하였다. 그러한 생각은 민주정권이 들어선 현재에 이르러서도 중립이라는 이름 속에 역사가들은 역사의 진행에 대한 자신의 생각을 드러내기를 꺼려하고 있다.

그러나 역사 속에서 잘한 점과 잘못한 점을 살피고 역사적 교훈을 드러내는 것은 역사가가 버려서는 안 되는 기본적인 책무라고 생각하며, 역사에서 교훈을 얻지 못한다면 역사의 존재가치는 없다고 생각한다. 이 책은 과거

세계 역사의 홍망을 통해 역사적 교훈을 얻고자 하는 직접적인 목적 아래 기술되었다. 필자들은 역사에서 교훈을 얻고 앞으로 우리 행동의 방향지시 등 구실을 하도록 하는 것이 역사학이 해야 할 가장 기본적인 역할이라는 생각을 가지고 있다.

이 책은 이러한 구상 위에 집필되었다. 비록 성긴 내용이 있을지라도 필자들이 보는 역사에 대한 진지한 입장은 어느 정도 담겨 있다고 생각한다. 이 책을 읽는 청년학도들이 우리가 앞으로 나아가야 할 역사적 방향에 대해 올바른 판단을 할 수 있는 현명한 지혜를 이 책을 통해 얻을 수 있었으면 한다.

2011년 12월 10일

집필자를 대표하여 박인호 씀

차례

지도차례

범례

1. 각장의 담당자는 다음과 같다.
   박인호 · 국가의 흥망성쇠, 세계 강대국으로 가는 길
   김건우 · 마케도니아, 독일
   김필영 · 스파르타, 칼리프, 오스만, 에스파냐, 네덜란드
   손재현 · 진, 무굴, 일본, 중국
   최윤정 · 페르시아, 당, 몽골, 티무르
   최현미 · 이집트, 로마, 프랑스, 영국, 미국
2. 원고는 한글로 쓰고 원어는 ( ) 안에 병기하였다.
3. 인명의 경우 생존연대를 ( ) 안에 써 넣었으며, 본문과 다른 언어를 병기한 경우 ( ) 속에 묶었다. 한글(원이름, 출생연도-사망연도)의 방식으로 써 넣었다.
4. 연대 표시는 서기 연도를 앞세우고 왕조별 연대는 ( ) 속에 첨부하였다.
5. 각 장의 집필 순서는 초기 국가의 양상, 전성기 양상(정치, 경제, 사회, 문화)을 서술하고 이어 흥망성쇠의 원인과 이에 따른 역사적 교훈으로 구성하였다.
6. 책은 『 』, 논문은 「 」, 간행물은 〈 〉로 표기하였다.
7. 인용문은 " "로, 강조문은 ' '으로 표기하였다.
8. 찾아보기는 인명, 서명, 지명 등의 고유명사 중 뽑았다.

국가의 흥망성쇠

머리말

어떠한 국가라도 끝없이 번영할 수는 없다. 한없이 번영을 누릴 것으로 보여도 어느 순간 나락으로 떨어지는 경우를 우리는 많이 보았다. 최근 국가의 동향을 보면 격변하는 현실에서 이전에는 가난의 대명사였던 중국, 인도, 브라질 등의 나라가 점차 새로 강국으로 등장하고 있는 반면에 과거 강국이라고 말하였던 나라 중에는 재정위기를 겪으면서 차츰 역사의 뒤안길로 사라져 가고 있다.

그런데 국가가 흥할 때의 사회 분위기와 망할 때의 사회 분위기는 달랐다. 흥할 때는 사회의 지성인들이 대접을 받고 상하 계층 사람들이 서로 협력하면서 어려운 상황을 잘 극복하였다. 그러나 망할 때는 상하의 계층들이 서로 미워하며 분열했다.

그러면 국가의 흥망성쇠를 가져오는 원리는 무엇인가. 오래전 투키디데스는 민주주의가 아테네 몰락의 원인이라고 말하였고, 에드워드 기번은 기독교의 국교화가 로마 쇠퇴의 원인이라고 말하였다. 이러한 일면적 분석이 오늘날에도 적용될 수 있는 것인가. 국가의 흥망에 대한 관심은 과거뿐만 아니라 오늘날에도 여전하다. 오늘날 많은 학자들이 작은 나라들이 어떻게 성장하여 강대국이 되고 어떻게 몰락하였는가 또한 강대국이 탄생하는 원리는 어디에 있는가에 많은 관심을 기울여왔다. 과거 여러 나라들의 흥망을 통해 국가의 흥망성쇠를 가져오는 여러 요인을 살펴보고자 한다.

흥륭의 모습

국가가 흥륭(興隆)하였던 나라들을 살펴보면 내부적으로는 사회의 지도층이 자신들의 도덕적 의무를 다할 뿐만 아니라 재산조차도 기꺼이 나눈다. 솔선수범하는 지도층들은 그 사회에서 존경과 외경의 대상이다. 일정한 세율(稅率)과 공정한 조세는 특정 집단이 아니라 국가에 소속된 모든 이들의 이로움을 위해 사용된다. 이에 따라 내부적인 결속력이 높고 서로 협력하려는 생각으로 충만해 있다.

질서와 법의 확립도 일정하게 국가의 발전을 이끌고 있다. 법을 통해 나라의 골격을 갖추고 이를 통해 법이 지배하는 강력한 국가를 발전시키고 있다. 씨족적 전통이 강하거나 부족의 형태를 유지하고 있는 나라들이 국가와 제국의 형태로 발전하는데 있어서는 법의 존재가 중요하였다. 비록 현재의 완벽한 법적 평등에는 이르지 못하였지만 이때의 법은 적어도 동일한 집단 내에 공정성이 주어져서 같은 집단 내에서는 경쟁의 기저가 되었다.

누구나 열심히 노력하여 일하고, 일을 한 만큼의 소득이 주어져서 현재의 삶에 만족을 한다. 현재적 삶에 대한 만족도가 높고 미래에 대한 전망이 밝으므로 다음 세대를 출산하려는 욕구가 강하다. 이로 말미암아 인구가 크게 늘어난다. 노동력을 제공할 수 있는 젊은 인구가 줄거나 없어지면 부양해야 할 인구만 늘어나게 되고, 이는 세대 간 부담으로 연결되기 때문에 국가가 발전하려면 어느 정도의 지속적인 인구 증가가 필요하다.

하나의 국가가 유지하고 발전하기 위해서는 외부적으로 다른 국가나 민족과 교류하고 협력하며 다른 지역으로부터 자신의 문명을 유지하는 데 필요한 자원을 지속적으로 공급받아야 한다. 과거에는 전쟁으로 이러한 자원을 얻을 수 있었으나 오늘날에는 교류와 협력을 통해 이를 얻을 수 있다. 과거 역사에서 흥륭했던 나라들은 다른 문화나 관습을 적극적으로 수용하여 발전시키고 있으며, 인재 등용에서도 융통성을 보여 타국 출신이라도 능력에 따라 적극적으로 등용하고 있다.

쇠망의 모습

쇠망하는 나라들의 전형적인 특징은 빈곤과 사회적 불안, 부정부패로 인한 민심의 유리, 군사적인 갈등과 전쟁, 지역 상호간 갈등, 전염병과 역병의 유행 등으로 나타난다. 이리하여 사람들은 서로를 믿지 못하고 속이게 된다. 남을 위하는 마음은 조금도 없이 오직 자신만이 살아남는 것을 최고의 가치로 여긴다.

이 책에서도 보이듯이 과거 역사에서 제국이 몰락한 원인들을 살펴보면 사치와 향락, 지배층의 분열과 지도력 약화, 인플레이션과 경제 붕괴, 부패와 분배 실패, 군사력 붕괴, 갈등과 불관용, 개혁 실패 등의 요인들이 국가의 흥망에 크게 영향을 미치고 있음을 살필 수 있다.

사실 제국의 몰락 원인에 대해서는 매우 다양한 요소들이 이미 지적되었다. 상류층이 확대되고 이들의 탐욕과 부패가 늘어나면서 전반적인 소득 감소가 나타난다. 개인적으로는 생활수준 하락에 따른 불만이 팽배하고, 국가적으로는 지출 확대와 세수 감소로 재정 고갈을 가져온다. 이에 따라 지도층이나 서민 모두의 불만이 폭발하고, 이것이 기근, 전쟁, 전염병 등의 외부적인 위기와 결합하여 국가적인 위기상황으로 나타난다. 또한 법은 공정성을 상실하고 자의적으로 적용되는 모습을 보이게 된다. 이에 따라 신뢰를 상실한 국가는 민심 이반으로 정권이 교체된다. 여기에 가혹한 엄형주의와 착취적 수탈은 민심의 이반을 재촉할 뿐이다.

이러한 몰락의 사이클은 현대 사회에서도 마찬가지로 적용될 수 있다. 현대 사회에서도 여전히 빈부격차와 부패, 빈곤과 사회불안, 세대 간 갈등이 각 나라의 쇠퇴를 가져올 중요한 변수로 여겨진다. 여기에 실업, 환경 오염, 금융 질서 붕괴, 자원 부족 등 새로운 변수가 등장하고 있다.

역사적 교훈

앞에서 국가의 흥망에는 매우 다양한 요인들이 존재함을 살펴보았다. 현대 학자들이 나름대로 흥망에 대해 의견을 제시하면서 특정한 이념이나 원인을 흥망 요인으로 제시하는 경우도 있으나 과거 역사를 통해 보면 한 국가의 흥망에는 매우 다양한 역사적 과정과 변수들이 존재함을 볼 수 있다.

역사학은 과거 역사에 살펴서 현재를 올바르게 인식하고 미래에 대한 새로운 방향성을 가지도록 하는 학문이다. 그리고 미래에 대한 방향 설정은 과거 삶에 대한 반성에서 출발한다. 흔히 말하는 올바른 역사의식을 가진 인간상을 구축한다는 것은 이와 같이 과거에 부족하였던 점을 거울삼아 미래의 삶을 개척할 수 있는 문제의식을 가지도록 하는 것이다. 그리하여 "과거로 거울을 삼으면 흥망을 알 수 있으며, 사람으로 거울을 삼으면 득실을 알 수 있다"고 하였다.

국가도 마찬가지일 것이다. 한 국가의 성장과 소멸과정을 보면서 역사적 교훈을 얻을 수 있어야 국가가 발전할 수 있을 것이다. 과거의 역사를 구체적으로 살펴서 국가를 흥망으로 이끄는 여러 요인들을 살펴 역사 속에서 우리나라 발전의 지혜를 구할 수 있기를 기대한다.

우리 다음 세대는 지금과는 다른, 더 나은 사회 속에서 살게 되기를 바란다. 앞으로 우리나라는 모든 사람이 자신이 있어야 할 자리를 잘 찾아 자신의 능력을 최대한 발휘할 수 있는 사회가 되기를 희망한다. 이러한 국가가 되기 위해서는 과거 역사의 흥망에서 역사적 교훈을 얻을 수 있어야 한다.

우리가 이러한 역사책을 기술한 것도 미숙하나마 과거의 역사에 대하여 기술하고, 또한 흥망의 원인을 살피는 과정에서 발견한 쇠망의 문제점들을 밝혀 국가 발전의 올바른 방향성을 보여주려는 데에 있다. 이것은 또한 역사학이 단순히 과거를 회고하거나 현재를 미화하는 이데올로기가 아닌 미래의 방향을 제시하는 학문이라는 것을 확인하는 작업이기도 하다.

나일 강을 따라 꽃 핀 파라오의 제국

이집트

머리말

5,000년 전 나일 강에서 피어난 찬란하고 거대한 이집트 문명은 메소포타미아 문명과 더불어 인류의 문명 중 가장 오래된 문명이다. 파라오의 절대 권력을 상징하는 '한 사람만을 위한 거대한 무덤 피라미드', 죽지 않고 영원히 살도록 보존된 몸 미라, 무덤을 지키는 저승의 신 오시리스와 스핑크스, 수많은 피라미드와 투탕카멘의 황금 미라 관이 발굴된 '왕들의 계곡', 그리고 황금을 찾아 들어간 피라미드 도굴꾼들의 저주받은 죽음 등 1799년 나폴레옹(Napoleon Bonaparte, 1769-1821)의 로제타 석 발견과 연구로 시작된 이집트 문명은 19세기 고고학적 발굴로 본격적으로 세상에 드러나면서 후세인들에게 지치지 않는 호기심을 불러일으켰다.

이집트의 역사는 고대 이집트시대(B.C. 3000-B.C. 525/341), 그리스-로마의 식민지시대(B.C. 332-A.D. 641), 이슬람시대(641-1798)와 현대 이집트(1798-현재)로 구분된다. 그리하여 5000년 이집트 역사 중 전반기 2,500년간은 이집트의 절대 권력자들인 파라오가 통치했던 제국의 시기였던 반면 B.C. 545년 페르시아의 통치 이후 후반기 2,500년간은 마케도니아의 알렉산더 대제(Alexander the Great, B.C. 356–B.C. 323), 로마제국의 카이사르(Gaius Julius Caesar, B.C 100–B.C. 44), 이슬람 민족 등이 통치했던 이민족 지배의 시기였다.

고대 이집트제국시대는 다시 초기왕조시대(1–2왕조, B.C. 3000–2640) – 고왕국시대(3–6왕조, B.C. 2640–2160) – 중왕국시대(11–14왕조, B.C. 1994–1650) – 신왕국시대(18–20왕조, B.C. 1550–1075) – 말기왕조시대(26–30왕조, B.C. 664–332)로 구분되며 30개 파라오 왕조를 거쳐 막을 내렸다(이민족 지배: 31왕조–페르시아 지배기/32왕조–마케도니아 프톨레마이오스 왕조 지배기). 고왕국과 중왕국 사이에 제1 중간기(7–10왕조, B.C. 2160–1994), 중왕국과 신왕국 사이에 제2 중간기(15–17왕조, B.C. 1650–1550), 그리고 신왕국과 말기왕국 사이에 제3 중간기(21–25왕조, B.C. 1075–664)가 끼여 있는데, 이 중간기는 혼란기에 해당된다.

정리하면, 고대 이집트는 고 왕국시대부터 제1 중간기까지가 제국의 여명기에 해당되며, 중 왕국시대부터 제2 중간기까지가 성장기이고, 신왕국시기는 제국의 전성기 그리고 제3 중간기부터는 제국의 쇠퇴기로 구분된다.

이집트제국 초기 정국

이집트 국가는 어떻게 시작되었을까? 기원전 3200년경 이집트 남부에서 햄 족(Ham)이라 불리는 사람들이 나일 강 유역에 정착하였다. 강변에서의 생활이 안정되고 인구가 점차 불어나자 씨족 중심의 촌락이 생겨났다. 초기에 이집트는 나일 강 남북의 상·하 두 왕국으로 이루어져 있었다. 그런데 상 왕국을 다스리던 메네스(Menes) 왕이 하 왕국을 점령한 뒤 나일 강 하류의 멤피스까지 약 1000km에 이르는 통일왕국 이집트를 건국하였으며 이후 2,000년 동안 지속되었다.

이집트를 통일한 메네스 왕은 상·하 이집트의 국경이자 전략적 요충지였던 멤피스를 최초의 수도로 삼았고 멤피스를 수도로 이집트는 이후 900년 동안 번영을 누리었다. 후에 수도가 남쪽의 테베(Thebe–현재의 룩소르) 혹은 북부의 알렉산드리아로 옮겨지기도 했으나 이집트 도시들은 항상 나일 강 유역에서 흥망성쇠를 거듭했다.

나일 강은 제국 번영의 젖줄이었다. 매년 6월말부터 나일 강 상류에서 내리는 엄청난 비 때문에 범람한 나일 강물은 주변의 모든 지대를 삼켜버렸지만 상류에서 쓸려온 유기질이 풍부한 검붉은 흙이 하류에 퇴적되어 농사짓기에 적합한 토양이 마련되었다. 그리하여 나일 강 유역은 이집트 왕조의 곡식창고로서 풍요를 보장해주었으므로 나일 강 범람은 그들에게 신이 내린 축복이었다.

더구나 메네스 왕은 통일이후 멀리 떨어진 지역들을 연결하고 불모지 개간에 필요한 용수를 공급하기 위해 항구와 운하를 건설하였는데, 나일 강 운하를 통해 식량과 석재와 필요물품을 쉽게 운반할 수 있었다. 나일 강은 이집트의 주요 교통로이자 수송로 역할을 하였다.

초기 통일 정국에서 무엇보다 중요했던 것은 왕권 강화 작업이었다. 절대권력을 보유하였던 이집트 왕 파라오의 명칭은 어디에서 비롯되었을까? 초대 왕 메네스 왕 때, 메네스는 파라오(Pharaoh)라 불리었다. 당시 메네스의 아들이 멤피스에 궁전을 세우면서 '위대한 거처 혹은 큰 집'의 뜻인 '페르-아'라는 이름을 붙였는데 파라오는 이 '페르-아'에서 비롯되었다. 즉 파라오라는 명칭은 원래 '위대한 거처 혹은 큰집'이라는 의미였다가 점차 '그 곳에 거처하는 왕'을 의미하게 된 것이다. 파라오의 이름은 '궁전을 상징하며 왕권의 보호자인 매의 신 호루스'를 새긴 네모 기둥에 새겨져 있었다.

파라오는 어떤 권한을 지녔고 또 어떻게 권한이 강화되어 갔을까? 파라오의 권한이 강화되는 과정에 작용한 요소는 종교이다. 파라오는 하늘에서 땅을 지배하는 신들의 후손으로 간주되었고, 그러한 파라오는 지상의 신의 자격으로 이집트를 보호하는 존재였으므로 파라오의 권한은 막강하다는 인식이 당연시되었다. 파라오는 태양신 라(Ra)에 의해 점지된다. 따라서 왕은 행정책임자인 동시에 사제역할을 수행해야 했으며 관리들은 모든 관계에서

최초의 계단식 피라미드▶

왕을 존중해야 했다.

행정책임자이자 사제였던 파라오의 종교적 의무는 신전 건축을 지휘하고 제사 예식을 거행하는 것이었다. 게다가 파라오는 단순한 정치적 지도자가 아니라 신격과 인격이 결합된 존재로서 신성한 이집트 사회를 움직여 나간 주동력이었다. 이러한 종교적·정치적 배경 속에서 제3 왕조가 들어서면서 이집트는 국가의 틀과 제도가 재정비되었고, 고 왕국 시대 초기부터 중앙정권이 크게 안정되어 어떤 지방 세력도 파라오의 권위에 대항하지 못하고 절대복종하게 되었다.

파라오의 권위가 높아지면서 이전과는 완전히 다른 대규모의 석재 피라미드 즉 전왕들의 묘에 비해 무려 60배에 달하는 새 묘역이 조성되었다. 피라미드 식 무덤은 죠세르 왕 때 시작되었는데 파라오 죠세르의 신하이자 재상이며 건축가였던 임호텝이 최초의 계단식 피라미드를 건립하였다. 그는 진흙벽돌로 건축하던 방식을 버리고 석회암의 석재를 이용해 묘와 신전을 지었으며 묘식 건축에는 멀리 아스완에서 배로 실어온 분홍색의 화강암을 사용했다고 한다. 파라오 죠세르 이후 뒤를 이은 파라오들은 계속해서 거대한 피라미드를 건설했으므로 이 시기를 피라미드 시대라 칭한다. 피라미드(Pyramid)라는 말은 그리스어로 삼각형 모양의 과자를 의미하는 '피라미스'에서 유래되었다고 하는데 아랍어로는 아흐람(el-Ahram)이라고 부른다. 피라미드 무덤은 죽은 자의 집으로서 내부에 완벽한 생활공간들을 갖추고 있다.

쿠푸(B.C. 2589-2566) 왕은 현재 카이로 교외에 있는 기자에 대 피라미드를 세운 주인공으로서 오늘날 인류문화유산의 최대 불가사의로 꼽히는 피라미드를 건축하였다. 그것은 폭 233m, 면적 12.5에이커, 높이 144m, 총 201층의 바위벽돌로 쌓아 만든 것으로서 총 2백60만 개의 돌이 소요되었고 그 무게는 7백만 톤에 이른다. 쿠푸 왕의 뒤를 이은 제4 왕조의 제드흐라, 카프라, 멘카우레, 세프세 스카프 왕들도 연이어 피라미드를 건설하였다. 피라미드 건설은 이집트 왕, 파라오가 전력을 기울인 대사업이었다. 피라미드를 건설하는데 어떤 사람들이 동원되었던 것일까? 그리스 역사가 헤로도투스(Herodotus Halicarnasos, B.C. 480-420)는 10만 명의 노예들이 40년의 세월 동안 건설하였다고 언급하였으나, 현대 고고학자들은 피라미드 건설에 동원된 인원은 약 4천 명으로서 이들의 신분은 노예가 아니었으며 공공사업에 징발된 자유인으로 추정하고 있다.

파라오의 절대 권력을 인정했던 이집트인들의 입장에서 파라오 존재는 외적으로부터 그들을 보호하고 이끌어줄 지도자였다. 사막으로 둘러싸인 이집트 환경 때문에 많은 물품들을 외국에서 수입해야 했으므로 안전한 교역을 위해서 대상과 상선들이 군대의 보호를 받아야 했다. 이집트인들은 국가통치와 신 숭배에 대한 파라오의 역할을 인정했으므로 파라오는 절대 권력을 보유할 수 있었다. 이집트 전역은 파라오의 토지였고 이집트 모든 농민은 파라오의 백성이었다. 그리하여 이집트인들은 파라오가 동원하는 대규모 공공사업의 노동이 고되었지만 파라오를 위한 충성심으로 기꺼이 노역에 참여하였을 것으로 보인다. 현재 이집트에 남아있는 피라미드 수는 약 80개 정도이다(100개까지 추정되기도 한다).

이집트는 중앙집권적인 국가를 유지하기 위해 관료계급이 필요했으며 그 중에서도 서기의 역할이 아주 중요했다. 서기는 사람들의 재산을 파악해 세금을 책정하고 거두는 일을 하였으며 고도로 전문화된 직업으로서 사회에서 존경받았다. 그리하여 당시 관청이나 신전에는 서기를 양성하는 학교가 많이 세워졌으며, 귀족의 자제들이 입학을 신청하여 상형문자 읽고 쓰기를 배웠다. 태양신 라(Ra)를 섬기는 사제들은 지식인 계층으로 구성되어 여러 역할을 담당했다. 그들은 신이 있는 하늘에 대한 연구를 했으므로 천체의 움직임, 별이 뜨고 지는 시각과 시차, 기하학 등의 학문을 발전시켰고 지식인으로서의 사제들의 힘은 이집트 학문 및 기술 발달에 크게 영향을 끼쳤다.

한편 이집트 경제는 사원을 중심으로 한 분배 구조에 따라 운영되었다. 각 지방의 생산품은 모두 주요 사원에 바쳐졌다. 사제들은 물자의 목록을 작성하고 창고에 보관한 다음 필요할 때 주민들에게 분배했다. 그들은 주민들에게 식량과 물자를 공평하고 신중하게 분배하는 대가로 사원의 모든 경제활동은 면세 대상이었다. 사유재산은 규모가 작은 농장이나 장인이 소유한 가게와 같은 형태로 존재했으며 서기들은 그들의 재산을 철저히 파악하여 세금을 부과했다. 이집트인들은 모든 물건에 나름의 가치를 매겨 물물교환 형식으로 거래를 했다.

고왕국 제5 왕조에 들어서면서 초기 중앙집권 과정에서 등용했던 고급관리와 지방호족들이 점차 자신의 토지와 사유재산을 운용하는 경향이 대두하였던 반면, 파라오의 계속된 피라미드 건설로 막대한 재정과 인원을 소모하자 제6 왕조에 들어서 중앙정부는 극도의 재정난에 허덕이게 되었다. 그 결과 파라오의 지위는 불안해졌고, 급기야 생명까지 위협을 받게 되었다. 고왕국 말기 페피 2세(B.C. 2246-2152)가 실시한 지방 분권화 정책으로 파라오의 권력은 점차 약화되었다. 노마르크의 충성심을 얻기 위해 페피 2세는 그들에게 너무 많은 특권을 부여해 주었는데, 정부 대리인으로 활동하던 관리들이 점차 지방의 호적으로서 세력을 강화하면서 제7 왕조에서 제11 왕조 동안 중앙정부의 권위와 파라오의 지위를 위협했다.

혼란기인 제1 중간기에는 이집트 동쪽 유목민들이 목초지를 찾아 나일강 삼각주 지역을 침입하는 등 외부세력의 침입이 잦았으며 그로 인해 이주하던 지방호족들은 아무도 모르는 곳에 무덤을 마련하면서 장례의식도 크게 축소되었다. 정치·사회적으로 혼란스럽고 무질서했지만 파라오들은 여전히 대규모 토목사업을 감행함으로써 재정을 더욱 악화시켰다.

제1 중간기를 극복한 중왕국 제12 왕조는 고대이집트의 성장기에 해당하는데 대신이었던 아메넴하트가 창건하였다. 중왕국 시기 파라오들은 세 가지 기본적인 목표를 달성하기 위해 노력했다. 첫째 피라미드 모양의 국가권력 구조를 재확립하기 위해 지방호족들의 힘을 약화시키려 했다. 둘째 농지확대와 광산 개발 같은 대규모의 사업을 추진하면서 국가의 부와 경제력을 회복하기 위해 노력했다. 마지막으로 동부 지중해 주변 무역로를 확실히 장악하기 위해 레반트 해안의 주도권을 회복하는데 주력하였다. 아메넴하트와 그의 후계자들은 왕권 재확립과 중앙행정기구를 정비하는 데 중점을 두었으나 쉽지 않았다.

세누스레트 1세(B.C. 1917-1872)가 지배하기 시작하면서 중왕국의 모든 혼란을 떨쳐 버리고 다시 통일왕국을 이룩해 주변의 민족들을 지배하며 강국으로 군림하였다. 세누스레트 1세는 국경 북쪽에 성벽을 세워 소아시아인의 침입을 저지했으며 상 누비아와 수단까지 이집트의 영향 아래 두었으며 서부 접경 지대를 침입한 리비아도 대파하였다. 대규모 금광을 보유했던 누비아 지역은 이집트 파라오들에게 황금을 공급해주는 대단히 중요한 지역이었다. 또한 팔레스타인과 시리아와의 교역이 증대되어 시리아를 통해 에게 지역 생산품이 이집트로 들어오고 이집트의 생산품이 에게 각지로 흘러들어갔다. 세누스레트 1세는 대단히 정력적인 건축광 파라오로서 신전과 오벨리스크 건립에도 열심이었다. 세누스레트 2세(B.C. 1842-1836)는 멀리 동아프리카의

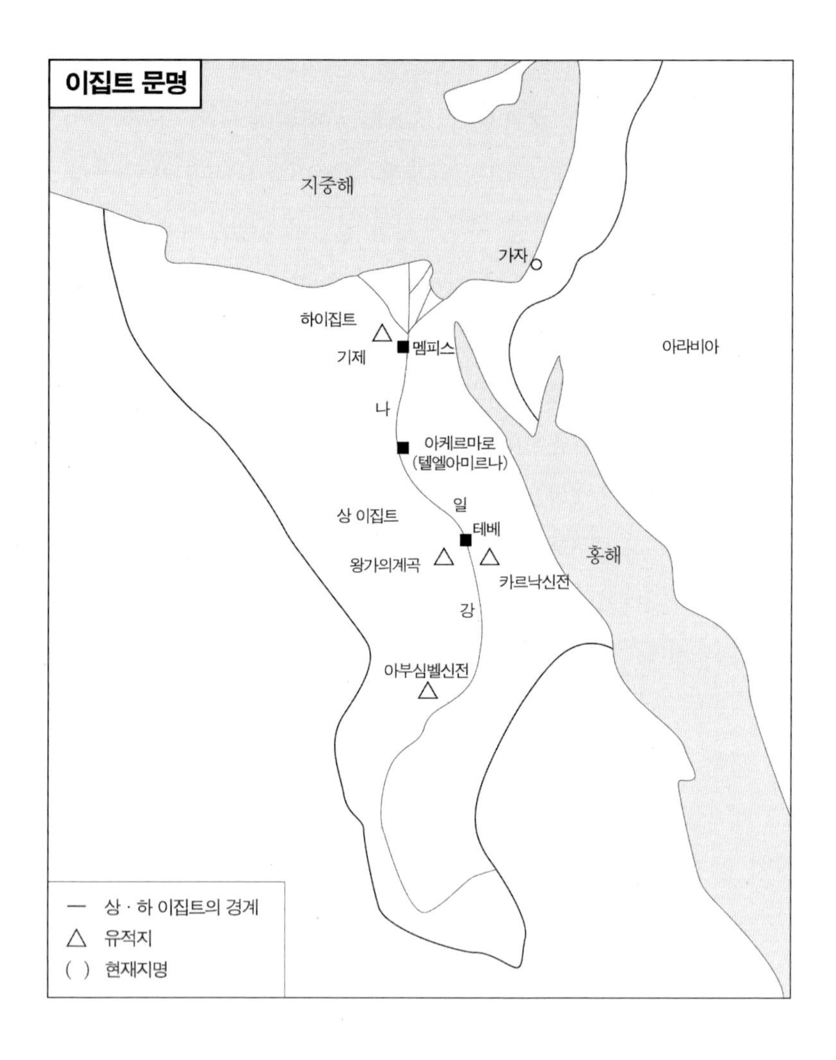

펀트(소말리아 근처 홍해연안 고대왕국) 지역과 교역하기 위해 홍해에 사우항구를 건설하였다. 뒤를 이은 세누스레트 3세는 행정체제를 대대적으로 개편하여 중앙권력이 약화되기만을 고대하던 지방영주들에게 타격을 입혔으며 이집트 남쪽을 요새화하여 누비아 지배를 강화하였다.

중왕국 시대의 종교정책은 포용적이었는데 여러 지방의 신들이 모두 존중되었으며 특히 테베의 주신인 아몬(Amon)신이 국가적 숭배의 대상이 되었다. 이시기는 예술성이 뛰어난 조각상들이 많이 세워졌는데 과거의 지나친 신격화에서 벗어나 인간적 측면을 강조하는 경향성이 있었다.

그러나 중왕국 시대 B.C. 18세기에 등장한 힉소스 족(Hyksos)의 침입 결과 도시가 불태워지고 신전이 파괴되었으며 여자와 아이들은 노예로 전락하면서 제2 중간기가 시작되었다. 힉소스 족은 아바리스를 수도이자 강력한 요새로 삼아 하(下) 이집트와 시나이 반도, 팔레스타인 지역을 지배하였다. 그런데 힉소스 족은 아시아의 유목민으로서 침공해온 착취자였지 파괴자는 아니라고 평가받는다. 그들은 이집트의 쇠퇴를 이용해 델타와 중부이집트를 지배했는데 상형문자와 이집트 풍속, 이집트식 이름을 수용·존중하면서 일부 이집트를 지배했다. 그리하여 힉소스의 침공은 정복전쟁이라기보다는 격한 전쟁이 없었던 북(北) 이집트의 점진적 점령이었으며, 침체되었던 고대 이집트 문명에 새로운 활기를 불어넣었다고도 평가된다. 힉소스 지배기 이집트는 완전히 청동기시대로 진입하였으므로 동부 지중해 지역의 청동기 문화 발달에 큰 역할을 하였다. 또한 각종 신형무기들이 서아시아로부터 도입되었고 그들의 축성술이 도입되어 후일 이집트가 군사강국이 되는 데 일조했다. 수직 베틀을 이용한 방적 및 직조술, 목이 긴 악기(기타와 유사), 오보에, 탬버린 등이 이때 발명되었으며 올리브와 석류나무가 도입되어 재배되었다.

고대 이집트의 전성기

힉소스에게 지배받았던 제2 중간기에 상(上) 이집트의 중심지 테베(Thebe)에서는 반(反)힉소스 운동이 전개되었으며, B.C. 1539년 힉소스는 파라오 아흐모세(Ahmose, B.C. 1570–1546 재위)에 의해 마침내 축출되었다. 그리고 아멘호텝 1세(Amenhotep I, BC 1514–1493 재위)부터 시작된 신왕국시대 500년간 이집트 문명은 그 영광과 업적 면에서 최고조에 달하였으며, 대외적으로 고립을 극복하고 국제정치 무대의 강자로 부상하였다.

아멘호텝 1세는 신전 건축에 변화를 도모했는데 그는 이전까지 사자에게

▲하트셉수트
◀람세스 2세 석상

예배드리는 신전과 무덤이 함께 있기 때문에 모든 사람들이 보물 가득한 무덤의 위치를 알게 되었고 피라미드 무덤이 도굴되었다고 생각했다. 그래서 아멘호텝 1세는 장례신전과 매장 묘소를 분리시켜 신왕국 파라오들이 영면을 취할 수 있는 비밀의 장소를 모색하도록 명령했는데 그 결과 '왕들의 계곡'이 조성되었다. 아멘호텝 1세 생전에 왕자들이 병사하여 그에게 후계자가 없었기 때문에 장군 투트모세 1세가 즉위하였다. 투트모세 1세는 누비아를 정복하여 영토를 확장했으며 이집트 역사 최초로 누비아에 총독을 파견하였다.

이후 신왕국시대 파라오들은 주변의 외적들을 정벌하고 나아가 아나톨리아와 메소포타미아 곧 바빌로니아(Babylonia), 아시리아(Assyria), 히타이트(Hittite)와는 정치적 동맹관계를 유지하며 대외정책에 많은 관심을 쏟았다. 신왕국시대 중 특히 이집트가 안으로 안정되고 밖으로 왕성한 정복을 통해 강력한 입지를 과시한 때는 파라오 하트셉수트(B.C. 1479-1458), 투트모세 3세(B.C. 1479-1425) 그리고 람세스 2세(B.C. 1279-1212) 때였다. 이들 파라오의 업적은 전성기 신왕국시대의 수많은 신전 건축과 기념비 건축 그리고 신전 내 조각 등의 예술로 입증된다.

여왕 하트셉수트는 이복동생 파라오 투트모세 2세와 결혼했으나 남편이 일찍 사망하였다. 자신의 남편 투트모세 2세와 후첩 사이의 어린 아들이 9살 밖에 되지 않았으므로 하트셉수트는 자신이 대신 섭정을 하였다. 야심에 찬 능력자 하트셉수트는 어린 파라오를 신전에 유폐시키고 반대세력의 저항에도 불구하고 실권을 장악하였다. 여자는 파라오가 될 수 없다는 수천 년 동안의 전통을 깨고 하트셉수트는 남자 파라오 옷차림을 하고 가짜수염을 붙여 남자 파라오를 연출하였다. 제국의 실질적인 파라오가 된 하트셉수트는 전쟁보다는 건축 사업에 열중하였으므로 하트셉수트 통치기간 동안 이집트엔 평화가 도래하였다. 여왕은 재위기간 동안 외국과의 교역을 성사시키기 위해 애썼는데 상업적 관심으로 바다를 통해 대규모 원정대를 펀트(현재 소말리아 근처 홍해연안 고대왕국)로 보내 광산채굴과 금, 상아, 향신료, 원숭이, 아몬-라 신전 제사에 쓸 향나무 등 필요 물자 교역에 힘썼다. 그리고 카르낙의 아몬(Amon)과 라(Ra) 신전에 30m 높이의 오벨리스크를 2개 설치했다.

또한 하트셉수트의 명령으로 그녀가 총애하였던 대 신관이자 건축가였던 센무트가 하트셉수트의 장례 제전 데일 엘 바흐리 신전을 건축하였으며 여왕의 치밀한 의도 속에 신전 내부는 여왕의 파라오로서의 운명과 공적들이 새겨졌다. 23년간 통치 후 그녀는 갑작스럽게 사망하였다. 그리고 여왕을 찬양하고 신격화했던 신전 내부의 기록들은 람세스 2세 때 기록이 지워지거나 람세스 2세의 공적으로 대체되었다.

투트모세 3세는 하트셉수트 여왕이 내치위주의 정책으로 미타니와 시리아 그리고 북부 팔레스타인에 대한 통치가 다소 느슨해진 것을 감지하였다. 힉소스와 가나안의 연합세력이 카데시 왕의 지휘 하에 이집트에 대한 반란을 일으킨 것을 계기로 3만의 병사를 동원해 그들을 제압하였다. 그리고 엄청난 양의 전리품과 포로를 획득하였다. 또한 투트모세 3세는 페니키아의 해안에 막강한 요새를 세워 비옥한 땅을 가진 페니키아를 공격하여 지배하였다. 재위 33년째 투트모세 3세는 이집트의 번영과 안정을 위해 최대 규모의 원정을 꾸려 고대 이집트 역사에서 전무후무하게 유프라테스 강까지 제국을 확장시키며 자신의 목적을 달성하였다. 그 결과 서아시아의 여러 민족들이 그에게 조공을 바쳤고 그 지역이 경제적으로 문화적으로 이집트에 편입되었다. 투트모세 3세는 생애 동안 17회의 원정을 수행하였고 새로운 정복지마다 엄청난 물량의 산물을 테베로 실어왔으므로 수송에 필요한 선박을 특별 건조해야 했다. 당시 최강의 국가를 건설한 투트모세 3세를 20세기 유럽사가들은 '고대 이집트의 나폴레옹'이라고 평가한다.

강력한 성격의 투트모세 3세는 아몬의 고위 사제들과 늘 관계가 좋지 않았다. 여왕 하셉트수트의 권력 장악을 돕고 어린 투트모세 3세를 유폐하는데 도왔던 이가 바로 하프세넵 대사제였기 때문이다. 투트모세 3세는 즉위 후 아몬 사제들의 세력 확장을 불신하여 경계하였으므로 사제들과의 관계가 원만하지 못하였다. 아멘호텝 3세와 아멘호텝 4세가 즉위하면서 이집트는 급격한 종교정책의 변화가 나타났다. 아멘호텝 4세(Amenophis, BC 1379-1362)는 부왕의 개혁을 계승하여 아몬-라 신 숭배를 금지하고 아톤(Aton) 신앙을 도입했으며 자신의 이름을 '아톤에게 유용한 자'라는 의미로 아크나톤으로 바꾸었다. 이후 아멘호텝 4세는 재위 5년에 아몬-라신의 중심지 테베로부터 독립하기 위해 중 이집트의 엘-아마르나에 새로운 수도를 건설하고 궁정을 옮기는 등 개혁을 도모하였다. 이 시기를 아마르나(Amarna) 시기라 한다. 그러나 국민들이 아톤 신 숭배를 거세게 반대하자 아크나톤 사후 그 후계자들은 아몬 신을 중심으로 국가종교를 복원했다.

이후 고대 이집트 문명의 절정기는 바로 제19 왕조의 람세스 2세 치세였다. 람세스 2세는 제19 왕조의 시조 람세스 1세와 세티 1세 이후 B.C. 1270년 경 즉위한다. 고대 이집트의 역사에서 람세스 2세가 중요한 이유는 왕성한 군사원정을 통해 부왕 세티 1세가 넓힌 영토를 더욱 확장하였기 때문이다. 또한 다른 파라오들도 많은 건축 사업을 도모하였지만 람세스 2세는 특히 아부심벨 신전을 비롯해서 카르낙 신전, 라메세움 장례신전 등 이집트 각지뿐 아니라 누비아에도 최소한 6개의 거대한 건축물을 건설하였기 때문이다. 오늘날 이집트에 남아있는 건축물의 대부분이 람세스 2세 때 세워진 것이라 한다. 그런데 현존하는 고대 이집트 건축물 중 람세스 2세 시대의 것이 유독 많은 이유는 람세스 2세가 새로운 신전을 건축할 때마다 이전의 다른 왕들이 세운 신전을 부수고 그 돌을 재료로 사용했기 때문이다. 심지어 람세스 2세는 다른 신전 건축물 표면에 새겨진 다른 왕의 이름만 삭제하고 거기에 자신의 이름을 새겨서 자신의 신전으로 바꾸는 경우도 있었다(하트셉수트 장례신전).

한편 그는 67년간의 긴 통치를 하였으며 공식적으로 정실 왕비 4명 후첩 6명을 두었고 궁내에 500여 명의 후궁을 거느리며 79명의 아들과 59명의 딸을 둔 정력가였다. 그의 아들 12명은 아버지가 장수한 탓에 아버지보다 일찍 사망했으며 람세스 2세를 계승한 메렌프타하는 람세스 2세의 13번째 아들이라고 한다. 4명의 왕비 중 그가 가장 사랑한 왕비는 2살 연상의 네페르타리 첫 번째 왕비였으며 그녀를 위해 아부심벨 신전에 작은 신전을 마련하였다고 한다.

람세스 2세의 대외 공적으로는 서아시아 정복과 팔레스티나 그리고 유프라테스 강까지의 진출을 들 수 있다. 유프라테스 강 일대를 지배하던 히타이트가 이집트의 움직임을 포착하고 주변지역과 연합군을 이루어 이집트군의 침입을 저지했을 때 람세스 2세는 히타이트의 무와탈리 왕이 지휘하는 서아시아 연합군과 격돌하였다 그것이 바로 카데시(Kadesh) 전투였다. 양 군대는 50 VS 50으로 무승부였거나 히타이트군의 약간 우세하였던 것으로 판단되는데 이집트 신전 기록에는 람세스 2세의 영웅적 무용에 힘입어 이집트군이 승리한 것으로 과장·왜곡하여 기록되어 있다. 람세스 2세가 자기 공적의 선전을 위해 그렇게 하도록 명령했기 때문이다. 람세스는 카데시 전투 이후 히타이트와 평화조약을 맺고 하투실 3세의 딸을 네 번째 왕비로 맞아들이고 카르낙 신전과 아스완의 엘레 판티 섬, 아부심벨 등에 기념비도 세웠다.

람세스 2세가 후세에 영웅으로서 얼마나 존경받았는지는 제20 왕조 왕들인 람세스 3세부터 11세까지 9명의 파라오가 람세스 2세와 아무런 혈연관계가 없음에도 불구하고 그의 이름을 계승한 점에서 입증된다.

고대 이집트제국의 융성요인

B.C. 3000년경부터 시작된 고대 이집트 초기 왕조로부터 말기 왕조(B.C. 664-332) 제30 왕조에 이르기까지 2,500년 장구한 세월 동안 세 번의 중간기를 거치며 혼란의 시기를 경험했다. 그런데도 이집트 제국이 유지될 수 있었던 이유는 무엇일까?

첫째, 나일 강의 존재이다. 천혜의 자원 나일 강의 범람이 그들에게 풍요를 제공함으로써 안정된 곡물 창고를 보유했던 고대 이집트 파라오들은 안정적이고 비교적 일관된 신정정치와 다양하고 수준 높은 문명을 창출할 수 있었다.

둘째, 신격과 인격이 결합된 존재로서 절대 권력을 보유했던 강력한 파라오와 그 힘의 요소이다. 파라오는 하늘에서 땅을 지배하는 신들의 후손으로서 지상신의 자격으로 왕국을 보호하는 존재라는 인식이 파라오에 대한 백성들의 절대복종을 이끌어냈다. 강력한 파라오들의 등장과 그들의 사명감에 불탄 지속적인 건축 사업 그리고 파라오에 대한 절대 복종은 고왕국 이집트 이래 전개되었던 수많은 거대 피라미드 무덤과 신전 및 오벨리스크와 스핑크스의 건축을 가능하게 했다. 그 결과 고대 이집트제국만의 특징적인 문명이 생성될 수 있었다.

셋째, 비교적 포용력 있는 민족관과 주변 민족들과의 관계를 거론할 수 있다. 〈아멘 신화〉에서 '이집트라는 의미는 나일 강이 흐르는 곳이며 이집트인이란 나일 강의 물을 마시는 자이다'라는 구절에 근거하여 판단하면 고대 이집트인들은 학문적인 인종 구별과 상관없이 나일 강에 모여 나일 강의 물을 마시는 자는 모두 이집트인이라 생각하였다. 즉 인종적으로 구애받지 않고 공존해 갔으므로 이집트 역사시기 중 중간기 그 혼란기에 주변민족이 이집트 민족을 지배했을 때 침공해온 이민족이 오히려 이집트 문화와 관습을 수용하여 발전시켜갔던 것을 볼 수 있다.

넷째, 고대 이집트 제국이 보유하였던 군대의 힘이다. 군대를 잘 운용했던 이집트의 정책 또한 이집트가 제국을 지속적으로 유지할 수 있었던 한 요소로 추정된다. 즉 고왕국 제1 중간기와 중왕국 초기까지도 파라오의 군대는 봉건적 징병들의 집합체였으나 점차 군의 핵심부는 파라오의 가신들이 주축을 이루고 누비아 지원병들까지 수용하여 대규모 군단을 이루었다. 더하여 군대가 전문화되면서 보병, 정찰병, 해병으로 세분화되었고 전차부대를 보유하였다. 신왕국에 이르면 군대의 구성원이 이집트 본토인들과 가문의 업을 이어받은 누비아 출신의 외인부대원들로 구성되었다. 군대의 훈련과 군대생활은 힘들었지만 파라오의 명에 의해 특별 조직된 재무부의 지원으로 많은 혜택을 누릴 수 있었다. 파라오의 명으로 병사들의 건강을 배려한 음식과 식단을 제공받았고 전쟁 공을 세운 이들은 승진과 더불어 포로들을 노예로 받는 등 군인들은 하나의 특권계층으로까지 대우받았으므로 군인으로 지원하기를 선호하였다. 가끔 왕실 측근의 무인들은 후에 왕위를 차지하고 파라오가 될 수 있는 기회를 얻기도 했다.

다섯째, 외부로부터의 지속적인 자원의 공급을 들 수 있다. 이집트 제국의 특징적 문명이 탄생할 수 있었던 이유는 역대 파라오들이 누비아(Nubia), 리디아(Lydia), 팔레스타인(Palestine)과 같은 주변민족과 효율적으로 교류하거나 지배하면서 그 지역들로부터 금, 상아, 향신료, 향나무 등 이집트가 문명을 창출하는 데 필요로 하는 자원과 요소를 지속적으로 공급받을 수 있었기 때문이다.

고대 이집트제국 멸망 요인

람세스 3세의 통치가 끝날 무렵 이집트는 아시아 영토를 잃었을 뿐만 아니

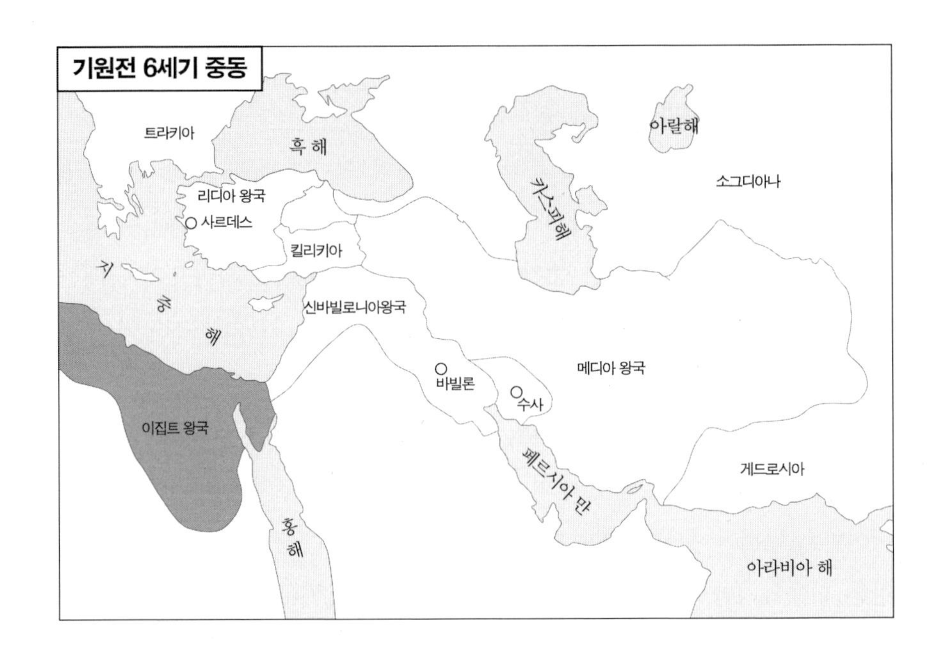

라 람세스 4세부터 11세까지 정국은 왕조 내부의 기록을 남길 수 없을 정도로 혼란하였다. B.C. 1075년 국왕 람세스 11세가 생존해 있음에도 불구하고 테베의 대 신관이었던 헤리 홀은 노골적으로 왕조에 반기를 들고 자신이 왕이라고 주장하면서 상 이집트의 독립을 선언하였다. 람세스 11세는 반란 진압에 나서지 못했다. 람세스 11세가 죽은 후 재상이었던 스멘데스가 왕위에 올라 새로운 제21 왕조를 열었다. 전쟁도 혁명도 없이 이집트는 상 이집트와 하 이집트로 분열되었다. 마침내 500년 신왕국 시대는 막을 내리고 분열과 항쟁의 혼란기 제3 중간기(B.C. 1085-B.C. 332)로 접어들었다. 분열된 상·하 이집트의 중간기 왕조들 제21 왕조-제25 왕조는 이집트 파라오가 아닌 이민족들의 왕조였으며 제25 왕조 때 이집트가 잠시 통일되었다. 그러나 곧바로 시나이 반도와 서아시아에서 공격해 온 아시리아 군에게 하 이집트가 점령되었고 B.C. 667년 이집트 전역이 아시리아에게 정복당하여 이집트는 아시리아의 속국이 되었다.

고대 이집트가 멸망으로 이르게 된 요인들은 무엇이었나?

첫째, 정치 군장 파라오와 종교 사제들 간의 갈등으로 쇠퇴하던 무렵 강력한 파라오가 부재하였다는 점이다. 아멘호텝 4세 때부터 이집트 제국은 무너지기 시작했다. 제18 왕조 하반기에 들어서 테베의 아몬신(Amon)을 섬기는 성직자들의 권력이 국가의 권위를 위협할 정도로 막강해졌고 파라오의 종교적 열정을 이용해 성직자들은 고위관직을 차지하곤 하였다. 그 후 파라오의 왕권이 약화되자 테베의 사제들이 파라오의 지위를 위협했으므로 그들 사이의 갈등은 국가 내부의 큰 분열요소로 작용하였다.

둘째, 외부로부터의 잦은 이민족 특히 지중해 연안의 연합체였던 해양민족(Sea People)의 침입이 멸망의 한 요인이 되었다. 제19왕조 시대 이집트인들은 철기무기를 만든 인도유럽계 민족인 히타이트인과 충돌하게 되었으며, B.C. 17세기 아나톨리아 반도에 자리 잡고 있던 히타이트인은 아멘호텝 4세 때 이집트의 종교적 위기를 틈타 레반트 지역으로 원정대를 파견했다. 세티 1세가 그들의 남하를 막기 위해 전투를 치렀으나 히타이트를 완전히 격퇴하지 못했다. 이후 람세스 2세는 B.C. 1299년 원정대를 조직하여 오론테스 강 유역 카데시에서 히타이트 군을 섬멸했다. 람세스 2세는 히타이트와 평화조약을 체결하였으며 히타이트 하투실리스 3세의 딸 과 결혼하여 양국의 평화적 공존관계를 확보하였다. 그런데 이집트와 히타이트 양국 모두를 위협하며 나타난 이들이 있었는데 지중해 연안 부족들로 이루어진 해양민족으로서 B.C. 1200년경 히타이트 왕국을 멸망시킨 해양민족은 나일 강 삼각주 지역으로 관심을 돌리며 내려왔을 때 B.C. 1190년 람세스 3세가 해양민족의 침략을 격퇴하여 외부 세력의 위협에서 잠시 이집트를 구해냈으나 람세스 3세의 통치가 끝나자 이집트는 심각한 내란을 겪으며 팔레스타인과 누비아에 대한 영향력을 잃게 되었다.

셋째, 철기를 가진 아시리아의 등장을 들 수 있다. B.C. 11세기 당시는 세계사적으로 철기시대로 전환되던 시기였으므로 청동기 문명권의 고대 이집트보다 우세하게 철기문명을 보유했던 아시리아가 중동의 새로운 패권국가로 등장하였으며 아시리아의 거듭된 침공으로 이집트는 패배하였던 것이다. 이후 B.C. 525년 이집트는 다시 페르시아의 지배를 받게 되었고 B.C. 332년 이래 마케도니아 알렉산더 대제의 지배를 받게 되었으며 B.C. 31년 클레오파트라 7세가 로마제국의 아우구스투스 옥타비아누스에게 악티움에서 패배하여 로마의 속국으로 전락하였다.

역사적 교훈

5,000년의 이집트 역사 중 2,500년 동안이나 고대 이집트제국을 유지할 수 있었던 이유는 절대 권력을 보유했던 무소불위의 파라오 왕권의 힘과 파라오가 국가와 백성을 보호해 줄 것이라는 믿음을 지니며 절대복종하였던 이집트 백성들이 있었기 때문이다. 이집트 백성들은 파라오에 대한 절대복종으로 피라미드 무덤과 오벨리스크, 스핑크스 및 신전 건축의 대규모 공공사업에 참여하였고 그 결과 수많은 막강한 문화유산들을 창출할 수 있었다. 즉 파라오의 권력 아래서 고대 이집트제국 백성들은 무한한 희생을 치르고 80여기에 이르는 거대 피라미드와 수많은 거대한 신전들을 남기게 되었던 것이다.

그런데 최근 이집트에서는 고대 이집트제국의 파라오의 전통을 따르려는 듯 무소불위의 권한을 행사하며 30년간의 독재를 꾀한 무바라크 대통령이 마침내 100만 명의 이집트 시민들의 요구에 의해 퇴진하였다는 소식이 들려온다. 고대 이집트의 파라오들이 그들에게 부여된 권한을 다해 백성들의 의식주 및 안위를 보장하는 데 힘썼던 것에 비교해 오늘날 이집트 국민의 지도자는 냉해와 홍수로 인해 국민들의 기본적인 식생활마저 어렵게 되었는데도 국민의 생계를 돌보지 않고 부패한 독재정치를 지속하였던 것이다. 이에 독재 권력을 더 이상 참을 수 없었던 이집트 국민들이 무바라크 대통령을 향해 칼을 빼어든 것이다.

이제 이집트 국민은 위대한 파라오에 충성을 다하는 신민의 전통을 벗어버리고 새로운 민주 이집트 건설을 외치고 있다. 역사 속 고대 이집트의 선진 기술과 관습 문화가 이웃 주변 나라들에게 영향을 끼친 것처럼 이제 요원의 불길처럼 번지고 있는 민주화 운동이 이집트에서 더욱 타올라 예멘, 리비아, 요르단 등 주변의 지역들로 영향을 끼쳐 아프리카와 중동지역의 뿌리 깊은 독재정권들을 무너뜨리고 새로운 민주 정부들이 탄생되는 데 선봉이 되고 있다.

이렇듯 고대 이집트 제국은 파라오의 절대권력과 백성들의 절대복종으로 피라미드 건축술과 오벨리스크 기념탑 그리고 고도의 의술 등 현대사회가 아직도 풀어내지 못한 신비하고도 놀랄 만한 기술을 유산으로 남겼지만 앞으로의 이집트는 더 이상 지도자의 절대 권력과 대규모 공공사업으로 인한 막대한 재정소모 등으로 국민들의 기본권과 안위 및 행복이 희생되어서는 안 된다는 사실을 교훈으로 남긴다.

연표

- B.C. 3000–2640년 初기왕조 시대
- B.C. 2640–2160년 고왕국 시대
- B.C. 2160–1994년 제1 중간기
- B.C. 1994–1650년 중왕국 시대
- B.C. 1650–1550년 제2 중간기
- B.C. 1650–1550년 힉소스 왕과 총독 통치
- B.C. 1550–1075년 신왕국 시대
- B.C. 1279–1212년 람세스 2세
- B.C. 1075– 664년 제3 중간기
- B.C. 664– 332년 말기왕조 시대

참고문헌

- **단행본**
  요시무라 사쿠지, 김이경 역, 『고고학자와 함께하는 이집트역사기행』, 서해문집, 2002.
  정규영 엮음, 『이집트, 살아있는 오천년의 문명과 신비』, 다빈치, 2000.
  크리스티앙 자크, 임헌 옮김, 『파라오 제국의 파노라마』, 시아출판, 2001.
  프란체스코 티라드리티, 권영진 역, 『이집트 불멸을 이루다』, 예경출판사, 2004.

- **다큐멘터리**
  〈HC 제국의 건설 – 이집트〉
  〈EBS 하늘로 가는 계단, 피라미드〉
  〈NHK 세계4대문명 – 이집트〉

- **영화**
  〈파라오(1995), 하워드 혹스 감독〉
  〈이집트의 왕자(1998), 사이몬 웰스 감독〉

불사의 군대로 일어선 황금의 제국

페르시아

머리말

B.C. 330년 마케도니아의 위대한 정복자 알렉산드로스(Alexandros)가 이끄는 군대는 서아시아의 무르가브 평원을 지나 동쪽으로 행군하던 중 잡초가 무성한 골짜기 입구에서 큰 묘탑을 발견한다. 묘탑의 주인공은 다름 아닌 알렉산드로스가 태어나기 200년 전 '세계 정복자'의 칭호를 움켜쥐었던 페르시아제국의 키루스 대왕이었다. 묘탑의 내부 묘실에 다음과 같은 문구가 새겨져 있었다. "세상 사람들아! 내가 바로 키루스(Cyrus)다. 페르시아제국을 건설한 세계의 왕이다." 알렉산드로스는 키루스의 무덤을 깨끗이 정리하고 진심으로 그에게 존경의 뜻을 표했다고 한다. 그리스의 역사가 크세노폰도 자신의 저서에서 키루스 대왕을 가장 이상적인 지도자이자 "비길 자가 없는 가장 위대한 세계 정복자"라고 칭송했다.

대부분의 사람들은 고대국가하면 먼저 그리스와 로마제국을 떠올리지만, 실제로는 아케메네스 왕조의 페르시아제국(B.C. 550-B.C. 330)이 로마제국보다 훨씬 이전 광대한 영토를 다스렸던 역사상 최초의 제국이며, 전성기에는 전 세계 인구의 3분의 1 이상을 통치하였다. 이처럼 페르시아제국은 광대한 영역과 수많은 민족을 지배한 역사상 최초의 제국임에도 불구하고 여전히 많은 부분이 베일에 가려져 있다. 그 이유는 고대 페르시아인들은 왕들의 승리와 행적을 주로 구전을 통해 후세에 전달했고, 그 내용도 왕의 권력과 승리를 칭송하는 것이 대부분이기 때문이다. 페르시아에 대해 우리가 알고 있는 사실의 대부분은 헤로도토스의 『역사』, 크세노폰의 『아나바시스(Anabasis)』 등 소수의 그리스인들의 저작에 근거한 것이다. 그런데 이들은 아케메네스 왕조 후기에 살았던 인물들이므로 이런 저술 중 일부는 구전과 전설을 토대로 한 것이고 게다가 침략을 당한 그리스 사람들의 손에서 나온 저작들은 페르시아의 실제 면모와 업적을 크게 왜곡시켰다. 전성기 페르시아제국은 고대의 최강국으로 아시아와 유럽에까지 그 위세를 떨쳤다. 그렇다면 베일에 가린 최초의 제국을 건설한 페르시아인들은 어떻게 대제국을 건설하고, 그토록 광활한 영토와 인구를 지배할 수 있었을까?

초기 국가 양상

페르시아인들의 역사는 B.C. 2000년 경 이란 고원으로 이주해 온 아리아인들로 거슬러 올라간다. 아리아는 동쪽으로는 인도-유럽어 방언을 사용하던 사람들과 러시아 남부와 중아아시아에서 인도, 메소포타미아, 그리고 이란고원으로 이주해 온 다양한 민족들을 일컫는 언어학적 명칭이다. 초기에 이들은 주로 산악 고원지대에 살았다. 그리고 수백 년을 거치면서 각 민족의 시원지(始原地)에 그들은 각각의 왕국을 건설했다. 메디아에는 메디아왕국을, 페르시스(파르사)에는 페르시아 왕국을 건설한 것이다. 페르시아가 메소포타미아의 패권을 장악하기 이전 리디아, 메디아, 신바빌로니아 등 군소 국가들이 각축을 벌였다.

본래 '페르시아'라는 명칭은 고대부터 서양인들 사이에서 이란 민족, 혹은 이란 민족이 건립한 제국을 가리키는 말로 사용되었다. 이 명칭의 기원은

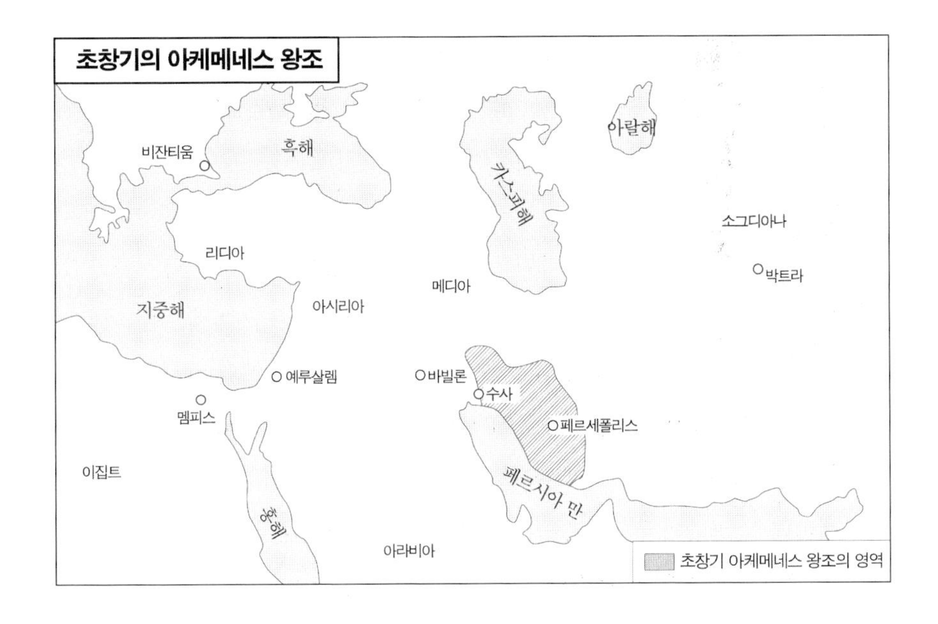

고대 그리스인들이 이란 남서부 해안 지역에 사는 사람들을 파르스(Fars)라고 부른 데서 비롯되었다. 이것이 라틴어화(化)하여 페르시아(Persia)로 변화했으며, 이 지역이 아케메네스(Achaemenes) 왕조의 발상지였으므로 아케메네스 제국의 명칭이 되었고, 그 후 사산조 페르시아, 사파비 왕조, 팔레비 왕조 등으로 페르시아제국의 명맥이 이어졌다. 1935년 3월 21일 팔레비 왕조의 레자 샤(Reza Shah)가 국호를 이란으로 바꿀 때까지 여러 왕조가 페르시아라는 국호를 사용하였다. 아리아인의 후예라는 의미를 지닌 이란이 수천 년간 불리어 온 페르시아를 대신해 오늘날 공식적인 명칭이 되었고, 현재 이란인들은 자신들의 언어를 뜻할 때만 '파르시(페르시아)'라는 단어를 사용한다.

B.C. 815년 무렵 지금의 이란 북서부 아제르바이잔에 거주하던 이란 민족의 한 지파(支派)가 우르미아 호(湖)에서 자그로스 산맥을 가로질러 남하하여 수사(Susa) 북동쪽에 있는 파르수마슈(Parsumash)에 정착하였다. 이들은 B.C. 700년 경 남쪽으로 이주하여 엘람(Elam) 왕국의 영향력 하에 있었다. 엘람 왕국이 아시리아에 패해 멸망한 후 권력의 공백기인 B.C. 691년 아케메네

▲ 키루스 대제

스 왕조의 시조인 테이스페스(Teispes) 왕자가 안잔(Anzan)을 점령하고, 부친 아케메네스(Achaemenes)의 이름을 딴 왕조를 세우기에 이른다.

B.C. 6~5세기 무렵 서아시아에는 리디아, 메디아, 칼데아의 3대 강국이 팽팽한 세력을 유지하고 있었다. 여기에 강 하나를 사이에 둔 이집트를 더하면 4대 강국이 서로 간의 견제 하에 세력 균형을 유지하고 있었다. 그리고 이 강대국의 틈에 끼여 있던 페르시아가 B.C. 550년 조용히 역사의 무대에 등장하게 된다.

아케메네스 왕조의 본격적인 이야기는 키루스 대제에서 시작된다. 페르시아의 귀족가문 출신인 키루스의 출생과 관련해 몇 가지 전설이 전해져 온다. 키루스의 어머니 만다네(Mandane)는 메디아의 국왕 아스티아게스(Astyages)의 딸이었다. 그녀가 임신 중이었을 때 아스티아게스는 만다네가 소변을 보는 꿈을 꾸었다. 꿈에서 만다네의 소변이 그치지 않고 계속 흘러내려 메디아 전체를 삼켜버리는 것이었다. 이 꿈을 들은 메디아의 제사장은 왕에게 만다네가 낳은 아들이 장차 메디아와 아시아 전체를 위협할 것이라고 예언했다. 두려움을 느낀 아스티아게스는 외손자를 죽이라고 명령했다. 하지만 명령을 받은 아스티아게스의 부하의 도움으로 키루스는 가까스로 목숨을 건졌다. 어른이 된 후, 키루스는 자신과 어머니를 버린 것에 대한 복수로 메디아를 무너뜨리기 위해 반란을 일으키고 수개월 만에 메디아의 수도 에크바타나를 점령함으로써 '페르시아 건국의 아버지'가 되었다. B.C. 550년 페르시아 제국의 탄생과 더불어 키루스는 왕위에 올랐다.

키루스의 첫 번째 희생양은 가장 인접한 리디아였다. 메디아 왕조의 몰락 소식을 전해들은 리디아 왕은 위협을 느껴 자신이 메디아 왕조의 먼 친척임을 내세워 이집트와 칼데아, 소아시아 지역의 왕조들과 결탁해 메디아를 침략한다. 그러나 키루스는 리디아의 막강한 군대를 격파하고 리디아의 수도

사르디스를 점령하였다. 이어 소아시아 연안의 많은 그리스계(系) 식민 도시를 수중에 넣었다(B.C. 545년).

키루스의 다음 목표는 칼데아의 수도 바빌론이었다. 당시 바빌론은 번영을 구가하며 다양한 민족이 거주하던 국제적인 곳이었다. 이에 앞서 키루스는 6년 동안 동이란을 비롯한 중앙아시아 각지를 점령하고 크고 작은 반란을 진압하여 제국의 기반을 다진 뒤 B.C. 539년 10월 칼데아의 수도 바빌론을 무혈점령하였다. 서아시아의 중심이었던 바빌론의 점령은 그때까지 변경 국가였던 페르시아를 일약 세계제국의 지위로 올려놓았고, 키루스는 '대왕'이라는 칭호를 갖게 되었다. 칼데아를 정복한 직후 자신감에 가득 찬 키루스는 다음과 같이 선언했다. "나 키루스는 우주의 왕, 가장 위대한 왕, 가장 강한 왕, 바빌로니아의 왕, 수메르-아카드의 왕, 세계의 왕이다." 이로써 이제 문명의 중심은 메소포타미아에서 페르시아로 넘어오게 되었다. 키루스는 건국한지 불과 12년 만에 서아시아 전체를 통일하였다.

위대한 영웅의 정복은 여기서 멈추지 않았다. B.C. 529년 키루스는 아랄해 연안의 자카르테스(Jaxartes) 유역의 스키타이를 정벌하기 위해 원정길에 나섰다가 카스피 해 동쪽 연안의 광활한 초원에서 마사게타이 족과 맞붙게 되었다. 당시 마사게타이 족은 토미리스(Tomyris) 여왕이 통치하고 있었다. 키루스의 군대가 마사게타이 족 선봉대에 있던 여왕의 아들을 포로로 잡았지만 그는 인질이 된 수치심과 어머니에 대한 염려로 자살하고 말았다. 분노한 토미리스 여왕은 키루스에게 "네가 원 없이 피 맛을 보게 해 주겠다"며 복수를 다짐했고, 결국 키루스가 경험한 가장 치열한 전투에서 페르시아 군대는 전멸했다. 시체 더미 속에서 여왕은 키루스의 사체를 찾아 머리를 잘라내고 피를 가득 채운 가죽 통 안에 던져 넣음으로써 피의 복수를 완수했다. 세계의 왕은 이렇게 삶을 마감했다. 키루스의 말년에 대해서는 잘 알려진 사실이 없지만 그의 무덤은 자신의 왕궁이 있던 쉬라즈 인근의 파사르가드(Pasargad)라는 곳에 조성되었다.

제국의 전성기

키루스에게는 두 명의 아들이 있었는데, 장자가 캄비세스(Kambyses II: 재위 B.C. 530-521), 둘째 아들이 바르디아(Bardia)였다. 키루스가 생전에 못다 이룬 이집트 정복은 제위를 계승한 캄비세스가 수행했다. 8년 동안 재위했던 캄비세스는 역사상 악명 높은 폭군으로 손꼽힌다. 그 중에서도 이집트 원정을 떠나기 전 동생 바르디아를 죽인 것은 여전히 풀리지 않는 수수께끼로 남아 있는데, 어린 시절 간질을 앓고 난 후 그의 성격이 급하고 매우 난폭해졌다고 한다. 헤로도투스가 쓴 『역사』에 따르면, 캄비세스 재위 시기 대법관이었던 시삼네스(Sisamnes)가 뇌물을 받고 부당한 판결을 내린 사건이 있었다. 이를 알게 된 캄비세스는 시삼네스를 산 채로 가죽을 벗겨 죽이고, 그 벗겨낸 가죽으로 대법관이 앉는 의자의 깔개를 만들었다. 뿐만 아니라 시삼네스의 아들을 후임으로 임명하여 아버지의 살가죽을 깔고 앉아 심판하게 하였다. 때문에 헤로도투스는 캄비세스가 '미치광이'임을 의심하지 않는다는 말까지 했다.

그럼에도 캄비세스는 부친의 유업을 이어나갔다. 그는 군대를 이끌고 중앙아시아 초원으로 진격하여 아무다리야와 시르다리야 강 유역을 장악한 후 인더스 강 서쪽 연안까지 세력을 확장하고 결국 이집트 원정에 성공하였다. 이로써 고대의 문명국 이집트는 페르시아제국의 속주로 전락했다. 캄비세스의 이집트 정복은 키루스의 대업을 계승했음과 더불어 거대한 문명을 일궈낸 제국을 무너뜨리고 그 곳의 영토와 부를 획득했음을 의미한다. 이제 페르시아제국은 근동과 중앙아시아의 주요한 왕국들을 모두 차지하였고, 페니키아 해군과 이집트 해군을 통합하여 세계 최대의 해군을 조직해 지중해에서 페르시아만에 이르는 방대한 해상 전선을 장악하게 되었다.

여기에서 만족하지 않고 캄비세스는 동쪽의 카르타고, 남쪽의 누비아와 리비아를 탐냈다. 그런데 그가 원정으로 왕국을 비운 동안 멸망한 메디아의 종교 지도자인 가우마타(Gaumata)는 자신이 캄비세스의 동생임을 자처하며

전성기 아케메네스 왕국의 페르시아제국

왕권을 차지하려 했다. 이 소식을 들은 캄비세스는 원정지에서 서둘러 귀국길에 올랐는데, 도중에 허리의 칼집에서 흘러내린 칼이 그의 발등을 찍어 그 상처로 B.C. 522년에 이집트의 시와(Siwa)에서 죽고 말았다. 캄비세스의 폭정이 막을 내리면서 제국은 대혼란에 빠졌다.

이 혼란을 수습한 것이 바로 그리스인들이 '위대한 왕'이라 불렀던 다리우스 1세(다리우스 대왕, B.C. 521-486 재위)이다. 다리우스는 막강한 군사력을 바탕으로 1년이라는 짧은 기간 내에 제국 내 크고 작은 반란을 진압하고 B.C. 521년 12월 왕위에 올랐다. 다리우스 1세와 그를 계승한 크세르크세스 1세(Xerxses Ⅰ, B.C. 486-466 재위)의 통치 시대에 아케메네스 제국은 전성기를 맞았다.

다리우스는 키루스 대왕의 가문인 아케메네스 일가의 먼 친척으로 추측되는데, 캄비세스 수하의 장군으로서 이집트 정벌에도 참가했다. 캄비세스의 갑작스런 죽음으로 그의 유해와 함께 페르시아에 돌아온 다리우스는 여섯 명의 귀족과 연합하여 페르시아 궁정을 장악했다. 그는 가우마타를 제거하고 자신이 아케메네스 가문의 방계 귀족임을 내세워 왕위에 올랐다. 이것과 관련한 유명한 일화가 있다. 가우마타를 제거한 후 누가 왕이 될 것인가 하는 문제에 직면하여, 다리우스와 귀족들은 새벽에 성 밖에 모여 가장 먼저 우는 말의 주인을 왕으로 추대하기로 합의했다. 시합이 시작되고 다리우스가 말을 타고 약속 장소에 나타나자 마부가 슬쩍 손을 내밀어 다리우스가 탄 말의 코를 문질렀다. 그러자 말이 흥분하여 울어대기 시작했다. 이에 귀족들은 황급히 말에서 내려 다리우스 앞에 무릎을 꿇었다. 사실 마부가 다리우스의 말이 가장 좋아하는 암말의 국부에 손을 집어넣은 뒤 그 냄새를 맡게 한 것이었다. 이 이야기대로라면 다리우스는 마부와 말 덕분에 왕이 된 것이다.

재위에 오른 다리우스는 혼란한 정국을 수습하고 왕권을 강화하기 위해 제국의 재통일 작업에 착수했다. 그에게는 '만인 불사(不死) 부대'라 불리는 충성심으로 무장된 군대가 있었다. 이 정예부대는 캄비세스의 이집트 원정 때도 크게 활약했는데, 다리우스는 이것을 천인대, 백인대, 십인대로 나누어 체계적으로 관리했다. 이 군대는 페르시아인이 중심인 보병과 기병, 페니키아 수군이 중심인 함대로 구성되었다. 이로써 수륙 양면 작전이 가능했고, 군대 내 최정예 부대가 항상 만 명으로 유지되었다. 결원이 생기면 즉시 용맹한 페르시아 젊은이를 선발하여 충원했기 때문에 '불사' 부대라고 불렸다.

내부 혼란을 수습한 다리우스는 곧 대외 정복에 착수하였다. 그의 정복은 인더스 강 유역을 목표로 한 동정(東征)과 도나우 강 하류를 목표로 한 서정(西征)으로 나눌 수 있다. B.C. 512년, 페르시아 함대는 펀자브와 신드 등 인더스 강 유역의 비옥한 영토를 정복하여 제국의 일부로 편입시켰다. 인도 정복은 키루스 대왕과 캄비세스가 정복한 영토의 지배 기반을 공고히 하는 동시에 인더스 강 유역에서 생산되는 황금이 페르시아제국을 풍요롭게 만들어 '황금의 제국'을 탄생시키게 되었다는 점에서 매우 의미가 컸다.

이어 스키타이 정벌에 나섰다가 당초 목표는 이루지 못했지만 귀국 길에 마케도니아와 트라키아를 정복하여 유럽 진출의 발판으로 삼았다. 이후에도 다리우스는 서쪽으로는 나일 강, 서북쪽으로는 도나우 강까지 세력을 확장하였다. 이제 남은 것은 서쪽의 그리스 반도뿐이었다. 일찍이 키루스 대왕이 리디아를 정복할 때, 소아시아 서남부 연안에 위치한 그리스 도시까지 공격하여 그리스와 동방의 무역로는 완전히 차단되었다. 이에 그리스는 페르시아제국을 원망하게 되었고, 다리우스가 마케도니아와 트라키아를 점령하기에 이르자 불만은 더욱 고조되었다.

그런데 B.C. 499년에 페르시아 제국에 속한 이오니아인이 반란을 일으키자 그리스는 함대를 파견해 이오니아를 지원하고 페르시아제국이 건설한 사르디스 성을 불태워다. 이에 다리우스는 크게 격분했고, 이오니아인의 반란을 진압한 뒤 그리스 원정에 착수했다. B.C. 490년 페르시아 군대가 수도 아테네에서 불과 26킬로미터 떨어진 그리스의 반도 마라톤에 상륙했다. 페르시아 군대는 방어막 하나 없는 좁은 마라톤 들판에서 수많은 사상자를 내며 참패했다.

정복 실패에 대한 충격으로 다리우스가 B.C. 485년에 죽자, 아들 크세르크세스 1세가 왕좌에 올랐다. 그는 부왕의 유지를 받들어 그리스 공격을 결심하고 4년에 걸친 준비를 마친 다음 B.C. 481년 출정했다. 영화 〈300〉에서는 B.C. 480년 테르모필레에서 실제 벌어졌던 페르시아와 그리스(스파르타)의 전투를 그리고 있다. 영화에서는 크세르크세스 왕이 이끄는 100만의 페르시아 대군과 스파르타의 레오니다스 왕이 이끄는 300명의 용사가 맞선 전설적인 전투를 그려내고 있다. 이 영화의 주제는 스파르타군의 애국심과 용맹성을 주제로 '자유'의 가치를 존중하는 것을 부각시키고자 했기에 페르시아제국의 군대는 이성과 자유를 모르는 신비주의 색채를 띤 그야말로 '야만'적인 모습으로 그려지고 있다. 그러나 당시의 실제 역사에서 본다면, 페르시아는 스파르타 등 그리스보다 훨씬 문명적이었다. 영화에서는 페르시아와 그리스의 결전을 단순히 동방과 서방이라는 경직된 틀 속에 가두고, 결과적으로 서방의 승리를 묘사하는 오류를 범하고 있다.

그러나 마라톤 전투 이래로 그리스와 페르시아의 팽팽한 대결은 수십 년 동안 이어졌고 훗날 '페르시아 전쟁'으로 명명되었다. 이 기간 동안 페르시아는 다른 지역으로의 정복활동을 모두 접어야 했다. 페르시아제국은 이후 200년간 존속했지만 제국의 위대한 정복활동은 그리스와의 전쟁으로 끝이 났다. 그러나 이 정복활동을 통해 다리우스는 위정자로서의 공적을 인정받아 '대왕'으로 불리게 되었다. 이때부터 페르시아제국 최고의 전성기가 시작됐다.

바야흐로 고대 동방의 광대한 지역과 문화적 전통을 아우르게 된 페르시아는 대제국을 통치하기 위한 새로운 기구를 만들고 법령을 정비했다. 도로·항만·선박·우편제도 등을 대대적으로 정비하고 확장하여 육해교통을 발달시켰다. 특히, 다리우스는 새로운 수도를 건설하는 대신 엘람인의 수도인 수사, 칼데아의 수도인 바빌론, 메디아의 수도인 이란 고원과 이라크 지방을 연결하는 교통 요충지인 에쿠바타나, 세 개의 도시를 수도로 정하고 계절별로 옮겨 다니며 지배했다. 아울러 활발한 건축 사업을 벌여 전국 각지의 기술과 자재를 총집결시켜 파르스의 페르세폴리스(Persepolis)에 여름 궁전을, 엘람의 수사에는 겨울 궁전을 세웠다. 특히, 자그로스(Zagros) 산기슭에 위치한 페르세폴리스 궁전은 태양이 다시 태어난다는 춘분에 왕이 전 제국의 사절을 모아서 '시간을 창조하는 의식'을 거행하는 제국의 정신적 지주였다. 페르세폴리스는 그리스어로 '페르시아의 도시'라는 뜻이며, 페르시아어로는 '타흐테(王座) 잠쉬드(잠쉬드의 왕좌)'라고 불렀다. 다리우스의 사후에도 150년간 왕궁 건설사업은 멈추지 않았다. 비록 알렉산드로스 대왕의 정복활동으로 소실되기는 했지만 이천 년이 훨씬 지난 오늘날에도 다리우스 대왕의 알현전(謁見殿)에는 13개의 석주(石柱)가 남아 과거의 화려한 영광을 재현하고 있다. 다리우스 대왕의 정복 활동을 묘사한 비스톤(Biston) 부조를 비롯하여 수많은 예술 작품과 세공품들은 아케메네스 왕조의 뛰어난 예술 양식을 보여준다.

한편, 경제적으로 도량형을 표준화하고 금화와 은화를 주조하여 유통시켰으며, 세제를 정비하였다. 이로써 각 지역의 세금징수가 편리해지고 관원,

군인들의 월급을 동전으로 지급하여 화폐가 제국의 전역에 유통되었다. 물론 이전에도 동전이 주조되어 유통되었지만 교역과 상업에서 활발하게 사용된 적은 없었다. 페르시아의 교역 범위는 페니키아, 그리스, 인도, 다뉴브 강까지 확대되었다.

이 시기 전통적인 믿음을 바탕으로 다신교 및 의식적 형식주의와 같은 요소를 배격하는 새로운 종교가 출현하였는데, B.C. 7세기에 조로아스터(Zoroaster)가 창시한 종교였다. 이 종교는 우주의 본질을 선신과 악신의 대립이라는 이원론으로 설명한다. 선악을 대표하는 두 신이 우주가 창조된 이래로 계속 싸움을 벌이면서 우주에 역동적인 힘을 부여하고 선신인 아우라-마즈다(Aura-Mazda)의 부단한 노력만이 이 세계를 악의 지배로부터 벗어나게 할 수 있다는 것이다. 다리우스 자신은 일신교인 조로아스터교를 신봉했지만 피지배민들에게는 종교적 관용을 베풀었다.

제국의 융성 원인

페르시아인들이 이룩한 제국은 "성벽을 파괴하고, 기병대가 날뛰고 도시를 정복하는 와중에" 건설된 제국이긴 해도 영토를 확장하는 과정에서 피지배 민족의 저항에 직면할 경우에 대비한 대응책도 갖추어져 있었다. 페르시아 왕들은 순종적인 민족에게는 평화와 질서를 보장해 주는 정책을 쓰는 동시에 분할통치 정책을 구현하여 세계 최대의 제국을 건설할 수 있었다.

특히 다리우스 시대 페르시아제국은 히말라야 산맥에서부터 에게 해, 북아프리카 사막 중간에 있는 수십 개의 민족을 지배했던 역사상 유래가 없는 지배자가 되었다. 그는 정복지 30여 곳에 자신의 동상을 세우고 이런 문구를 새겼다. "다리우스 왕이 몇 개 나라를 정복했는지 궁금한가? 그렇다면 이 조각상이 몇 개인지 찾아보라. 페르시아인의 창이 얼마나 멀리 날아갔는지 알 수 있으리라."

제국이 번영할 수 있었던 원인을 몇 가지 측면에서 살펴볼 수 있다.

첫째, 정복지에 대한 관용책을 들 수 있다. 광대한 페르시아제국을 건설한 왕들은 전례 없이 많은 수의 민족들을 자국의 영토에 편입시켰지만 새로운 정복지를 지배할 때 존중과 관용을 기본으로 삼았다. 무엇보다 각 민족 고유의 종교와 신앙을 존중하여 기존의 종교 활동을 누릴 수 있게 해 주었다. 키루스는 유대인으로 하여금 예루살렘으로 돌아가 성전을 재건할 수 있도록 했다. 때문에 유대인은 『성경』에서 키루스를 '하나님의 목자'라고 칭송했다. 키루스와 다리우스는 피정복민을 억지로 페르시아화하거나 각 지역의 종교·언어·사회 구조를 억지로 개조하려 하지 않았다. 오히려 피정복민들 중의 일부는 문화적·지정학적·언어학적으로 페르시아인들과 매우 가까웠기 때문에 페르시아는 쉽게 그들을 체제 내로 흡수할 수 있었다. 가령, 메디아인들은 키루스를 정복자로 생각하지 않았고 자신들과 같은 핏줄로 간주하여 대부분 동화되었다. 제국이 팽창함에 따라 병합되는 민족과 문화의 수는 크게 늘었지만 이들은 페르시아의 통치 하에서 별개의 공동체로 유지되었다. 이는 경제적인 측면에서도 마찬가지로 지역마다의 재정적 독립과 군사적 자율권을 보장해주어 권력을 분산시킴으로써 반란이 일어날 가능성을 감소시켰다.

둘째, 지역을 연결하는 효율적인 도로망과 역전제를 들 수 있다. 페르시아제국은 전성기에 아시리아보다 두 배나 넓은 영토를 정복하였다. 제국은 잘 갖춰진 관료조직을 바탕으로 영토를 20개의 주(州)로 분할하여 '사트라프(총독)'라고 불리는 지방관을 파견했다. 동시에 이들을 중앙에서 통제하기 위한 연락망을 확립함으로써 세계제국의 원형(原型)을 창조했다. 구체적으로, 사트라프로 하여금 해당 지역을 통치하게 하고 도로망과 역전제로 광범위한 지역을 연결시켰다. 제국의 수도 수사와 소아시아의 사르디스 사이에는 총 2,400km에 달하는 왕도(王道)를 건설하고, 역전제(驛傳制)를 도입하여 각 역에 역마(驛馬)를 상비함으로써 중앙정부의 명령을 신속히 전달할 수 있도록 하였다. 이 도로는 평상시에는 상업교역로, 전쟁시에는 수송로로 이용되었다. 역전제도는 오랫동안 서아시아 여러 국가의 모범이 되었다. 그리스 역사가인 헤로도투스는 수도 수사와 소아시아 사이의 '왕의 길'에 대해 "상인은 3개월이 걸렸지만 왕의 사자는 일주일 만에 주파했다"고 기록했다.

셋째, 제국의 번성을 뒷받침한 것은 군사·행정상의 획기적 개선이었다. 정복을 통해 제국의 운영에 필요한 충분한 물자를 갖게 됨으로써 상당한 병력의 근위부대를 항상적으로 유지할 수 있게 되었다. 개인의 능력이나 인격보다 관직에 의거해 권력을 행사하는 행정 관료가 지배하는 정치질서는 함무라비 치하에서 상당히 발달했다. 그런데 페르시아인이 이 원리를 광활한 지역에 장기간 적용해서 성공할 수 있었던 근본적인 이유는 군사적 우위 때문이었으며, 이를 뒷받침한 것은 바로 상비군의 설치였다. 물론 직업적인 상비군이 유지될 수 있었던 것은 경제적·기술적 진보를 통해 이들을 부양하기에 부족함이 없을 정도의 물자를 가지고 있었기 때문이다. 인구는 늘어나고 각종 물자는 풍부했다.

넷째, 적극적인 상업·유통 진흥책을 들 수 있다. 다리우스 대왕은 전 국토에 징수한 연간 약 36만 7천 킬로그램의 은으로 화폐를 주조했다(금은 은의 13배로 환산). 동시에 금화를 주조하여 상품유통을 원활하게 하였다. 더욱이 상인의 권리와 특권에 대한 일련의 법적, 관습적 규정도 마련됨으로써 서로 멀리 떨어진 사람들 간의 교역도 용이해졌다. 상인의 원활한 상업활동을 위해 법적 보호조치를 시행했고, 이들은 병역 면제혜택을 누렸다. 나아가 시리아 사막의 상업민인 아람인의 언어를 공용어로 삼아 마치 오늘날의 영어처럼 아람인의 언어가 광범위한 지역에서 사용되어 소통과 교역에 편리하였다.

제국의 쇠망 원인

고대 동방의 마지막이자 가장 강력한 대제국도 결국 패전의 후유증으로 쇠락의 길로 들어서게 되었다. 다리우스 3세(B.C. 336-330) 때 내란을 겪은 페르시아는 B.C. 330년 마케도니아 출신 알렉산드로스 대왕에 의해 마침내 멸망하고 말았다. 이로써 유럽 역사의 중심이 고대 동방에서 서쪽 그리스로 옮겨지게 되었다.

학자들은 일반적으로 크세르크세스의 '전제적' 통치 시기(B.C. 485~465) 페르시아가 수차례 군사적 실패를 겪고 난 이후 왕조의 몰락이 시작되었다고 보고 있다. 그리스인들이 전하는 기록에 따르면, 크세르크세스가 제국 전역의 사원과 성역을 파괴하고, 사제들을 죽이고, 백성들을 노예로 삼는 등 반란을 잔혹하게 진압했다고 한다. 곧 왕들의 잔혹성과 억압이 강화됨으로써 피정복지의 반란과 알렉산드로스에 대한 지지를 확대시켰다는 것이다. 물론 모든 사람들이 알렉산드로스를 해방자로 환영했다는 것은 믿기 어려운 일이다. 다른 사람의 눈을 통해 기록된 서술이나 평가에는 상당한 정도의 편견이 섞여 있기 때문이다. 좀 더 객관적인 측면에서 페르시아의 붕괴 원인은 다음의 몇 가지 측면에서 살펴볼 수 있다.

첫째, 잇따른 반란과 알렉산드로스 대왕의 침입을 들 수 있다. 내부적으로 제국 후반기 각지의 반란이 격화되었고, 크세르크세스는 힘겹게 페르시아제국을 지켜냈다. 페르시아제국은 영토가 확대되자 이민족 용병에 의존하게 되면서 쇠퇴기로 접어들었다. 외부적으로는, 페르시아제국에 내부의 반란보다 더 큰 충격을 가한 것은 그리스인이었고, 특히 그리스계 마케도니아 알렉산드로스 대왕이 최후의 일격을 가하였다.

둘째, 피정복민을 통합할 수 있는 이념이 부족하였다. 페르시아제국은 비록 군사적으로는 통합되었지만, 키루스 대제의 전설적인 관용 정책 덕분에 "그리스인은 자신이 그리스인이라고 생각하면서 그리스어를 사용하고, 이집트인은 자신이 이집트인이라고 생각하면서 이집트어를 사용했다." 제국을 하나로 묶어주는 지배적인 정치적 정체성의 결여로 피정복민들은 제국에 대해 특별한 충성심이나 소속감을 갖고 있지 않았다. 즉 이질적이고 다양한 민족들을 하나로 통합할 수 있는 강력한 이데올로기가 존재하지 않았다. 그 결과 페르시아의 관용정책 덕분에 나름의 정체성을 유지, 강화해 왔던 각 민족들은 제국에 대한 반감을 쌓아가다가 제국을 공격하기 시작했다. 알렉산드로스가 각 지역의 지배자들에게 그들의 지위와 생활에는 아무런 변화가 없을 것이라고 약속하자 아케메네스의 피정복민들은 주저함 없이 자신들의 군주를 교체해 버렸다.

역사적 교훈과 유산

알렉산드로스 대왕은 페르시아제국을 정복하고 새로운 그리스 문명의 시작을 알리는 의미에서 페르세폴리스를 불태웠다. 그러나 그것으로 페르시아제국의 유산이 모두 소멸된 것은 결코 아니었다. 페르시아제국의 광범위한 대외 정복활동으로 세계 각지의 다양한 문화가 처음으로 한 나라 안에서 한 군주의 지배 아래 긴밀한 영향을 주고받았다. 페르시아의 제왕들, 특히 키루스 대제와 그를 계승한 다리우스 대왕은 대제국을 지배하기 위해 심혈을 기울여 새로운 제도들을 만들었고, 이것은 훗날의 로마제국, 아라비아제국, 오스만제국으로 계승되었다. 이런 점에서 페르시아제국의 정복의 역사는 세계 역사의 밑거름이라 할 수 있다.

페르시아가 주는 교훈과 유산으로 첫째, 지도자의 창의적 지혜와 인간적 리더십의 중요성을 들 수 있다. 강대한 제국의 토대를 일궈낸 건설자 키루스 대제는 바빌론을 정복하고 그곳에 잡혀와 있던 42,360명이 넘는 유대인들이 예루살렘으로 돌아가는 것을 허용하는 동시에 자신의 정권을 지지한다는 조건 아래 이집트와 바빌론의 고대 신관조직을 부활할 것을 승인했다. 많은 유대인들이 페르시아에 머무는 것도 허락하고, 포로와 노예들을 후대하여 자발적인 투항과 협조를 이끌어 내고 그들의 공과(功過)에 대해선 합당한 대우를 해 주었다. 이처럼 포용을 바탕으로 한 창의적 지혜와 인간적인 리더십은 전쟁에서 승리하고 대제국을 건설하는 데 핵심적 요소였다.

둘째, 오늘날 지구촌 시대를 살아가는데 필수적인 관용과 통합의 표본을 제시해 준다. 서아시아 문명의 중심지에서 페르시아인이 최초로 시도한 것은 제국의 지배에 들어온 모든 민족의 지역적 자유와 전통 종교, 고유한 법률 체계를 부활시킨 것이었다. 키루스 대제 이래로 정부 형태와 통치 방식에서 전혀 새로운 것을 만드는 것이 아니라 타민족의 것을 그대로 차용하여 제국에 적용했다. 특히 다리우스는 각지의 사트라프에게 자율권을 보장해 주어 해당 지역의 주민들에게 맞는 법률을 정하고 그것을 법전으로 만들도록 했다. 이 정책은 세계 각지의 다양한 문명과 문화가 여러 가지 형태로 융합할 수 있는 계기를 마련했다. 이처럼 페르시아제국은 기존의 문명들의 제 요소를 수용하여 이것들을 조화롭게 발전시킴으로써 각지의 문화들이 서로 혼합된 세계화의 바탕을 마련하였다. 가령, 설형문자를 받아들여 인도-유럽어를 익히게 하였고, 천문학과 수학을 핵심으로 하는 메소포타미아 문화를 받아들인 것 등이다. 페르시아제국의 지배하에 있던 23개 속국의 언어는 크게 3가지였다. 왕의 치적을 선양하기 위해 제작된 비문을 제국 내의 누구라도 읽게 하기 위해 3개의 언어, 즉 엘람어, 바빌로니아어, 아카드어로 비문을 새겼다.

셋째, 페르시아제국은 220년 동안 세계제국으로 군림했다. 통치자들은 종교에 관대했고, 제국은 다양한 민족·언어·문화 등의 복합적인 요소로 구성되었다. 오늘날 세계 각국의 정치·종교·문화적 갈등과 반목, 테러의 위협 등으로 불안한 시기 다인종·다문화로 이루어진 세계국가의 모델과 가능성을 후대에 제시해 준 것은 페르시아 제국의 가장 뛰어난 유산이라 할 수 있다.

연표

- B.C. 550년 페르시아 건국과 키루스가 왕위에 오름
- B.C. 547년 리디아 정복
- B.C. 546~540년 동이란과 중앙아시아 정복
- B.C. 539년 칼데아 정복 및 서아시아 전체를 통일함
- B.C. 529년 캄비세스 즉위
- B.C. 529~526년 인더스 강 서쪽 연안 정복
- B.C. 525년 이집트 정복
- B.C. 522년 다리우스 즉위
- B.C. 522~520년 전국의 반란을 평정하고 페르시아 제국 재통일
- B.C. 518~512년 인도, 마케도니아, 트라키아 정복
- B.C. 499년 이오니아인 반란 평정
- B.C. 490년 마라톤 전투에서 패배. 다리우스대왕 죽음
- B.C. 480년 크세르크세스1세 살라미스 해전에서 대패
- B.C. 330년 제국 멸망

참고문헌

- **단행본** 헤로도토스, 강은영 옮김, 『페르시아전쟁사』, 시그마북스, 2008.
  헤로도토스, 천병희 옮김, 『역사』, 숲, 2009.
  국립중앙박물관 편, 『황금의 제국 페르시아』, 국립중앙박물관 문화재단, 2008.
  유흥태, 『고대 페르시아의 역사』, 살림, 2008.
  톰 홀랜드, 이순호 옮김, 『페르시아 전쟁』, 책과함께, 2006.

- **다큐멘터리** 〈HC 제국의 건설 - 페르시아〉

- **영화** 〈바그다드의 도둑(1961), 아서 루빈 감독〉
  〈페르시아의 왕자(2010), 마이크 뉴웰 감독〉

죽음을 두려워하지 않는 전사의 나라

스파르타

머리말

"스파르타여, 영광의 순간이 오고 있다. … 스파르타인은 절대 후퇴하거나 항복하지 않는다. 그것이 스파르타의 정신이다. 그 정신에 따라 우리는 이곳에서 싸우고 죽을 것이다. 새로운 시대가 시작됐다. 자유의 시대가! 그리고 모든 사람들이 300명의 스파르타인이 자유를 위해 싸우다 죽어간 사실을 기억할 것이다."

이 말은 영화 〈300〉에서 스파르타 왕 레오니다스(Leonidas, ?-B.C. 480)가 B.C. 480년 테르모필라이(Thermophylae)에서 페르시아와의 마지막 생사를 건 전투를 앞두고 죽음을 두려워해 도망가는 아르카디아인과 달리 그의 곁을 지키는 스파르타인 300명의 전사들에게 한 마지막 연설이다. 수적인 열세 때문에 패배할 수밖에 없는 페르시아와의 전투를 앞두고 같은 그리스인으로서 죽음을 피해 도망가는 아르카디아인과 자유를 위해 싸우다 기꺼이 죽으려는 스파르타인의 모습이 대조적이다. 무엇이 죽음 앞에서 스파르타인을 강하게 만들었을까?

이것은 흔히 '스파르타식 교육'으로 알려진 특별한 교육제도의 결과가 아

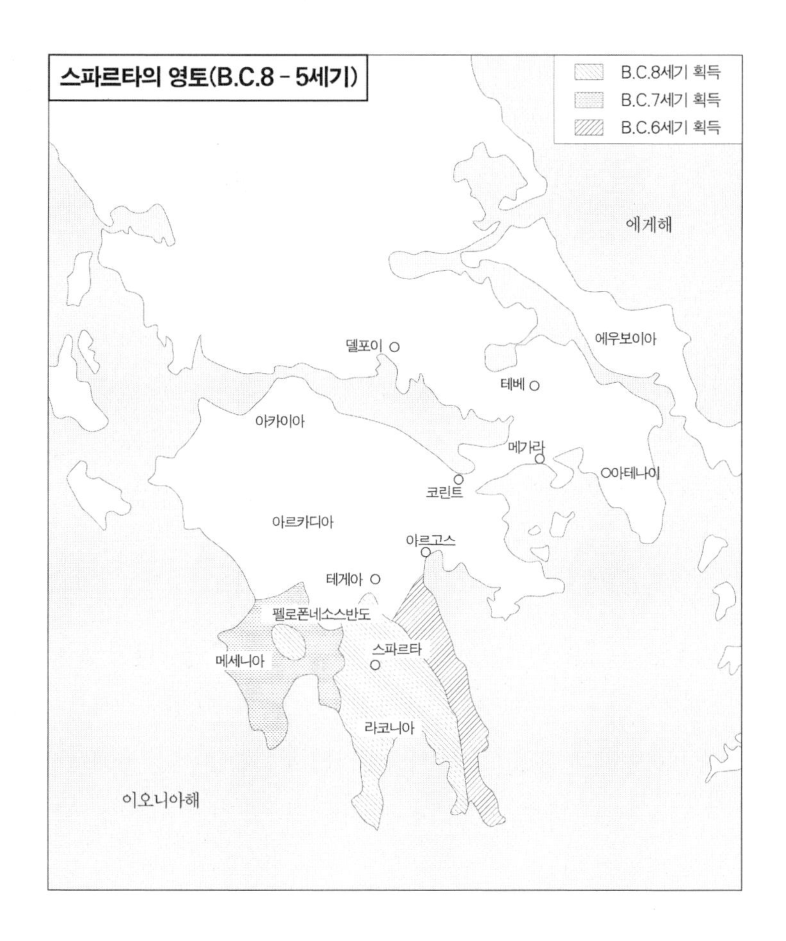

닌가 하는 생각이 든다. 스파르타는 왜 이러한 교육제도를 만들었으며, 강인한 스파르타 정신을 갖춘 전사들을 키워 내려고 노력했을까? 보통 교육제도는 그 사회가 가장 필요로 하는 인재를 양성해 내는 법이다. 스파르타는 어떤 문제에 직면했기에, 이렇게 강인한 전사를 필요로 했는지를 살펴보자.

스파르타의 초기 국가 양상

스파르타의 역사는 B.C. 1200년 경 도리아인이 그리스 북부에서 펠로폰네소스 반도로 남하하여 에우로타스(Eurotas) 계곡 주변에 정착하면서 시작되었다. 이들은 B.C. 800년 경 주변 도리아인의 영토를 병합하여 통일 국가를 형성했고, 이 국가는 두 명의 왕에 의해 통치되었다. B.C. 750년까지 스파르타는 두 명의 왕이 존재한다는 것 외에는 그리스의 다른 폴리스(Polis, 도시국가)들과 별 다른 차이 없이 토지를 많이 보유한 귀족이 민회를 통해 권력을 행사하는 왕정 체제를 유지했다.

그러나 사회가 안정되면서 인구가 늘어나기 시작했고, 인구 증가가 사회적 문제가 되었다. 인구증가라는 똑같은 문제를 그리스의 다른 폴리스들은 해외에 식민지를 건설해서 해결했다. 하지만 스파르타는 그리스의 다른 폴리스들과는 달리 이 문제를 메세니아(Messenia)라는 펠로폰네소스 반도 서남부의 광대한 지역을 정복함으로써 해결하려고 시도했다.

스파르타의 메세니아 정복은 생각만큼 쉽지 않았고, 메세니아 전역이 스파르타의 지배하에 들어오기까지 약 100년에 걸쳐 메세니아와 제1차(B.C. 730-710), 제2차(B.C. 640-630)전쟁을 치르지 않으면 안 되었다. 제1차 메세니아 전쟁에서의 승리의 결과로 스파르타에서는 토지를 많이 보유하면서 부유해진 스파르타인들이 다수 나타났다. 하지만 불공평한 토지분배 때문에 모든 스파르타인들이 이러한 혜택을 누렸던 것은 아니었고, 이에 불만을 품은 이들이 종종 반란을 일으키기도 했다. 스파르타는 이러한 사회적 불안 문제뿐만 아니라, 또 정복된 메세니아 거주민들을 어떻게 지배할 것인가라는 문제에 직면하면서 폴리스를 정치적, 사회적, 경제적으로 재조직할 필요성을 인식하게 되었다. 스파르타를 새로이 재조직한 인물은 바로 전설적인 입법가인 뤼쿠르고스(Lycurgus, B.C. 7세기로 추정)였다.

그는 '뤼쿠르고스 체제'라고 알려진 법을 만들어 스파르타를 생각하면 떠오르는 제도들을 만들었다. 하지만 그가 실존 인물이었는지, 만약 그렇다면 언제 생존했었는지, 뤼쿠르고스 체제가 모두 그의 업적이었는지는 분명하지 않다. 다만 B.C. 7세기에 스파르타가 정치, 사회, 경제적으로 이전과는 다른 제도를 가졌음은 분명하다. 우리가 흔히 '스파르타식 체제', '스파르타식 교육', '스파르타식 생활'이라고 부르는 것이 나타났다. 뤼쿠르고스 체제의 목적은 기본적으로 중장보병인 엘리트 시민 전사계급을 양성하여 국내, 외의 문제를 해결하는 것이었다. 이 시민 전사들이 군사적 훈련에 집중할 수 있도록 수공업, 상업, 농업 등의 경제적인 생산 활동은 페리오이코이(perioikoi, 주변인)와 헤일로타이(heilotai, 노예)에게 맡겨졌다. 이 뤼쿠르고스 체제를 기반으로 하여 스파르타는 B.C. 600년경 펠로폰네소스 반도의 5분의 2를 차지하는 그리스의 강대국으로 부상했다.

그리스 강대국으로서의 스파르타

정치적으로 스파르타는 왕, 원로원, 민회 그리고 감독관회로 이루어져 있었다. 스파르타에서는 한 명이 아니라 두 명의 왕이 존재했는데, 이것은 서로의 권력을 견제하기 위해서였다고 한다. 두 왕은 군사령관과 국가 최고 사제의 역할을 담당했는데, 30인으로 구성되는 원로원과 함께 행정과 입법의 발의자가 될 수 있었다. 스파르타 시민들의 모임인 민회는 발의권은 없었으나 결정권을 가졌다. 이 때문에 스파르타에도 민주적인 요소가 있었다고 생각되기도 했으나, 이 민주적 요소는 뤼쿠르고스 법의 수정 조항으로 다시 부정되었다. 수정 조항에 따르면, 민회는 제안된 안건을 수정할 권리가 없었다. 즉 스파르타 시민들이 원하는 제안이 법으로 만들어질 가능성이 거의 없었다는 것이다. 감독관회는 1년을 임기로 5명으로 구성되었는데, 왕의 군사적, 종교적 권한을 제외한 왕의 대부분의 권한과 행정권을 가졌다. 감독관회가 스파르타 국가권력의 상당 부분을 장악하고 있었던 것이다.

뤼쿠르고스 체제는 사회적으로 국가 명령에 절대 복종하는 인간을 양성하는 것이 목적이었다. 이 목적을 달성하는 방법은 소박한 생활방식을 정착시키는 것이었다. 그 대표적인 예가 공동식사와 스파르타식 교육으로 알려진 '훈련(Agoge)'이다. 공동식사는 스파르타인들이 같은 종류의 빵과 고기를 먹도록 지정했는데, 이것은 그들이 사치, 탐욕, 과식, 나태 등에 빠지는 것을 방지하기 위해서 취한 조치였다. 공동식사는 새로 생겨난 제도는 아니었다. 도리아인에게 공통된 관습으로서, 정복을 위해 이동하면서 생겨났던 전장에서의 식사가 필요에 의해서 공동식사로 변형되었던 것으로 추정된다. 식사는 최대한 '맛이 없게' 만들었다고 하는데, 스파르타 시민들이 지나치게 음식에 탐닉하는 것을 방지하기 위해서였다고 한다. 한 외국인이 스파르타의 공동식사를 한 번 맛 본 적이 있었는데, 그는 "이제야 스파르타인들이 전장에서 죽음을 두려워하지 않는 이유를 알 것 같다"고 말했다. 사실 음식 맛이 얼마나 없었으면 이 음식을 먹느니 차라리 전장에서 싸우다 죽는 것이 더 낫다고 생각했을까 상상이 된다.

이 맛없는 음식조차도 실제로 배불리 먹지 못했다고 전한다. 배고픈 사람은 음식을 훔칠 수밖에 없었는데, 이것이 바로 스파르타식 교육, 즉 '훈련'의 한 부분이었다. 배고프면 훔쳐야 했고, 훔치다 들키면 매를 맞았는데, 음식을 '훔쳐서' 맞는 것이 아니라 '들켜서' 맞았다고 한다. 도둑질을 하되 들키지 않고 해야 인정받았던 것이다. 이렇게까지 인간을 한계 상황으로 몰아넣어서 훈련시킨 '훈련'은 어떤 제도였을까?

'훈련'의 목적은 잘 훈련된 시민 전사단을 유지 시키는 것이었다. 스파르타 전사들은 안으로는 내부의 반란을 진압하고 밖으로는 외부의 적을 방어해야 했는데, 그들에게 가장 큰 위협은 바로 정복된 메세니아의 거주민인 헤일로타이였다. 이들은 도시국가로 발전하고 있던 메세니아의 역사를 기억하고 있었고, 또 수적으로도 스파르타 시민의 약 10배였다. 이들은 기회가 생길 때마다 반란을 일으켜 스파르타 시민들을 늘 긴장하게 만들었다. 이 때문에 스파르타 시민들에게 육체적 훈련과 국가에 대한 복종심과 충성심 교육은 중요할 수밖에 없었다. 스파르타 시민들의 생존과 직결된 문제였던 것이다.

스파르타에서는 세상에 태어난 남자아이들이 모두 '훈련'을 경험하지는 못했다. 영화 〈300〉의 첫 장면을 떠올려 보라. 한 나이 지긋한 노인이 강보에 싸인 한 아이를 두 손에 들고 자세히 살펴본 후 산 계곡에 던지는 모습이 기억날 것이다. 스파르타에서는 아이들이 세상에 태어나면, 남자아이이든 여자아이이든 우선 감독관의 검사를 받아야 했다. 작거나 약하거나 장애가 있는 신생아들은 산 계곡으로 던져져 생명을 잃었고 이 검사를 통과한 아이들만이 생존을 허락 받았다. 살아남은 여자아이들은 집에서 강인한 모체를 가진 어머니가 될 수 있도록 교육을 받았고, 남자아이들은 '훈련'을 받았다.

교육 내용은 주로 체육과 군사훈련으로 구성되었고 7세부터 시작되었는데, 스파르타 소년들은 13세까지 6년 동안 파이디온(paidion)이라는 기초교육을 받았다. 이들은 13세부터 19세까지 역시 6년 동안 헤본(hebon)이라는 본격적인 훈련을 받는 청소년기를 거쳤는데, 이 때 이들은 머리를 짧게 깎고, 신발은 신지 않은 맨발에, 단 하나의 옷을 입고 사계절을 생활해야 했다. 영화 〈300〉에서 스파르타 왕 레오니다스가 어린 시절 눈보라가 치는 산속에서 맨발에 옷가지 하나 걸치고서 손에 창 하나만을 들고 보석처럼 반짝이는 눈을 가진 늑대를 만났던 장면을 기억해 보면, 스파르타 청소년들의 삶이 어떠했는지 상상이 될 것이다. 약자는 도태되는 훈련과정을 통해 스파르타 전사는 한평생 긴장하면서 감시를 받으며 살았고, 윗사람에게 절대적으로 복종하도록 교육을 받았다. 19세 이후에는 전투에 참가하는 것이 허용되었는데, 소년 소대의 소대장 역할을 하는 에이렌(eiren) 단계를 거쳐, 24세가 되면 '정식' 전사가 될 수 있었다. 정식 전사가 되기 위해서는 일종의 '신고식'을 통과해야 했다. 조금의 식량과 단검을 가진 예비 전사들은 어둠을 틈타 강하고 유능한 헤일로타이를 제거해야 했다. 이때 중요한 것은 헤일로타이를 제거하되, 아무도 눈치 채지 못하게 제거해야 훌륭한 전사로 인정받았다는 것이다.

정식 전사가 된 스파르타 시민들이 공식적인 성인이 되기 위해서는 30세까지 기다려야 했다. 30세가 되면 스파르타 시민권을 획득하여 민회 구성원이 될 수 있었고, 결혼하여 가정을 꾸릴 수 있었다. 스파르타 시민들은 여자를 '보쌈'하는 방법으로 결혼 의식을 행했고, 결혼했다고는 하나 오늘날 우리가 생각하는 부부관계와는 달랐다. 어릴 때부터 남자, 여자가 분리되어 생활해 오다가 '자식 생산'이라는 목적 때문에 결혼했기 때문에, 또 대부분의 시간을 남자는 군사훈련에, 여자는 건강한 모체형성 훈련에 보낸 후 밤에만 잠깐 같이 시간을 보내서 서로를 잘 몰랐고 관심도 크지 않았다고 한다. 본인이 약하다고 생각하는 스파르타인은 자신보다 강하다고 생각되는 친구와 자신의 아내와의 잠자리를 마련했다고 전해진다. 스파르타는 강인한 전사를 필요로 한다는 생각이 강해서 꼭 본인의 자식이 아니더라도 아내가 강인한 아들을 낳기를 원했던 것이다.

스파르타 시민들은 추첨으로 균등하게 분배된 땅인 분배지(cleros)를 보유했었는데, 이 땅에서 나오는 일정한 수입으로 생활을 유지했다. 이 수입이란 바로 국가노예였던 헤일로타이가 경작하여 바치는 수확량의 절반을 의미했다. 대부분의 헤일로타이는 정복된 메세니아인으로서 스파르타 시민들이 이들을 통치하기가 쉽지 않았다. 스파르타 시민들은 자신들의 땅 메세니아에서 피지배자가 된 메세니아인 헤일로타이에 대한 효과적인 통치를 위해 뤼쿠르고스 체제를 도입했다고 한다. 그 결과 스파르타는 균등하게 분배된 토지제도와 소박한 생활방식을 기반으로 대단히 안정적이고 질서 정연한 사회를 형성할 수 있었다.

스파르타가 국가체제를 유지하는 데 필요한 것 외에는 모두 포기함으로써 문화적으로는 빈곤해졌다. 질서가 무너질까 두려워서 자유를 수용하지 않으면서 예술적 창조는 불가능해졌다. 또 뤼쿠르고스 체제로 모든 생활이 법제화되면서 스파르타 시민들의 일상은 비슷하고 간소해졌다. 이들은 같은 시기에 결혼하고, 빈부의 차이도 없이, 의식주도 거의 똑같은 수준을 유지하고, 금욕적인 생활을 영위했다. 나아가 행동과 말투까지 비슷해졌다. 스파르타 시민들은 군사적인 성격 때문에 과묵하고 말도 아껴서 간결한 말만 사용하게 되었는데, 영어 단어 '러카닉'(laconic, 간결한 혹은 말 수가 적은)은 스파르타인들의

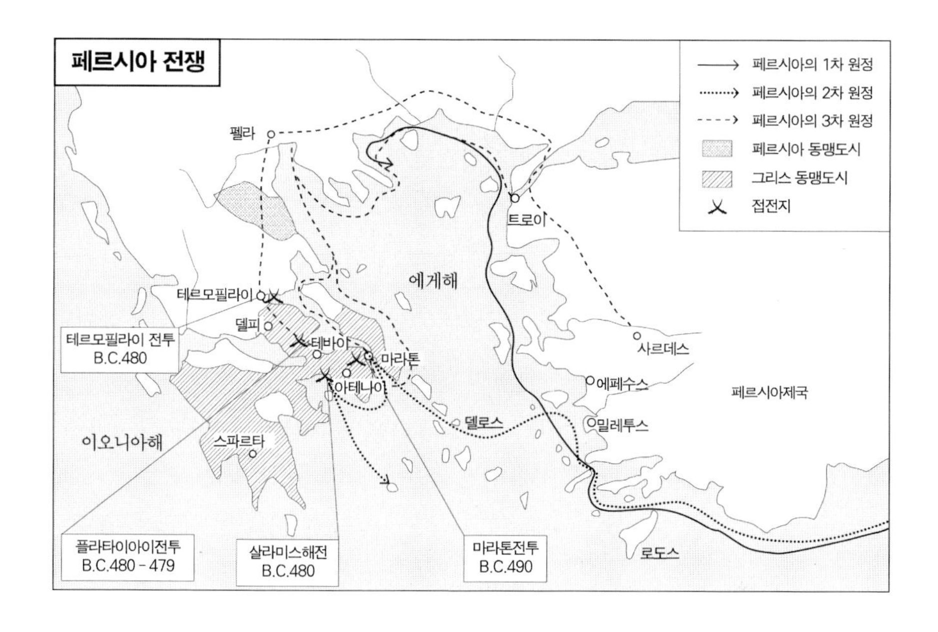

이러한 행동에서 나온 것이었다. 스파르타인들은 '라코니아인'으로도 불렸는데, 이들이 거주한 땅이 라코니아라고 불렸기 때문이었다. 또 국가체제의 안정을 위해 스파르타인은 외부로 나가는 것도 또 외부인이 스파르타로 들어오는 것도 금지되었다. 교류를 통해 스파르타 체제의 안정을 위태롭게 만들 사상이 유입될까 두려워했던 것이다.

안으로 안정을 얻었던 스파르타는 B.C. 6세기경 밖으로 눈을 돌리고 세력을 팽창하려고 노력했다. 먼저 펠로폰네소스(Peloponnesos) 반도 북부 아르카디아 지역의 폴리스 테게아(Tegea)를 정복하고자 시도했으나, 초기 전투에서 패하면서 다른 전략을 수립했다. 다른 폴리스를 정복해서 피정복민을 헤일로타이로 만들기 보다는 스파르타가 맹주가 되는 조건으로 테게아와 군사동맹을 맺기로 결정했던 것이다. 이후 스파르타는 그리스의 다른 폴리스들을 굴복시켜 자신이 맹주가 되는 펠로폰네소스 동맹을 형성하면서 그리스의 강대국으로 부상했다. 스파르타의 강력한 군사력은 또한 B.C. 480년 페르시아와의 전쟁에서 레오니다스 왕과 그의 근위병 300명 전사들의 희생으로 세상에 널리 알려지게 되었다.

스파르타 왕과 전사 300명이 테르모필라이 전투에서는 전멸함으로써 패배했지만, 페르시아군의 진군을 저지시킴으로써 그리스의 다른 폴리스들이 단합하여 페르시아에 대항하는 연합군을 형성할 수 있도록 시간을 벌어주면서, 페르시아 전쟁에서 그리스가 승리하는 데 크게 기여했다. 그러나 이 전쟁의 판도를 완전히 뒤바꾼 것은 바로 그리스의 폴리스 중에서 스파르타와 라이벌 관계에 있던 아테나이(Athenae)의 장군 테미스토클레스(Themistokles, B.C. 527?-460?)가 이끌었던 해상 전이었다. 그는 그리스 해군보다 선박 수가 월등히 많았던 페르시아 해군을 좁은 살라미스(Salamis) 해협으로 유인하여 그 수적인 우세를 무용지물로 만들면서, 이들을 격파했다. 해상 전에서 패배한 페르시아 군은 보급로가 끊기면서 소수의 육군만 남긴 채 본국으로 돌아갔다. 이후 그리스에 남았던 페르시아 군은 스파르타 육군을 중심으로 한 그리스 연합군에게 플라타이아이(Plataeae)에서 패배했고, 이렇게 페르시아 전쟁은 그리스의 승리로 끝났다.

하지만 그리스인들은 페르시아가 패배한 것이지 망한 것이 아니기 때문에 언제든지 다시 그리스를 침공할 수 있다고 생각했다. 때문에 이들은 동맹을 맺고 동맹 기금을 모아 해군력을 증강함으로써 페르시아의 재침에 준비했다. 동맹 기금이 델로스(Delos) 섬에 안치됨에 따라 이 동맹은 델로스 동맹으로 불렸고, 아테나이가 이 동맹의 맹주가 되었다.

페르시아 전쟁 후 아테나이에서는 페리클레스(Perikles, 약 B.C. 495-429)의 지도하에 직접 민주정치가 꽃피었으며 문화적으로도 융성했다. 그러나 아테나이가 점차 폴리스의 가장 중요한 특징인 '폴리스의 자유와 독립'을 무시하고 다른 폴리스의 내정에 간섭하고, 또 페르시아의 재침략을 막기 위해 모은 동맹기금을 아테나이의 아크로폴리스의 신전 건축공사에 유용하자, 동맹국들이 아테나이에 대해 불만을 품고 동맹에서 탈퇴하는 사건이 발생했다. 특히 아테나이가 펠로폰네소스 반도 내에서 세력을 확대해 나가자 스파르타는 불안해졌다. 아테나이가 세력 확대 과정에서 민주정치를 전파하면서, 과두정 체제를 가졌던 스파르타는 민주정치가 스파르타 본국에도 들어올지 모른다는 불안감 때문에 아테나이와의 충돌이 불가피하다고 생각했다. 긴장 관계에 있던 델로스 동맹과 펠로폰네소스 동맹 사이에서 마침내 B.C. 431-404년 28년간 지속된 펠로폰네소스 전쟁이 발발했다.

펠로폰네소스 전쟁에서는 스파르타를 맹주로 하는 펠로폰네소스 동맹이 승리했고, 이로써 스파르타는 그리스의 최대 강대국으로서 패권을 장악했다. 그러나 스파르타는 어리석게도 페르시아 전쟁 후 아테나이가 저질렀던 잘못을 되풀이했다. 스파르타는 페르시아 전쟁에서의 승리 후 아테나이가 '제국주의화'하면서 다른 동맹국들의 내정에 간섭하면서 반발을 불러 일으켰던 것과 똑같이 행동함으로써, 펠로폰네소스 동맹국들의 반발을 야기했던 것이다. 스파르타도 동맹국들의 내정에 간섭하고, 자신의 과두정 체제를 강요하면서, 또 동맹국들에 대해 오만하게 행동함으로써 결국 스파르타에 대항하는 새로운 동맹이 결성되는 계기를 만들었다. 테바이(Thebai)를 중심으로 한 새로운 동맹은 B.C. 371년 레욱트라(Leuctra) 전투에서 스파르타를 물리치고, 1년 후에는 메세니아를 스파르타로부터 해방시켰다. 이후 스파르타는 몰락의 길을 걸었는데, 헬레니즘 시대의 스파르타는 결코 강대국이 되지 못했고 이등국가에 만족해야 했으며, 마침내 B.C. 146년 로마에 의해 정복되었다.

스파르타의 융성원인

스파르타가 그리스 폴리스 사이에서 강대국이 될 수 있었던 이유는 무엇인가?

첫째, 스파르타 시민 전사들의 죽음까지 각오한 희생정신을 들 수 있다. 스파르타 시민들은 스파르타 체제를 유지하기 위해, 또 폴리스의 자유와 번영을 위해 기꺼이 죽을 각오가 되어 있었던 것이다. 스파르타 시민들에게 '최고의 영광'은 스파르타를 위해 전장에서 싸우다 죽음을 맞는 것이었다.

군사적 우위가 세력의 판도를 결정하던 시기에 전장에서 후퇴나 항복 대신에 기꺼이 죽는 것을 명예롭게 생각했던 전사들을 보유한 스파르타가 강대국으로 성장할 수밖에 없었던 것은 자연스러워 보인다.

둘째, 스파르타 사회의 사회주의적이고 평등주의적 성격을 들 수 있다. 스파르타 시민들은 동등한 사람들로서 부와 정치권력을 똑같이 나누어 가졌다. 토지의 균등 분배로 경제 활동에서 해방된 스파르타 시민들은 전사가 되기 위한 훈련에 집중할 수 있었고, 또 폴리스에 관련된 안건에만 관심을 집중할 수 있었다. 정치, 경제, 사회적 평등의 실현으로 사치, 탐욕, 나태, 시기, 질투가 발생하는 것을 억제하고 검소하고 소박한 생활방식을 정착시켰다. 스파르타 시민들은 태어나면서부터 죽을 때까지 폴리스의 통제 속에 살아야 했고 이로 인해 사회 안정과 질서 유지가 가능했다.

스파르타의 쇠망 원인

펠로폰네소스 전쟁 말기 페르시아에서 들어온 막대한 전쟁 보조금과 전쟁에서 승리 후 아테나이로부터 받은 배상금과 전리품 등은 자급자족했던 스파르타의 경제체제를 크게 변화시켰다. 농업 국가였던 스파르타에 자본이 들어오자 이것은 토지에 투자되었고, 토지는 소수의 손에 집중되었다. 이로써 토지의 균등 분배에 기반을 둔 뤼쿠르고스 체제는 서서히 붕괴되었다. 또한 스파르타는 B.C. 370년 메세니아를 상실하면서 영토의 절반가량을 상실했다. 이로써 상당수의 스파르타 시민들이 경제적 기반을 박탈당하면서 시민의 수가 감소했다. 스파르타 시민의 수적인 감소는 바로 군사력의 약화와 직결되었고, 비시민층의 증가는 사회적 불안을 가져왔다.

스파르타의 쇠망 원인을 살펴보면 첫째, 스파르타의 검소하고 소박한 생활양식의 붕괴를 들 수 있다. 펠로폰네소스 전쟁 말기부터 사회적으로 빈부의 격차가 커지고, 사치와 낭비가 만연했다. 이 때문에 스파르타의 검소함과 소박함을 높이 평가했던 이전의 생활방식은 큰 타격을 받았다.

둘째, 스파르타의 성공이 곧 스파르타의 멸망 원인이라고도 할 수 있는데, 성공의 영광에 안주하면서 개혁하고자 하는 의지를 가지지 못했다. 스파르타는 군사적으로 전술 변화와 장비 개발과 같은 새로운 개혁에 관심을 갖지 않았다. 스파르타가 얼마나 개혁의지가 부족했는가를 잘 보여주는 한 사례로는 스파르타가 테바이와의 전투에서 이전에 패배했던 전술을 다시 사용한 것을 들 수 있다. 한번 실패하고 노출된 전술의 변화는 불가피했음에도 유연성이 부족해서 그렇게 하지 못했던 것이다. 또 융통성의 부족으로 사회적 변화에 대처할 대비책도 마련하지 못했다. 기존의 정치, 사회, 군사 제도를 유지하는 데에만 신경을 쓰고, 새로운 것을 배우는데 소홀히 했다.

셋째, 스파르타는 피정복민과 동맹국의 마음을 얻는데 실패했다. 펠로폰네소스 전쟁에서 승리한 후 새로 정복한 나라를 지배하는데, 또 동맹국의 마음을 얻는 데 필요했던 능력이 부족했다. 피정복민의 마음을 얻을 말재주도 전략도 갖추지 못했고, 더욱이 이들을 난폭하고 비인간적으로 대우함으로써 스파르타에 대한 반감만 증가시켰다. 또 펠로폰네소스 전쟁 승리 후 그리스 세계 지배에 꼭 필요했던 동맹국들을 편안하게 해 주는 대신에 이들을 소외시키고 독단적으로 행동함으로써 이들의 협력 의지를 감소시켰다. 동맹국들의 마음을 얻어서 협력을 유도한 것이 아니라 스파르타에 복종시키려고 시도하면서 오히려 이들의 반감을 불러 일으켰던 것이다. 또 전투에서 마음에 들지 않는 동맹국 군대를 적군이 강한 위치에 배치함으로써 그들의 세력을 약화시켰고, 대신 스파르타 군대는 적군이 비교적 약한 위치에 배치하여 피해를 덜 입도록 행동하여 동맹국들의 스파르타에 대한 증오심만 더욱 부채질했다.

스파르타가 주는 역사적 교훈

죽음을 두려워하지 않는 전사의 나라 스파르타의 역사를 살펴보면서 우리가 한번쯤 생각해 볼만한 것으로 어떤 것이 있을까?

우선, 공공의 이익과 명예를 우선시하는 정신을 들 수 있다. 스파르타인은 스파르타라는 도시국가의 생존과 체제유지를 위해서 개인적인 욕망과 이기심, 나아가서는 자신의 생명까지 기꺼이 희생하는 모습은 높이 평가될 수 있다.

또한 스파르타가 뤼쿠르고스 법을 기반으로 감시와 균형을 제도화하여 평등하고 안정적인 사회를 이루었다는 것이다. 이 안정적인 스파르타 사회를 소크라테스와 플라톤은 그리스 문명의 이상적인 사회로 생각했다. 그러나 이 안정적인 사회는 혼란과 무질서를 두려워하여 사회 구성원에게 자유를 허용하지 않음으로써 예술 창조와 같은 문화가 발전할 수 있는 여지를 남겨두지 않았다. 문화적인 발전을 위해서는 어느 정도의 자유가 필수적인데, 안정을 위해 자유를 희생시킨 것이었다.

한편, 스파르타가 멸망하게 된 원인 중 하나인 성공에의 안주와 개혁 의지 상실을 생각해 보자. 성공한 뒤에 그 결과에 안주하면서 오히려 결과적으로 퇴보하게 되는 경우를 세계 역사에서 자주 볼 수 있다. 역사 속에서 많은 동, 서양의 대국들은 군사적으로 큰 승리를 거둔 후 안주하면서 더 이상 군사 분야를 개혁할 의지를 보이지 않으면서 세력이 약화되었고, 오히려 그 동안 수많은 침략과 침입에 시달리면서 또한 서로 끊임없이 경쟁하면서 치열하게 생존해야 했던 유럽의 국가들이 근대시기 이후 전 세계에 걸친 강대국으로 부상하는 모습을 보게 된다. 한 번의 성공에 만족하고 안주하기 보다는 끊임없는 개혁의 노력이 지속적인 발전을 유지시켜 준다.

특히 실패에서 배우는 자세를 지적하고 싶다. 스파르타는 육지에서는 후퇴도 항복도 모르는 무적의 군대라는 '신화'가 실패한 전술을 다시 그대로 같은 적과의 싸움에서 사용함으로써 패배하면서 깨지게 되었다. 테바이와 자주 전투를 벌이면서 스파르타의 전술이 노출되었고 또 이 전술로 전투에서 패했는데도 스파르타인은 이 전술을 변화시킬 유연성을 보이지 않았다. 또 해군과의 전투에서는 새로운 전술이 필요한데도 지금까지 해 왔던 방식을 벗어날 시도를 하지 않다가 군사적으로 패배했다. 이러한 스파르타의 역사에서 우리는 시행착오를 통해 언제나 배울 자세를 가지는 것이 매우 중요함을 알 수 있다.

연표

- B.C. 1200년　도리아인의 남하, 펠로폰네소스 반도 라코니아 정착
- B.C. 1000년　도리아인의 두 번째 남하
- B.C. 730–710년　제1차 메세니아 전쟁
- B.C. 640–630년　제2차 메세니아 전쟁
- B.C. 7세기 중반　뤼쿠르고스 개혁
- B.C. 480년　제3차 페르시아 전쟁, 테르모필라이와 살라미스 전투
- B.C. 479년　플라타이아이 전투
- B.C. 477년　델로스 동맹, 맹주 아테나이
- B.C. 431–404년　펠로폰네소스 전쟁
- B.C. 371년　레웃트라 전투
- B.C. 370년　메세니아 상실
- B.C. 146년　로마에 의해 병합

참고문헌

• 단행본　김진경 외, 『서양고대사강의』, 한울아카데미, 2003.
김진경, 『고대 그리스의 영광과 몰락』, 안티쿠스, 2009.
윤진, 『스파르타인 스파르타역사』, 신서원, 2002.
토마스 R. 마틴, 이종인 역, 『고대 그리스의 역사』, 가람기획, 2003.

• 다큐멘터리　〈HC 스파르타 제국의 흥망〉
〈HC 최후의 전사 300〉

• 영화　〈300(2007), 잭 스나이더 감독〉

동서양을 하나로

마케도니아

머리말

소아시아의 북부도시 고르디온 근교에는 우마차가 묶여있는 제우스 신전이 하나 있다. 그리스 신화에 나오는 바로 '고르디아스의 매듭'이 유래된 곳이다. 신화에 따르면 이 우마차의 매듭을 푸는 자가 바로 아시아의 왕이 된다는 것이었다. 수백 년 동안 수많은 장군과 왕들이 아시아의 왕을 꿈꾸며 이 매듭을 풀려고 시도했지만 모두 실패로 돌아갔다. 세월은 흘러 사람들은 점차 이 사실들을 잊어버릴 무렵에 군대를 이끌고 동쪽을 가던 젊은 장군 한명이 이곳을 지나가다 이러한 신화 이야기를 듣고 말에서 내렸다. 그는 제우스 신전으로 들어가 매듭을 주시하고는, 잠시 후 칼을 뽑아 들고서는 단번에 매듭을 끊어 버렸다. 수백 년간 풀리지 않았던 '고르디아스의 매듭'이 풀리는 순간이었다. 몇 년 뒤 이 젊은 장군은 마침내 신화 속 신탁이 예언한 대로 아시아의 왕이 되었으니 그가 바로 마케도니아제국의 위대한 정복자 알렉산드로스 대왕이었다.

그리스 반도의 북쪽, 악시오스 강과 스트리몬 강 사이의 높은 지역에 세워진 마케도니아 왕국은 전설에 따르면 B.C. 640년 경 아르고스의 명문자손인

페르디카스가 일리리아 지방으로 들어와 건설했다고 한다. 하지만 이 왕국은 필립포스 2세가 등장하기 전까지 통일국가와 무정부 상태를 오가는 혼란스러운 상황이었고 정치, 경제, 문화, 사회 등 모든 면에서 그리스 반도의 아테네나 스파르타에 뒤쳐져 있었다. 하지만 이러한 상황 속에서 필립포스 2세가 그리스 반도의 패권을 차지하고, 그를 이어 그의 아들 알렉산드로스는 전 그리스 반도를 넘어 동방원정을 통해서 페르시아제국을 정복한 후 이집트를 거쳐 인도의 인더스 강까지 진출하여 유럽과 아시아, 아프리카 대륙에 걸친 대제국을 건설하게 되었다. 그렇다면 과연 무엇이 그리스 반도의 변방 국가였던 마케도니아 왕국을 동, 서양에 걸친 대제국으로 변모하게 했을까?

마케도니아 왕국의 건설

B.C. 360년 이후 그리스 국가들 간의 내분과 갈등으로 인하여 그리스 반도 전체의 헤게모니는 어느 한 국가가 차지하지 못한 채 분열되어 있었다. 아테네와 스파르타, 테베가 동맹을 주도하면서 그리스 반도의 패권을 차지하고자 노력했지만 이웃 페르시아는 번번이 이를 저지했다. 잦은 전쟁으로 인하여 농부들은 토지를 잃어 점차 귀족들에 의한 토지 집중화 현상이 일어났으며, 채무를 진 많은 시민들은 빚을 갚기 위하여 점차로 용병이나 가난한 떠돌이가 되어 하루하루를 살아가고 있었다.

이러한 상황에서 아테네의 연설가이자 정치가인 데모스테네스(Demosthenes)는 아테네는 여전히 하나의 독립국가로 존재해야 하며 북쪽 마케도니아의 필립포스에 의한 지도를 거부하고 있었다. 하지만 또 다른 연설가이자 정치평론가였던 이소크라테스(Isokrates)는 강력한 지도자 아래 그리스인들 모두가 하나로 뭉쳐 사회혁명과 국가 간의 전쟁을 종식시켜야 한다고 주장했다. 그래서 이웃 페르시아를 공격하여 그리스 식민지를 건설하고 이를 통해 경제적 안정과 사회적 번영을 다시 회복할 수 있을 것이라고 생각했다. 그의 주장은 북쪽 야만인 마케도니아를 추종한다는 이유로 당시 많은 이들로부터 비난을 받았다.

원래 마케도니아는 그리스 반도 북쪽에 위치한 농업에 기반을 둔 국가였다. 이들이 실제로 그리스 반도를 차지하고 있었던 그리스인들과 같은 혈통인지에 대해서는 아직까지도 논란의 여지가 남아있다. 하지만 그들은 당시 그리스 반도 중앙을 차지하고 있었던 많은 그리스인들에게 반도 북쪽 변두리 지역을 차지하고 있는 '야만인'으로 불려졌다. 그리스인들이 그들을 폄하한 이유는 우선 문화적으로 그리스 반도에 이미 보편화된 '폴리스문화'를 형성하지 않았고, 정치적으로 그리스인들이 이미 오래전에 경험한 왕이 통치하는 전제주의적 방식을 가지고 있었기 때문이었다. 더욱이 펠로폰네소스 전쟁

(B.C. 431-B.C. 404) 동안 마케도니아는 여러 차례 아테네 중심의 델로스 동맹과 스파르타 중심의 펠로폰네소스 동맹을 왔다 갔다 하면서 각 동맹을 지원했기 때문에 많은 그리스인들에게 좋은 인상을 남기기 어려웠다.

▲필립포스 2세

전제정치를 표방했지만 실제로는 강력한 왕에 의한 통치가 아니라 소수 영향력 높은 귀족들에 의해 좌지우지 되는 실정이었다. 이러한 안정되지 못한 정치적 상황은 마케도니아의 왕 아민타스 3세의 막내아들로 태어난 필립포스 2세가 어릴 때 그리스 반도 주도권을 장악하고 있었던 테베에 볼모로 가 있었다는 사실로도 증명이 된다. 그러나 필립포스 2세는 테베에 볼모로 잡혀있는 동안 그 당시 그리스 최고의 장군이자 전략가였던 에파미논다스에게서 선진화된 군사기술과 외교술을 배웠다, 이러한 그의 경험은 훗날 마케도니아가 그리스 반도의 다른 국가들을 격파하는데 아주 중요한 역할을 하게 된다.

마케도니아로 돌아온 필립포스 2세는 자신의 형 페르디카스 3세가 일리리아와의 전투에서 사망을 하자 마침내 왕에 오르게 된다. 왕위에 오르게 된 필립포스 2세는 먼저 외부의 침입으로부터 마케도니아를 지켜야 했다. 가깝게는 파이오니아와 트라키아의 침입을 뛰어난 외교술을 발휘하여 협정을 맺은 후, 전쟁의 위협에서 벗어났고 마케도니아의 왕권을 요구하는 아테네 군대를 격파함으로써 자신의 왕위와 국가를 지키는데 일차적으로 성공했다. 이러한 외부의 침입을 외교술과 군사적으로 막으면서 동시에 내부적으로는 귀족들의 영향력을 누르면서 자신의 힘을 키우는 데 주력했다.

특히 군사력을 증강하는데 중점을 두었는데, 상비군을 설치하고, 마케도니아 보병에 팔랑크스(phalanx, 밀집 장창 보병대) 도입하여 훈련시켰다. 그리고 기존의 기병대를 더욱 강화해 마케도니아의 주력부대로 만들고 보병에게는 사리사(sarissa)라고 불리는 창을 처음으로 개발하여 개인무기로 무장시켰다.

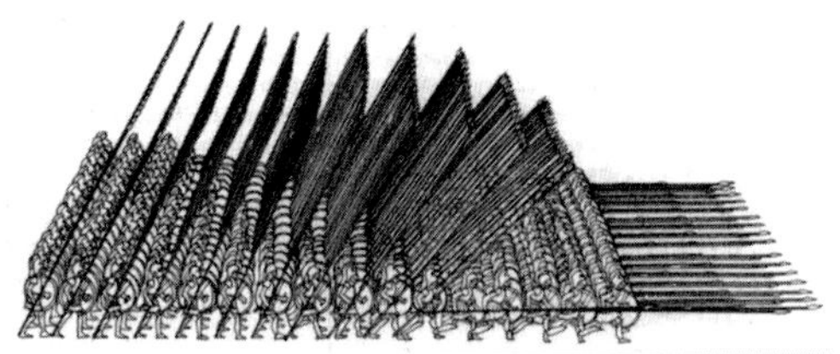

▲사리사로 무장한 마케도니아의 밀집 보병

이러한 필립포스 2세의 노력으로 마침내 마케도니아는 점차로 주변 국가들을 하나둘씩 차례로 정복하고 결국 그리스 반도 중앙으로 진출하게 된다. 먼저 주변에서 항상 마케도니아를 위협했던 일리리아와 테살리아를 공격해 뛰어난 전술과 전략으로 점령을 하고, 아테네와는 협정을 맺어 직접적인 충돌을 피해갔다.

펠로폰네소스 전쟁 이후 그리스 반도의 패권을 스파르타에게 빼앗긴 아테네는 필립포스 2세를 중심으로 하는 강력한 마케도니아의 등장으로 큰 혼란에 빠지게 된다. 데모스테네스는 '필립포스 반대' 연설을 통해 마케도니아를 상대로 일전을 벌여야 한다고 주장을 한 반면에, 이소크라테스는 '필립포스 지지' 연설을 통해 그리스 반도의 분열과 혼란을 마케도니아의 필립포스를 중심으로 한데 뭉쳐 극복해야 한다고 주장했다.

이러한 논란 속에서 아테네와 테베의 연합군은 그리스반도 전체의 주도권을 두고 카이로네이아 전투(B.C. 338년)를 벌이게 되고, 이 전투에서 필립포스 2세는 그의 아들 알렉산드로스와 함께 참가하여 그리스 연합군을 격파하여 아테네와 테베에 대한 지배권을 확보했다. 전쟁에서 승리한 필립포스 2세는 테베에 군대를 주둔시키면서 친 마케도니아 정권을 세운 반면에, 아테네에는 앞으로 있을 동방원정에서 그들이 보유하고 있는 해군을 지원한다는 조건으로 독립을 보장해주었다. 그리고 코린토스 동맹을 결성하여 자신이 맹주로 오르고, 페르시아 원정을 발표하여 앞으로 있을 동방원정을 준비하게 된다. 하지만 동방원정 준비가 한창이던 중에 필립포스 2세는 그의 측근 파우사니아스에게 암살당하게 되는데, 암살의 배후에 누가 있었는지에 대해서는 당시는 물론, 현대 역사가들조차 서로 주장이 엇갈리고 있다. 동방원정을 두려워한 페르시아의 음모에서부터 알렉산드로스의 어머니이자 필립포스의 아내인 올림피아스, 그리고 필립포스 2세 사후에 왕위에 오르는 알렉산드로스 본인도 이러한 음모에 연루되었다.

알렉산드로스 대왕과 동방원정

알렉산드로스는 B.C. 356년 마케도니아의 수도 펠라에서 태어났다. 그의 아버지는 앞서 이야기 했듯이 마케도니아에서 그리스 반도의 패권을 안겨준 마케도니아의 영웅이자 뛰어난 전사였다. 이러한 아버지 아래에서 알렉산드로스도 자연스럽게 용맹한 전사이자 위대한 국왕이 되겠다는 포부를 갖게 되었다. 이것은 필립포스 2세가 암살당한 뒤 왕위에 오른 후, 아버지의 유업이었던 동방원정을 단행했다는 데서도 충분히 짐작할 수 있다.

열세 살에 아버지의 도움으로 당시 그리스 최고의 철학자였던 아리스토텔레스로부터 교육을 받았던 그는 특히 자연과 인문에 대한 높은 지식을 쌓는 동시에 논리적으로 사고하는 능력을 키웠다. 알렉산드로스가 세운 위대한 업적과 뛰어난 리더십의 대부분은 바로 아리스토텔레스의 가르침 때문이라고 말하기도 한다. 그의 스승은 과학과 논리를 지배하는 현명한 국왕이 되기를 원했지만 알렉산드로스는 보다 현실적으로 '세계의 국왕'을 꿈꾸었다.

많은 전투에서 공을 세운 알렉산드로스는 이후 부친의 장군들과 군대의 지원으로 마케도니아의 왕위에 오르게 된다. 그가 왕위에 오르고 난 뒤에 가장 먼저 해결해야 될 문제는 바로 강력한 군사력 앞에 잠시 고개를 숙이고 있었던 그리스 국가들의 반란을 진압하는 것이었다. 필립포스 2세의 암살 소식을 들었던 많은 그리스 국가들이 곧 바로 마케도니아로부터 독립을 원하는 저항을 하게 되고, 이러한 반란을 진압하기 위해 알렉산드로스 왕은 군대

▲ 알렉산드로스 대왕

를 이끌고 남쪽으로 내려왔다. 먼저 테살리아로 들어가 단숨에 물리치고, 아테네를 압박하여 결국 항복을 받아낸 뒤 최후에 반란의 주동자였던 테베로 들어가 함락시켰다. 이렇게 테베와 아테네의 반란을 성공적으로 진압한 후에 그의 야심을 이제는 페르시아로 돌렸다. 부친의 숙원이었던 동방원정을 다시 시작하게 된 것이다.

이미 마케도니아는 페르시아의 다리우스 1세 때 점령당해 혹독한 대가를 치렀기 때문에 어떤 때보다 비장한 각오를 가지고 동방원정에 나서게 된다. 원정의 동기에는 과거 원한에 대한 복수심 이외에도 페르시아가 그 당시 가장 부유한 국가로 손꼽혔기 때문에 당연히 주변 국가들의 목표가 되었다. 페르시아는 광활한 영토와 함께 강력한 군사력을 자랑하며 200년 넘게 아시아를 지배해왔다. 하지만 시간이 점차로 흐르면서 내부적인 문제로 서서히 붕괴되었다. 귀족들이 사치와 부패를 일삼고, 관리들의 수탈이 심해지면서 백성들의 원망이 높아지고 강력한 군사력도 역시 많이 약화되어 주변국가와의 전투에서 패하기 시작했다. 반면에 알렉산드로스 군대는 뛰어난 기병과 함께 무적을 자랑하는 보병 팔랑크스로 구성되어 있어 어느 때보다 사기가 높았다.

B.C. 334년 봄 알렉산드로스는 마케도니아 군대와 그리스 연합군을 이끌고 다르다넬스 해협을 건너 소아시아에 상륙을 하면서 동방원정의 첫걸음을 내딛게 된다. 그라니코스 강을 두고 첫 번째 전투에서 페르시아 군대를 격파한 알렉산드로스는 계속 동진하여 마침내 페르시아 왕 다리우스 3세가 직접 전투를 지휘한 이수스 평야에서도 뛰어난 전술과 전략으로 페르시아 군대를 격파하고 다리우스 3세의 어머니, 부인, 딸까지 포로로 잡는 성과를 거두게 된다. 이수스 전투의 승리로 소아시아 지역의 패권은 마케도니아로 넘어오게 되고 아시아인들에 의한 지중해 동쪽 지배시대는 막을 내리게 된다. 알렉

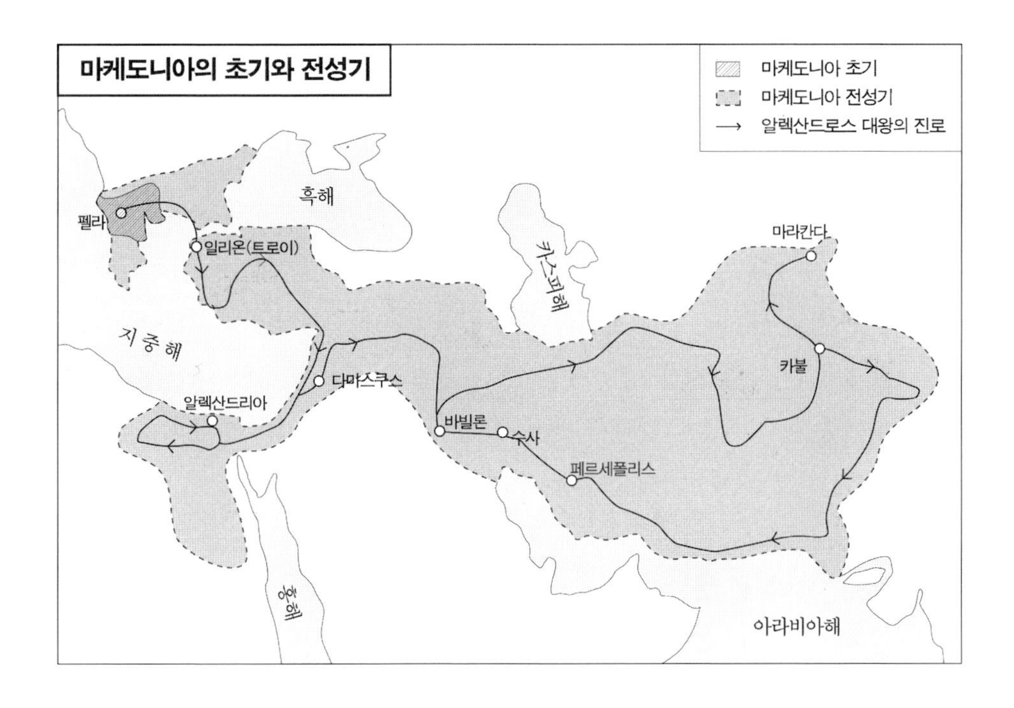

산드로스는 이에 만족하지 않고 다리우스 3세를 쫓아 동쪽으로 나갔다. 페르시아와 마지막 전투였던 가우가멜라 전투를 앞두고 알렉산드로스는 페니키아를 거쳐 이집트로 들어가 정복을 한 후, 아몬신의 아들임을 증명 받고, 해안에 그의 이름을 딴 알렉산드리아를 건설하여 훗날 헬레니즘 시대의 중심지로 발전하게 되었다.

마케도니아와 페르시아의 최후의 운명은 가우가멜라 전투에서 결정났다. 티그리스 강변에 위치한 가우가멜라 평원에는 이미 페르시아 최대의 군대가 집결하여 최후의 담판을 위해 준비하고 있었다. 모든 군대는 다리우스 3세가 직접 지휘하였고 전차와 코끼리까지 동원된 전투였다. 전체 병력수는 페르시아가 약 30만 명에 마케도니아가 대략 5만 명으로 페르시아 군대가 다섯 배가 많았지만, 마케도니아 군대는 충분한 휴식과 함께 그들의 장군과 알렉산드로스의 뛰어난 전술을 믿고 있었다. 페르시아의 운명을 결정한 가우가멜라 전투에서 다리우스 3세는 알렉산드로스의 기상천외한 전술에 결국 패하여 도주하다가 부하에게 살해당한다. 이로써 200년 이상 서아시아를 지배했던 페르시아제국은 역사 속으로 사라졌고, 알렉산드로스는 아시아의 새로운 지배자가 되었다.

페르시아의 새로운 주인이 된 알렉산드로스는 동방원정에 만족하지 않고 인도까지 넘보게 된다. 그 당시만 하더라도 인도는 미지의 나라였다. 내륙이 높고 험한 산으로 둘러 싸여져 있으며 반대편에는 망망대해가 놓인 천연의 요새였다. 그리고 산 너머 바다 건너 동쪽의 끝에는 무엇이 있는지 전혀 누구도 알지 못했다. 그래서 많은 사람들은 이곳을 세계의 끝이라고 했는데, 알렉산드로스는 이 '세상의 끝'을 직접 보고 싶어 했다.

그는 인도로 향했고, 그곳에서 힌두쿠시 산맥을 넘고, 강을 건너 마침내 인도 서북부에 위치한 파우라바 국가의 군대와 전투를 벌이게 된다. 이 전투가 바로 유럽과 인도의 최초의 전쟁으로 불리는 '히다스페스 전투'이다. 많은 코끼리 부대와 싸운 알렉산드로스는 궁수와 보병을 이용한 전술로 적을 물리치고 인더스 강을 건너게 된다.

갠지스 강까지 진출하려던 그의 생각과는 다르게 그를 그림자처럼 따르던 많은 장군과 부하 병사들이 장기간의 원정으로 인한 피로로 지쳐갔고, 무엇보다 전투의지의 상실하면서 많은 병사들이 고향에 대한 향수병에 걸리게 되었다. 그리하여 그는 인도 정복을 뒤로하고 장군들의 의견을 좇아서 고국으로 귀환하게 된다. 귀국하지 얼마 되지 않아서 그는 가슴이 찢어지는 고통을 호소하고는 병에 걸려 세상을 떠나게 되었다.

약관의 나이에 마케도니아 왕위에 올라 수많은 전투를 직접 지휘하면서 그리스 반도를 넘어 페르시아와 인도까지 그의 영토를 넓힌 알렉산드로스 왕은 그의 소원이었던 '세상의 끝'을 결국 보지 못한 채 숨을 거두고 말았다.

마케도니아의 성공 원인

여기서는 마케도니아가 동서양을 하나로 만든 힘의 원동력과 성공의 열쇠를 살펴보고자 한다.

첫째, 필립포스 2세와 알렉산드로스 대왕의 뛰어난 군사적 전략과 외교술 덕분이었다. 먼저 필립포스 2세가 테베에 볼모로 잡혀 있을 때 밀집보병을 중심으로 하는 그리스 반도의 선진화된 군사기술을 습득했으며, 동시에 그리스 반도와 인근 지중해 폴리스간의 다양한 외교술 역시 직접 눈과 몸으로 배웠다. 이를 바탕으로 조국 마케도니아로 돌아온 필립포스 2세는 마케도니아를 빠른 속도로 발전시켜 정치적 안정과 경제발전을 이루었다. 뛰어난 군사전략과 기술은 주변 국가들을 손쉽게 정복하도록 했다. 특히 사리사라는 긴 창을 직접 개발하여 보병들에게 무장시켰다. 필립포스 2세가 만든 이 긴 창은 일반적으로 그리스인들이 사용하는 창의 길이인 3m보다 2배나 긴 약 6m에 달했다. 근거리 전투에는 약하지만 기병이나 전차부대를 상대할 때 효과적으로 사용되었다. 사리사는 바로 페르시아 정벌 때 페르시아의 전차부대를 물리치는 데 혁혁한 공을 세웠다.

마케도니아의 팔랑크스는 필립포스 2세가 도입하고 알렉산드로스가 완성한 마케도니아의 중보병 밀집방진 전술이다. 하나의 팔랑크스는 다시 4개의 작은 팔랑크스로 구성되고, 작은 팔랑크스에는 담당지휘관이 따로 배치되어져 있다. 작은 팔랑크스 전방 여섯 줄에 있는 병사는 사리사를 수평으로 들고, 그 뒤에 위치한 병사는 각도를 비스듬히 들었다. 마케도니아 군대의 이 전술은 기병과 함께 조화를 이루어 뛰어난 기동력과 위력을 발휘하여 전하무적이라고 불리기도 했다. 부왕이 닦아 놓은 터전 아래에 알렉산드로스는 사리사로 무장한 밀집보병을 바탕으로 강력한 기마병을 운용하여 그리스 반도를 넘어 페르시아까지 정복하게 되었다.

둘째, 외부적인 요인으로 그리스 반도 폴리스들의 분열을 들 수 있다. 필립포스와 알렉산드로스가 그리스 반도를 정복할 당시에, 그리스 반도의 다양한 폴리스들은 사분오열 분열되어 있었다. 특히 펠로폰네소스 전쟁 이후 잠시나마 스파르타 중심으로 그리스 반도가 통일되는 듯 했지만 결국 오래가지 못하고, 스파르타와 아테네, 테베 간의 그리스 반도 패권쟁탈과 분열로 그리스 반도는 외부의 침입에 준비가 되어있지 못했다. 이로 인하여 마케도니아의 침입을 공동으로 방어할 수 없었고, 결국 이미 오랫동안 그리스 반도를 정벌하고 동방원정까지 준비를 해 온 마케도니아의 필립포스 2세와 알렉산드로스에게 패하고 말았다.

셋째, 알렉산드로스 대왕이 펼친 피정복민에 대한 예우였다. 실제로 알렉산드로스 대왕은 동방원정 기간 동안 크고 작은 전투를 통해서 많은 영토를 정복한 경우도 있었지만 많은 국가들이 알렉산드로스 대왕이 피정복민에 대해서 매우 관대하다는 사실은 알고 스스로 성문을 열고 항복을 한 경우도 많았다. 페르시아를 정벌하는 과정에서도 다리우스 3세의 어머니와 아내를 포로로 잡았지만 왕족으로 극진히 대접을 해주었고, 자신의 부하들에게도 원정기간동안 피정복민들과 혼인을 장려하여 정복지의 피정복민들로 하여금 안전을 보장해주고자 노력했다.

마케도니아의 멸망 원인

하지만 마케도니아제국도 결국 로마에게 점령당하고 속주로 전락한 채 역사 속으로 사라져 버리게 된다. 그렇다면 무엇이 이 대제국을 멸망하게 했을까?

첫째, 알렉산드로스 대왕의 조기 사망이다. 알렉산드로스 대왕은 대제국을 건설하고 난 뒤 완전한 기반조성을 하지 못한 채 너무 빨리 사망해버렸다. 제국을 이어갈 후계자가 결정나지 않은 상황에서 알렉산드로스 대왕의 조기 사망으로 결국 대왕의 많은 부하장군들이 서로 대왕의 후계자임을 자처하면서 제국이 분할되고, 이렇게 분할된 제국은 로마에게 멸망당할 때까지 내전과 갈등으로 분열되어 있었다.

둘째, 경제 이윤의 올바른 분배에 실패하였다는 것이다. 대제국이 건설된 후 하나의 거대한 시장이 형성되어 활발한 무역을 통해 많은 경제적 번영을 누릴 수 있었다. 특히 페르시아의 금과 은이 대량으로 그리스로 유입되고, 상공업의 발전과 더불어 많은 부를 축적하는 계층이 생겨나기도 했다. 이러한 무역과 상공업의 발전으로 대도시가 성장하고 인구증가를 유발하였다. 하지만 토지소유가 일부 귀족들에게 집중되고 농업노동자들의 지위가 하락하게 되면서 점차로 대도시에는 식량부족 현상이 발생하게 된다. 특히 전반적으로 경제적 이윤이 늘어났지만 이윤이 재분배되는 과정에서 상인과 일부 귀족들이 부를 독점하게 되었다. 이들은 특히 상품의 매점매석과 함께 투기를 행하여 빈부의 격차를 더욱 더 심화시켰다. 결국 대제국도 경제이윤의 올바른 재분배에 실패하였고, 이는 빈부의 격차를 심화시켜 서서히 몰락의 길로 들어서게 했다.

셋째, 동방문화와의 융합에 실패한 것이다. 헬레니즘으로 대표되는 그리스의 문화가 정복지 동방에 전파만 되었을 뿐 실제로 동방문화와 융합되지 못했다. 이러한 현상은 대제국이 멸망하고 난 뒤 많은 동방국가들이 헬레니즘 시대의 그리스문화를 버리고 예전의 관습과 풍습으로 돌아가 버린 것으로 증명될 수 있다. 결국 문화의 융합도 발생하지 못했기 때문에 대제국을 하나로 묶어 줄 수 있는 그 무엇도 남아 있지 않았다.

역사적 교훈과 유산

알렉산드로스 사망 이후 후계 자리를 두고 여러 장군들이 암투와 내전을 벌여 막대한 피해를 입었다. 결국 이러한 암투와 내전은 제국을 분열시키고 약화시키는 중대한 원인으로 꼽을 수 있다. 특히 알렉산드로스 대왕이 죽고

난 20년간은 – 약 B.C. 323년에서 B.C. 301년까지 – 장군들이 제국을 서로 차지하려고 암투를 벌인 시대였다. 초기에는 알렉산드로스의 선임 기병장교였던 페르디카스가 실권을 서서히 잡아 집권의 명분을 찾아가고 있는 과정에서 갑작스럽게 죽어버리게 되자 혼란에 빠지게 된다. 페르디카스가 사망한 후에는 안티고노스가 페르디카스의 뒤를 이어 제국 전체의 실권을 장악하고자 시도했다. 하지만 B.C. 301년 입소스 전투에서 그에 집권에 반대한 연합군에게 패해 전사하고 말았다. 이 전투의 결과 이집트의 프톨레마이오스 왕조, 바빌로니아와 북부 시리아의 셀레우코스 왕조, 북부 아나톨리아와 트라케의 뤼시마코스 왕조의 존재와 제국의 분할이 기정사실화 되어버렸다. 하지만 제국의 본거지인 마케도니아만 확실한 주인이 없었고 이러한 상황은 제국의 다른 분할자들로 하여금 마케도니아를 차지하기 위한 전쟁을 유발시키는 원인으로 작용하였다.

서양과 동양을 걸친 마케도니아가 등장하면서 헬레니즘이라는 새로운 문화가 나타났다. 그리스 반도 크고 작은 폴리스에 갇혀 지내온 그리스인들에게 동방에 새로운 세계가 있다는 것과 그들과의 교류를 통해 과학의 발전과 더불어 시야를 넓혀진 것은 마케도니아가 낳은 가장 큰 유산이었다.

그러나 서로 이질적인 문화의 융합은 어려웠다. 헬레니즘이라는 문화 역시 그리스 반도의 문화가 동방에 전파된 것을 의미하지, 동방문화가 그리스 문화와 함께 융화되었다는 것을 의미하지는 않는다. 이는 앞서 이야기한 대로 제국이 사라지고 난 뒤에는 동방문화로 회귀했다는 점에서 찾을 수 있다. 결국 서로 다른 환경과 뿌리를 가지고 있는 문화의 융합이 쉽지 않다는 것을 대제국의 멸망에서 교훈으로 찾을 수 있다.

이와 더불어 알렉산드로스 제국의 유산으로는 페르시아 원정에 세운 도시들을 들 수 있다. 알렉산드로스 대왕은 그가 정복한 지역에 그의 이름에서 유래한 '알렉산드리아'로 불리는 많은 도시를 건설하였다. 물론 정복지에 도시를 건설했을 때는 나름대로 이유가 있었다. 어떤 도시는 군사적 전략지로서 역할을 수행하기 위해서, 어떤 도시는 넓은 광활한 지역을 관찰하기 위한 기지로서 세워졌다. 이러한 도시들은 시간이 지난 후에는 소멸하거나 이름을 변경한 경우도 많았다. 하지만 이러한 도시들 외에도 상업도시로 성장하여 중심지 역할을 하는 도시로 발전한 경우도 있었다. 특히 B.C. 331년 봄, 이집트 나일 강 변에 세운 최초의 도시이자, 티그리스 강 서쪽에 위치한 유일한 신도시 알렉산드리아는 헬레니즘 시대 학문과 과학의 중심지였다. 이곳에는 그 당시 고대세계 최대의 도서관관 함께 '세계 7대 불가사의'로 남아있는 파로스의 등대가 건설되었고 헬레니즘 시대를 지나 로마시대까지 경제와 문화의 중요한 중심지 가운데 하나로 남게 된다.

연표

- B.C. 356년 알렉산드로스 탄생
- B.C. 338년 카이로네이아 전투
- B.C. 337년 코린토스동맹 결성
- B.C. 336년 알렉산드로스 즉위
- B.C. 334년 알렉산드로스의 동방원정 시작
- B.C. 333년 이수스 전투
- B.C. 331년 가우가멜라 전투
- B.C. 323년 알렉산드로스 사망
- B.C. 301년 입소스 전투

참고문헌

• **단행본**

마이클 우드, 남경태 역, 『알렉산드로스:침략자 혹은 제왕』, 중앙M&B, 2002.

조현미, 『알렉산드로스:헬레니즘 문명의 전파』, 살림, 2004.

프랑수아 슈아르, 김주경 역, 『알렉산더:역사로 태어나 신화로 남은 남자, 알렉산더에 대해 알고 싶은 모든 것』, 해냄, 2004.

월뱅크, 김경현 역, 『헬레니즘 세계』, 아카넷, 2002.

발레리오 마시모 만프레디, 이현경 역, 『알렉산더 대왕 1-3』, 들녘, 2004.

• **다큐멘터리** 〈HC 알렉산더대왕〉

• **영화** 〈알렉산더(2004), 올리버 스톤 감독〉

천하 통일과 황제의 탄생

진(秦)

머리말

진(秦)나라는 춘추·전국시대의 혼란을 종식시키고 중국의 원형을 갖추는 데 결정적인 역할을 한 최초의 통일왕조이다. 진은 여러 방면에서 역사에 남을 통합정책을 추진하였지만 불과 15년 만에 망하면서 '폭정은 반드시 망한다(暴政必亡)'는 역사적 교훈을 남겼다. 또한 동서양을 막론하고 하나의 일관된 체제와 문화적 동질성을 유지하면서 수천 년의 역사를 이어온 나라는 중국 외에는 거의 없다. 이러한 중국의 역사적 가치를 가능케 한 힘은 바로 2,200여 년 전 진(秦)이 이룩한 토대가 있었기 때문이다. 진은 뛰어난 경영 전략과 용인술로 중국 서북의 척박한 환경과 경제적 후진성을 극복하고 대제국을 완성하였다. 진의 문화는 지금의 중국 속에 여전히 살아있다. 따라서 진의 역사를 살펴보면 21세기 최강대국으로 도약하는 중국의 문화적 실체와 저력의 근원을 이해할 수 있을 것이다.

최초의 제국을 통일한 진시황은 학계와 세계인의 관심을 받아왔다. 천하를 통일하여 중국의 기틀을 마련한 위대한 영웅인가 혹은 전제통치를 자행하고 유학을 탄압한 폭군인가. 후대를 뜨겁게 달군 상반된 평가만큼이나 진시황의 생애는 많은 의혹으로 가득 차 있다. 진나라 혈통이 아닌 상인 여불위의 사생아라는 논란, 유년 시절과 재위 초반의 행적, 국정 운영과 전국시대 통일 과정, 진시황릉의 비밀, 후계문제, 병마용에 이르기까지 진시황에 대한 실체는 의문으로 남아 있고, 여전히 역사가들의 궁금증을 자극하고 있다.

중국을 통일한 최초의 군주인 진시황의 생부가 누구일까라는 문제는 참으로 오래된 역사 속의 수수께끼이다. 진시황의 출생 비밀을 알 수 있는 유일한 자료는 사마천의 『사기』이다. 『사기』 「진시황본기」를 보면 "진시황은 진나라 장양왕(자이의 시호)의 아들이다. 장양왕은 조나라에 볼모로 있을 때 여불위의 첩에 반해 그녀를 아내로 맞았는데 그 아들이 시황제이다. 진소왕 48년 정월 한단에서 태어났다"고 밝히고 있어 진시황이 자이와 여불위의 첩 사이에서 태어났다는 사실을 알 수 있다.

하지만 진시황 출생에 대해 『사기』 「여불위열전」에서는 앞의 기록과 전혀 다른 내용을 전한다. 즉 "여불위는 자신이 거느리고 있던 한단지역 여러 무희 가운데 유달리 가무에 재주가 있었던 무희와 정을 통하니 그녀가 임신했다. 자이가 여불위와 함께 술을 마시다가 그 무희를 보고 마음에 들어 하며 여불위에게 그녀를 자신이 거두고 싶다고 했다. 여불위는 매우 불쾌했으나 자신의 가산을 이미 자이에게 모두 투자했고, 자이를 통해 더 큰 장사를 원하여 그 무희를 자이에게 바쳤다. 임신 사실을 숨기고 자이와 혼인을 한 무희가 아들을 낳으니 그가 곧 영정이다. 자이는 그녀를 정부인으로 봉했다"고 적고 있어 앞선 기록의 내용보다 좀 더 흥미진진하고 상세하다. 또한 진시황이 여불위의 자식이라는 점에 무게를 두고 있다.

부친이 누구인가라는 의문은 일반 백성의 입장에서 언급하기 쉽지 않은 것이며, 왕실에서는 왕조의 운명과 직결될 수밖에 없는 중요한 문제였다. 사건의 전후 사정을 자세히 살펴보면 모든 문제가 사마천이 쓴 『사기』라는 책에서 시작되었다는 사실을 알 수 있다. 이를 근거로 지난 이천 년이 넘도록 학자들은 진시황 생부의 정체를 둘러싸고 끊임없이 논쟁을 벌였다.

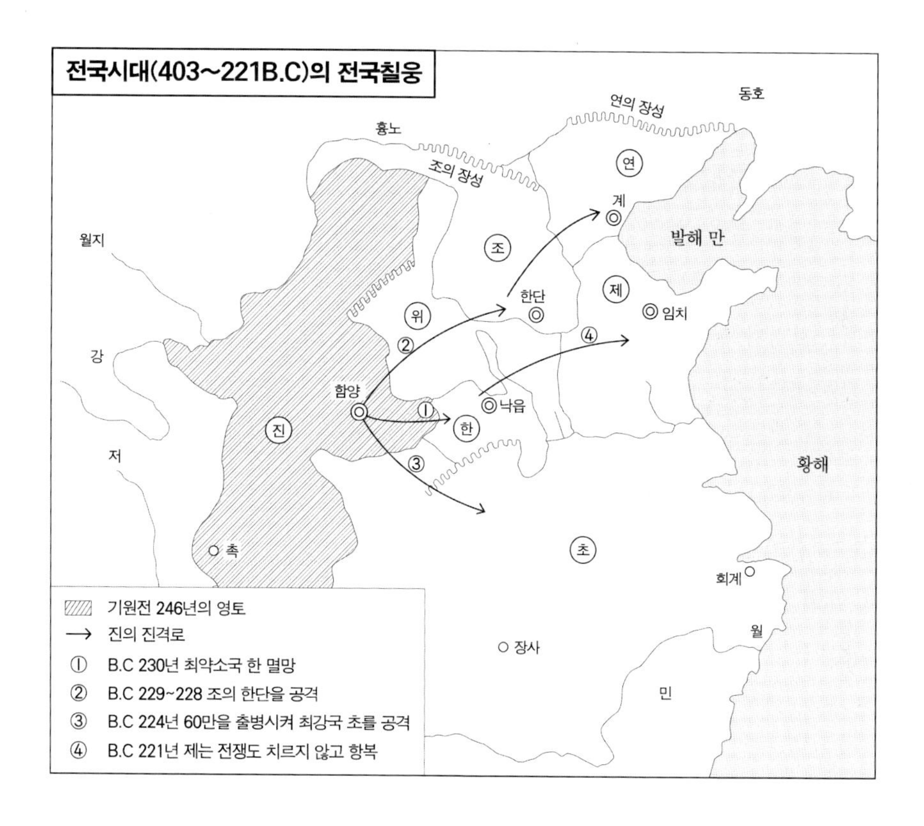

하지만 역사의 진실은 의외로 간단하다. 당나라 역사가 사마정이 쓴 『사기색은』을 보면 진나라 왕실에 대한 신뢰할 수 있는 자료를 제시하고 있다. 즉 진나라 조정의 공식 사서로 진나라 왕실에 대한 기록인 『진기』를 바탕으로 자이가 시황제의 친부라는 점을 밝히고 있다. 『사기』의 「진시황본기」도 『진기』의 기록을 바탕으로 하였다는 점을 고려하면 「여불위열전」의 내용이 날조되었다는 것을 알 수 있다.

진제국의 초기 국가 양상

중국 고대에는 다음과 같은 진나라 시조의 탄생신화가 널리 퍼져 있었다. 아주 먼 옛날 여수라는 여인이 베를 짜고 있을 때 하늘에서 제비가 나타나

알을 떨어뜨리고 갔다. 그녀는 알을 삼키고 나서 임신을 하여 대업을 낳았고, 대업은 자라서 여화를 부인으로 맞아 아들 대비를 낳았다. 훗날 대비는 순임금을 위해 새와 짐승을 훈련시키고, 우임금을 위해 물과 땅을 다스렸다. 순임금은 그의 공을 치하하고 영(嬴)이라는 성을 하사하였다.

춘추·전국시대는 분열과 통합이라는 두 흐름이 교차하던 때였다. 이 시기에는 철기가 본격적으로 사용되었다. 철제 농기구가 보급되고 소를 농사에 이용하면서 생산력이 크게 증가하였고, 철제 무기를 사용하여 보병 중심으로 전투를 치르게 되면서 전쟁의 규모도 더욱 커졌다. 또한 공자, 노자, 묵자 등 제자백가는 춘추시대 이후 변화하는 사회에 맞는 새로운 질서를 모색하였고, 인간의 노력으로 혼란한 질서를 바로잡을 수 있다는 생각을 하였다. 특히 공자의 유가 사상은 한나라 때 유교로 발전하여 오랫동안 중국을 포함한 동아시아의 사상과 윤리로 작용하였고, 한비자의 법가사상은 진나라 통일의 사상적 기초가 되었다.

상대와 서주 시기까지 진나라는 서쪽 변방으로 쫓겨나 그곳에 살던 융, 적 민족과 교류하며 살았기 때문에 중원왕조의 문화와는 거리가 멀었다. 하지만 수도인 함양은 천혜의 요충지인 관중을 중심으로 한중과 파촉 등 비옥한 지역을 배후에 끼고 있어 자급자족이 가능할 정도의 경제적 능력을 가지고 있었다. 그리고 변방에 위치해 백성들의 성질이 순박하고 상무적이어서 개혁이 제대로 추진될 수 있었다. 또한 전국 중기 이후 군사대국으로서 국제 정세의 주도권을 장악하고 합종책을 중심으로 교묘한 외교 전술을 구사해 주변 영토를 확대해 갔다. 반면 나머지 6국은 정치개혁에 실패하거나 불철저했기 때문에 진나라와 국력차가 갈수록 벌어졌다.

그 과정에서 진의 발전이 마냥 순조로웠던 것은 아니었다. 소양왕의 뒤를 이은 효문왕이 3일 만에 죽었고, 장양왕 역시 재위 3년 만에 요절함에 따라 위기에 봉착하기도 했다. 그 이후 정이 등극하자 한의 대 상인 출신인 여불위가 정권을 장악하기도 했지만 정은 노애의 난을 계기로 여불위를 제거하고

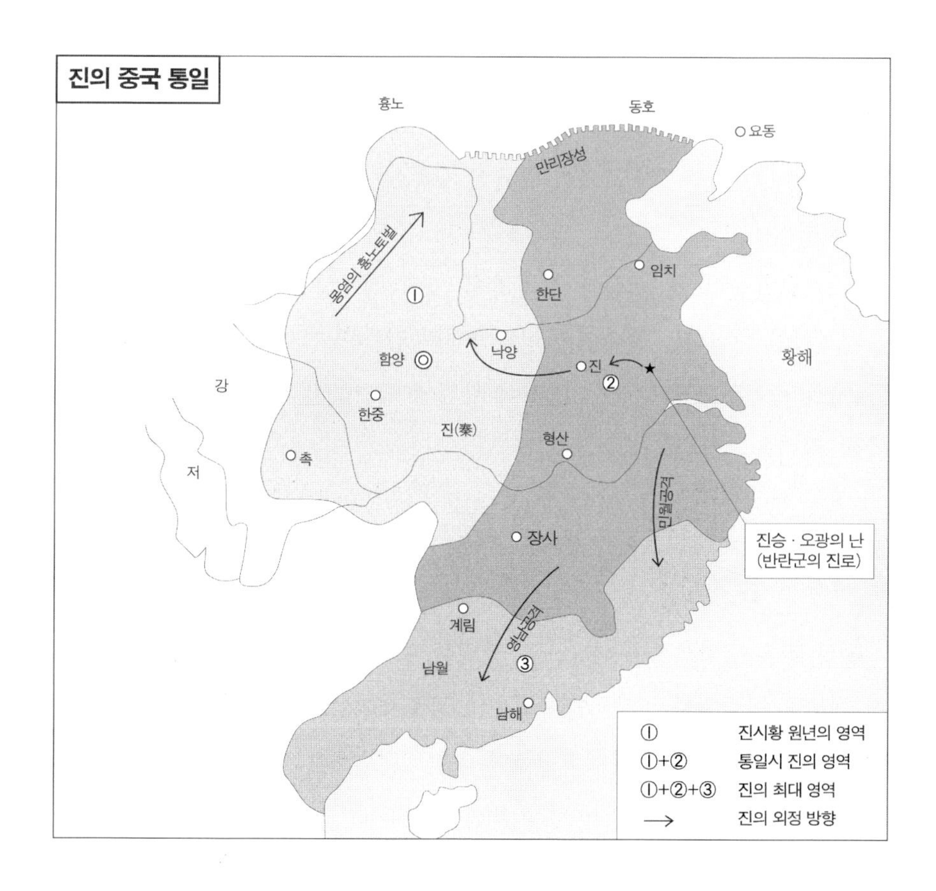

통일정책을 추진했다. 진은 기원전 230년 힘이 약했던 한을 필두로 산동지방의 제나라까지 불과 10여 년 만에 평정하고 전국을 통일하였다.

진시황의 성은 영이고 이름이 정으로 전국시대 조나라의 수도 한단에서 태어났다. 그의 아버지 자이는 진나라의 왕손으로 조나라에 인질로 와서 고국으로부터 버림을 받고 불우한 젊은 시절을 보냈지만 대 상인 여불위를 만나면서 인생이 역전되었다. 여불위는 500금을 자이에게 주어 조나라의 고위 관료들과 교류하게 하였다. 또한 500금으로 천하의 보물을 구입해 진나라로 돌아가 당시 태자였던 자이의 아버지 안국군과 화양부인을 설득하여 자이가 진으로 돌아와 장양왕이 되는 데 결정적인 공을 세웠다.

그 공으로 여불위는 승상이 되고 장양왕이 불과 3년 만에 사망하자 13세의 영정이 즉위하여 진시황이 되었다.

여불위는 전국시대 최고의 상인이었고, 상품이 가진 투자 가치를 포착하는 데 능했다. 그는 투자시점 파악과 가치 상승의 실현 방법에 대해서도 누구보다 잘 알았다. 그는 볼모로 잡혀 와서 별 볼일 없는 자이의 잠재적 가치를 간파하고 자신의 전 재산을 투자하여 크게 성공하였다.

진시황의 어머니는 한단의 지방토착세력 집안 출신으로 노래와 춤이 뛰어난 조희라는 무희였고, 아들 영정이 왕위에 즉위하자 태후가 되어 여불위와 함께 권력을 장악했다.

진 통일 후 집권화 정책

진왕 정은 법가사상을 바탕으로 강력한 왕권을 확립하여 엄격하고 효율적인 제도를 만들었다. 그는 인재등용에 적극적이었으며 합당한 포상 제도를 통해 병사들이 능력을 발휘하도록 장려하였다. 또한 의심이 많아 신하들을 틈틈이 감시하고 본인의 업무에도 의욕이 넘쳤다. 매일 120근의 문서를 처리해 신하들이 지쳐서 달아날 정도였다고 한다. 인간세상을 넘어 신의 영역까지 넘보며 불로장생을 꿈꾼 그는 비록 잔인하고 욕심이 많았지만 오히려 이러한 남다른 자부심과 야심으로 인해 중국 최초의 통일제국을 이룩한 것이다. 진왕 정이 통일을 이룩한 이후 시행하였던 집권화 정책을 살펴보자.

첫째, 가장 먼저 황제라는 호칭을 만들었다. 시황제는 지배자의 절대성을 확실히 하기 위하여 당시까지 사용되던 왕의 업적에 따라 신하가 논의하여 정하는 시호제도를 불경하다고 폐지하였다. 그리고 천하통일의 공을 세운 자신의 지위에 걸맞은 황제라는 호칭을 스스로 창안하였다.

둘째, 거대한 영토를 다스리기 위해 군현제를 시행하였다. 전국을 통일한 후에 가장 시급한 것은 예전 진(秦) 본래의 영토에 비해 엄청나게 거대해져 버린 영토를 효과적으로 잘 다스릴 통치체제의 설립이었다. 천하를 통일한 진나라는 오랜 관습이고 익숙한 주나라의 제도를 계승할 것인가 아니면 자신들만의 새로운 제도를 창출할 것인가를 시급히 결정해야 했다. 논의 결과 시황제는 군현제를 채택하고, 전국을 36군으로 나눈 후 그 아래 현을 두어 통치하였다. 군현의 관리를 중앙에서 파견하고, 국가로부터 봉록을 받는 관리는 세습을 허락하지 않았으며 그들의 임면은 황제가 장악하였다. 이 군현제의 목적은 중앙집권체제의 확립에 있었다.

셋째, 경제면에서 탁월한 역량을 발휘하는데 도량형과 화폐의 통일을 시도하였다. 전국시대 각 국가마다 달랐던 도량형을 통일하여 진량, 진권이라 불리는 승(升)이나 분동(分銅)을 각지에 반포했다. 화폐는 무게 반량인 둥그런 원형 안에 사각형 구멍이 뚫린 형태의 반량전으로 통일하였다. 다음으로 수레의 폭을 6척으로 통일하고 전국에 걸친 도로망을 정비했으며 수로를 건설하였다. 이를 통하여 전국을 단일한 경제체제로 운영할 수 있는 기반이 마련되었고, 통일제국 내의 물자 유통을 원활히 할 수 있었다.

넷째, 기존 필획이 복잡한 서체를 간략화하고 이를 지방마다 다른 서체를 통일하는 표준자체로 삼았다. 중앙집권적 통치체제를 확고히 하기 위해서는 문서 행정의 원활한 의사소통을 돕는 문자가 필요했고 이는 소전체(小篆)의 제정으로 실현되었다. 또한 군사력을 국가가 독점하기 위해 민간의 병기를 몰수하고, 전국의 부호 12만 호를 수도 함양 주변에 강제 이주시켜 지방세력을 약화시키고 함양의 번성을 꾀하였다.

다섯째, 진시황의 강력한 군주권과 강제정책은 분서갱유라 일컬어지는 사상의 통일로 이어졌다. 분서(焚書)란 서적을 불태워버리는 것을 말하고 갱유(坑儒)란 자신의 통치이념에 반대하는 학자를 땅 속에 묻어 죽인 것을 이른다. 역사서와 의약, 점복과 농업관계 이외의 서적을 몰수하여 소각하고, 고서에 대해 논의하는 자는 사형, 옛 것을 찬미하고 진을 비방하는 자는 일족 전체를 멸하였다. 이는 사(私)학을 근절하고 관(官)학으로 일원화하는 데 에 그 목적이 있었다. 분서갱유 사건은 이후 역대 유가들의 비난의 표적이 되었지만,

만리장성▶

진 제국의 실용적 법치주의를 잘 보여주는 것이다. 그리고 진시황은 지역의 민심을 살피고 통일의 정당성을 과시하기 위하여 10년 동안 총 5회의 전국 순행을 하였다. 순행은 자신의 통일정책을 지방에 관철시키고 천하를 교화하고자 한 사상통일 정책이었다.

여섯째, 대규모의 토목공사를 진행하였다. 먼저 흉노의 침입을 방어하기 위해 요동에서 농서군에 이르는 총 5천여km의 장성을 쌓았다. 장성은 단순히 대립하는 두 세력의 경계만이 아니라 농경세계와 유목세계라는 자연조건을 기준으로 한 생활문화의 경계이기도 했고 스스로의 세계에 대한 한계를 정한 것이기도 했다.

그리고 새로운 궁전을 건설하였다. 아방궁은 동서 약 690m, 남북 약 115m 정도였다. 아방궁의 건설에는 70만 명 이상의 노동력이 동원되었고, 진이 멸망한 후 항우에 의하여 불태워졌다. 여산릉은 시황제의 능으로 높이 약 100여m, 한 변이 500m로 깊게 판 묘실 내에는 궁전이 건설되고 사후에도 호사스러운 생활을 누릴 수 있도록 현세를 그대로 재현했다.

아방궁과 여산릉은 황제의 위엄을 과시하려는 사치스러운 측면이 있었다. 천하를 통일하고 모든 것을 소유한 진시황은 이러한 영화를 영원히 간직하고 싶어 했다. 그래서 자신의 공적을 돌에 새겨 천하 통일의 대의를 후세에 남기고, 영원히 살고자 한 욕망 때문에 불로불사의 선약을 얻고자 하였다.

▲진시황 병마용

"지금 생각해 보면 난세가 시작된 이유는 열국을 분봉했기 때문이다. 이로 인해 분쟁이 끊이지 않고 피비린내가 진동하였다. 그 어지러움은 오제라도 통제할 수 없다. 이제 짐이 황제가 되어 천하를 품에 안으니 전쟁이 더는 없고 모든 재난이 사라지니 백성들이 오래도록 평화를 누릴 수 있을 것이다."

돌에 새겨서 각지에 남긴 정갈하고 심오한 글귀를 보면 통일에 대한 진시황의 자신감과 긍지를 느낄 수 있다. 인간의 한계를 넘어 영원을 추구했던 진시황이 어떤 병을 앓았는지는 기록이 없어 알 수가 없다. 다만, 진시황은 죽어서 여산릉이라는 거대한 무덤을 남겼다.

1974년 여산릉에서 동쪽으로 1,200m 떨어진 지점에서 우물을 파던 농부들이 병마용을 발견하였다. 병마용이란 흙으로 빚은 병사와 말을 가리키는 것으로 이제 세계적인 관광명소가 되었다. 진시황은 여산릉 건설을 위해 백성들에게 많은 고통을 주었으나, 2,200년이 지난 그 후손들은 경제적 혜택을 누리고 있다.

진시황 병마용은 결코 진시황이 자신의 사후를 보호하기 위해 만든 단순한 지하 친위대가 아니다. 6국의 통일과 대제국의 위업을 달성한 진시황이 진왕조의 전통사상을 계승하고, 군사력으로 대표되는 제국의 이념과 영광을 병마용이라는 군대모형을 통해 집약하고자 했고, 진제국의 불멸을 기원하고자 했다. 결국 진시황의 기대와 욕망은 달성되었다. 진시황 시기를 다룬 영화가 많이 제작되었다. 이러한 영화가 성공하면서 진시황릉은 중국인은 물론이고 세계인들에게도 무한한 상상력을 제공하는 신화가 되었다. 여산릉 발굴에 대한 욕구가 커지고 있지만 본격적인 발굴을 하지 않는 가장 큰 이유는 능을 훼손할 수 있기 때문이다. 최근 『사기』의 내용을 토대로 진시황릉 내부를 디지털로 생생하게 복원해내기도 했다. 현대 문명의 도움을 받아 진시황은 오늘날 다시 생명을 얻어 여전히 동아시아인들의 상상을 자극하고 있는 것이다.

진나라 천하 통일의 배경

진나라가 중국을 통일하고 융성한 원동력은 막강한 군사력이었다. 진나라가 위치한 지역은 농경문화와 유목문화가 만나는 곳으로, 실력을 중시하는 유목민족의 기풍이 퍼져있었다.

진의 통일과 융성의 배경은 첫째, 강력한 제후국의 탄생에 대한 민의 열망을 들 수 있다. 전국시대에 접어들면서 평화와 통일에 대한 욕구가 점차 형성되었다 제자백가의 사상에는 전쟁의 고통이 계속되면서 평화에 대한 염원과 비공(非攻)의 논리가 나타나기 시작하였다. 그리고 민족적인 측면에서 이민족에 대항할 수 있는 통일정부를 열망하였고, 중원과 주변을 통합하기 위하여 같은 혈통이라는 의식이 필요하면서 황제(黃帝)라는 신화가 만들어졌다.

즉 전국시대로 접어들면서 상당한 경제력을 지닌 지주가 점차 증가했고, 이들은 더 많은 부를 쌓기 위해 농민을 가혹하게 착취했다. 이 때문에 농민들은 강력한 힘을 가진 중앙집권 정부가 출현해 사회의 안정을 가져다주기를 바랐다. 농민들은 전란으로 오랫동안 고통을 받고 있었다. 전선에 나가야 하는 것도, 전장에서 목숨을 잃는 것도 농민이었다. 계속된 전쟁으로 토지가 황폐해진 것은 물론이고 관개 시설도 많이 망가졌는데 이를 수리하는 부담은 농민의 몫이었다. 평화를 바라는 마음은 상인과 수공업자도 마찬가지였다.

그리고 당시 중국은 내전도 문제였지만 북방 변경에서 시시각각 중원을 노리는 흉노의 약탈도 큰 문제였다. 흉노의 침략을 막는 일, 이 역시 강대국의 출현을 재촉하는 계기가 되었다. 가장 강한 힘을 가진 제후국이 나머지 제후국들을 통일하는 일은 이제 온 천하가 바라는 일이 된 것이다. 백성들은 강대한 제후국으로 가서 평화롭게 살기를 원했다.

둘째, 상앙의 변법과 부국강병의 성공이다. 진나라는 서북 지역에 위치한 낙후된 제후국에 불과했지만 진 효공이 상앙의 건의로 변법을 시행하면서 점차 국력을 키워 갔다. 상앙 변법의 주된 목표는 국정 전반에 걸친 전면적 개혁을 통해 진나라의 기본 골격을 이루던 부락제를 타파하여 강력한 왕권을 확립하는 것이었다. 나아가 군공과 농업을 장려하여 전투의욕을 고취시키고 안정적인 생산 토대를 마련하고자 하였다.

셋째, 지정학적인 이점과 법가주의의 과감한 추진이다. 진은 법가의 사상을 받아들여 엄격한 법으로 나라의 질서를 잡아 나갔다. 또한 그 배경에는 진나라가 원래 씨족제적 전통이 약하고 군주권이 강한 데다 진나라가 위치한 관중 땅의 문화적 후진성에 따른 순박한 기질로 백성에 대한 지배력을 높일 수 있었던 지역적 유리함도 있었다.

넷째, 인재 등용에서 융통성을 보인 점이다. 여불위를 비롯한 타국출신자라도 능력에 따라 임명하였다. 이러한 정치는 인습에 얽매이지 않고 선진국의 참신함을 도입하여 타국을 압도하는 신흥강국으로 성장할 수 있는 배경이 되었다.

쇠망의 원인과 진시황의 죽음

시황제는 다섯 번째 순행 중 몸져눕게 되었다. 그는 이미 의지를 상실해 어느 누구와도 의논하지 않으려 했고, 후사를 정할 겨를도 없었다. 죽음이 임박함을 느끼고는 황자 부소(扶蘇)에게 후사를 준비하라는 조서를 썼지만 편지가 자신의 수하 중차부령(中車府令) 조고(趙高)에게 압수되고 만다. 조고는 시황제의 막내아들 호해(胡亥)의 스승으로 깊은 신임을 받고 있었다. 또한 조고는 부소가 신임하던 장군 몽염(蒙恬)의 원수여서 부소가 제위에 오르면 몽씨 일가가 자신에게 보복할까 두려워했다. 게다가 부소가 한 때 시황제의 노여움을 사 쫓겨난 상태이고 시황제는 순행할 때 호해를 데리고 다녔다. 조고가 황제의 인감, 즉 옥새를 보관하고 있었기 때문에 유서 위조 정도는 쉬운 일이었다.

결국 중병을 앓던 시황제는 B.C. 210년 산동에서 죽었고, 그때 그의 나이 50세였다. 그 후 승상 이사와 조고는 시황제의 사망 소식이 새어나가지 않도록 하였고, 조고는 이사를 부추겨 유서를 위조해 호해가 태자로 책립되도록 하였다. 그리고 부소와 몽염에게 자결하도록 명령하였는데 몽염은 유서의 진실 여부를 알아보아야 한다고 했지만 부소는 지나친 상심으로 검을 뽑아 자결하고 말았다.

2세 황제로 등극한 호해는 조정 대신들과 관리들을 비롯하여 자신의 형제들까지 믿지 못하고 살해했다. 정신적으로 몹시 약해진 호해는 판단력을 상실하고 조고의 계략에 빠져 어리석은 정치를 계속하였으며, 참지 못한 백성들은 진승과 오광의 지휘 아래 반란의 기치를 들었다.

환관 조고는 승상 이사를 살해하고 백성들의 신임을 받고 있던 자영(子嬰)을 황제에 앉히고자 황제 호해도 제거했다. 호해는 제위를 포기하고 심지어 평민이 되겠다며 살려달라고 세 번을 청하지만 통하지 않자 검을 뽑아 자결했다. 그 후 이미 조고의 계략을 꿰뚫고 있던 자영은 조고를 죽이고 삼족을 모두 멸했다. 그리고 유방의 군대가 함양성을 점령하자 세 번째 황제 자영이 유방에게 투항하면서 진은 멸망하였다.

시황제가 추진한 정책은 강권에 의한 통치에 기반을 두었다. 정치적인 강한 억압과 경제적인 과중한 부담이 한계를 넘었기에 결국 멸망하였다. 중국 최초의 통일제국인 진나라가 쉽게 멸망하게 된 원인은 사회 경제적 배경과 농민전쟁을 서로 결부시켜 생각해야 한다.

첫째, 진에 충성하는 세력이 제대로 마련되지 못하였다. 시황제의 절대 권력에 눌려있던 6국의 구세력은 시황제의 사망과 함께 도전하는 세력으로 변신하였고, 군현제의 실시로 진을 옹호할 울타리 세력이 없었다.

둘째, 백성에 대한 가혹한 수탈을 원인으로 들 수 있다. 춘추·전국시대의 오랜 혼란 속에서 진의 통일은 농민과 지식인들의 평화와 통일 염원을 이룩해 주는 것으로 크게 환영을 받았으나, 진의 대 토목사업, 외국정벌은 농민에게 큰 부담이었다. 특히 강제노동은 가장 큰 부담이었다. 당시 진의 인구는 2,000만 명 정도였는데 시황제의 궁전과 능묘 건설에 150만 명이 동원되었고, 흉노와 남월을 원정하기 위하여 80만 명의 병사를 주둔시켰다. 또 장성 건설에 50만 명을 동원하고 갖가지 잡역까지 합치면 항상 300만 명 이상이 동원되었다.

셋째, 진의 가혹한 엄형주의 정책을 들 수 있다. 강제노동의 인적 자원을 확보하기 위하여 혹심한 연좌제를 적용했고, 가혹한 형벌을 가하였다. 진나라의 형벌은 시신을 거리에 내다 걸거나 허리를 잘라 죽이고 삶아 죽이는 등 그 내용이 상당히 잔인했다. 죄목이 중한 죄인은 가족까지 처벌을 받았다. 죄인이 된 자들은 사실상 관부의 노비가 되는 경우가 많았는데 군대에 들어가 전방에서 싸우거나 먼 곳에서 힘든 노동을 해야 했다. 진나라는 부세도 무거웠고, 지주들에 의한 착취도 잔혹했다.

넷째, 진 멸망의 결정적인 원인은 진승(陳勝)과 오광(吳廣)의 반란이다. 중국 역사상 최초의 농민반란으로 주목받는다. 두 사람은 북변을 수비하기 위해 징발된 농민 900명을 이끌고 반란을 일으켰고, 이것은 가혹한 진의 통치에 대한 반항에서 비롯된 것이다. 두 사람은 모두 초나라 출신이었으므로 초나라를 확장한다는 의미의 장초(張楚)를 국호로 삼아, 사방에 봉기 참여를 호소하였다. 과중한 노역과 가혹한 법치에 시달리고 있던 농민들은 중앙에서 파견된 관리를 살해하고 이에 호응하였다. 그 가운데 강소성 패현(沛縣)에서 병사를 일으킨 신흥세력 유방(劉邦)과 귀족세력을 대표하는 항우(項羽)가

천하를 다투게 되었다.

이와 같이 시황제는 끊임없이 대규모 전쟁을 벌이고, 장성과 궁전, 무덤 등 대규모 공사를 진행했으니 이 모든 부담이 고스란히 백성들의 몫임은 당연한 일이었다.

진의 멸망이 남긴 역사적 교훈

난세에서 살아남은 백성은 무엇을 바라는가. 난세의 위정자는 무엇을 할 것인가. 진시황의 중국 통일과 그 통일제국의 멸망은 이에 대한 답을 던져준다. 강압적인 통치로 통일한지 15년 만에 무너진 진제국이 우리에게 던지는 교훈은 무엇인가.

전국시대는 오로지 강한 국력을 가진 자만이 전쟁의 틈바구니 속에서 살아남을 수 있었던 이른바 약육강식, 적자생존의 세계였다. 다른 나라들과의 무한경쟁에서 살아남기 위해서 모든 방법을 동원하여 부국강병의 목표를 이루어야 했다. 진나라는 기존의 씨족 공동체 질서를 무너뜨리고, 사람들을 국가의 새로운 질서로 편입시켜서 부국강병에 필요한 세금과 병역을 담당하도록 하였다. 그리고 신분의 귀천을 막론하고 법을 집행하여 법령의 준수를 엄격히 지켰다. 특히 군공을 얻어 신분이 상승할 수 있는 가능성과 엄격한 형벌적용으로 하층 신분으로 하락할 수 있는 가능성을 동시에 열어두어 전쟁의 승리와 법령의 준수를 동시에 실현하였다.

이에 반해 전국시대 말기, 진나라가 동방 진출을 본격화했을 때 이에 맞서 총동원 체제로 저항한 나라는 조나라와 초나라뿐이었다. 두 나라는 면적과 인구 등 모든 면에서 진을 압도했지만 지도부의 분열로 나라 전체가 패배주의가 만연해 있었기 때문에 효과적으로 대응할 수 없었다. 나머지 국가들도 통치자의 부패와 무능 때문에 저항 한번 제대로 해보지 못하고 멸망의 길을 걸었다. 이와 같이 전국시대 6국의 공통점은 기득권 세력의 반발과 저항으로 시대의 흐름에 부합하는 개혁에 실패한 국가라는 사실이다. 6국의 귀족을 비롯한 지배층은 자신들의 욕심만 챙겼을 뿐 유능한 개혁 인재의 등용을 외면하거나 방해했다.

그에 반해 진은 지도부의 확고한 개혁의지 아래 생기와 의욕이 넘쳐흘렀다. 상앙 이래의 개혁 성공과 그 지속은 노력하는 모든 사람에게 기회의 증대를 확신하게 했고, 천하를 향한 개방적 인재등용의 길을 열었다. 진나라와 6국 사이의 이러한 대조는 향후 천하통일의 주인공이 과연 누구일지를 확실히 보여주는 것이다.

한편 동서고금을 막론하고 분열된 상태에 시달려온 사람들에게 태평성세를 보장하려면 새로운 '건설'에 앞서 우선 '휴식'부터 부여해야 했다. 그러나 진시황의 천하통일은 선군 정치의 전국적 확대를 의미했다. 곳곳에서 거대한 토목공사를 벌였으며 천정부지의 세금부담 증대, 징수와 징발의 남발, 무자비한 징용과 징병의 강행은 백성들로서는 도무지 감내할 수 없는 부담을 계속 강요했던 것이다.

통일 직후 어지러운 상황을 타계하기 위해 강력한 정책이 필요하였지만, 그 후에 진은 민생의 안정에는 신경쓰지 않았다. 민심이 곧 법이라는 말을 새겨두었다면 진나라가 그렇게 일찍 망하는 일은 없었을 것이다. 진나라는 통일의 과업을 완수하기 위해 오로지 법치만을 강조하였고 나머지 사상들은 배척하였다. 이는 곧 다양한 사상의 부재와 백성들의 자발성을 이끌어내지 못하였다는 것을 의미했다.

진의 통일이 지식인과 농민의 염원을 수용하지 못하여 실패한 것과는 대조적으로, 유방이 창건한 한 왕조는 국민이 갈망해온 시대적 요청인 '백성과 더불어 휴식한다'는 이른바 '여민휴식(與民休息)'을 실천하였다. 진 왕조의 폭정은 결국 유사 이래 가장 강력했던 제국의 붕괴로 이어졌다. 이후 후세인들은 진의 역사를 통해 국가통치에 있어서 민본사상이 제일 중요함을 깨닫는 계기가 되었다. 한초의 사상가 가의(賈誼)는 백성이 정권을 유지하는 힘이자 동시에 그 정권을 무너뜨리는 힘이 될 수도 있다고 하였다. 그는 "백성은 두려워하지 않을 수 없다. 무릇 백성이란 강한 힘을 가지고 있으므로 결코 적으로 삼아서는 안 되며 오히려 반드시 두려워해야 한다"고 하였다. 정치에 있어서 백성이 근본이라는 민본사상은 이후 동양의 뿌리 깊은 정치사상이 되었다.

연표

- B.C. 259년 시황제(영정) 조의 한단에서 탄생
- B.C. 250년 효문왕 즉위 3일 후 사망, 아버지 자초 즉위
- B.C. 247년 정(진시황)이 13세의 나이로 즉위하다
- B.C. 246년(14세) 여산릉과 정국거 만들기 시작하다
- B.C. 244년(16세) 대기근이 발생하다
- B.C. 238년(22세) 노애의 난이 일어나다
- B.C. 236년(24세) 여불위 파면당하다
- B.C. 232년(27세) 대규모의 군사행동을 개시하다
- B.C. 227년(33세) 형가의 암살 미수사건이 발생하다
- B.C. 221년(39세) 천하를 통일하다, 황제를 칭하다
- B.C. 220년(40세) 진의 옛 지역으로 제1차 순행을 나가다
- B.C. 215년(45세) 몽염이 30만을 동원하여 흉노를 공격하였다
- B.C. 210년(50세) 시황제 사망하다
- B.C. 209년 아방궁 공사를 시작하다. 진승 오광이 거병하다
- B.C. 207년 조고가 승상이 되어 2세 황제를 살해하다
- B.C. 206년 3세 황제 자영이 유방에게 항복하여 진이 멸망하다

참고문헌

• **단행본** 쓰루마 가즈유키, 김경호 옮김, 『중국고대사 최대의 미스터리 진시황제』, 청어람미디어, 2004.
리카이위엔, 하병준 옮김, 『진시황의 비밀』, 시공사, 2010.
이욱연, 『중국이 내게 말을 걸다』, 창비, 2008
우한 엮음, 김숙향 옮김, 『제왕-세상을 혁신한 군주들』, 살림, 2010.
양쯔강, 고예지 옮김, 『천추흥망:진나라 - 최초의 천하통일』, 따뜻한 손, 2009.

• **다큐멘터리** 〈KBS 만리장성〉
〈HC 제국의 건설 - 중국〉

• **영화** 〈영웅(2002), 장이모우 감독〉
〈시황제암살(1998), 첸카이거 감독〉
〈신화:진시황릉의 비밀(2005), 탕지리 감독〉

영원한 제국은 없다

로마

머리말

로마제국의 역사는 마치 드라마처럼 흥미진진하게 전개되었다. 건국신화에서는 동생(아물리우스, Amulius)이 형(누미토르, Numitor)의 왕좌를 찬탈하고 조카(실비아, Silvia)를 베스타 신전의 무녀로 만들었으나 군신 마르스가 실비아를 겁탈하여 쌍둥이 로물루스(Romulus)와 레무스(Remus) 형제가 태어났다. 두 형제는 광주리에 담겨 티베르 강에 버려지고, 암 늑대의 젖으로 구사일생 하였다가 다시 양치기에 의해 구조되고 성장한 후 마침내 찬탈자를 응징하고 로마를 건국하였다.

이 건국 신화를 비롯해서 귀족과 동등해지기 위해 200년간 투쟁했던 로마 평민들의 이야기, 귀족들의 토지 독점을 개혁하려다 무참하게 티베르 강에 매몰되었던 그락쿠스 형제(Gracchi)와 3,000여 명의 추종자들의 이야기, 가장 신임했던 부장 브루투스(Marcus Junius Brutus, Quintus Servilius Caepio Brutus, B.C. 85–BC.42)와 공화파에게 잔혹하게 칼을 맞으며 죽어갔던 황제 카이사르(Gaius Julius Caesar, B.C. 100–B.C. 44) 이야기, 카이사르와 클레오파트라(Cleopatra, B.C. 69–B.C. 30) 그리고 안토니우스(Marcus Antonius, B.C. 83–B.C. 30) 사이의 사랑 이야기, 네로 황제(Nero Claudius Caesar Augustus Germanicus, 37-68)의 황금 궁전과 폭정의 말로, 황제가 되고 싶어 아버지의 죽음에 개입하고 폭정을 행하였던 황제 코모도스 그리고 무엇보다도 콜로세움 원형 경기장 안 5만 관중의 함성 속에 단 한 자루의 칼에 의지한 채 맹수와 사투를 벌였던 그리고 무장한 로마군대와 대적해야 했던 노예 검투사들의 이야기 등은 모든 사람들로 하여금 로마 역사에 대한 무궁무진한 관심을 가지도록 만든다.

B.C. 753년 작은 전원도시에서 시작한 도시국가 로마는 유럽, 아프리카, 아시아에 걸쳐 5백만 평방제곱미터의 대제국을 이룩하였으며, 476년 로마 멸망이후 지금까지 서유럽 국가들이 달성하고 싶었던 제국 모델의 상징이 되었다. 동 프랑크는 로마의 큰 영광을 계승하기를 희망하며 신성로마제국(The Holy Rome)이라 국명을 지었으며, 무솔리니(Benito Amilcare A. Mussolini, 1883-1945)와 히틀러(Adolf Hitler, 1889-1945)도 과거 로마제국의 영광을 재현시키기를 희망하며 세계대전을 획책했다. 역사가들은 팍스 로마나(Pax Romana)의 개념을 후대의 여러 제국들에 적용시켰다. 즉 역사가들은 로마와 비교하며 19세기 대영제국의 전성기를 팍스 브리타니카(Pax Britanica) 시대라 칭하였고, 20세기 미국의 전성기를 팍스 아메리카나(Pax Americana)로 평가함으로써 부정적이든 긍정적이든 로마가 제국의 표상이 되어왔다.

그렇다면 작은 도시에서 시작한 로마가 어떻게 대제국으로 성장할 수 있었는지? 로마가 대제국을 건설할 수 있었던 이유들과 힘은 무엇이었는지? 그 대제국이 왜 쇠퇴하게 되었는지? '로마는 하루 아침에 세워지지 않았다. 모든 길은 로마로 통한다. 주사위는 마침내 던져졌다'는 문구들이 내포하는 역사적 의미와 더불어 약 1,300년간의 로마제국의 역사에서 로마가 남긴 유산은 무엇이고 우리가 수용하고 버릴 것은 무엇인지에 대해 살펴보자.

초기 로마 정국

신화에서는 B.C. 753년 쌍둥이 형제 로물루스와 레무스가 로마를 건국했다고 전해지지만, B.C. 8세기경 역사 속 실제 로마는 티베르 강 유역 7개의 언덕을 중심으로 촌락을 이루었던 전원도시였다. 초기 로마의 정치체제와 문화는 로마보다 위쪽에 거주하던 에트루리아의 왕정과 문화 그리고 신화체계로부터 영향을 받았다. 그러나 B. C. 6세기 말 에트루리아의 왕을 추방하고 로마는 귀족 공화정을 수립하였다(B.C. 509).

초기 로마는 신분 사회로서 사회구조는 귀족과 평민과 노예와 외국인으로 구분되어 있었다. 초기 정치는 행정 최고 책임자인 2명의 집정관과 입법기관인 원로원 귀족들이 권력을 독점하였으며 평민은 납세와 군역 등 의무만 행하였지 정치적·경제적 권리가 전혀 없었다. 그러나 B.C. 6세기 에트루리아를 비롯하여 남쪽의 삼니트 족(Samnites)과 그리스 식민지를 정복하는 과정에서 승리를 거두자 중장보병으로 복무했던 부유한 평민들은 자신들의 힘을 인식하게 되었다. 그리하여 평민들은 귀족들과 평등한 정치 참여와 법적 지위를 요구하기에 이르렀다.

귀족에 대한 저항은 B.C. 494년 성산 퇴거사건으로 시작되었다. 평민들이 로마의 성산으로 올라가 평민들만의 공동체를 운영하겠다고 집단 시위를 하였을 때 평민의 충성 없는 로마 사회를 상상할 수 없었던 귀족들은 평민들에게 제도적으로 그들의 대표기관인 평민회를 조직하고 그 대표자인 호민관을 선출하고 보좌관인 안찰사를 둘 수 있도록 허용하였다. B.C. 451년에는 12표법으로 알려진 성문법이 제정되어 관습적으로 인정되던 귀족들의 권한이 성문화되는 한편 귀족들의 자의적인 국정 운영이 제한되었다. 성문법 조항 중에는 귀족들 자신들의 혈통 보존을 위해 귀족과 평민 사이의 통혼을 금지하는 조항도 있었다. 그러나 생활 속에서는 귀족과 평민 여인 사이의 교제가 이루어졌을 때 항상 평민 여성들의 피해가 속출하였으므로 B.C. 445년에는 귀족과 평민 간의 혼인이 법적으로 허락되었다. B.C. 367년에는 리키

▲자마전투 : 한니발의 코끼리 부대 vs 스키피오 장군의 나팔, 꽹과리부대

니우스-섹스티우스 법이 제정되어 정치적으로는 개인이 진출할 수 있었던 최고 관직인 집정관(Consul)직에도 2인 중 1인은 평민 계급에서 선출하도록 규정되었으며 경제적으로는 토지 소유의 상한선을 규정하여 귀족들의 토지 독점을 차단하고자 하였다. B.C. 300년에는 귀족들의 독점 관직이었던 신관직에도 평민들이 진출할 수 있도록 허용하는 오굴니아(Ogulnia) 법이 제정되었으며, 법적 평등의 마지막 단계로서 B.C. 287년에 호르텐시우스(Hortensius) 법이 제정됨으로써 평민회에서 의결된 법안이 원로원의 인준 없이도 법으로 효력을 발휘할 수 있게 하였다. 그리하여 호르텐시우스법을 마지막으로 사실상 귀족과 평민의 법적 권리는 평등해졌으므로 이로써 로마의 정치 운영은 귀족 공화정으로부터 민주 공화정으로 이행되었다 할 수 있었다. 로마 초기의 역사는 200년에 걸쳐 귀족과 동등한 법적 권리를 쟁취하려했던 평민의 신분 투쟁의 역사였던 것이다.

이후 로마는 주변의 라틴도시와의 전쟁을 통해 도시를 합병하였다(B.C.

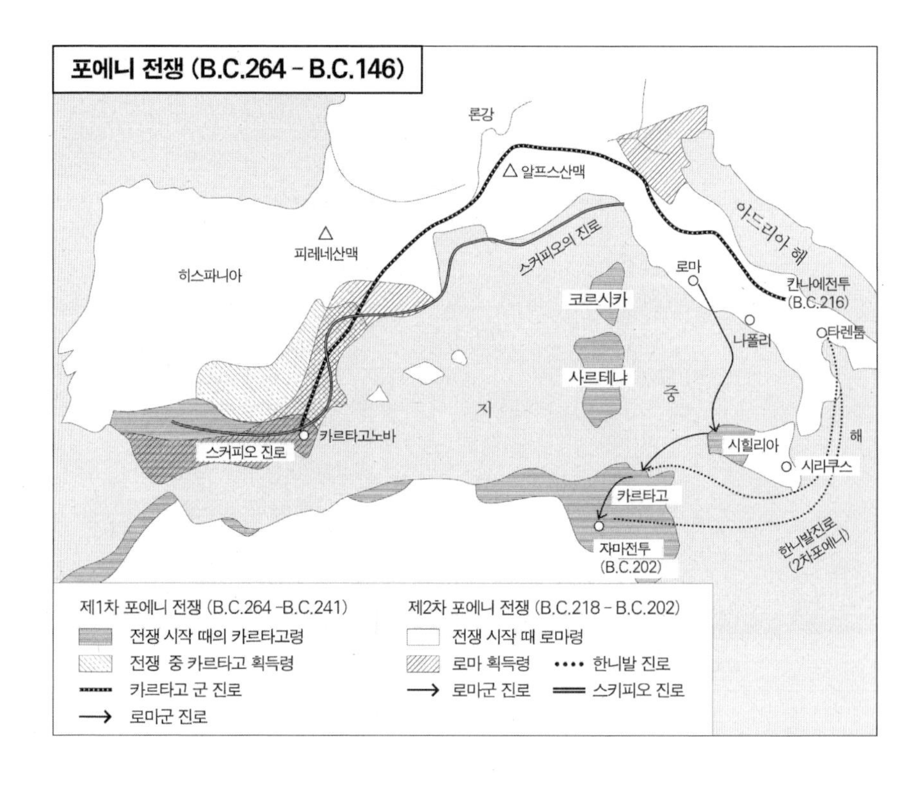

340-338). 라틴계 도시들에게 완전 시민권을 부여해 줌으로써 로마의 식민 도시로 삼았고 나머지 도시들에게는 불완전 시민권을 부여하여 자치 시로 삼았다. 이탈리아 반도 통일 이후 로마를 새로운 국면으로 이끌었던 사건은 바로 포에니 전쟁(Poeni War, B.C. 264-B.C. 146)이었다.

페니키아 식민지 카르타고(Carthage)와의 전쟁이었던 포에니 전쟁 결과 이탈리아 반도에 제한되었던 도시 국가 로마가 해외로 진출하는 계기가 되었다. 전쟁 이전에는 해상무역 국가 카르타고와 농업 국가 로마가 이해관계 때문에 충돌하는 일이 없었으나 시칠리아 왕국에서 발생한 용병 반란을 계기로 로마는 용병의 편을 후원을 하였고 카르타고는 자신들의 오랜 무역 거래 국이었던 시칠리아 왕국의 입장을 후원하며 서로 싸우게 되었다. 당시 경제적으로 더 번영하였고 해상에 강했던 카르타고를 상대로 로마는 3차례에 걸쳐 전쟁을 치렀으며 놀랍게도 3차례 모두 로마가 승리하였다. 1차 포에니 전쟁(B.C. 264-241)에서 승리했던 로마는 시칠리아 섬뿐만 아니라 사르데냐 섬과 코르시카 섬까지 획득하였으며 로마는 처음으로 해외 식민지에 총독을 파견하여 속주로 삼았다. 그리고 속주에서 생산된 생산물의 1/10을 공납으로 징수함에 따라 징세 청부제도를 도입하게 되었고 로마의 기사 계급이 그 일을 감당하였다.

2차 포에니 전쟁은 카르타고의 한니발(Hannibal, B.C. 247-182) 장군과 로마의 스키피오 장군의 대결로 유명하다. 1차 포에니 전쟁의 패배를 기억하며 29세 한니발 장군은 군사 10만 명과 코끼리 37마리를 거느리고 아프리카를 떠나 이베리아 반도를 돌아 갈리아를 점령한 후 당시 악마가 사는 산이라 아무도 가지 않으려했던 알프스 고개를 넘어 로마를 공격했다. 한니발 군대가 피레네 산맥 기슭에 도달하는데 소요된 기간만도 4개월이 걸렸고 추위와 굶주림에 지쳐 도망친 병사들이 5만 명이나 되었다 한다. 과감한 한니발 장군의 기세에 당황한 로마군들은 8만여 명의 병사를 보내었으나 한니발이 로마의 코르넬리우스와 타치노 전투와 트레비아 강 전투에서 연이어 승리하였다. 로마군은 막시무스 장군을 중심으로 카르타고 군대와 직접 맞서 싸우지 않고 한니발의 군대가 힘이 빠지기를 기다렸으나 칸나전투에서 로마는 8만 명 중 7만 병사를 잃었고 1만 명이 포로가 되었으며, 80여 명의 로마 원로원이 사망하는 패배를 하였다.

참담한 로마 진영에 25세 스키피오 장군(Scipio, Publius Cornelius, B.C. 235-183)이 나타나 에스파냐에서 카르타고 세력을 몰아내고 아프리카로 상륙하여 누미디아 지역을 로마 편으로 끌어들인 후 자마(Zama, B.C. 202) 전투에서 승리하였다. 한니발의 코끼리 부대를 보며 스키피오는 코끼리를 놀라게 하기 위해 나팔과 꽹과리로 시끄럽게 하여 코끼리가 날 뛸 때 투창으로 코끼리들을 공격하였다. 이 자마 전투의 승리는 결과적으로 2차 포에니 전쟁을 로마의 승리로 이끌었다.

2차 포에니 전쟁에서 승리를 거둔 로마는 카르타고의 해외 영토를 모두 빼앗았고 천문학적인 배상금을 물리는 한편 10척 이상의 함선 보유를 금지하였다. 스키피오 장군의 대승을 인정하며 한니발은 음독자살을 하였다. 천문학적인 배상금에도 불구하고 카르타고가 점차 회복하는 기미를 보이자 로마는 카르타고의 이웃 누미디아를 사주하여 카르타고를 침공하게 하고 카르타고가 로마의 승인 없이 전쟁을 할 수 없도록 했던 강화 조약 조항을 빌미로 B.C. 146년 3차 전쟁을 일으켰다. 로마는 카르타고를 지상에서 완전히 없애기 위해 도시 전체를 불태운 다음 그 땅에 다시 소금을 뿌려 불모지로 만들었다. 포에니 전쟁 이후 서부 지중해에 대한 패권을 장악한 로마는 동 지중해 쪽으로 진출하여 3차례에 걸친 마케도니아 전쟁을 통해 마케도니아를 로마의 속주로 삼았다.

포에니 전쟁 이후 로마의 가장 중요한 변화는 200년 간 싸워 쟁취했던 민주 공화정이 붕괴될 조짐들이 나타났다는 점이었다. 즉 정치·경제·사회 및 정신문화 전반에서 변화가 나타났다. 첫째, 정치권에서는 정치가와 장군들이 민생고를 돌보지 않고 자신들의 기득권만을 강화하고자 하는 벌족파와 민중의 이익을 옹호하는 평민파 간에 대립 분열이 심하였다. 둘째, 사회적으로는 광대한 영토와 막대한 수입 등 정복사업의 혜택이 로마 민중 전체가 아니라 소수에게 돌아갔으므로 빈부의 격차가 심각하게 나타났다. 기사 계층은 해상무역, 군납업, 공공토목공사, 징세청부 등으로 부상하였던 반면 중장보병으로 참전했던 중소 자영농민은 오랜 전쟁 참여로 자신들의 토지가 황폐화되고 속주로부터 유입되는 값싼 곡물로 견딜 수 없게 되자 토지를 헐값에 팔고 무산자가 되어 몰락하게 되었다. 셋째, 경제적인 변화로서 귀족들은 새로운 영토가 된 공유지를 선점하여 노예 노동을 이용한 대농장을 경영함으로써 라티푼디움이라는 새로운 경제 제도를 선보였다. 넷째, 초기의 로마민의 강건했던 민족성은 속주로부터 많은 물자들이 유입되자 점차 사치하고 향락적인 태도를 보이기 시작하였다.

공화정 말기의 총체적 위기를 직감했던 호민관들이 당시 몰락하던 자영 농민들을 구제하고자 개혁을 도모했는데 그들이 바로 그락쿠스 형제들이었다(Tiberius Gracchus, B.C. 163–B.C. 132, Gaius Gracchus, B.C. 154–B.C. 121). 형 티베리우스 그락쿠스는 유명무실해졌던 리키니우스–섹스티우스 법을 활용해 무산자로 전락했던 자영 농민들에게 토지를 재분배 해 주고자 시도하였다. 그는 원로원의 막강한 반대를 무릅쓰고 민중의 지지를 받으며 농지개혁 법안을 투표로 통과시키려 했다. 하지만 그는 반대세력으로부터 몽둥이와 돌로 살해되어 추종자 300명과 더불어 티베르 강에 수몰되었다. 10년 뒤 그 동생 가이우스 그락쿠스 또한 형의 개혁을 다시 추진하려다 살해되어 그 목이 원로원 연단에 걸리게 되었다. 원로원 세력은 그 후에도 가이우스 지지 세력을 색출해 내어 처형하였는데 그 수가 3,000여 명에 달하였다고 한다. 이후 로마는 귀족파와 평민파로 나뉘어 1세기 동안 내전을 치르게 되었다.

이후 사회의 혼란에 책임을 통감한 군인들이 출현하여 로마 정치를 감당해 나가게 되었다. 군인정치의 시작으로는 평민파 수장 마리우스(Gaius Marius, B.C. 157–B.C. 86)와 귀족파(벌족파)의 수장 술라(Lucius Cornelius Sulla Felix, B.C. 138년–B.C 78)가 서로 견제하며 군인정치를 선보였다. 특히 마리우스는 로마군을 징병제에서 지원제로 바꾸었다. 그리하여 경제력이 없었던 무산시민(프롤레타리아트)들이 군단에 지원하여 시민의 의무가 아닌 생계를 목적으로 한 직업군인이 되었던 것이다. 마리우스의 군대 지원제는 도시의 가난한 빈민을 군대로 흡수하는 효과를 가져왔다. 군단의 지원제로의 전환과 더불어 군단의 구조도 바뀌었으며 이전의 전열을 조직할 때 병사의 재산과 경험에 따라 구분하던 것에 비교해 이때부터는 누구나 똑같이 대우받았고 똑같은 무기와 장비를 제공받았다.

그런데 예상치 못한 새로운 변화가 나타났다. 그것은 자신의 재산과 가족을 지키기 위해 조국에 충성과 책임감을 지녔던 이전의 시민군과는 달리, 직업군인이 된 로마 병사들이 자신들에게 직접적으로 급여를 제공하고 더 많은 전리품을 줄 수 있는 지휘관에게 충성을 맹세하였던 것이다. 병사들은 언제라

▲카이사르, 안토니우스, 옥타비아누스(좌측부터)

도 급여와 수당을 위해 상관을 바꿀 수 있다는 인식이 생겨났던 것이다.

마리우스와 술라를 이어 출현했던 군인이자 정치가들이 바로 B.C. 60년에 두각을 보였던 3인방 평민파의 카이사르(Caesar Gaius Julius, B.C. 100–B.C. 44), 기사계층을 대표한 대부호 크라수스(Crassus Marcus Licinius, B.C. 115–B.C. 53) 벌족파 폼페이우스(Pompeius Magnus Gnaeus, B.C. 106–B.C. 48) 3인이었고, 그들에 의한 정치가 바로 1차 삼두정치였다(B.C. 60). 카이사르는 자신을 딸 율리아를 폼페이우스과 결혼시켜 결속력을 다지고자 했으나 딸 율리아가 출산 도중 사망함으로써 그들 사이의 결속력은 오래가지 못하였다. 크라수스가 파르티아 원정 중 전사한 이후 카이사르가 갈리아 족을 평정하고 브리타니아(지금의 영국)까지 정복하며 군인으로서의 명성이 높아지자 원로원은 강대해진 카이사르에게 위협을 느꼈다. 이에 원로원은 폼페이우스를 설득하여 카이사르를 제거하고자 하였다.

카이사르가 본국으로부터 소환 명령을 받고 그것이 자신을 제거하려는 음모라는 것을 알았을 때 그는 폼페이우스와의 한판 결전을 결심하며 루비콘강을 건넜다. 그 때 카이사르가 남긴 명언이 바로 '주사위는 던져졌다'는 말이다. 로마로 진격한 카이사르는 도망간 폼페이우스군대를 따라가 격파하였으며 후에 폼페이우스는 이집트에서 살해되었다. 마침내 내전을 승리로

마무리한 카이사르는 종신 독재관(Dictator)이 되어 도시 빈민과 퇴역 군인을 위한 정치를 하였고 로마인과 속주민을 차별하지 않고 동등한 시민권을 부여하는 정치를 행하였다. 그러나 그의 통치의 본질은 1인 독재 정치였다. 중요한 권력을 모두 독점했음에도 불구하고 황제가 되고 싶었던 카이사르는 B.C. 44년 3월 15일 그의 독재를 염려했던 공화파의 집단적 공격으로 칼을 맞고 죽었다.

카이사르가 암살되던 당시 그리스에서 군사훈련을 받고 있었던 카이사르의 양자 옥타비아누스(Augustus Octavianus, B.C. 63-A.D. 14)는 카이사르 조카딸의 아들이었다. 양부 카이사르가 암살되었다는 소식을 듣고 귀국한 옥타비아누스는 카이사르의 최측근 부하장군 안토니우스(Antonius Marcus, B.C. 82-A.D 30)와 기사세력 대표 레피두스(Lepidus Marcus)와 2차 삼두정치를 수립하였다(B.C. 43). 이후 옥타비아누스는 10년간 카이사르 암살에 가담한 공화파 색출을 하며 내전을 치러야했다. 당시 어렸던 옥타비아누스는 안토니우스와의 결속을 위해 누이 옥타비아를 안토니우스에게 시집보냈으나 안토니우스는 이집트의 여왕 클레오파트라와 함께 동방제국을 건설하여 로마로부터 분리 독립하고자 했다. 이에 옥타비아누스는 B.C. 31년 악티움으로 출정하였으며 옥타비아누스는 클레오파트라와 안토니우스의 연합 함대를 대파하였다. 패배한 안토니우스가 자살하자 그 뒤를 이어 클레오파트라도 자살하였다. 사망한 클레오파트라의 팔뚝엔 뱀의 이빨자국이 나 있었다고 한다. 이집트 정복 후 옥타비아누스는 마침내 로마의 패권을 장악하였다.

로마제국 전성기(제정시대-오현제시대)

2차 삼두정(三頭政)의 최종 승리자 옥타비아누스 때부터 로마의 정치는 사실상 황제 정치로 전환되었다. 옥타비아누스는 양부 카이사르가 민중을 위한 정치를 했음에도 불구하고 비참하게 암살당했던 사실을 마음에 새기며

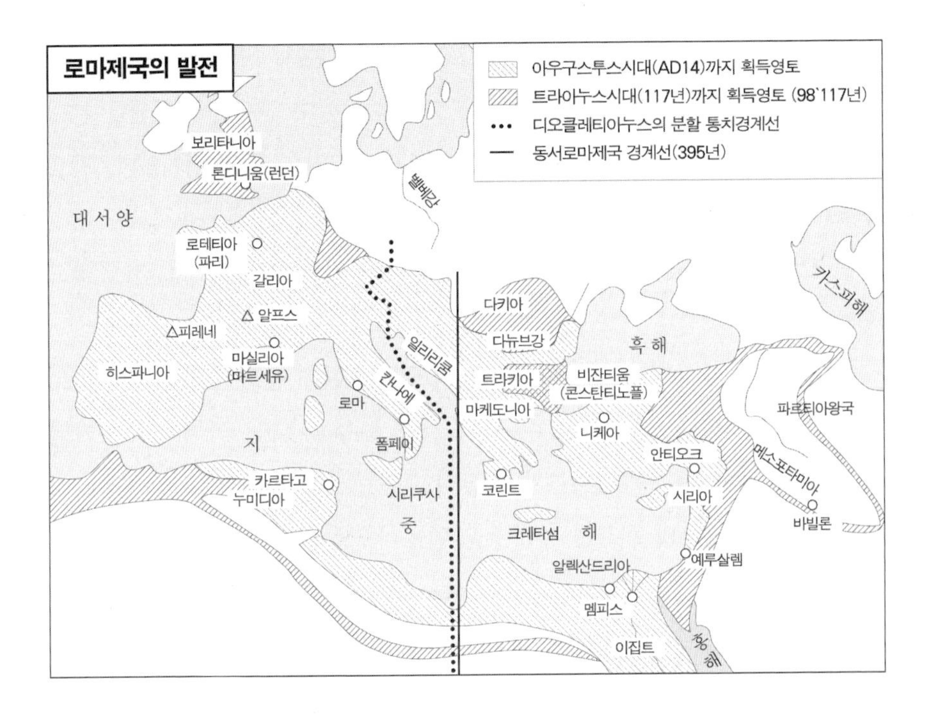

일인 독재정치의 인상을 지우려했다. 그리하여 그는 패권 장악 후 B.C. 27년 원로원 의원의 명부를 정리하여 원로원 의원을 감축하였으나 정책 운영에서는 원로원을 앞에 내세워 함께 통치하려는 태도를 취하였다. 그 결과 원로원은 옥타비아누스에게 '존경할 만 자'의 의미와 함께 제 1시민의 뜻을 지닌 '아우구스투스(Augustus)'라는 칭호를 수여하였다.

다른 한편 아우구스투스는 기사 세력들을 관직에 등용시켜 자신의 지지기반으로 삼았으며 무엇보다도 아우구스투스는 군 통수권이나 속주 통제권, 호민관의 권리 및 국고 관리와 같은 실제적으로 중요한 권한은 자신이 보유하며 자신이 원하는 방향으로 원로원을 통제하였으므로 사실상 1인 황제정치나 다름없는 정치를 행하였다. 아우구스투스는 안으로는 도시민들의 지지를 얻기 위해 로마 시민들의 부족한 주택 문제를 해결하고 만성 기근에 시달리던 로마 민들에게 무상 곡물을 배급해주고자 노력하였다. 그는 자신의 사비를 들여서 신전 건축과 보수 및 도로 건설과 하수 설비를 함으로써 도시민에게 편의 시설을 제공하는 등 로마제국 영내를 안정시키는 일에 주력하였다.

대외 정책면에서는 아우구스투스는 더 이상 로마 영토를 팽창시키지 않고 확대된 로마 영토를 현상 유지하며 수비하는데 주력하였다. 아프리카를 비롯하여 소아시아에 이르기까지 로마 식민지들에 로마 본토와 같은 구조의 계획도시들과 편의시설을 보급함으로써 속주민들에게 로마시민의 신분을 사모하게 하고, 스스로 로마제국에 대한 다양한 기여를 통해 시민권을 획득할 수 있도록 유도하였다. 현재 아프리카 알제리에도 로마의 계획도시들이 보존되어있다.

특히 방대한 로마제국 영토를 수비하는데 병사들이 많이 요구되었을 뿐만 아니라 막대한 군비가 필요하였으므로 그 문제를 해결하기 위해 옥타비아누스는 60개 군단을 28개 군단으로 줄였으며, 군인들을 제대시켜 식민시에 정착하게 하거나 귀향 조처하였다. 군 복무 기간과 관련해서는 기원전보다 기원 후 병사들의 군 복무 기간이 너무 길었으므로 군단 병들의 불만이 속출하였다. 예를 들면 근위병은 16년 복무(기원전 12년 복무), 군단병은 25년 복무해야 했으므로 그 불만이 쌓였다가 A.D. 14년 마침내 군인들이 소동을 일으키기도 했다. 군인들의 제대 상여금을 마련하기 어렵게 되자 옥타비아누스는 자신의 재산과 부동산 등 사재를 출연하기도 하였다.

아우구스투스가 죽고 나자 황제의 지위는 사실상 세습되었으며 그 가운데는 정치적 무능자 혹은 성격 파탄자도 있었다. 5대 황제였던 네로(Nero)의 경우 민생을 돌보지 않고 자신을 위한 황금 궁전을 축조하였다가 백성의 원성을 샀으며 결국 원로원과 로마 민에게 버림받았다. 네로 황제를 뒤 이은 베스파시아누스 황제(Vespasianus Plavius, 69-79 재위)는 네로 통치 시절에 과다한 세금으로 고난을 겪었던 민심을 수습하기 위해 로마 민을 위무하는 건축으로 70년부터 10년에 걸쳐 콜로세움을 건축하였고 베스파시아누스 황제의 아들 티투스(Titus Vespasianus, 79-81 재위)와 도미티아누스에 이르러 콜로세움의 지하구조까지 완공되었다.

궁금한 점은 5만 명에서 7만 명까지 수용 가능한 거대 경기장 건축에 소요되는 비용은 어디에서 마련되었는지의 문제이다. 해답은 당시 로마가 이스라엘을 침공하여 이스라엘의 성전으로부터 약탈한 금은보화와 이스라엘 백성을 포로로 데려와 노예로 처분한 재정으로 콜로세움 원형경기장을 건축했다는 것이다. 뿐만 아니라 로마정부는 로마제국 영내 곳곳으로부터 많은 진귀한 동물들을 수집해 와 로마 국민들에게 보여주고자 했다. 콜로세움 원형경기장은 신분에 따라 좌석이 배치되었으므로 로마의 신분 사회를 가장 잘 반영하는 구조물이다. 무엇보다 콜로세움은 로마가 국가 밖에서 치렀던 승리한 전투들을 로마 국민들에게 재현시켜 보여줌으로써 로마제국에 대한 자긍심을 고취시켰다. 다른 한편 로마 정부는 콜로세움을 통해 공화정 말기 이래 배태되었던 국내의 사회적 문제들에 대한 불만을 차단하고 정치에의 관심을 다른 곳으로 돌리도록 교묘한 행정력과 강한 군사력을 선보이는 이른바 '빵과 서커스 정치'를 행하였다. 콜로세움에서 경기가 시작되기 전에 앉아 있는 모든 관중들을 향해 로마 정부가 무료로 빵을 던져 준 후 강한 검투 노예들의 무시무시한 검투 경기를 보게 하거나 로마 군 승리의 전투를 재현하거나 혹은 사형수들을 맹수의 밥이 되게 하거나 기독교도들을 탄압하는 의식을 행하기도 했다.

특히 오현제 시대(Nerva, Trajanus, Hadrianus, Antonius Pius, Marcus Aurelius황제, 96-108) 중 로마제국 영토가 최대로 달했던 때는 트라야누스 황제 때이다. 이때는 제국 내 모든 식민지에서 다양한 의식주 생필품들이 로마에 유입되었다. 로마는 지중해 주변으로부터 시작해서 라인 강 지역까지의 유럽, 북아프리카와 이집트, 아라비아 반도와 메소포타미아까지 거대한 제국을 이룩하였다. 이 때 로마제국은 경제적으로 번영했을 뿐만 아니라 표면적으로 평화가 유지되었으므로 이때를 로마의 평화시대(Pax Romans)라 칭하였다. 그리스와 라틴 문명이 로마제국 전역에 보급되었으며, 로마는 로마 속 주민들에게 시민권을 개방함으로써 그들을 로마 공동체에 편입시키는 정책을 시행하였다.

제국의 융성 요인

그렇다면 로마가 광대한 로마제국을 확립하고 비교적 오래 융성할 수 있었던 비결은 무엇이었을까?

첫째, 로마는 강한 군대를 보유하고 있었다. 초창기 로마 군대는 로마의 모든 남성들이 소집되었던 것이 아니라 토지를 소유했던 지주들 즉 지켜야 할 재산이 있는 자영 농민들이 임시로 소집되었으므로 강한 군대가 아니었지만, 켈트 족과의 전쟁 경험 후 지속적인 훈련을 통해 강한 군대로 변하였다. 군대의 규모가 커지면서 병사들은 국가로부터 규격화된 갑옷을 지급받았고, 그리스의 밀집 대형을 버리고 후에 로마의 중장보병으로 전쟁에서 승리를 하였다. 강하게 저항하는 적국, 예를 들면 갈리아나 카르타고에 대해서는 무자비하게 정복하였고, 바로 항복하는 적에 대해서는 관용을 베풀어 '강하고 무서운 로마군대'에 대한 인식을 심어주었다. 무엇보다 로마 병사들은 성관계를 금지당했는데 그것은 병사들이 전쟁터에 나가 더욱 거칠게 싸울 수 있도록 하기 위한 전략이었다.

둘째, 로마제국은 정복한 식민지들에 대해 로마 문화와의 친밀한 정도에 따라 각 민족에게 적용시킬 수 있는 정치적 규율과 법률 제도를 달리하여 효율적으로 다스렸다. 또한 로마를 중심으로 모든 속주들이 법률체계를 준수해야 한다는 사회적 합의를 심어주어 로마와 속주민이 하나의 공동체라는 인식을 지니도록 했다.

셋째, 로마는 피정복민에 대해 그들이 감내할 만한 수준의 경제적·정치적·군사적 의무만을 부과하였다. 포에니 전쟁 이후 로마는 생산된 생산물의 1/10을 공납으로 징수함에 따라 정복민에 대해서 최소한의 부담만을 부과하여 속주민들의 불만을 없애려 하였다.

넷째, 로마는 군대의 힘뿐만 아니라 문화의 힘을 발휘하여 속주로 하여금 제국 로마를 선망하도록 유도하였다. 즉 로마는 '토가'와 같은 로마식 의복과 생활 습관 그리고 선진적 목욕탕, 중앙 난방시스템과 같은 편의시설들을 보급함으로써 피정복민들로 하여금 로마 문화에 젖어들게 하였다. 뿐만 아니라 로마는 스스로 문화적 포용성과 관용성 지니며 이민족의 문화를 수용하기도 하였다. 즉 그리스 문화의 우월성을 인정하여 고대 그리스의 문화를 계승하였다. 그리하여 그들은 도시마다 폴리스를 중심으로 두고, 지도층은 그리스어를 유창하게 하고 그리스 철학을 논하는 것을 자랑으로 여겼다. 종교적으로도 피정복민의 신을 로마의 신으로 인정할 정도였고 피정복 국가의 지도계층들은 로마 문화를 오히려 특권으로 받아들여 로마의 가치관과 생활양식을 도입하기도 하였다. 무엇보다도 제국 통일의 중요한 수단은 공통의 언어였는데 제국의 동쪽에서는 라틴어가, 서쪽에서는 그리스어가 공용어로 통용되었으므로 제국내의 의사소통이 원활했던 점도 제국 융성의 한 이유라 할 수 있다.

다섯째, 로마는 제국의 시민이 되기를 갈망하는 사람들에게 제도적으로 방안을 마련해 주었다. 즉 25년 간 군역에 복무할 경우 당사자와 그 자녀에게 로마 시민권을 부여하였으므로, 속주민들은 그 오랜 시간 고된 군복무를 감당하고서라도 자녀에게 로마 시민의 자격을 취득해 주려는 부모들이 많았다. 그리고 그 사실은 제국 영토 곳곳에서 확인되었다. 그러한 속주 현지인들의 군복무는 동시에 로마의 광대한 지역을 효율적으로 수비하는 데 이바지 하였으므로 로마의 평화 시대가 오래도록 전개될 수 있었다.

여섯째, 로마제국은 피정복 국가에 대해서도 사회적 신분의 이동을 제한없이 허용하였다는 점이 제국 융성의 한 요인이라 할 수 있겠다. 즉 다른 제국들은 중심 지역 출신만이 권력의 중심을 차지하였으나 로마의 경우에는 속주 출신도 얼마든지 권력을 차지할 수 있었으며 심지어 트라야누스처럼 스페인 출신의 인사가 황제가 되기도 하였다. 출신 계층의 혈통도 중요하였지만 개인의 능력에 입각한 사회적 유동성이 어느 정도 작동하였다. 특히 지방 변방이나 속주 출신의 인물들이 로마에 진출하여 경력을 쌓은 다음 중심인물로 등장할 수 있었다. 로마의 전성기에는 아프리카, 스페인, 브리튼, 골 출신이라도 로마에 동화되어 최고 권력에 오를 수 있었다. 아프리카 북부의 작은 마을인 티디스 출신의 우르비쿠스는 아시아, 다뉴브 강과 라인 강 유역을 돌아다니면서 신분을 상승시켜 브리튼의 총독이 되었다.

마지막으로 로마제국의 사회간접 자본에 대한 투자와 관리방식이다. 상대적으로 척박하였던 로마는 영토 확장이 필요했으며 영토 확장을 위해서는 사회간접 자본의 투자가 절실하였다. 그리하여 사회간접 자본으로서의 도로망이나 수로 망을 많이 건설하였으며, 이러한 시설이 피정복민들에게는 선진문화로서 어필되었던 것이다. 로마의 도로 체계는 50,000mile의 포장도로와 250,000mile의 길이 있었으며, 돌로 포장된 간선도로만도 375개의 총 8만km에 이르렀고, 거대 연결 도로를 통하여 113개 속주로 구획되었다. 갈리아 한 곳만 해도 21,000m의 도로가 그리고 브리타니아에서도 최소 4,000m의 도로가 부설되었으므로 '모든 길은 로마로 통한다'라는 속담의 진정성이 입증된다.

제국의 쇠퇴 요인

오현제의 마지막 황제인 마르쿠스 아우렐리우스(161-180 재위) 말기부터 로마는 안으로는 정치적 혼란 밖으로는 게르만 족의 간헐적 침입으로 인해 위기에 직면하였다. 3세기에 들어서는 로마 각지에서 군대들이 일어나 자신들의 마음대로 황제를 옹립하거나 제거하기도 하였으므로 이 시기를 군인 황제의 시대(235-284)라 칭했다. 그리고 그 50년 동안 26명의 황제가 교체되었으며 그 중 25명이 살해되거나 전사하였으므로 정계는 극도로 불안한 상태였다. 그때 나타나 혼란을 수습했던 황제가 디오클레티아누스 황제(Gaius A. Valerius

Diocletianus, 245-312)였으며 그 뒤를 이어 국운을 회복하기 위해 애썼던 황제는 콘스탄티누스 대제였다(Constantinus I, 274-337). 콘스탄티누스 대제는 313년 밀라노 칙령을 통해 기존의 로마의 전통신 숭배에 더하여 새로운 종교 크리스트교를 하나의 종교로 인정함으로써 향후 국교화의 토대를 마련하였다.

로마제국이 쇠퇴하게 된 요인들로는 첫째, 민주 공화정이라는 정치 체제를 지켜내지 못했다는 점이 지적될 수 있다. 원로원과 민중들의 대표간의 합의 정치였던 민주 공화정이 유지되지 못한 채 음모와 권모술수가 난무하는 황제 정치 체제로 전환되었던 것이 후에 군인 황제 정치에서 지속적인 정치적 불안정을 초래하였다고 할 수 있겠다.

둘째, 로마제국의 한 융성 요인이었던 로마가 보유했던 개방성과 포용성이 사라지면서 제국은 몰락의 길로 들어서게 되었다. 독일의 고대 사학자 기번(Edward Gibbon, 1737-1794)도 로마제국 멸망 원인을 제국의 팽창과 크리스트교 수용을 지적하면서 콘스탄티누스에 의해 기독교가 공인된 이후 로마 사회는 종교적 관용성을 잃게 되었고 그것이 제국 쇠퇴의 한 요인이 되었다고 평가하였다.

셋째, 군비의 증가와 이에 따른 속주의 반발을 들 수 있다. 광대한 영토를 보유했던 로마제국의 군사력 유지와 방어에 필요한 비용으로 인해 점차 속주나 동맹 국가의 부담이 가중되었다. 그것으로 인해 속주나 동맹 국가들은 로마에 대한 불만을 지니며 로마로부터 벗어나고자 하였으므로 이민족 침입과 같은 결정적인 순간에 속주들은 로마를 저버렸던 것이다.

넷째, 몰락하는 사회나 국가의 대표적인 현상이듯이 로마 민중들의 강건했던 정신이 변질되어 퇴폐 문화와 향락을 추구함으로써 사회기강이 무너지고 부도덕한 사회로 전락했다는 점이 지적될 수 있다.

다섯째, 1세기 전후부터 간헐적으로 집단별로 내려오기 시작했던 게르만족들이 로마 시민의 군역 회피로 인해 자연스럽게 용병으로 자리잡았다. 4세기경 게르만 족 대 이동 때 그 용병들은 로마로부터 등을 돌리게 되었다.

뿐만 아니라 내부적으로는 반란이 일어나고 유행병이 창궐하면서 로마는 이민족을 방어할 동력을 상실했다. 위와 같은 요인들을 배경으로 로마는 쇠퇴해갔다.

유산과 역사적 교훈

독일의 역사가 랑케(Leopold von Ranke, 1795-1886)가 "모든 고대사는 로마의 역사로 흘러들어가고 모든 근대사는 다시 로마로부터 흘러나왔다"라고 표현한 대로 로마는 오늘날 서구의 정치·문화에 많은 영향을 끼쳤다.

특히 로마가 유럽에 남긴 주요한 유산으로는 먼저 민주 공화정이라는 합의 정치를 꼽을 수 있다. 오늘날 지구상의 많은 나라들이 선택하고 있는 민주 공화정은 로마로부터 비롯된 것이었다. 또한 로마가 남긴 많은 법문화, 건축 문화, 도로, 라틴어 등 문화적 유산들은 여전히 우리들에게 지대한 영향을 끼치고 있다.

그렇다면 로마제국의 역사가 우리에게 알려주고 시사해 주는 것은 무엇인가?

첫째, 로마는 그리스와 더불어 유럽 문화의 뿌리이자 제국의 모델이었다. 로마는 거대한 제국을 이루고 위대한 정치적 문화적 유산을 남겼을지라도 좋은 제도와 풍토를 국가와 국민이 지키지 못함으로써 결국 몰락했다. 이렇듯 거대한 제국 로마의 쇠퇴 및 몰락을 보면서 영원한 제국은 없다는 것을 시사받을 수 있다.

둘째, 고대의 많은 나라들이 다민족 국가라는 점 때문에 붕괴하였으나 로마는 다민족 국가임에도 대제국으로 발전하였다. 군사력 유지나 생산력 향상에서 시민의 일체감이 중요하였으며 로마는 이 일체감을 법률로 제도화함으로써 동시대 어느 나라보다 상대적인 불평등 의식을 완화시키는 데 이바지하였다. 그 결과 로마는 대제국으로 나아갈 수 있었다. 그러나 대국화 되면서 로마인의 사치는 역사상 유례가 없을 정도가 되었다. 리비아와 이집트의 수입품이 명품으로 유행하였다. 해외 무역은 일부 상위 로마인들의 사치스런 기호를 만족시키는 도구로 전락하였고, 햄과 와인이 프랑스에서, 석류는 리비아, 향료는 아라비아, 보석은 인도, 비단은 중국에서 수입되었다. 이를 수입하기 위한 자금이 부족하자 로마정부는 화폐의 질을 낮추게 되었으며, 그 결과 인플레이션이 걷잡을 수 없게 되었다. 로마의 몰락 사례를 통해 볼 때 사치와 타락은 어떠한 제국도 붕괴시킬 수 있다는 가르침을 우리에게 전해준다.

셋째, 로마 몰락은 로마 민중들의 강건했던 정신이 변질되어 로마인들이 퇴폐문화와 향락을 추구함으로써 사회기강이 무너지고 부도덕한 사회로 전락했던 결과 초래되었다는 점이다. 물질만능의 사회 속에 근면한 노동을 통해 부를 축적하기보다 부동산 투기나 주식투자 등으로 한 방에 일확천금을 얻으려는 사람들의 기대심리가 만연하고 정치 공직자들이나 사회 지도자들이 부도덕하게 먼저 타락했을 때 사회가 훨씬 더 불안한 것처럼 사회는 그 누구보다 사회 지도자층의 부패와 도덕적 타락을 경계해야 할 것이다.

넷째, 로마는 철저한 군인 사회였다. 군인으로 전쟁에 나아가 전공을 세우면 신분 상승이 가능했으며, 로마 정치계에서도 군인들이 우대 받았던 사회이다. 그러나 로마의 사례에서처럼 군인 본연의 사명은 국가 방위이지 권력 장악이 아니다. 로마시대 군인들이 정권을 장악하였을 때 50년간 26명의 황제들이 살해되어 교체되는 등의 혼란이 발생하였음을 기억하며, 민주주의 원리 아래 국민들의 권리와 복지를 위해 책임을 다하는 민주공화정치에 대한 인식을 유지해야 할 것이다.

다섯째, 로마는 다른 민족의 지도층에게 로마의 문화를 받아들이도록 격려하고 이에 잘 따를 경우에는 막대한 보상을 하였다. 이를 통해 제국으로 오는 통로를 마련하고 이 통로를 통해 많은 사람들이 로마인이 되는 행렬에 동참하였다. 이것이 로마가 위대한 제국이 될 수 있었던 힘이었다.

여섯째, 로마 쇠퇴 당시 광대한 제국 영토를 방위하는데 필요한 군인 징집 과정에서 초기 로마시민들과는 달리 말기의 성년남자들의 병역회피 그리고 금전으로 대체 고용되었던 게르만 족 용병들 때문에 결정적인 순간 로마 방위가 무너졌다는 사실을 우리 사회가 기억해야 할 것이다.

마지막으로 로마제국 말기 로마 정부는 '위대한 제국' 이미지를 보급하기 위해 모든 대규모 공공 건축 사업에 막대한 재정을 쏟아 부었으며 그 결과 재정 역량을 넘어선 대규모 공사는 국가 경제의 파탄을 초래하였다. 민생경제보다 우선시 되는 대규모 공사들은 지양되어야한다. 국민의 삶보다 권력 주체의 의지와 업적이 우선될 때 국가재정은 피폐해지고 국민의 삶은 고단해지며 국가의 미래는 암울해진다는 사실을 로마제국 사례에서 시사받을 수 있다.

연표

- B.C. 753년 로마 건국
- B.C. 509년 로마공화정 수립
- B.C. 494년 로마 평민 성산퇴거 사건
- B.C. 264-B.C. 146년 포에니 전쟁
- B.C. 132-B.C. 121년 그락쿠스 형제 개혁
- B.C. 60년 1차 삼두정치
- B.C. 43년 2차 삼두정치
- B.C. 31-AD.14년 아우구스투스 옥타비아누스 집권
- 96-180년 오현제시대
- 476년 서로마제국 몰락

참고문헌

• **단행본**

에드워드 기번, 윤수인·김희용 공역, 『로마제국쇠망사 1』, 민음사, 2008

주경철, 『문화로 읽는 세계사』, 사계절, 2005.

손영호, 『테마로 읽는 세계사 산책』, 학지사, 2008.

배은숙, 『강대국의 비밀』, 글항아리, 2008.

• **다큐멘터리**

〈HC 로마군단 최강의 제국을 꿈꾸다〉

〈NHK 사상 최대의 초강대국〉

〈BBC 카이사르〉

• **영화**

〈로마제국의 멸망(1964), 안소니 만 감독〉

〈글레디에이터(2000), 리들리 스콧 감독〉

모든 길은 장안으로

당(唐)

머리말

220년 한(漢)제국이 붕괴한 후 중국은 300여 년의 분열 시대로 접어들었다. 로마제국의 시대에 "모든 길은 로마로 통한다"라고 했다면 7세기에서 10세기 세계의 여러 나라에서 시작된 길은 당제국의 수도 장안(長安)으로 통했다. 당대의 한 시인은 제국의 수도 장안의 모습에 대해 "장안의 봄을 그 누군들 독점할 수 있으랴. 장안의 춘색은 본래 주인이 없는 것"이라고 읊조렸다. 장안은 각지에서 모여든 온갖 외국인들로 가득 찬 국제도시였기에 그곳은 단순히 한 국가의 수도일 뿐만 아니라 동시대 가장 찬란한 문명의 중심이었다. 이들 외국인은 당제국의 한인들과 함께 화려한 문화를 일구어내고, 세계를 주름잡던 제국의 강력한 역량이 되었다.

당제국은 중국 역사상 실크로드 교역이 가장 활발하게 이루어진 시대였고, 실크로드로 향하는 출발점이 바로 장안이었다. 이곳의 주민 3분의 1이 외국인이었고, 제국의 화려한 수도일 뿐만 아니라 학문과 예술의 중심이기도 했다. 당대의 중국은 이민족에 대해 놀라울 만큼 개방적인 태도를 보였다. 또한 풍요로운 물자를 바탕으로 제도, 사상, 종교 각 방면에서 새로운 도약이 있었다. 이런 엄청난 활력의 배경은 무엇일까? '장안의 봄'으로 상징되는 당제국의 번영은 어떻게 가능했던 것일까?

초기 국가 양상

한제국이 멸망한 후 남북은 분열되고, 특히 북방은 '호(胡)'로 불리는 이민족의 지배에 들어가게 되었다. 581년 수(隋)가 중국을 재통일하였다. 이는 16국, 동진, 남북조 시대에 이르는 오랜 분열을 끝내고 진·한 이후 세 번째 통일 대업을 이룬 것이다. 수가 통일을 이룬 지 12년 후에 양제(煬帝, 569–618)가 즉위했다. 당시의 풍요로운 국가 재정을 바탕으로 양제는 낙양 도성과 대운하 건설 사업을 개시했다. 엄청난 인력을 동원해 6년 만에 약 1,800km에 달하는 대운하를 완성하였다. 그러나 몇 세대 동안 점진적으로 이룩해야 할 큰 사업을 무리하게 단행함으로써 많은 백성들을 토목 사업에 몰아넣었다. 여기에 세 차례에 걸친 요동 정벌로 인해 결국 고통을 감당하지 못하게 된 백성들의 대대적인 봉기로 수나라는 혼란에 빠지게 되었다. 이 때 각지에서 패권을 장악하기 위한 쟁탈이 시작되었고, 그 최후의 승리자는 이연(李淵) 부자였다.

태원(太原)에서 군대를 일으킨 이연은 치밀한 계획을 세워 불과 반년 만에 장안을 점령하고, 산서, 관중, 사천 등지로 신속하게 세력을 확대했다. 그는 뛰어난 군사력과 뚜렷한 전략을 가지고 있었기에 짧은 시간에 큰 성공을 거둘 수 있었다. 자신의 아들들을 시켜 수 양제가 재차 고구려 원정에 나선다는 소문을 퍼뜨려 백성들의 불만을 자아내고 양제의 신하들을 제거하였다. 617년 이연은 군대를 이끌고 장안으로 진격했고, 이듬해 양제는 신하들에게 살해되었다. 이연은 장안에 입성하고 국호를 당(唐), 연호를 무덕(武德)으로 정했다.

당의 창업자는 고조 이연이지만 실제 주도적인 역할을 한 것은 이연의

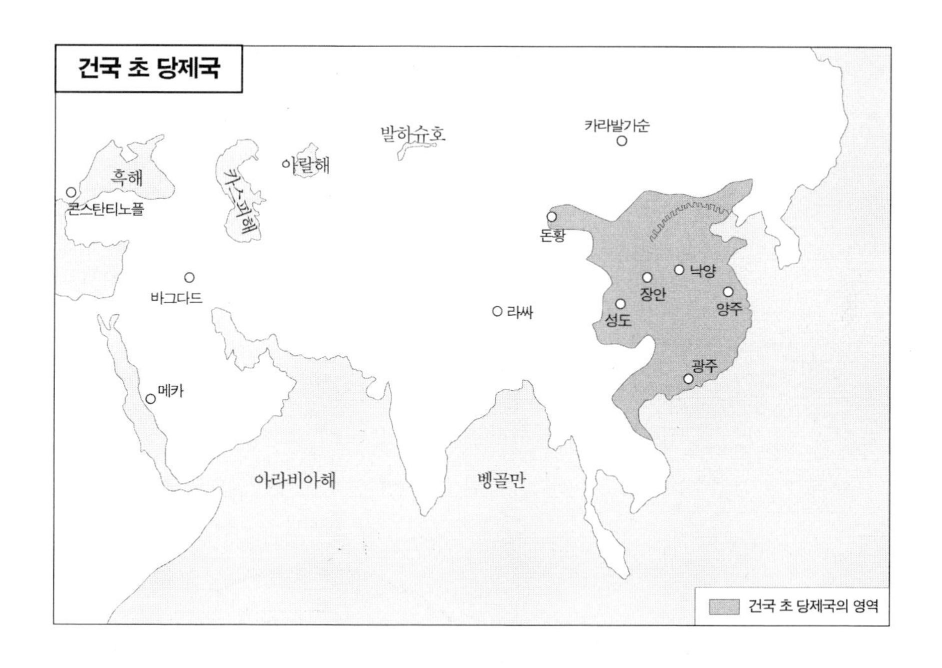

둘째 아들인 후의 당 태종인 이세민(李世民, 599-649)이었다. 본래 고조는 장남 이건성을 황태자로 삼았다. 그러나 수나라 정벌에서 공이 높은 실질적 제국의 건설자인 이세민의 명성이 더 높자 황태자의 지위가 위태롭게 되었다. 결국 제위 계승을 둘러싼 형제간의 치열한 음모와 혈전이 전개되어 626년 7월 2일 이세민은 장안성 북쪽 정문인 현무문에서 정변을 일으켜 형과 동생을 죽이고 권력을 잡았다(현무문의 변). 현무문은 사람의 몸에 비유하자면 인후(咽喉)에 해당하는 곳으로 궁전의 현무문을 장악하는 것이 승리의 관건이었다. 이세민 측은 이건성의 부하인 현무문의 수비대장을 사전에 매수하여 거사에 성공하였다. 이세민은 형제와 조카 10명을 처형시킨 연후 아버지 이연에게 양위를 요구하여 29세에 황제가 되었다. 비록 권력을 차지하기 위해 자신의 일족에게는 냉혹하고 무자비했지만 군주로서 그의 통치시대는 '정관의 치(貞觀之治)'로 불리었다. 23년의 그의 치세 기간 동안 신하들과 나눈 문답을 기록한 『정관정요(貞觀政要)』는 후대 제왕학의 모범으로 칭송받는다.

태종 이세민은 평소 다음 순자(荀子)의 말을 자주 인용했다고 한다. "군주

▲ 이세민

는 마치 배와 같고, 백성은 물과 같아 물은 배를 띄울 수도 있지만 배를 전복시킬 수도 있다." 그는 국가의 근본을 백성으로 보고 뛰어난 통치력을 발휘하였다. 대외적으로는 고구려를 멸망시키고, 남쪽의 북부 베트남까지 영토를 확대하였고, 서쪽으로는 중앙아시아 대부분의 지역과 파미르 고원의 서쪽까지 영향력을 넓혔다. 이로써 사마르칸드, 부하라, 타슈켄트가 당의 영역에 편입되고, 서쪽으로 티베트와 돌궐이 복속했다. 특히, 630년 돌궐을 멸망시키고 나서 서북 지역의 이민족 추장들으로부터 '천가한(天可汗)'이라는 칭호를 얻었는데, 이것은 중국의 천자인 동시에 유목민의 '칸'으로서 정주민과 유목민을 아우르는 지배자가 되었음을 뜻하는 것이다. 이로써 당 제국은 명실상부한 세계 제국으로서의 위치를 확고히 다지게 되었다.

태종의 뒤를 이은 병약한 고종(高宗)의 치세 후기부터 정무를 관장하던 후궁 출신의 여황제 측천무후의 통치가 이어졌다. 그녀는 중국 역사상 유일한 여황제였다. 본래 태종의 후궁이었지만, 갖은 수단을 동원하여 고종의 황후가 되었다. 그녀는 황후로서 35년, 제국의 지배자로서 15년의 도합 50년(654-705) 동안 독재적 권력을 휘둘렀다. 690년 중국 역사상 유일한 여제(女帝)에 즉위한 측천무후는 자신의 제국을 고대의 이상 국가인 서주(西周)에서 이름을 따서 주(周, 690-705)라고 칭하였다. 권력을 공고히 하기 위해 불교를 이용하여 여황제의 출현을 부처의 의지로 해석하게 하였다. 이를 위해 여성 미륵보살이 천상에서 내려와 세상이 번영할 것이라는 『대운경』을 만들었다. 동시에 많은 관직을 남발하기도 하였다. 전통시대 남성 위주의 가부장적 유교적 가치관에서 측천무후의 시대는 '여화(女禍)'로 평가받기도 하지만 그녀의 치세 동안 제국이 안정적으로 통치되었던 점에서 이런 견해는 지나친 편견이다. 오히려 측천무후는 사회 전반에서 지지를 받았고, 등용문을 넓혀서 인재를 파격적으로 등용하여 당제국의 기업(基業)을 유지하는 동시에 당의 300년 역사에서 최전성기인 '개원성세(開元盛世)'를 구축하는 토대를 마련하였다.

태종과 측천무후의 정치적·경제적 토대를 바탕으로 현종이 즉위하여 '개원의 치세(開元之治)'를 열었다. 태종 말년(650) 380만이던 호구 수는 개원 14년(726)에 700만에 달했고, 755년에는 호구 수가 900만에 이르렀다. 그러나 44년간 지속된 현종의 통치시대는 당의 가장 전성기인 동시에 쇠퇴의 분수령이 되는 기점으로 번영과 쇠락을 함께 맛보게 된 시대이다.

제국의 전성기

수 왕조가 이룩한 기틀을 바탕으로 당제국 중기에 일어난 안사의 난(755)까지 175년 동안은 제국의 법제와 관제가 완비되던 시대였다. 특히, 측천무후의 손자인 현종의 통치기간에 정치, 경제, 사회, 문화는 최전성기를 구가했다. 특히 제국을 '율령격식'이라는 법체계와 제도로 운영하여 통치 제도를 표준화하고 성문화하였다. 이것은 모든 백성들에 대한 균등한 지배를 의미한다. 이런 율령체제를 근간으로 균전제(토지), 부병제(군사), 조용조(조세)를 이상적으로 조합하여 제국을 운영하였다. 여기에 따르면 일정한 연령이 되는 성인 남성(丁)은 국가로부터 100무의 토지를 균등하게 지급받는 대신 조용조를 비롯한 각종 역(役)을 부담하는 것이다. 그리고 일정한 연령이 되면 토지를 다시 국가에 반납해야 했다. 이것은 정치권력과 재부를 중앙에 집중시켜 제국을 효율적으로 운영하는데 가장 중요한 밑바탕이 되었다.

이전 진·한제국과 비교해, 수·당제국의 율령에서 보이는 특징은 양(良)과 천(賤)이라는 신분질서가 사회 운영의 기본 원칙이 되었다는 점이다. 곧 동일한 범죄를 저질러도 각각 적용되는 법 조항이 달랐다. 여기에 존비(친족

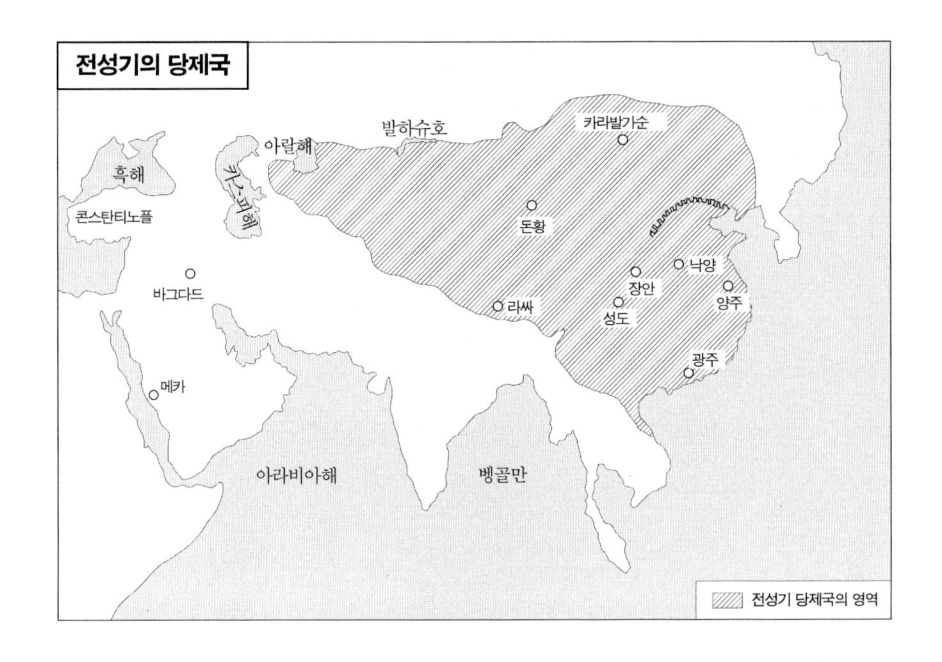

간 세대의 상하), 장유(연령의 상하)에 따라서도 형량에 차이가 있었다. 현존하는 가장 오래된 법전인 『당율(唐律)』에는 각종 범죄에 대한 500가지가 넘는 형벌 규정이 있다. 범죄와 관련된 당사자들의 관계(존속, 친속)와 신분에 따라 차등적으로 형벌을 부과함으로써 사회적, 경제적 위계질서를 유지하는 역할을 하였다. 율령 체제는 동아시아 각국에 전파되어 한국, 일본의 법제 형성에도 영향을 주었다.

중앙집권적 황제지배체제를 유지하고 광대한 지역을 효과적으로 통치하기 위해서 중요한 것은 관료로 등용할 인재를 선발하는 것이다. 본래 중국의 관리 선발 방식에는 추천과 시험 두 가지가 있었다. 당제국은 수나라에서 창안된 과거 제도를 계승하여 확대하였다. 비록 1년에 합격하는 사람은 20-30명에 불과하지만 관료 내의 지배층을 판별하고 선발하는 데 중요한 역할을 하였다. 당시 "명경을 30세에 급제하면 늦고, 진사를 50세에 급제하면 젊은 편"이라는 말이 있을 정도로 진사 합격은 모든 수험생의 최후의 목표이자 꿈이었다. 시험을 통한 인재 선발은 광활한 제국 내의 서북부, 동북부,

남부 지식인들 간의 지역 간 문화적 차이를 표준화하고 극복하는 데도 일조하였고, 제국의 운영에 필요한 인재를 선발하는 중요한 수단이기도 했다.

당의 성세는 '장안의 봄'으로 묘사된다. 장안은 관중의 중심으로 위수 남쪽에 위치하여 지형상 외적의 방어가 용이하고, 광활한 관중 평야를 비롯하여 주변에 비옥한 토지와 풍수한 수자원을 두고 있어 물산이 풍부한 곳이었다. 그래서 장안 일대는 서주, 진, 전한, 수나라를 거쳐 당에 이르기까지 천여 년 동안 10개 왕조의 도읍이 되었다. 특히 장안의 외성은 남북 약 8.7㎞, 동서 약 9.7㎞, 둘레 36.7㎞에 달하는 방대한 규모를 자랑했다. 학자들은 장안의 도시 계획에는 다양한 전통 사상이 조화를 이루고 있다는 사실을 지적한다. 즉 장안은 우주의 왕도라는 개념으로 설계되었다는 것이다. 가령, 장안성의 궁전을 태극전(太極殿)이라고 하는데, 『역경(易經)』에서 태극은 우주의 원시상태를 의미하는 것이고, 태극전의 북쪽에 있는 양의전(兩儀殿)의 양의는 태극에서 나온 만물의 근원인 음과 양, 또는 하늘과 땅을 의미한다고 한다. 즉 태극전은 천제의 대행자로서 천하에 군림하는 천자의 거주지이자 우주의 중심과 직결되는 곳을 의미한다. 이처럼 장안의 곳곳은 많은 상징적 함의를 지니고 왕조의 정통성을 위해 건설된 계획 도시였다.

바둑판식으로 구성된 계획도시로서 성 내부는 바둑판처럼 108개의 방(坊)으로 구획되어 있는데, 거주자는 모두 이 방 안에서 살았고, 높은 담장으로 둘러싸여 출입이 엄격히 통제되었다. 뿐만 아니라 장안에는 제국의 황제를 알현하기 위해 많은 외국의 사신과 사절단, 상인, 종교인들의 발길이 끊이지 않았다. 당 태종의 돌궐 평정으로 서북방 지역을 완전히 정복함으로써 평화와 번영의 시대를 구가하게 되자 장안은 명실상부한 정치, 경제, 사회, 문화, 교통의 중심지가 되었다. 심지어 가장 새로운 복식과 머리장식이 유행하는 곳이었다.

전성기의 수도 장안의 상주 인구는 일반 백성은 물론 왕공 귀족, 군인, 승려, 노예, 외국 사절, 유학생, 국내외 상인을 비롯하여 약 백만 명에 이르렀다. 그 중에서도 소그드 상인의 활약은 두드러졌다. "한 푼의 이익을 가지고도 서로 다투며 이익이 나는 장사라면 가지 않는 곳이 없다"라고 할 정도로 이들은 장사꾼 정신이 투철했다. 동서 중계무역을 독점하고 중국, 인도, 페르시아, 동로마까지 활약하며 융단, 유리, 악기, 약품, 향료 등 진귀한 서방의 물품을 가지고 제국의 수도 장안으로 들어왔다. 소그드인은 "아이가 태어나면 입에는 설탕을 머금게 하고, 손에는 아교 재료가 되는 풀을 쥐어준다"라고 하는데, 설탕처럼 달콤한 말로 남의 비위를 맞추고, 손에 들어온 돈은 절대 놓치지 말기를 바라는 의식이다. 타고난 상인으로 중국에서는 '호인(胡人)'이라 불리는 이들의 활약으로 중국에서는 페르시아 문화가 유행하였다.

당제국의 국제성과 개방주의는 종교 방면에서도 두드러졌다. 당시에 이슬람교, 유대교, 마니교, 조로아스터교, 네스토리우스교 등 외래 종교 의식이 장안에 거주하는 수많은 외국인들에 의해 행해졌다. 그 중에서도 불교는 대중들에게 광범위하게 전래되어 가장 큰 영향을 끼쳤다. 외래 종교인 불교는 제국의 개방주의와 세계주의적 분위기를 타고 일반 서민들의 생활 깊숙이 자리잡게 되었다. 불교 사원은 학교를 운영하고 외지의 여행객에게는 숙소를 제공하였으며 지역 지식인들에게는 회합의 장소를 마련해 주기도 했다. 더욱이 불교를 전파하기 위해 승려들은 문맹인 백성들에게 그림을 보여주며 이야기를 들려주곤 했는데, 이것은 중국인들로 하여금 상상의 세계를 다양화시키는 데도 크게 일조하였다.

제국의 융성 원인

수천 년의 중화제국의 역사 속에서 당제국은 전례 없는 제도, 사상과 종교, 예술 방면에서 창조성을 이룩한 시기였다. 영토의 확장과 통일, 남북을 잇는 경제와 교통의 대동맥인 운하의 개통, 실크로드를 통한 국제 교역의 확대, 바닷길을 통한 해상 교통의 발달과 교역의 증가도 제국에 활기를 불어넣었다. 당의 개방주의 정책은 동아시아 세계의 정치·경제·문화 각 방면에서의 교류를 촉진하여 8세기에 절정기를 맞이하게 된다.

이런 성세(盛世)를 구가할 수 있었던 가장 근본적인 원인은 어디에 있는가.

첫째, 이전 수(隋)왕조의 유업을 그대로 계승할 수 있었기 때문이다. 수는 단명한 제국이었지만 그 단기간 동안 일궈낸 통일과 업적은 당제국의 발전에 결정적인 토대를 제공하였다. 가령, 수대에 군(郡)을 없애는 대신 주현(州縣) 2급제를 실시하여 관원 수를 삭감하고, 지방관이 가진 하급관료 임명권을 중앙 정부로 귀속시킴으로써 황제집권체제를 강화할 수 있었다. 특히, 수에서 시행한 균전제와 조용조, 부병제 등의 율령제도는 당에 그대로 계승되어 제국 발전의 튼튼한 뼈대를 제공했다. 수대부터 개착된 대운하는 남북을 잇는 대동맥으로 후세에 미친 영향은 헤아릴 수 없을 정도이다. 광활한 대륙의 남북 하천을 연결한 운하는 사람, 물자, 정보를 교차시키는 거대한 통로로서 제국의 통합에 큰 역할을 담당했다. 요컨대, 수의 과거 제도 및 행정 체계, 법률 제도, 도성 건설, 특히 남북 대운하의 성공적인 수축이 당의 발전과 번영에 결정적으로 공헌하였다.

둘째, 이민족의 새로운 피가 한족에게 수혈된 점을 들 수 있다. 역사가들은 수·당제국 초기의 제도적 기초를 닦는 데 북조의 이민족 왕조들이 공헌한 부분이 많다는 측면과 당시의 정치, 군사 엘리트들 중 선비족을 비롯해 북방의 조상을 둔 가문이 많다는 사실에 근거하여 당제국을 한족과 이민족의 연합정권으로 설명하기도 한다. 특히, 수를 건국한 양견과 당을 건국한 이연은 남북조 시대에 정치적·경제적 세력을 가지고 있던 귀족(호족)집단도 아니었고, 화북 지방의 정복자인 북방 민족(五胡)도 아니었다. 이들은 관중 지방을 중심으로 형성된 새로운 계층으로 역사에서 '관롱집단(關隴集團)'이라고 한다. 수 양제와 당 고조 이연은 이종사촌 관계로, 두 왕조의 창업자는 가까운 인척 관계이고 출신지역도 관롱 지방이다. 관롱은 중국 서북의 섬서성과 감숙성의 위수 연해지역을 가리키는데, 그 중심지는 내몽골의 무천진(武川鎭)이다. 이들은 선비족의 피가 흐르는 '호한(胡漢)'의 혼혈 혈통인 것이다. 당제국이 개방성과 국제성을 강하게 띠게 된 경향은 이런 통치자들의 혈통도 중요한 요인이었다.

셋째, 조화로운 군신관계를 들 수 있다. 이 시대는 '정관의 치'로 표현되듯이 가장 문명적이고 수준 높은 정치 환경과 정비된 행정체계를 갖추고 있었다. '정관'의 치세는 태종의 재위 시기 23년간을 가리킨다. '정(貞)'은 바른 것을 가리키고, '관(觀)'은 사람에게 보여주는 것을 뜻한다. '옳은 것을 보여주는 것', 다시 말하면 '광명 정대함'이 정관의 가장 핵심적인 내용이다. 태종은 수 양제의 실패를 거울삼아 신하들의 간언을 적극 받아들여 사회적·경제적·대내외적으로 태평성세를 이끌어 내었고, 이것은 이후의 군주들에게도 계승되어졌다.

넷째, 당의 개방적인 문화 성격을 들 수 있다. 무엇보다 당제국은 세계제국이었다. 이는 이전 수백 년 동안의 혼란스러운 역사로부터 다양한 문화를 한데 끌어 모은 수·당 왕조의 절충주의와 개방적 국제주의 덕분이었다. 이런 개방 정책으로 신라 출신의 최치원을 비롯해 외국인이 자신의 능력과 재능으로 고위 관료가 되는 경우도 적지 않았다. 당 태종 때 5품 이상의 관직을 받은 외국인이 100여 명에 달했다고 한다. 현종 때의 절도사 안녹산은 이란계 소그드인의 혼혈이었고, 사사명도 중앙아시아 출신이었다. 이처럼 외국인으로서 제국의 절도사, 도독, 장군 등 군사 직무에 임명된 자도 많았다. 고구려 출신의 고선지와 장보고의 활약도 당제국의 국제성, 개방성과 뗄 수 없는 관계에 있다. '황제천가한'이라 불린 당 태종의 시대에 '만국내정(萬國來庭)' 혹은 '화이대동(華夷大同)'의 세계제국으로서의 위치를 공고히 하게 되는데, 이것은 출신 배경이 다른 인재들을 모아 능력을 발휘할 수 있게 했기에 가능한 것이었다.

제국의 쇠망 원인

당의 체제는 제국 건설 후 100여 년 동안 형성된 것으로서 현종 통치 후기 국가에 등록된 호적 수는 900만에 달했다. 그러나 개원, 천보 연간에 중앙 조정은 차츰 부패의 늪에 빠지기 시작했고 최고조에 다다른 '번영과 태평'의 시대는 서서히 하락기로 접어들게 된다. 그중에서도 안사의 난(755-763)은 제국의 각 방면에 변화를 몰고 온 기점이 되는 중요한 사건이었다.

'개원의 치세'를 이룬 현종은 말년에 자신의 며느리인 양귀비를 맞으면서 점차 정치에 관심이 멀어지게 되었다. 양귀비를 위해 화청지에 궁궐을 짓고, 그녀를 자신의 말을 이해하는 꽃이라는 뜻의 '해어화(解語花)'라고 불렀다. 양귀비는 수 천리 떨어진 곳에서 생산된 과실을 궁으로 실어 나르게 하고 온갖 사치를 부리며 자신의 친인척을 고관에 임명했다. 특히, 양귀비의 육촌 오빠인 양소라는 인물은 현종에게 '국충'이라는 이름을 하사받고 승상의 자리까지 올라 전횡을 일삼았다. 유명한 시인 두보는 천보 12년(753) 〈여인행(麗人行)〉이라는 시를 써서 양귀비와 양국충의 사치와 횡포를 직접 묘사하기도 했다.

> "장안 물가에는 미인도 많다. 자태는 농염하고, 뜻은 멀고 마음은 맑고 진실하며, 피부 결은 섬세하고 기름지며 몸매는 균형이 잡혔네. 수 놓은 비단 옷이 늦은 봄에 눈이 부시고, 금실로 수놓은 공작새, 은실로 수놓은 기린 무늬가 번쩍이네. 머리 위에는 무엇이 있는가? 비취색 머리 장식 귀 밑까지 드리웠네.…… 구름 장막의 초방한 친한 이는 괵국부인, 진국부인 큰 이름 내렸네."

현종은 양귀비의 세 자매를 한국부인, 괵국부인, 진국부인에 봉하고 자유롭게 궁중에 드나들게 했다. 20대의 젊은 양귀비는 자신이 총애하던 40대의 절도사 안녹산(安祿山)을 양자로 받아들였다. 안녹산이 어떤 민족인가에 대한 견해는 분분한데, 소그드인과 돌궐족의 혼혈이라는 설이 유력하다. '녹산'이 실제 페르시아어 '로우산(빛)'을 음역한 것인 점에서 그가 한족이 아니었음은 분명하다. 그는 뚱뚱하고 글을 읽지도 못했다. 그럼에도 양귀비의 총애를 받아 750년 장군이 되었다. 황제와 황후의 총애를 한 몸에 받던 안녹산과 양국충은 결국 갈등과 반목을 일으키게 된다. 먼저 국충이 안녹산을 제거하려 하자 이를 눈치 챈 안녹산은 변방에서 난을 일으키고 군대를 이끌고 장안으로 쳐들어왔다. 이것이 바로 '안사의 난'이다. 장안과 낙양이 순식간에 반란군의 손에 들어가고 현종과 양귀비는 사천으로 달아나야만 했다. 현종을 수행한 군대가 이런 사태를 몰고 온 양귀비의 처형을 요구하자 황제는 따를 수밖에 없었다. 70살이 넘은 현종은 아들에게 양위하였고 이로써 찬란한 한 시대는 끝을 고하였다.

안녹산의 난 이후 중국은 급격히 군사화되었다. 제국의 내지에는 모두 약 30개 정도의 번진이 설치되었다. 중앙의 관료들은 부패에 빠지고 백성들은 가혹한 수탈에 신음하였다. 결국 황소의 난(878-884)이 일어나 6년 동안 전 제국은 혼란에 빠졌다.

첫째, 구조적인 측면에서 제국의 쇠락 요인은 균전제의 점진적인 와해를 들 수 있다. 당나라의 국가 운영체계는 균전제를 바탕으로 여기에 부병제, 조용조를 결합시킨 시스템이다. 이 제도는 조합이 이상적이고 치밀한 만큼 그 중 어느 하나라도 제대로 운영되지 않으면 일시에 붕괴될 위험성이 높았다. 균전제가 효과적으로 실시되기 위해서는 조정에서 장악하는 충분한 토지와 자영민이 필요했지만 후기로 갈수록 토지 겸병 현상이 가속화되어 농민은 토지를 잃고 균전제는 이름만 남게 되었다. 여기에 방대한 관료 기구도 문제가 심각했다. 당나라 초기의 관원은 1,000명이 채 되지 않았는데, 현종 시기 각급 관원의 수는 36만에 달했다. 방대한 관료 기구는 국가의 재정 부담을 가중시키게 되고 이것은 농민에 대한 가혹한 조세 징수로 이어졌다. 그러자 세금 부담을 이기지 못한 농민들은 본적지를 떠나게 되면서 국가는 재부의 근원을 상실하게 되고 이 역시 균전제를 붕괴시키는 직접적인 원인이 되었다.

둘째, 번진의 할거도 쇠망을 부추겼다. 현종은 제국의 치안과 질서유지를 위해 돌궐에 대한 의존도를 높여 나갔다. 그 결과 712년에서 733년 동안 돌궐인이 절도사에 9명이나 임명되었다. 그리고 755년 안녹산의 난은 제국에 결정적인 타격을 가하였다.

셋째, 조정 내부에 출현한 환관세력을 들 수 있다. 황제지배체제와 밀접한 관계를 갖는 특수한 집단인 환관은 황실 내부의 업무를 모두 도맡았다. 그런데 안사의 난 이후 절도사 세력은 중앙에서 제대로 통제할 수 없게 되었고, 무장들은 더더욱 신임할 수 없는 상황이었다. 이에 중앙 금군인 신책군(新策軍)의 통수권을 환관에게 주어 환관이 지방 절도사를 감시하는 체제를 만들었다. 이로써 군권과 행정권을 양손에 쥔 '환관 전권'시대가 출현했다. 환관은 황제를 시해하고 마음대로 폐립하여 820년 헌종이 환관에게 피살된 이래 8명의 황제 중에서 7명을 환관이 옹립하였다.

넷째, 여러 이민족을 묶어줄 공통된 이념이 없었다. 앞서의 로마제국과 페르시아제국의 경우처럼, 관용은 당제국의 엄청난 영토 확장과 영향력 확대에 필수적인 요소였지만 동시에 제국 몰락의 근원이기도 했다. 이민족을 차별하지 않는 관용과 포용 덕분에 제국은 크게 번성할 수 있었지만 이들 여러 민족을 한데 묶어줄 공통된 정치적·언어적·문화적 '접착제'를 갖지 못하였다. 게다가 '외국인'이 군권을 장악하게 되면서 우려는 현실로 나타났다.

다섯째, 당제국의 번영을 이끌었던 관용과 개방성의 상실을 들 수 있다. 760년 양주에서 아라비아와 페르시아 상인 수천 명이 살해되고, 779년 대종(代宗)은 외국 사절들을 쫓아내고 이민족이 당의 옷을 입는 것을 금지했다. 840년에 무종은 마니교 수도승 70명을 처형하고 사원 소유 땅을 몰수하고 사원을 파기했다. 뿐만 아니라 제국의 국제적 지위가 약화되면서 불교에 대해서도 반감이 고조되어 불사에 드는 막대한 비용으로 재정 궁핍을 초래한 불교도 탄압받았다. 845년 탄압 명령이 철회될 때까지 25만 명의 승려들이 환속하였고, 15만 명의 사원의 노비들이 몰수되었다. 4만 개 이상의 사찰이 철거되거나 다른 용도로 전환되었다.

역사적 교훈과 유산

589년 수나라의 통일과 뒤를 이은 당제국의 출현은 동아시아 국제 질서에 큰 영향을 주었다. 당제국은 중국을 중심으로 한 동아시아 문화권이 확립된 시기이다. 제국의 강력한 정치·군사적 역량을 바탕으로 당의 정치적, 문화적 요소는 주변 제국과 민족들을 당의 영향력 안으로 끌어들이고, 주변국은 자신들에게 필요한 당의 정치, 문화체제를 수용하였다. 이로써 동아시아 문화권의 실체는 더욱 선명해지게 되었다. 오늘날 우리가 되새겨 볼 수 있는 당제국의 유산으로 다음의 몇 가지를 생각해 볼 수 있다.

첫째, 제국의 실질적인 건국자인 태종 이세민의 열린 지도력을 들 수 있다. 태종은 "군주와 신하는 각자 맡은 바를 충실히 이행하되 함께 좋은 생각을 나눔으로써 성공적인 통치를 할 수 있다"라고 했고, 또 "사람이 자신의 얼굴을 보려면 필히 맑은 거울이 있어야 하고, 군주가 자신의 허물을 알려고 하면 반드시 충직한 신하에 의지해야 한다"라고 했다. 이는 이전의 통치자들에게는 찾아볼 수 없는 혁신적인 것이었는데, 곧 제국의 통치는 통치자의 직언 수용 능력에 달렸다는 것이다. 역사상 '정관의 치세'가 빛날 수 있는 것은 바로 자신과 견해가 다른 의견이라도 적극적으로 수용하는 당태종의 열린 지도력에 있는 것이다.

일례로 하루는 태종의 손위 처남인 장손무기(長孫無忌)가 깜빡 칼을 차고 궁에 들어왔는데, 문을 지키던 교위가 미처 이것을 저지하지 못했다. 결국 두 사람 모두 규정을 어긴 것이었다. 그런데 근무 태만한 교위는 사형에 처하고, 장손무기에게는 벌금을 내도록 하자는 주장이 나왔다. 그러자 한 대신이 죄가 가벼운 자를 사형에 처하는 것이 불공평함을 제기하자 태종은 그의 견해를 따라 교위를 사형에 처하지 못하게 하였다. 이처럼 자신의 잘못을 깨달으면 즉시 시정하는 용기가 있었던 것이다.

특히 위징(魏徵)이라는 신하는 "용모는 보잘것 없지만 담력과 지식이 남달라 거침없이 간언했다. 황제의 심기를 불편하게 할지라도 낯빛 하나 바꾸지 않았다"고 한다. 오늘날까지 간언을 서슴지 않았던 위징이 회자되는 것은 근본적으로 그의 간언을 수용했던 태종이 있었기 때문이다. "덕행을 쌓은 군주는 귀를 거스르는 말을 듣고, 얼굴을 살피지 않고 하는 간언을 좋아한다. 군주가 충신을 가까이 하려면 의견을 제시하는 인사를 후하게 대우하고, 참언하기 좋아하는 자를 질책하며, 간사하고 아첨하는 사람을 멀리하는 것이다(『정관정요』)."

둘째, 인재를 보는 안목과 개방적 인재 등용을 들 수 있다. 당 태종은 "군자가 사람을 쓰는 방식은 그릇과 같아서 장점만을 취한다"라고 했는데, 곧 어떤 인물을 등용할 때 비록 부족한 면이 있더라고 그 사람의 장점을 최대한 발휘하도록 하는 것이다. 태종에게 직간을 서슴지 않았던 위징은 본래 황태자 이건성의 사람으로 황위를 위해 이세민을 죽일 것을 건언하기도 했다. 그럼에도 '현무문의 변' 이후 태종은 위징을 자신의 신하로 중용하였다. 또 다른 일례로, 태종은 정관 2년(628)에 태상태경(太常太卿) 조효손(祖孝孫)이라는 자로 하여금 궁인들에게 음악을 가르치게 했다. 그런데 시간이 흘러도 성과가 없자 다른 대신들이 조효손이 음악을 가르치는 것보다는 궁중 음악인 아악(雅樂)을 정리하는데 더 재능이 있음을 간언하기에 이르렀다. 그러자 태종은 곧 아악을 정리하도록 명하여 조효손은 〈대당아악(大唐雅樂)〉을 완성하기에 이르렀다.

측천무후도, 비록 정통성이 결여된 자신의 권력을 강화하기 위해서였지만, 혈통이 아닌 시험을 통한 경쟁에 의해 관리를 선발하는 것을 확대하였다. 당대는 귀족이 지배층이었기 때문에 면접에서 수험생의 출신 가문이 당락을 결정하는 데 영향을 끼치기도 했는데, 이 새로운 제도는 미약한 가문 출신의 인재들에게 더 많은 기회를 제공하였다. 뿐만 아니라 측천무후는 간언을 받아들일 때도 관리의 지위 고하를 가리지 않았다. 695년 지방 현의 주부(主簿)라는 9품관에 불과했던 유지기(劉知幾)가 표를 올려 시정의 개선을 간언했는데, 측천무후는 그의 제안을 모두 수용하고 상을 내렸다. 유지기는 후에 장안으로 불려가 사관(史館)에 소속되어 경전 해석과 실록 편찬 등의 임무를 맡았고, 후세에 『사통(史通)』이라는 불후의 역사서를 남겼다. 때문에 후대 청나라의 학자 조익(趙翼)은 측천무후가 "사람을 보는 안목과 신하들의 간언을 받아들이는 측면에서는 타의 추종을 불허할 정도였다"고까지 말하였다.

셋째, 당제국의 가장 두드러진 특징은 세계제국에 걸맞는 개방성과 다원성이다. 특히, 이 시대의 동서 문화 교류는 때마침 서아시아 지역을 통일한 이슬람제국의 출현과 동로마제국의 발전과도 맞물려 문화교류사에서 새로운 장을 열었다고 평가된다. 수도 장안은 다양한 민족이 함께 거주하는 국제도시였고, 비록 피부색과 외모가 달라도 관직 등용, 상업 활동, 학문적 교류 등에서 전혀 차별받지 않았다. 개방성은 당이 창조적이고 역동적인 문화를 꽃 피우게 한 원동력이었다. 이는 21세기 오늘날 조화로운 '지구촌 시대'를 만들기 위해 필요한 덕목을 제시해 준다.

연표

- 618년 수 양제 살해, 고조(이연) 즉위
- 626년 '현무문의 변' 태종(이세민) 즉위
- 630년 동돌궐 멸함
- 645년 태종 고구려 원정 실패
- 657년 서돌궐 멸함
- 690년 측천무후 즉위 (周)
- 705년 측천무후 사망, 중종 복위, 국호 '당'으로 복귀
- 712년 현종(이융기) 즉위
- 745년 양씨 귀비에 오름
- 752년 양국충 재상에 오름
- 755년 안녹산의 난
- 875년 황소의 난
- 907년 주전충 후량을 세우고 당을 멸함

참고문헌

• **단행본**

박한제 등, 『아틀라스중국사』, 사계절, 2007년.

패트리샤 버클리 에브리, 이동진·윤미경 역, 『사진과 그림으로 보는 케임브리지 중국사』, 시공사, 2001.

존 킹 페어뱅크, 중국사연구회 번역, 『신중국사』, 까치, 1994.

멍셴스, 김인지 옮김, 『정관의 치 – 위대한 정치의 시대』, 에버리치 홀딩스, 2008.

• **다큐멘터리** 〈CCTV 대명궁〉

• **영화** 〈당태종 이세민(1994), 리차오용 감독〉

〈무측천(1995), 천지아린 감독〉

알라의 이름으로

칼리프

머리말

610년 사우디아라비아의 도시 메카 근교 히라 동굴에서 40세의 한 남자가 명상하고 있었다. 그는 당시 아라비아 반도 내의 정치, 경제, 종교적 상황을 한탄하고 있었다. 아랍의 여러 부족들은 정치적으로 분열되어 서로 싸우고 있었고, 경제적으로는 비잔틴과 사산조 페르시아제국의 오랜 전쟁으로 동서 교역이 아라비아 반도 홍해 연안 지역을 통해 이루어져 상업이 발달하면서 빈부의 격차가 커지고 사회적 긴장이 심화되었고, 종교적으로는 다신교가 성행했다.

억압과 멸시를 받는 사회적 약자들을 위해서 이 남자는 동굴 속에서 새로운 대안을 고민하고 있었다. 그때 갑자기 천사가 나타나 그에게 유일신 알라(Allah, 아랍어의 하느님)의 계시를 전했고, 그 계시는 21년 동안 지속되었다. 알라의 계시를 전하면서 그는 스스로를 하느님의 최후의 예언자라고 밝혔다. 그가 바로 무함마드(Muhammad, 570?-632, 영어의 모하멧)이며 그가 전한 종교는 '유일신에 대한 복종'을 의미하는 '이슬람(Islam)'이며, 이 종교 신도는 '무슬림(Muslim)'으로 불려진다.

무함마드의 가르침을 가장 먼저 받아들인 사람은 그의 아내 카디자(Khadiza, 555-619)와 사촌 알리(Ali, 600-661)를 비롯한 소수였다. 메카 귀족은 그의 가르침을 거절하고 그를 박해했다. 일신교와 사회 신분 평등사상으로 자신들의 사회, 경제적 특권을 위협하는 이슬람교를 받아들일 수는 없었던 것이다. 메카 귀족의 박해에 직면한 무함마드와 그의 추종자는 메카를 떠나 메디나로 갔다(622). 당시 메디나는 여러 부족의 충돌로 어려움을 겪고 있었는데, 그 중재 역할이 무함마드에게 맡겨졌다.

메디나에서 무함마드와 무슬림은 이슬람의 가르침, 즉 유일신, 정의와 평등 등에 기반을 둔 공동체 움마(Ummah)를 만들고 운영하면서 이슬람 세계의 가장 큰 특징인 정치와 종교가 분리되지 않는 '신앙공동체사회'를 형성했다. 무함마드는 이 공동체의 종교 지도자이자 정치 지도자였다. 메디나에서 힘을 기른 무함마드와 무슬림은 메카의 귀족과 수차례 전투를 벌였고 마침내 메카에 입성했는데, 이때 알라의 이름으로 '지하드(Jihad, 원래 무슬림이 알라의 뜻에 따라 삶을 영위하려는 내적, 외적 노력을 의미)'를 행한다고 주장했다. 메카 귀족의 개종과 함께 이슬람은 무함마드의 지도하에 빠른 속도로 퍼져나갔으며, 632년 그가 죽었을 때 아라비아 반도 대부분 지역에 전파되면서 예언자 무함마드의 종교적, 정치적 후계자인 칼리프(Caliph)가 지배하는 제국(632-1258)이 형성되었다.

칼리프제국의 초기 국가 양상

예언자 무함마드 사후 후계자 문제를 둘러싸고 이슬람 내부에서 권력투쟁이 일어났다. 후계자 칼리프로 그의 친구이자 장인인 아부 바크르(Abu Bakr, 573?-634)가 선출되면서, 권력투쟁은 일단락되었다. 이후 3명의 칼리프가 차례로 선출되어 움마를 지도했는데, 이때가 정통 칼리프 시대(632-661)이다. 이 시대 말, 무슬림은 이집트, 시리아, 이란까지 세력을 확장했고, 이어서

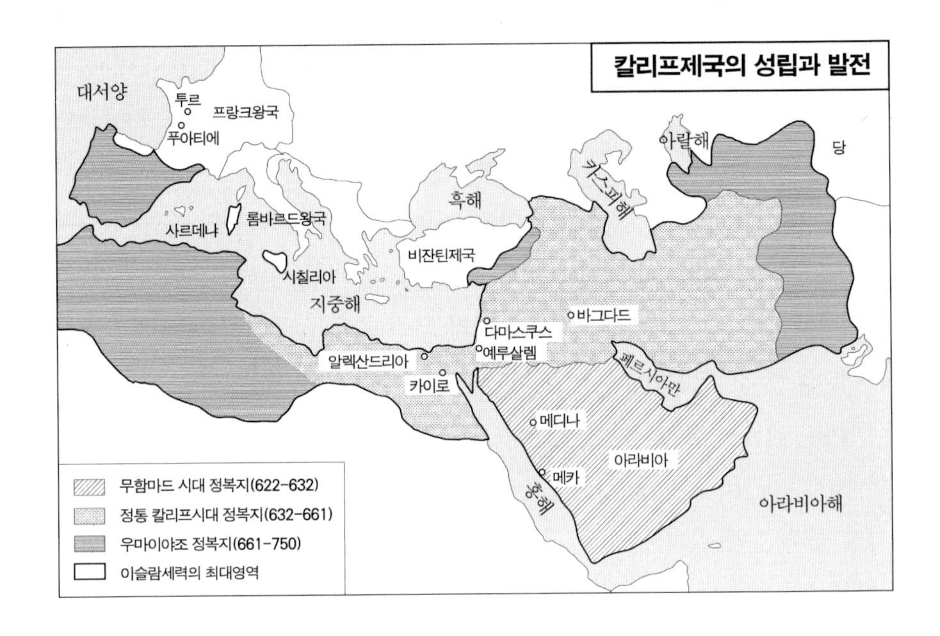

우마이야조 시대(Umayya, 661-750)에는 에스파냐와 포르투갈에서 북부 아프리카, 이스라엘-팔레스타인, 시리아, 이라크, 이란을 거쳐 중앙아시아의 아프가니스탄, 파키스탄에 이르는 대제국을 건설했다.

무슬림이 짧은 시간 내에 넓은 영토를 정복할 수 있었던 이유는 칼리프가 종교, 경제적 이유를 내세워 정복 활동을 은근히 부추겼기 때문이다. 안으로 정권투쟁을 야기할 수 있는 호전적인 아랍 부족의 힘을 외부의 정복 활동으로 유인했던 것이다. 정복 활동은 이슬람 전파를 통해 이슬람 세계를, 전리품 획득을 통해 경제적 부를 확대했다. 무슬림의 정복 활동은 주변의 비잔틴과 사산조 페르시아제국이 오랫동안 싸우다 지친 상태였기에 비교적 용이했다.

제4대 정통 칼리프 알리(656-661재위)가 661년 정복활동 중 암살당한 후, 우마이야 가문의 무아위야가 칼리프 지위를 빼앗아 우마이야조가 성립되었다. 알리의 암살에 대응하여 그의 둘째 아들 후세인이 이라크 카르발라에서 우마이야 군대에 대항했으나, 그의 가족과 추종자 70명은 오히려 죽음을 당했다. 이 사건은 알리의 후손이 칼리프가 되어야 한다고 믿는 시아파(Shi at

Ali, 알리의 추종자)의 희생과 속죄의 축제 '아슈라의 날'로서 지금도 기념되고 있다.

현재 세계 무슬림의 10% 정도가 시아파에 속하고 나머지 90%는 수니파에 속한다. 수니는 예언자의 전승인 순나(Sunnah)에서 나왔으며, 순나를 따른다는 의미이다. 시아파에도 여러 분파가 존재하는데, 알리의 마지막 후손이 12대 이맘으로 다시 올 것이라고 믿는 시아파의 한 집단이 '12이맘'이며 이란이 종주국이다. '이맘'은 시아파에서는 '알리의 후손'을, 수니파에서는 '기도의 인도자'를 의미한다. 시아파에 속하는 또 다른 집단으로 '암살(Assassin)'로 유명한 '이스마일'파가 있다.

우마이야조는 약 90년 동안 칼리프 지위를 세습하면서 세습 왕조가 되었다. 이 왕조에서는 대개 아랍-무슬림이 귀족과 엘리트를 구성하고, 피정복민 비아랍-비무슬림은 지배를 받았는데, 이 때문에 비아랍인의 불만이 컸고, 정치적으로 불안정했다. 이 왕조는 알라의 이름으로 행해진 '지하드'와 강한 군사력을 통해 비교적 짧은 시간 내에 이베리아 반도와 흑해와 카스피 해 연안지역을 얻었지만, 이 영토를 제대로 지배하지는 못했다. 팽창 속도가 너무 빨랐고, 아랍 무슬림 전사가 용감한 전사였지만, 뛰어난 행정가는 아니었기 때문이다.

이슬람 전파라는 종교적 열정은 이슬람의 우월성에 대한 확신에서 나왔다. 이슬람은 공동의 신앙, 규범, 법률을 가진 새로운 사회공동체에 대한 비전을 제시했는데, 이것이 일상의 삶이 바로 종교 생활이라는 이슬람의 가장 큰 특징을 가져왔다. 이슬람의 경전인 '코란(Koran)'은 무슬림과 지배자가 공동체의 안과 밖에서 행해야 하는 종교, 사회, 정치적 규범이자 법률이었다. 이슬람법을 '샤리아'라고 하는데, 이 법의 근거로 '코란' 외에 예언자 무함마드의 언행을 기록한 '하디스', '유추'와 '합의'가 있다.

이슬람 경전 '코란'의 핵심 사상은 유일신 알라에 대한 헌신, 사회적 정의와 평등의 구현 등이다. 이를 위해서 무슬림이 행해야 하는 다섯 가지 의무가 있다. '샤하다(알라가 유일신이며 무함마드는 그의 사도라는 신앙고백)', '살라트(메카를 향해 하루 다섯 번 기도)', '하즈(일생에 한 번 성지 메카 순례)', '사움(라마단 한 달 동안 단식)', '자카트(연 수입의 2.5% 기부)'가 그것이다. 무슬림은 의무 수행을 통해 신앙 공동체 의식과 동시에 개인적인 소명 의식을 인식하고, 생활해야 했다.

'코란'은 그 외에도 가족법, 교육과 사회개혁, 공동생활의 윤리 등을 가르쳤다. 이 개혁사상을 스스로 실천하고 다른 사람에게 전파하는 과정에서 무슬림은 알라의 이름으로 전쟁을 수행했던 것이다. 무슬림의 피정복민은 이슬람으로 개종하도록 강요되지 않았는데, "신앙의 문제에 강제란 있을 수 없다"는 코란의 가르침 때문이기도 하지만, 경제적인 이유로도 개종을 권장하지 않았다. 그러나 아랍 무슬림과 동등한 대우를 받기를 원하는 많은 피정복민이 이슬람으로 개종하여 이슬람 세계가 확대되었다.

이슬람 역사상 최대의 영토를 정복했던 우마이야조는 750년 무함마드의 사촌이었던 알 아바스의 증손자 아불 아바스의 반란을 통해 칼리프 지위를 빼앗기면서 몰락하고, 아바스조(Abbas, 750-1258)가 성립되었다. 아바스조 역시 칼리프 지위가 세습되는 세습 왕조로서, 이전의 우마이야조와는 다른 통치 이념과 방법으로 9세기 초 칼리프제국의 발전과정에서 최고 전성기를 누렸다.

칼리프제국의 전성기

반란을 통해 탄생한 아바스조는 권력의 정통성을 합리화하기 위해서, 또 이베리아 반도에서 중앙아시아에 이르는 대제국을 지배하기 위해서 이전 왕조와는 다른 정책이 필요했다. 우마이야조의 아랍인과 비아랍인 차별 정책의 폐해를 인식했던 아바스조 칼리프는 이들을 차별 없이 평등하게 대우하여, '이슬람'의 이름으로 통합했다. 이제 중요한 것은 아랍인과 비아랍인의 구분이 아니라 아바스조에의 충성여부였다. 능력 있고 아바스조에 충성하는 인재들은 민족과 종교에 상관없이 중앙 정부에 기용되었다.

아바스조는 국가 운영을 위해, 비잔틴과 사산조 페르시아제국의 통치 선례를 받아들인 우마이야조의 통치방법을 적용하기도 했지만, 행정, 재정, 군대 분야를 새롭게 개혁하기도 했다. 왕조에 충성하는, 칼리프로부터 봉급을 받는 새로운 용병군대가 조직되었다. 행정적으로는 페르시아인, 그리스인, 유대인이 활약했다. '문서청', '세무청', 재정 담당관청이 생겨났고, 관료제를 조정, 감독하는 역할은 '와지르(vazir)'라는 행정관에게 주어졌다. 관료제를 바탕으로 아바스조의 칼리프는 중앙집권정책을 폈으나 지방에 대한 중앙권력의 영향력은 매우 다양했다.

아바스조 수도 바그다드에서 지리적으로 가까운 이란, 이집트, 시리아 등에는 중앙정부 권력이 직접적으로 미쳤으나, 그 밖의 지역은 그렇지 못했다. 지방권력은 중앙에서 임명되어 군사령관 임무를 맡은 총독과 그 외 세무, 재정, 사법 업무를 맡은 여러 관리들 사이에 분산되어 있었다. 지방 관리들은 현지 사정에 어두워 농촌에서 세금 징수가 쉽지 않았는데, 이때 지방 유력자 '아완'의 도움을 받았다. 지방 유력자의 자손은 중앙정부의 관리가 되기도 하는 등, 중앙과 지방 엘리트의 관계는 밀접했는데, 이것이 바로 아바스조가 광대한 제국 영토를 효과적으로 지배한 방법이었다.

아바스조의 주된 산업은 농업이었지만, 대서양에서 중국까지 이르는 무역지대를 형성하면서 경제적, 문화적 교류가 활발했다. 수도 바그다드는 900년경 세계의 교차로로서 인구가 100만 명에 달했던 유라시아 최고 도시였다. 다양한 민족의 무슬림들이 거주하면서 활발한 상업 활동을 하고 학문을 발전시킨 중심지였다. 『아라비안나이트』의 배경도 바로 이 도시였다. 바그다드가 당시 국제적인 도시였던 만큼 이 책의 주인공들의 출신도 다양했다. 「알라딘의 램프」에서 알라딘은 중국인이고, 「신바드의 모험」에서 신바드는 인도인이었다.

제국 내 상업 교류를 통한 경제적 번영은 상업을 장려하는 이슬람의 가르침에 근거했다. '코란'에 의하면 알라는 공정한 상거래를 장려했다고 한다. 개개인의 노력에 의한 부의 축적은 인정되었으나, 사취, 약탈, 뇌물수수, 이자놀이 등 불로소득은 금지되었다. 활발한 상업 활동의 결과 아바스조는 은화 이용, 수표 발행, 무역량 관리 등 체계적인 상업제도를 가졌다. 얻어진 부는 분에 넘치거나 인색하게 소비해서는 안 되었으며, 가장 신성하고 값진 소비는 기부였다. 이슬람이 부의 공정한 분배를 통해 사회경제적 평등을 실현하고자 했기 때문이었다.

정부의 효과적인 관리를 위해서 행정문서 작성이 중요했는데, 가격이 비싸고, 문서조작이 용이했던 양피지 대신에, 한 번 작성하면 쉽게 지울 수 없는 종이를 만들어 방대한 행정문서를 작성했다. 이슬람 세계는 중국의 제지법을 751년 탈라스에서 중국 당나라 군대와 충돌하면서 당의 한 포로로부터 배웠다고 한다. 종이는 칼리프의 명령이 지방까지 전달될 수 있게 만들었으며, 또 '코란'의 간행으로 이슬람의 가르침이 널리 전파되는 데도 기여했다.

아바스조 사회에서는 민족, 종교에 따른 차별이 없었고, 능력 있고 왕조에 충성하는 사람들은 누구나 중앙정부에 등용될 수 있었다. 하지만 제국에서 출세를 원하는 사람은 먼저 이슬람으로 개종해야 했다. 또 다른 사회적 특징으로 사회 구제사업과 경제적 발전의 상호연결을 들 수 있다. 예컨대, 아바스조 수도 바그다드에서는 의료원과 시장이 공간적으로 이웃하여 함께 발전해 가는 모습을 보였다. 이 의료원들은 종교 자선기금인 와크프(Waqf)로 건축되고 운영되는 기관으로서, 무료 진료소였다. 이들의 운영비는 바로 이웃해 있는 시장의 상인들에 의해서 조달되었다. 시장 상인들은 매일 하루 일과가 끝나면, 그들의 하루 소득의 일정 부분을 와크프에 기부하러 왔고, 시장 상인의 이익이 많으면 많을수록 더 많은 기부를 할 수 있어서, 사회 구제사업이 더욱 충실해 질 수 있었다.

아바스조에서는 문화적으로 아랍, 시리아, 비잔틴, 페르시아, 인도적 요소가 결합된 이슬람 문화가 발전했다. 특히 수학, 화학, 의학, 문학과 건축 분야에서 그러했다. '0'이라는 인도의 개념을 받아들여 1-10까지 아라비아 숫자를 실용화한 것은 아랍인이었다. 비금속을 가열하여 금속, 즉 금을 만들려고 노력하는 가운데, 증류와 같은 실험방법이 발견되었고, 또 알코올처럼 '알'로 시작되는 화학 용어는 모두 이 시기 화학 발전의 결과물이다. 의학 분야에서도 페르시아 의사인 이븐 시나(Ibn Sina, 980-1031)는 『의학대전』이라는 저술을 남겨 후에 유럽에서 의학이 발전하는데 큰 공헌을 했다. 이 시기에는 또한 고대 그리스와 인도의 많은 과학, 철학 서적들이 아랍어로 번역되었는데, 이 서적들은 후에 유럽에 전해져 이탈리아에서 '르네상스'가 발전하는 데 크게 기여했다.

제국의 문화 발전의 원동력은 이슬람이었다. 이슬람에 대해서 다양한 신학과 법학이 발전했고, 이슬람 경전 '코란'은 아랍어로 쓰여 졌는데, 다른 언어로의 번역을 금하는 이슬람 전통 때문에 무슬림은 코란을 읽으려면 누구나 아랍어를 배워야 했다. 아랍어가 이슬람 세계의 공용어 역할을 했다. 이슬람은 사원 모스크의 건설과 장식에도 큰 영향을 주었다. 아름답고 화려한 모스크가 많이 건축되었는데, 우상숭배를 엄격히 금하는 교리 때문에 사원 장식에 코란의 문구와 풀과 꽃 혹은 기하학적인 무늬로 꾸며지는 아라베스크 장식이 많이 이용되었다. 당시 수준 높은 문화발전은 중세 유럽을 능가하는 세계 최고의 문화였다.

칼리프제국의 융성원인

첫째, 종교를 통한 아랍인의 결속과 종교적 열정이다. 분열되어 있던 아랍 부족들이 이슬람을 통해 역사상 처음으로 통일국가를 형성했고, 이 국가는 정치, 경제, 사회, 문화 모든 분야가 이슬람에 의해 통제되는 정교일치 사회였다. 이슬람을 통해 결속된 모든 아랍인은 빠른 속도로 넓은 영토를 정복했다. 정복전쟁에서 알라의 이름으로 행하는 '지하드'는 무슬림에게 죽음을 두려워하지 않고 용감히 싸우게 만들었다.

무슬림들은 모든 일을 행함에 있어 '인샬라(In Scha'l llah, 알라가 원하신다면)'를 외쳤다. 그들이 시도하는 모든 일들이 신이 원한다면 이루어질 것이고 그렇지 않으면 이루어지지 않을 것이라는 확고한 믿음을 가졌다. 하지만, 무슬림의 '인샬라'는 '부크라(bukrah, 내일)'와 '마 알라이쉬(Ma 'alaish, 괜찮아, 무얼 그러느냐)'와 함께 '악명 높은 IBM'을 탄생시켰다. 어떤 고객이 세탁소에 양복수선을 맡기면서, 5일 안에 완성해 줄 것을 부탁했다. 그때 세탁소 주인이 '인샬라'라고 대답하여 고객은 안심하고 돌아갔다. 5일 후 고객은 자신의 양복이 수선되지 않았음을 알고 화를 내자 세탁소 주인은 태연히 '부크라'라고 대답했다. 고객은 그 다음 날 다시 찾아갔으나, 양복은 여전히 수선되지 않은 채였다. 그래서 화가 난 고객이 계속 주인을 몰아붙이자 그가 하는 말이 '마 알라이쉬'였다고 한다. 'IBM'은 무슬림의 관행인 것이다.

둘째, 당시 정치적 상황은 칼리프제국이 팽창하기에 유리했고, 또 무슬림이 관용정책을 폈다. 무슬림의 세력팽창시기에 비잔틴과 사산조 페르시아제국은 오랫동안 서로 싸우느라고 지쳐있었다. 또 두 제국의 주민들은 종교적으로 박해하고 정치적으로 억압하는 기존의 지배자들보다 개종을 강요하지 않고, 인두세(지즈야, jizja)를 요구하는 새로운 지배자 무슬림의 지배를 선호했다. 주민의 지지를 잃고, 쇠약해진 두 대제국은 점차 칼리프제국에게 영토를 잃었다. 또 무슬림은 피정복민의 토지를 빼앗지 않고, 경작자가 계속해서 소유하게 하되, 이전 지배자보다 적은 세금을 거둠으로써 이들의 마음을 얻었다.

셋째, 아랍인의 호전성과 인구증가이다. 아랍인은 원래 유목생활을 하면서 거칠고 호전적 성격을 가졌는데, 이러한 성격이 세력팽창을 위한 정복전쟁에서는 오히려 유리했다. 또 아랍인의 인구가 증가하면서, 아랍인들은 생존을 위해 더 넓은 공간과 더 많은 자원을 필요로 했다. 이러한 요구를 충족시키기 위해서 성공적인 정복전쟁이 절실했던 것이다.

넷째, 경제적 번영이다. 정복전쟁의 성공으로 칼리프제국은 지중해, 홍해, 인도양, 카스피 해 연안지역을 차지했고, 이 지역들을 연결하는 무역로를 통제함으로써 활발한 상업 활동이 행해졌다. 그 결과 칼리프제국은 경제적으로 번영했고, 이 경제적 번영은 중앙집권적인 통치와 뛰어난 문화발전의 원동력이 되었다.

다섯째, 칼리프들이 정복한 지역의 선진 문화를 수용하는 데 적극적이었다. 이들은 정복지의 효율적인 제도들과 인재들을 배척하지 않고 받아 들여 칼리프제국을 발전시켰다. 아랍의 전통을 바탕으로 하고, 비잔틴과 사산조 페르시아제국의 제도와 문화를 받아들여, 이슬람 세계의 독자적인 제도와 문화를 발전시켰다. 민족과 종교를 따지지 않는 인재등용과 관대하고 포용적인 정책을 통해 칼리프제국은 국제적인 성격을 띠었다.

칼리프제국의 쇠망 원인

7세기에 탄생한 칼리프제국은 정통칼리프, 우마이야조와 아바스조를 경험하면서 아바스조 8세기 말 9세기 초에 전성기를 누렸다. 아바스조는 13세기 중반 몽골의 침략에 의해 몰락하지만, 9세기가 진행되면서 아바스조는 이미 쇠퇴하기 시작했다.

첫째, 중앙정부가 지방에 대한 통제를 상실해갔다. 9세기 이후 지방총독직이 세습되면서 칼리프의 통치력은 더 이상 지방에서 효력이 없었다. 10세기가 되면 각 지방의 총독들이 여전히 형식적으로는 칼리프에게 종교적 수장으로서 자신들보다 상위의 지위를 인정했지만, 실제적인 통치에서는 칼리프의 통제를 벗어났다.

둘째, 지방에 대한 통제력을 회복하기 위해 아바스조의 칼리프들은 베르베르 족, 투르크계, 슬라브 족 노예를 근간으로 하는 새로운 군대를 양성했는데, 이 군대는 제국의 발전에 부정적 영향을 주었다. 이 군대에서 투르크인의

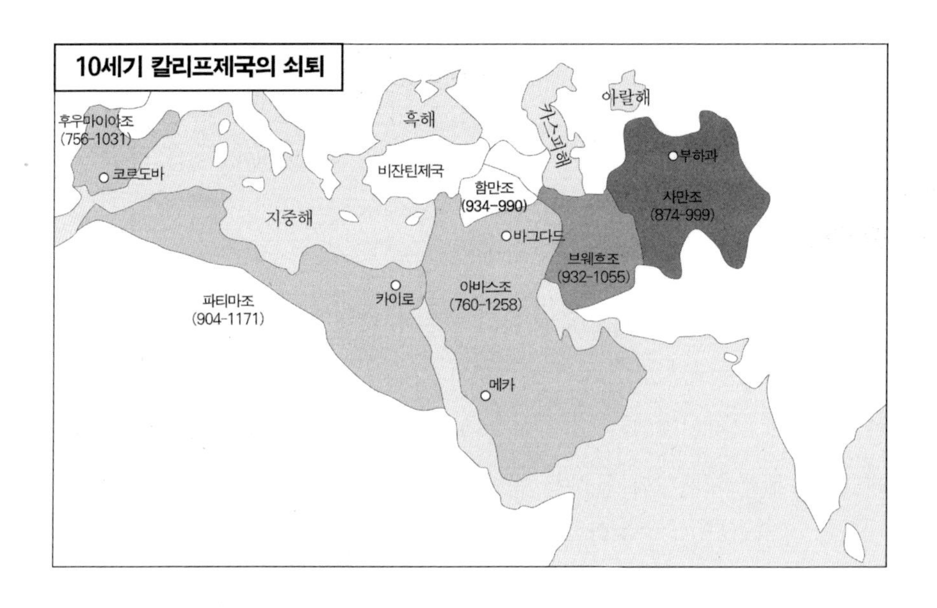

10세기 칼리프제국의 쇠퇴

비중이 컸는데, 이들은 중앙아시아에서 팔려오거나 잡혀온 노예로서 교육을 받고 개종하여 이슬람군대에 편입되었다. 이 노예병사는 '맘루크(Mamluk, 아랍어의 소유물)'라고 불렸다. 이 노예병사가 이슬람 세계의 확대에는 큰 기여를 했으나, 군대 공급원이 제국의 주민이 아니라 노예가 되면서, 주민들과 아바스조 칼리프와의 관계가 멀어졌다. 또 노예로 충원된 외국인 용병부대는 칼리프보다 연대 사령관에게 더 충성하면서, 이들이 정치에 관여하면서 혼란을 야기했다.

셋째, 관료제의 폐단과 개혁의 실패이다. 중앙정부의 효과적인 지방 통치를 위해 형성된 관료제에서 파벌과 부정부패가 심했다. 관료들은 파벌을 형성하여 서로 싸웠고, 제국과 칼리프의 이익보다는 횡령, 투기, 뇌물 등을 통해 개인적인 이익을 챙겼다. 관료의 부정부패로 생겨난 정치, 재정적 손실을 개선하기 위해, 중앙정부는 관료와 군대의 봉급으로서, 일정 토지에서 나오는 세금을 일부만 중앙정부에 납부하고, 나머지는 본인이 갖게 만드는 익타(Iqta)와 징세위탁 같은 새로운 행정제도를 마련했으나, 그 결과 오히려 소토지 소유자가 몰락했다. 이 제도들은 중앙정부에게 도움이 되기는커녕,

오히려 중앙정부의 농촌에 대한 실질적인 지배권을 상실하게 만들었다.

이 두 제도는 정치적으로뿐만 아니라 경제적으로도 제국에게 해를 입혔다. 이들은 관개와 개간사업에 재투자할 수 있는 여력을 제거하면서 농업을 쇠퇴시켰다. 농업생산성은 낮아지고, 농민은 착취당하면서 농촌이 황폐해졌다. 농업이 쇠퇴하는 동안 상업 활동 역시 쇠퇴했다. 지방에 독립정권이 확립되면서, 이전까지 원활하게 이어진 국제무역로가 끊어져 국제무역도 쇠퇴할 수밖에 없었다. 농업과 상업 분야에서의 쇠퇴는 제국의 전반적인 경제적 어려움을 의미했다.

넷째, 제국 내에서 지속적으로 일어난 정치, 종교적 대립과 분열이다. 무함마드의 사후 후계자 문제를 위시하여 정통칼리프시대에서 우마이야조로, 우마이야조에서 아바스조로 바뀐 과정을 보면 칼리프를 둘러싼 권력투쟁을 짐작할 수 있다. 특히 제4대 정통칼리프 알리가 암살당하고, 우마이야가문의 무아위야가 칼리프가 되면서, 이에 반대하는 시아파가 탄생했다. 시아파는 권력투쟁에서 패배했음에도 끊임없이 반란을 통해 정권탈취를 시도했으며, 그 외 여러 정치, 종교적 운동들도 중앙정부의 세력이 약해질 때마다 정치, 종교적 혼란을 야기했다. 이러한 제국의 정치, 종교적 분열은 칼리프제국의 발전을 크게 저해했다.

칼리프제국이 주는 역사적 교훈

먼저 이슬람교가 어떤 종교인가 하는 문제이다. 이슬람의 탄생 배경을 살펴보면, 이 종교는 7세기 아라비아 반도 내에서 사회적 정의와 평등, 유일신 신앙을 위해 탄생했다. 또 '지하드'가 알라의 가르침에 따라 살려는 일상에서의 무슬림의 내적, 외적 노력을 모두 말한다는 점에서 테러를 통해 '지하드'를 이해하는 것은 적절치 못하다. 사실 이슬람 세력의 확대 과정에서 무력이 수반된 것은 사실이다. 그렇다고 해서 이슬람을 폭력적인 종교로 보는 것은 큰 오류이다. 기독교가 중세 게르만 족에게 전파되는 과정과 십자군 원정시기(1096-1291) '성전'의 이름으로 행한 약탈과 학살을 보면서, 기독교를 폭력적인 종교로 보는 사람은 거의 없을 것이다. 소수가 종교의 이름으로 폭력을 행사한다고 해서 그 종교가 폭력적인 종교라고 할 수는 없는 것이다.

그리고 칼리프제국의 전성기 아바스조의 정치, 경제, 사회, 문화적 발전의 원동력이 된 칼리프들의 관용적인 정책이다. 이들은 민족과 종교의 구분 없이 정복된 광대한 영토의 인재와 제도, 문화 등을 흡수하고 발전시킴으로써 당시 세계 최상의 문화강대국으로 발전했었다. 한 국가 내에서 주류민족과 소수민족이, 특히 이들이 서로 다른 종교를 믿는 경우 더욱 서로 배척하고 억압하고, 심지어는 전쟁으로까지 치닫는 경우를 현재도 가끔 접하면서, 다민족, 다종교 국가를 관용으로 지배한 칼리프제국 지배자들의 현명한 관용정책은 더욱 빛을 발한다.

또한 칼리프 제국의 전성기 아바스 조의 수도 바그다드의 사회구제사업과 경제활동의 관계이다. 종교 자선기금으로 건립된 무료 의료원이, 바로 옆에 들어선 시장 상인들의 자선기금으로 운영되었다는 사실은 무슬림이 알라의 이름으로 사회적 약자에게 형제애를 표시했던 대표적인 본보기가 아닐까? 더욱이 상인들의 수입이 늘어나면 날수록 그 만큼 무료의료원의 진료가 충실해 질 수 있었다는 사실은, 사회적 약자 구제제도와 경제성장이 병행될 수 없다고 생각하는 사람들이 많은 오늘날 우리에게 어떤 메시지를 전하는가? 바그다드의 시장과 의료원의 모습을 보면서 지금의 '영리병원' 혹은 '투자병원' 논의가 더욱 대조적으로 보인다.

한편 이슬람 여성들이 쓰는 베일과 일부다처제에 대한 편견이다. 현재 여성인권의 억압의 상징으로 간주되는 베일을 여성들이 쓰고 분리된 공간에 있는 것은 원래 이슬람의 가르침이 아니라 비잔틴제국의 그리스 정교도를 모방한 것이라고 한다. 흔하지 않던 베일쓰기가 강조된 것은 1970년대로서, 지나치게 세속화한 세계에 대항해 일어난 일종의 종교적 시위였다. 일부다

처제도 메카와의 전쟁에서 무슬림들이 전사하여 많은 미망인이 생겼을 때 이들을 경제, 사회적으로 구제하기 위해 생겨난 제도였다. 경제력이 있는 남성은 최대 4명의 아내를 얻을 수 있었으나, 부인들을 평등하게 대해 줄 자신이 없으면 아내를 더 얻지 말아야 했다.

이렇듯 우리는 지금 이슬람의 '악습'으로 알고 있는 것이 실제로 이슬람의 가르침이 아니거나, 원래 만들어진 의도가 전혀 그렇지 않았던 경우를 볼 수 있다. 안타깝게도 이슬람의 여러 관습이 현재의 우리에게 문제가 있어 보이는 것은 사실이지만 상당수의 경우가 '종교의 이름'으로 행해지는 '비종교적인' 역사발전 과정의 결과임을 기억할 필요가 있다.

연표

610년	예언자 무함마드의 이슬람 귀의
622년	무함마드의 메디나로의 히즈라(성스러운 도망), 이슬람교의 기원 원년
630년	메카로 입성
632년	정통 칼리프제국 성립
661년	우마이야조 성립
711년	이베리아 반도 진출
750년	아바스조 성립
751년	탈라스 전투
756년	이베리아 반도에 후 우마이야조 성립
960년	투르크족의 대량 이슬람 개종
1096–1291년	십자군 전쟁
1258년	몽골에 의한 바그다드 함락

참고문헌

• **단행본**

진원숙, 『지중해 문화사 이야기』, 노벨미디어, 2004.
아이라 라피두스, 신연성 옮김, 『이슬람의 세계사 1』, 이산, 2009.
카렌 암스트롱, 장병옥 옮김, 『이슬람』, 을유문화사, 2010.
정수일, 『이슬람 문명』, 창비, 2010.
버나드 루이스 엮음, 김호동 옮김, 『이슬람 1400년』, 까치, 2010.

• **다큐멘터리**

〈NGC 이슬람을 움직이는 경전, 코란〉
〈KBS 유라시아 로드 – 바그다드, 위대한 지혜의 도시〉

• **영화**

〈아라비안나이트(1974), 피에르 파올로 파솔리니 감독〉
〈예언자 마호메트(1976), 무스타파 아카드 감독〉

세계를 잠 깨운 팍스 몽골리카

몽골

머리말

1206년 칭기즈칸(1162?-1227)은 대몽골국(Yeke Monggol Ulus)을 건설하였다. 칭기즈칸이 정복한 지역의 면적은 나폴레옹과 히틀러, 알렉산더가 지배한 영역을 합친 것보다 더 넓은 700만 평방킬로미터가 넘는다. 그의 손자시대에 이르기까지 근 70여 년에 걸친 정복전쟁으로 몽골은 유럽과 인도 북부를 제외한 유라시아 대륙의 대부분을 정복하였다. 이로써 중앙아시아와 중동의 페르시아, 러시아는 수백 년 동안 '타타르의 멍에'를 쓰게 되었고, 몽골의 침공을 받은 유럽인들에게 그것은 인간의 타락을 벌하는 '신의 저주'로 여겨질 만큼 야만적이고 공포스러운 것이었다. 오늘날 유럽인들은 '몽골'이라는 단어를 듣는 것만으로 공포심을 느끼는 '정신적 외상'을 안고 있다.

한편, 중원에서 칭기즈칸과 그의 후예들은 서하와 금, 남송을 정복함으로써 당(唐) 멸망 이래 오랜 동안의 분열상황을 종식시키고 다원성과 세계성으로 특징 지워지는 대제국을 건설하였다. '몽골의 평화'라는 뜻을 가진 '팍스 몽골리카'는 '팍스 로마나(Pax Romana)'라는 표현에서 원용된 것으로, 이것은 13-14세기 몽골인의 주도하에서 각 지역 간 물적, 인적 교류가 활발하게

이루어지게 된 새로운 질서를 의미한다.

들개와 들쥐 가죽으로 옷을 해 입고, 수렵과 목축으로 가난하고 미개하게 살아가던 유목민이 어떻게 자신들보다 훨씬 높은 수준의 문명을 자랑하던 정주민과 그들의 국가를 정복하여 자신들의 지배 아래에 둘 수 있었던 것일까? 유목민들의 승리의 비결은 무엇일까? 수적으로 얼마 안되는 유목민의 세계정복이 어떻게 가능했고, 그들이 이룩한 대제국은 어떻게 운영되었을까? 그들의 제국과 지배가 인류의 역사에 끼친 영향은 무엇일까?

몽골의 초기 국가 양상

칭기즈칸이 태어나 자란 곳은 유라시아의 광활한 초원이었다. 몽골의 기원은 당나라 때의 실위(室韋) 연맹체에 속하던 몽올(蒙兀)로 거슬러 올라가는데, 대략 11세기 말경 몽골 초원의 동부에는 망홀(Mangqol), 몽홀(Mongqol),

몽골(Moangol)이라는 이름으로 알려진 부족이 역사의 무대에 출현하였다. 이들은 "밤에도 능히 볼 수 있고, 상어껍질로 갑옷을 해 입는데 가히 날아오는 화살도 막을 수 있다"고 한다. 당시 이 몽골 고원의 초원에는 돌궐계, 퉁구스계, 몽골계의 다양한 부족들이 병존하고 있었는데, 그중에서도 타타르(Tatars)와 여진인이 세운 금나라가 가장 막강한 세력을 가지고 있었다.

▲테무친

1206년 칸으로 추대되기 이전 칭기즈칸의 이름은 테무친이었고, 그는 대략 1167년 경 오논 강의 오른쪽 기슭에 위치한 델리운 볼닥(Deliün Boldagh)이라는 곳에서 오른손에 '돌덩이 같은 핏덩어리'를 쥐고 태어났다고 한다. 당시 초원 사회에서 손에 핏덩어리를 쥐고 태어났다는 것은 큰 인물이 될 운명을 가진 것으로 알려졌다. 테무친이 태어나던 날 아버지 이수게이는 정적인 타타르와 싸워 '테무친 위게'라는 사람을 잡아왔다. 아들의 탄생을 기뻐한 이수게이는 적장의 이름을 따서 테무친으로 이름 지었다. 몽골에서는 아이가 탄생할 때 중요한 일이 있으면 그것과 연관해서 이름을 짓는 풍습이 있기 때문이다.

테무친이 태어나기 이전의 상황에 대해서, 페르시아의 역사가 주바이니(Juvaini)는 "아무런 수령도 군주도 없이 부족들은 하나씩 혹은 둘씩 떨어져 살게 되었다. 그들은 서로 뭉치지 못하고 끊임없는 싸움과 반목으로 지냈다"고 묘사했다. 당시 초원에서는 약탈과 전쟁이 빈번했고 싸움에서 지면 죽음을 당하거나 노예로 전락되었다. 테무친은 바로 이런 극심한 분열과 혼란의 시대에 태어났다. 테무친의 어머니 회엘룬은 이수게이가 메르키트의 족장에게 시집가던 신부를 납치해 온 것으로 초원의 약탈혼 전통에 따라 얻은 아내였다.

테무친이 9살이 되자, 이수게이는 몽골인의 조혼 풍습에 따라 쿵그라트부

데이세첸의 딸 보르테와 사돈을 맺고 아들을 그곳에 맡기고 돌아오는 길에 전부터 사이가 좋지 않던 타타르인들에게 독이 든 음식을 얻어먹고 죽게 된다. 후에 칭기즈칸의 사걸(四杰)의 한 사람인 잘라이르부의 무칼리(Muqali)는 테무친에게 칸이 될 것을 권유하며 다음과 같이 말했다. "오, 테무친이여, 우리의 적인 타타르인들에게 복수하기 위하여 그대는 칸이 되어야 합니다. 그리고 몽골의 영광을 실현해야 합니다." 타타르는 몽골과의 오랜 숙적이자 테무친에게는 부친을 살해하고 자신의 가족을 고통으로 몰아넣은 원흉이었다.

이수게이가 죽자 친족들마저 테무친 일가를 내버리고, 심지어 포로로 잡아가기조차 했다. 이제 그는 "그림자 말고는 동무도 없고 꼬리 말고는 채찍도 없는(『몽골비사』)" 상황에 처하게 된 것이다. 혈족이나 부족의 도움이 매우 중요한 유목 사회에서 테무친 일가는 어느 누구의 도움도 받을 수 없는 과부와 고아 집단에 불과하게 되었다. 결국 그는 자신의 혈연집단이 아닌 다른 외부의 도움과 동맹이 절실했는데, 그것은 혼인동맹, 의형제(anda), 맹우(nöker)였다.

15세가 되던 해, 테무친은 처가에 두고 온 신부를 데려왔고, 이때 보르테는 예물로 검은 담비털 코트를 가져왔다. 이는 그의 인생에서 새로운 단계가 시작되었음을 의미하는데, 혼인은 새로운 동맹관계를 얻는 것이나 다름없기 때문이다. 그런데 테무친이 결혼했다는 소식이 초원에 전해지자 메르키트의 수장 톡톡아는 이전에 이수게이에게 아내를 뺏기고 죽은 동생의 복수를 위해 보르테를 납치했다. 존 웨인과 수잔 헤이워드가 주연한 영화 〈정복자 징기스칸〉(1956)의 첫 부분은 역사적 실제와는 달리 테무친이 메르키트의 족장에게 시집가던 타타르 부족장의 딸 보르테를 납치해 오는 내용으로 시작된다. 영화는 흥미와 재미를 더하기 위해 '실제를 바탕으로 한 허구'에 바탕하고 있어 사실과는 차이가 있다.

이때 테무친은 아버지의 의형제인 케레이트부의 옹칸과 자신의 의형제인 자무카의 도움으로 신부를 되찾아 온다. 그리고 낳은 첫 아들이 바로 '손님'

이라는 뜻의 주치이다. 영화 〈칭기즈칸〉(내몽골판, 1997)에서 칭기즈칸의 아내 보르테가 메르키트에게 잡혀갔다가 후에 되찾아오는 일련의 과정이 있다. 영화에서 칭기즈칸은 보르테를 '순결'을 잃은 여자로 규정하고 독방에 가두는 장면이 나오지만 실상 약탈혼이 성행하던 당시에 유목민은 여성의 순결에 대해 큰 의미를 부여하지 않았다. 이것은 다분히 중국적 유교 윤리관으로 윤색된 것이다.

'맹우'를 의미하는 '누케르(nöker)'는 칭기즈칸이 젊은 시절 어려움에 처했을 때 그를 도와준 사람들로, 약탈이 일상적으로 발생하던 초원 유목사회에서 일종의 군사동맹적 성격을 가진다. 한편, 테무친이 '칸'으로 추대된 후 유사(類似) 친족관계였던 '의형제(안다)'는 상호간의 경쟁과 대립으로 소멸된다. 결국 옹칸은 살해되고 자무카도 죽음을 맞이했다. 평등한 동맹관계인 맹우는 종속적 상하관계로 바뀌게 되어 몽골제국의 중요한 핵심역량이 되었다. 자신이 속한 가문의 군사력이나 배경도 없던 테무친은 이러한 다양한 연맹방식을 최대한 활용하였고, 이들의 도움으로 몽골리아의 여러 부족을 차례로 복속시키고 1206년 칭기즈칸으로 등극할 수 있었다.

그럼에도 '세계정복자'라 불리는 칭기즈칸은 결코 정주민과 그들의 국가를 정복하고 지배를 목적으로 한 것은 아니었다. 그의 시대 감행한 전쟁은 대부분 응징과 복수, 재부를 약탈하는 수준에 머물렀다. 그런 점에서 칭기즈칸은 어디까지나 유목세계의 군주였다. 그의 사후에야 비로소 유목국가의 약탈전의 성격에서 탈피하여 항구적인 지배를 지향하는 정복전쟁으로 탈바꿈하게 된다.

이런 변화가 발생하게 된 배경 중 하나는 위구르, 거란, 무슬림 등 소위 '문화적 중개자'들이 파괴와 약탈보다 정주민을 살려두고 지속적으로 재화를 거두는 것이 더 이익이 된다는 것을 몽골 통치자들에게 일깨워 주었기 때문이다. 이런 변화는 '칸'에서 '카안'이라는 호칭의 변화로 상징되는데, 복수형이 없는 '카안'은 초원지대와 정주지대를 포함하는 유일한 최고의 지배자,

몽골제국의 최대영역

통치자를 상징하는 것이다.

칭기즈칸의 뒤를 이은 우구데이 시기 금 정벌이 재개되고, 주치의 큰 아들 바투가 이끄는 군대가 러시아 동유럽까지 유린하였다. 뭉케 시대에 쿠빌라이가 이끄는 남송 정벌이 시작되었고, 훌레구가 이끄는 서아시아 원정군이 출정하였다. 뭉케 사후 카안에 오른 쿠빌라이는 1276년 남송을 함락시킴으로써 몽골제국은 최대의 판도를 이룩하게 되었다.

몽골제국의 구조와 전성기

앞서 언급한 대로, 칭기즈칸이 건설한 신생 제국은 혈연과는 무관한 사람들과의 다양한 연맹관계 속에서 형성되었으며, 그런 관계가 제국을 운영하는 가장 중요한 토대를 이루게 되었다. 1206년 칭기즈칸은 몽골리아의 백성을 95개의 천호(千戶)로 재편하고 자신이 직접 88명의 천호장을 임명하였다. 천호 아래에 백호, 십호를 두고 각각 백호장과 십호장을 임명하였다. 이들은 대부분 칭기즈칸과 혈연관계가 없고 목숨을 걸고 그에게 충성을 바쳤던 자들이다. 천호조직은 몽골제국의 근간이 되는 군사, 사회조직이자 제국의 뼈대로서 이는 단순한 군사조직을 넘어서 정치·군사·사회의 종합적 시스템이었다.

천호장, 백호장, 십호장의 자제 중에서 각 1명의 아들을 내게 하고 이들을 '질자'(質子, turqaq)로 삼아 1만 명에 달하는 몽골어로 '케식'(kesig)이라 불리는 친위대를 조직하였다. '케식'은 은총, 사여, 순번, 차례를 의미한다. 곧 이들은 은총을 입은 자들로 최고 지휘관에서 마부, 요리사에게 이르기까지 다양한 역할을 수행하며 주군을 위해 당번을 섰다. 천호제와 케식은 충성과 신뢰를 바탕으로 칭기즈칸과 강력한 개인적 유대관계를 형성했으며, 국가의 운영에 필요한 각종 중요한 사무를 담당하여 강력한 군주권의 확립에 기여했다. 과거시험을 통해 지식과 능력을 갖춘 인재를 선발하는 중국적 제도와는 달리 몽골제국 시대에 정부의 요직이나 고관은 대부분 이들 케식 출신이 담당하였다.

여기에 덧붙여, 정치적·사회적 안정을 유지하기 위한 자삭(jasaq)은 민간인과 군대에 대한 엄격한 규율로서 제국의 안정적 관리를 위한 수단이자 몽골제국의 구성과 통치의 기초였다. 오늘날 칭기즈칸의 자삭 중에서 일부만 전해지는데, 대부분이 군율에 관한 내용이고 사회 안정과 질서 유지를 위해 약탈, 도적질, 간음 등을 금지하였다. 특히, 군율은 계급과 지위 고하를 불문하고 모든 이에게 적용되었다. 자삭의 규정에 따르면 "만약 만호장이 어떤 잘못을 저질렀을 경우 그와 군주 사이의 거리가 해 뜨는 곳과 해지는 곳만큼 떨어져 있다고 하더라도, 군주는 단 한 명의 기사를 보내 그를 처형할 수 있을 정도였다"고 한다. 또 이 속에는 "모든 종교를 차별 없이 존중해야 한다"는 규정도 있다.

몽골제국 시대의 대민지배체제에서 가장 두드러진 특징 중 하나가 '집단주의' 통치방식을 꼽을 수 있다. 몽골 통치자는 광활한 제국 내의 다양한 역사

·언어·종교·문화적 배경을 가진 피지배민들에게 일방적으로 자신들의 관습과 법제를 강요하지 않고 각자의 고유한 풍속을 인정해 주는 '본속주의'를 채택하였다. 곧 몽골인들에게는 자삭이라는 고유의 법을, 무슬림은 이슬람의 율법인 샤리아(Shariah)를, 한인과 남인은 중국의 전통적 법제를 적용했다. 칭기즈칸이 '세계군주'로 군림하면서 몽골제국의 지배 영역에 다종의 민족과 문화가 공존하게 되었고, 그런 다양성과 차이는 결코 몽골 통치자들에 의해 획일화되거나 차별받지 않았고, 다만 관리상의 편리함을 위해 '집단'을 통한 통치가 이루어진 것이었다.

주목할 만한 것으로, 몽골제국은 역참(驛站)이라는 획기적인 시스템을 개발했다. 서구의 어느 학자는 이 역참을 인터넷이 발명되기 7세기 이전의 전(全) 세계적인 '커뮤니케이션 네트워크'에 비유했다. 물론 이전 페르시아제국과 진한제국에서도 역참이 운영되었지만 몽골제국의 역참은 규모와 운영체제, 성격 면에서 차이가 있었다. 현대적 표현으로, 이것은 군사 고속도로이기도 하고 정보 인프라이기도 했다. 본래 유목민에게 가장 빠르고 효과적인 교통, 이동수단은 말이었다. 그런데 역사상 유례가 없는 대제국의 통치를 위해 여러 지역을 신속하고 원활하게 연결해 주는 교통과 통신의 네트워크를 만드는 것이 필요하게 되었던 것이다.

역참은 몽골어로 '잠(jam)'이라고 불렸는데, 제국의 기간 교통망으로 서쪽으로는 볼가 강에서 동으로 만주 홍안령까지 다다른다. 이 교통 네트워크의 종착지는 '검은 자갈밭'이라는 뜻의 제국의 수도 카라코름이었다. 역참의 관리를 위해 참호(站戶)라는 전문적으로 관리하는 인력이 설치되었다. 포괄적 운송체제로서 서신과 문서전달, 물자수송, 공납품 수송 등도 담당하고, 그 규모의 방대함과 제도의 정교함에서 대제국의 정상적인 운영과 경제, 문화교류에 큰 역할을 담당했다.

뿐만 아니라 몽골제국은 세계 최초로 단일 화폐 경제권을 만들어 냄으로써 거대한 통상권을 형성하였다. 몽골이 홍기하기 전부터 서역 상인들은 조원과 중원 각지를 왕래하며 무역활동에 종사하였고, 칭기즈칸은 자삭을 공포하고 증명서를 발급하여 이들의 상업 활동을 적극적으로 보호하였다. 더욱이 조선술의 발달, 해도의 제작 등에 힘입어 내륙과 해양을 통한 원거리 교역으로 다양한 상품들이 유통되고, 이런 교역의 증대는 화폐제도에도 영향을 주게 되었다. 몽골은 이전부터 사용해 오던 동전의 사용을 법적으로 금지시키고 지폐만 허용하는 화폐정책을 추진했다. 이로써 유라시아 동서를 막론하고 단일한 은(銀)본위 제도에 입각한 거대한 통상권이 형성되었다. 이처럼 적극적이고 개방적인 환경을 배경으로 중앙아시아 및 서아시아의 무림들의 내륙과 해상을 통한 국제교역을 더욱 발전시켰다. 결과 과거에는 상상도 하지 못했던 원거리 교역과 여행을 가능하게 만들었다. 마르코 폴로의 『동방견문록』은 몽골제국 시대가 낳은 대표적인 유산이다.

융성의 원인

일개 작은 유목부족으로 출발한 몽골인들은 기마군단을 이끌고 정주국가들을 차례로 정복하여 대제국을 건설했다. 오늘날 학자들은 몽골제국의 성공의 근본적인 요인을 유목민의 탁월한 기마전술에서 찾기도 하고, 분열되어 있었던 당시의 정치적 상황에서 찾기도 한다.

첫째, 칭기즈칸의 리더십을 꼽을 수 있다. 칭기즈칸 전기를 쓴 라츠네프스키는 그의 탁월한 '인간적 친화력' 때문에 "주위에 사람들을 끌어 모을 수 있었고 그들의 충성과 복종과 희생심"을 발휘하게 했다고 보았다. 전쟁에서의 전리품은 항상 나눠가졌고, 공적에 대해서는 대가가 따랐다. 이로써 부하들은 더욱 전투에 적극성을 가지게 될 수밖에 없게 되었다. 반면 칭기즈칸은 적에 대해서는 잔인한 응징과 복수를 서슴지 않았다. 모두가 함께 잡은 물고기를 나누지 않았다는 이유로 이복동생 벡테르를 죽인 사실에서 볼 수 있듯이 자신의 권위와 권력에 도전하는 자는 혈육이라도 예외가 아니었다.

둘째, 유목민의 이동 속도와 기술면에서의 우위이다. 프란시스코 교단의 수도사 플라나 카르피니(Plano Carpini, 1182-1252)는 신속한 기동력, 엄격한 군율, 다양한 전술과 무기, 보급 시스템을 승리의 요인으로 꼽았다. 몽골군은 보급이 끊기 상황에서도 몇 달을 버틸 수 있는 '보르추'라는 식량을 휴대했는데, 이것은 고기를 말려 찧은 것으로 가벼워 휴대에도 편리했다. 이런 외형적인 요인보다 더 중요한 점은 몽골군대의 조직 원리이다. 즉, 지휘관의 임명은 부족에서의 서열이나 출생이 아닌 능력과 실력에 의해 결정되는 것이다. "열 명을 능히 통솔하여 작전할 수 있는 사람에게는 천 명, 만 명을 위임하여 작전하게 할 수 있다"는 원리로 수많은 전쟁을 수행함으로써 몽골의 기마군단은 패배를 모르는 무적의 군대가 되었다.

셋째, 관대한 종교정책을 들 수 있다. 13세기 유럽의 기독교 세계는 십자군 전쟁, 종파대립, 반유대주의로 산산조각 난 채로 이교도 박해에 열중하고 있었던 반면, 칭기즈칸은 종교에 대해 관대한 정책을 폈다. 칭기즈칸은 모든 종교에 대해 관심을 기울일 것과 어느 특정한 종교의 우위를 인정해서는 안된다고 명령했다. 페르시아 역사가 주바이니는 이를 "주가 베푸신 자비이며 주가 내리신 은총"이라고 찬양하였다.

넷째, 통합과 안정을 바라는 시대적 요구를 들 수 있다. 몽골제국과 같은 역사상 유례가 없는 규모를 가진 거대한 정치조직이 오직 '무력' 과 '정복'에 의해서만 이룩되고 유지될 수는 없다. 콜롬비아 대학의 마릴린 아이비 교수는 정착민의 공간을 체스의 말처럼 구획된 공간만을 이동하는 닫힌 공간으로, 유목민의 공간은 정해진 구획이 없이 허공에서 떨어지는 바둑알에 비유했다. 즉, 정해진 목표 없이 움직이는 열린 공간이 곧 유목민의 공간이고, 이 공간은 이질적인 것들을 쉽게 포용하고 교류하게 하는 개방적인 공간이다. 몽골이 흥기하던 당시 세계의 상황은, 동아시아에서는 금과 남송, 서하로 나뉘어서 서로 대립했고, 서아시아에서는 압바스 왕조의 약화로 각지에서 지방정권들이 발호했고, 유럽도 왕권과 교황권이 대립하면서 정치적 혼란이

극에 달했던 시기였다. 이런 정치적 분열과 혼란은 유라시아 전역의 교통과 상품유통을 교란시키는 결과를 낳았고 국제교역은 위축될 수밖에 없었다. 이에 위구르를 대표로 하는 무슬림 국제상인들은 혼란을 극복하고 안정과 통합의 시대를 희구하였기에 몽골제국의 등장을 누구보다도 환영했다. 정치적 혼란을 딛고 새로운 통합과 안정을 지향하는 시대적 분위기, 곧 분열에서 안정과 통합을 바라는 시대적 요구가 있었다. 다시 말해 유목민의 탁월한 군사력과 유목민의 '열린공간'과 '열린구조'가 포용성과 관용성을 바탕으로 고립된 정주민의 지역들을 잇고 통합한 '팍스 몽골리카'의 시대를 탄생시켰던 것이다.

쇠망의 원인

지금까지 세계를 제패했던 대제국의 쇠락과 붕괴에 대해 많은 의견들이 제기되어 왔다. 가령 제국의 팽창, 민족적·종교적 반목, 지배 집단 내부의 분열 등이 제국의 분열을 가속화시켰을 것이고, 일련의 학자들은 선페스트의 만연을 제국의 붕괴의 중요한 원인으로 지적하다. 이 전염병으로 7,500만이 목숨을 잃고 교역이 중단되고 유럽에 흑사병을 안겨주었다는 것이다. 그러나 이런 우연적인 요소보다 구조적인 측면에서 제국의 쇠망 원인을 살펴볼 필요가 있다.

첫째, 제위계승의 불안정이다. 정주국가와는 달리 유목국가에서 새로운 군주(카안)의 계승은 제국의 갈등과 분열을 초래하는 중요한 요소로 지적된다. 유목민은 장자가 부친의 지위를, 말자가 부친의 재산을 계승한다는 원칙이 있지만 이것은 '관행'의 수준에서 인지되는 정도였고, 어디까지나 능력과 자격을 갖춘 '적임자 계승'이 원칙이었다. 새로운 대칸은 '쿠릴타이(회합)'라는 회의를 통해 선출된다. 칭기즈칸 생전 장자 주치는 '메르키트의 사생아'로 낙인찍혀 동생들과 심각한 불화가 있었고, 그 결과 셋째 아들 우구데이가 제위를 계승하였다. 하지만 우구데이 사후에 후계자를 두고 재차 분쟁이 일어나고, 제3대 카안 구육과 바투의 불화, 제4대 카안이 우구데이가에서 칭기즈칸의 말자인 톨루이가로 옮겨지자 차가타이계와 우구데이 가문이 불만을 제기했다. 한편 킵차크한국의 군주들과 가잔 칸 이후 일한국의 군주들이 이슬람으로 개종하자 몽골인들 사이의 분열현상은 가속화되었다.

둘째, 유목민의 가산(家産)분배 전통을 꼽을 수 있다. 몽골인들에게 정복을 통해 획득한 전리품과 영토는 자신들 '황금씨족'(Altan ulug) 공동의 재산이었다. 가령, 칭기즈칸은 몽골리아의 부족을 95개의 천호로 재편하고 그들 중 일부를 자신의 일가에게 분봉하였다. 이는 자신의 지배하에 들어온 유목민을 자신의 재산처럼 간주하는 관념의 연장선상에 있었다. 그런 의미에서 칭기즈칸의 몽골국은 일종의 '가산제적(Patrimonial)국가'라고 할 수 있다. 칭기즈칸 자신이 직접 통치하는 지역, 자식들과 동생들에게 나누어 준 지역들은 '울루스(汗國)'라고 불렀다. 즉 몽골제국은 이런 크고 작은 울루스들의 복합체였다. 그러나 정복전의 진행에 따른 제국 영역의 확장과 계승분쟁의 격화로 인한 제국의 분립화 등으로 제국의 영역이 팽창될수록 각 울루스 간의 유기적인 통합성은 약화될 수밖에 없었다. 그것은 결국 차가다이한국, 우구데이한국, 일한국 간의 갈등과 반목으로 표출되었다.

셋째, 종교적 관용성의 파괴이다. 제국의 쇠퇴기에 몽골의 지배하에 있던 지역에서 일관되게 나타던 특징은 종교적 불관용이었다. 칭기즈칸도 그의 생전에 장춘진인의 전진교에 심취하기는 했지만 기본적으로는 모든 종교에 관용적이고 포용적인 태도를 잃지 않았고, 종교인은 세금과 요역의 면제를 통해 우대하였다. 그러나 칭기즈칸의 사후, 구육은 기독교를 장려하여 무슬림을 탄압하였고, 킵차크한국의 베르케는 신앙적 결합이 혈연적 결합보다 강하다고 선언하여 이집트의 맘룩 술탄과 연합하여 일한국의 훌레구에 대항하였다. 일한국에서는 기독교를 탄압하였고, 1295년 가잔 칸이 이슬람교로 개종한 후에는 불교사원과 교회가 파괴되고 바그다드의 기독교도들을 몰살시켰다. 종교에 관용하라던 칭기즈칸의 충고를 듣지 않은 것은 몽골의 분열과 제국을 최종적으로 몰락으로 몰고 갔다.

역사적 교훈과 유산

교황 인노센트 4세가 파견한 사신 카르피니(Carpini)가 1245-1247년 몽골리아를 방문하고 귀국할 때 가져간 서한에서, 몽골제국의 3대 카안 구육은 자신을 '모든 위대한 백성들을 지배하는 사해(四海)의 군주'라고 지칭하며, "칭기즈칸과 카안(우구데이)과 자신은 영원한 하늘의 신이 내린 명령을 집행하는 대리인이기 때문에 교황은 유럽의 여러 왕들을 데리고 직접 찾아와 머리를 조아리고 복속의 뜻을 표시하라"고 명령하였다. 여기에서 '세계'라는 말이 탄생되었다.

몽골이 남긴 역사적 유산을 살펴보면 첫째, 몽골제국은 '지구촌 시대'의 서막을 열었다. 몽골이 '세계군주'로서 세계를 지배하던 시기 많은 지역이 하나로 통합되어 동서 간에 인적, 물적 교류가 비약적으로 확대되었다. 이전에 유라시아 전체가 이처럼 하나의 정치적 시스템으로 포괄되었던 적은 없었다. 제국의 수도 카라코름은 당시 세계의 정치·경제·문화의 중심지가 되었다. 몽골은 사신, 종교인, 상인들의 왕래에 대해서도 관대한 정책을 실행했다. 그 결과 상술한 수도사 플라노 카르피니를 필두로 루부룩, 마르코 폴로, 이븐 바투타 등의 여행기와 보고서가 후세에 남게 되었다. 또한 실크로드를 따라 이슬람 상인뿐만 아니라 해상을 통해 유럽 상인들도 몽골제국에서 활약했다. 이탈리아 상인 마르코 폴로는 1269년 베네치아를 출발해 1295년 다시 귀향하기까지 17년간 쿠빌라이가 통치하는 중국에 머물렀고, 그의 『동방견문록』은 유럽에서 『성서』 다음가는 베스트셀러였다고 불릴 정도로 많은 사람들이 읽었다. 그것은 결국 사람들의 외부세계에 대한 인식을 바꾸어 놓게 되었다. 몽골제국은 유라시아 지역의 여러 전통들을 연결시키고 통합할 수 있는 환경을 창출하였다.

둘째, 기술의 비약적인 발전이다. 약소한 몽골이 세계를 제패할 수 있었던 주요한 요인의 하나로 군사기술 방면의 우위를 들 수 있다. 정착민과는 달리 이동하는 목축생활을 영위하는 유목민은 생필품이 부족하면 '약탈'에 의존하지 않을 수 없었다. 이를 위해서 가장 중요한 것은 전쟁 기술이었다. 그런데 기술의 유입을 위해서는 먼저 인재의 유입이 필요했다. 몽골 군대는 어느 지역을 공격하고 도륙하던 간에 기술을 가진 자들은 죽이지 않고 살려서 몽골로 데려갔다. 그속에는 의사, 목수, 대장장이, 금속공 등 다양한 기술자들이 포함되었다. 가령, 칭기즈칸은 사마르칸드에서 3만 명의 공장(工匠)을 데려왔고, 이후 이들은 중앙의 관할 기구(局)에 예속되거나 제왕과 귀족들에게 분배되었다. 군사적 방면에서 몽골의 가장 큰 약점은 공성전(攻城戰)이었다. 그러나 회회인이 만든 회회포(回回砲)의 발명으로 금의 수도와 남송을 공략할 때 공성전에서 위력을 발휘했는데, 이는 기술패권의 대표적인 사례이다.

셋째, 구질서의 해체와 경영 혁신이다. 단순히 군사적 기술과 우위만으로 제국을 건설하고 유지한다는 것은 불가능하다. 여기엔 혁신적인 구조적 개혁과 장치들이 뒤따라야 했다. 천호제와 케식이 그 대표적인 것이다. 칭기즈칸은 몽골리아 부족 통일 과정에서 자신에게 충성을 다했던 '누케르(맹우)'를 새로운 주도 세력으로 만들었고, 누케르는 칭기즈칸 권력의 핵심이자 새로운 질서를 대표했다. 이를 위해 씨족제를 해체하여 십호·백호·천호·만호제로 구성된 새로운 국가조직을 만들었다. 10진법으로 구성된 이 조직은 능력에 따라 지휘관이 수시로 교체되는 항구적 군사력을 배양하는 근원이자 효율적인 시스템이었다. 마르코 폴로는 이 조직에 대해 다음과 같이 말했다. "칸은 병사 10명, 100명, 1,000명 당 각각 장교 한 사람을 임명하여 그가 10명의 장교에게 명령을 내리면 이들 장교는 자기 밑의 또 다른 장교에게 전달되어 결국 모든 병사들에게 칸의 명령이 일사천리로 전달된다. 그리고 모든 병사는 자신의 직속상관에게만 복종했다." 이런 식으로 전달되는 규율과 명령은 굉장히 효과적이었고 실전에서 유감없이 효력을 발휘했다.

넷째, 유목민의 열린 공간과 수평적 마인드를 꼽을 수 있다. 유목민은 생존을 위해 끊임없이 광활한 초지를 옮겨 다닌다. 이런 초원에는 고정된 주인과 패자가 없고 오직 실력으로 좌우될 뿐이다. 뿐만 아니라 생존을 위해 현실에 안주하는 것이 허용되지 않고 민족, 종교, 문화의 차이도 모두 상관하지 않고 포용하는 완전한 개방만이 무한한 가능성을 보장받을 수 있는 곳이다. 몽골이 유례없는 대제국을 건설하고 '팍스 몽골리카'를 실현할 수 있었던 것은 바로 이런 수평적 마인드가 있었기 때문이다.

연표

- 1167년 (혹 1155, 1162) 테무친 출생
- 1206년 테무친 칭기즈칸에 추대됨
- 1211년 금정벌 개시
- 1218년 서요(西遼) 멸망시킴
- 1220년 호라즘 왕국 멸망시킴
- 1227년 서하 멸망, 칭기즈칸 사망
- 1234년 우구데이가 금(金) 멸망시킴
- 1236년 바투 서방원정 개시
- 1241년 바투 킵챠크한국 건설
- 1258년 훌라구 바그다드 정복
- 1260년 쿠빌라이 카안 즉위
- 1271년 쿠빌라이 '대원(大元)' 국호 선포
- 1279년 남송 정복
- 1368년 주원장 북경 점령, 명(明)건국

참고문헌

• 단행본

마르코 폴로, 김호동 역, 『동방견문록』, 사계절, 2000.
라츠네프스키, 김호동 역, 『몽고초원의 영웅 칭기스한』, 지식산업사, 1992.
티모시 메이, 신우철 옮김, 『칭기즈칸의 세계와 전략: 몽골병법』, 코리아 컴, 2009.
김호동, 『몽골제국과 세계사의 탄생』, 돌베개, 2010.

• 다큐멘터리

〈BBC 징기스칸〉
〈HC 징기스칸의 비밀〉

• 영화

〈정복자 징기스칸(1956), 딕 파월 감독〉
〈몽골(2007), 세르게이 보드로프 감독〉

초인의 초원제국

티무르

머리말

오늘날에도 우즈베키스탄에서 티무르(1336-1405)는 민족의 영웅으로 추앙받는다. 그는 혼란스런 중앙아시아를 통일하여 광대한 제국을 건설하고, 찬란한 도시문화와 궁정문화를 꽃피우게 한 위대한 정복자이다. 유례없는 대제국을 건설했던 몽골제국도 14세기 후반부터 쇠퇴의 길로 들어서게 되고, 제국의 통합력도 점차 약해져갔다. 바로 그런 시대에 티무르라는 걸출한 인물이 등장하여 붕괴한 몽골제국을 재건하려고 하였다. 그는 1369년 중앙아시아의 여러 유목 부족을 통합한 뒤 1405년에 중국 명나라를 치러가는 도중 사망할 때까지 근 40년 동안을 유라시아 각지를 정복하였다. 칭기즈칸이 건국한 몽골제국이 그의 손자 시대에 세계 정복을 완성했다면 티무르는 자신의 시대에 완성한 것이다.

비록 몽골제국의 재건이라는 티무르의 당초의 목표는 실현되지 못했지만 과거 몽골제국 영토의 서부 영역인 오늘날의 이란, 아프가니스탄, 파키스탄과 메소포타미아, 카프카스 산맥을 포함하는 지역을 자신의 지배 아래에 넣었다. 티무르(Timur)는 투르크어 테무르(Temür)의 이란어형으로 곧 '철인(鐵

▲ 포로가 된 바야지드 1세를 만나는 티무르

人)'이라는 뜻이다. '탬벌레인'은 페르시아어로 '티무리 랑(Timur-i lang)', 즉 '절름발이 티무르'가 와전된 것이다.

우즈베키스탄의 한 역사가는 16세기부터 20세기까지 유럽에서 발표된 티무르와 관련된 예술작품이 60여 편이 된다고 확인했다. 그 중 대표적인 것이 영국인 작가 말로(Christopher Marlowe)가 1587-1588년에 쓴 〈탬벌레인(Tamburlaine)〉이라는 희곡이다. 이 희곡은 티무르의 일대기로 구성된 작품이다. 줄거리는 주인공 탬벌레인이 페르시아제국, 터키와 아프리카를 정복하자 자신이 신보다 위대하다고 외치며 코란을 불태웠으나, 결국 그에 따른 저주로 죽음에 이르게 된다는 것이다. 티무르에 대한 자료는 그리 많이 남아있지 않지만 남아있는 자료를 통해 살펴보면 놀라울 정도로 칭기즈칸과 유사한 측면이 많다. 미약한 부족 출신인 티무르도 결코 자신의 혈통을 내세우지 않았고 스스로를 '운명을 지배하는 사람', 즉 터키어로 '재능과 운이 따르는 사람'이라고 불렀다.

14세기 폐허로 남겨진 중앙아시아를 재건하고 그 곳의 오아시스 도시에서는 화려한 문화를 꽃피워 이른바 투르크-이슬람 문화가 결실을 맺게 한 이 위대한 지도자의 제국은 어떻게 건설된 것일까? 유럽을 공포에 떨게 만든 이 위대한 정복자가 후대에 남겨준 유산은 무엇일까?

초기 국가 양상

티무르는 1336년 4월 8일 사마르칸드 남쪽의 오늘날 샤흐리 사브즈(녹색 도시)라 불리는 케쉬(Kesh)에서 태어났다. 그는 이곳에 영지를 가지고 있던 바를라스(Barlas) 씨족에 속한 귀족가문 출신이었다.

그의 입신 배경을 살펴보기 위해서는 먼저 당시 일한국과 차가타이한국의 상황을 살펴볼 필요가 있다. 몽골은 1219년 호라즘 정벌을 계기로 중앙아시아를 손에 넣었고, 1253년 칭기즈칸의 손자 훌레구는 이스마일파의 일파인 암살자 교단을 괴멸시키고 1258년 바그다드를 점령하였다. 이후 훌레구는 이집트로 진격하다가 제4대 카안이던 형 뭉케의 죽음을 전해 듣고는 그대로 이란에 자리를 잡고 일한국을 세웠다. 일한국의 제3대 칸은 이슬람교로 개종하였고, 이슬람화 된 일한국의 통치 하에서 이란문화는 새롭게 꽃피우게 된다. 그러나 1336년 제9대 칸인 아부 사이드의 사후 이란은 여러 소국으로 나뉘어 분열 상태에 빠지게 되었다.

한편, 차가타이 울루스도 마지막 칸 타르마시린 이후 1340년대 서쪽의 트란스옥시아나와 동쪽의 모굴리스탄(몽골인의 나라)으로 분열되었다. 트란스옥시아나는 내분으로 곧 쇠퇴하고, 모굴리스탄의 투글룩 티무르가 칸으로 즉위하여 트란스옥시아나에 군대를 두 번이나 보내(1360년, 1361년) 차가타이 울루스를 재통일했다. 바로 이런 혼란과 분열의 시기에 티무르가 역사에 무대에 등장하게 된 것이다.

1360년 투글룩 티무르가 트란스옥시아나를 침공할 때 26살의 티무르는 그에게 충성을 맹세하고 그 대가로 케쉬 일대의 영유권을 인정받게 된다.

▲티무르

이듬해 바를라스부의 통치권도 위임받았다. 그러나 얼마 후 티무르는 모굴의 지배에서 벗어나기 위해 트란스옥시아나 카자간의 손자이자 자신의 처남인 아미르 후세인과 동맹을 맺었다. 1366년 사마르칸드를 장악한 후 둘 사이에 대립이 생겨 결국 티무르는 호라산으로 퇴각하고 이후 수년 간 협객이나 다름없는 생활을 했다.

1370년 발흐의 후세인이 살해됨으로써 티무르는 화려한 첫 승리를 장식했다. 이에 티무르는 자신을 몽골제국의 복구자이자 차가타이 계통의 칸들 가운데서 유일한 트란스 옥시아나의 주권자로 선언했다. 이처럼 티무르는 칭기즈칸의 길을 따르는 것을 목표로 삼았고 실제 그를 능가하는 군사적 승리를 일궈냈음에도 불구하고 결코 자신을 '칸(khan)'이라 부를 수 없었다. 칭기즈칸의 후계가 아니면 누구도 '칸'을 칭할 수 없다는 당시의 불문율 때문이었다. 결국 그는 칭기즈칸의 후예 중 한 사람을 명목상의 꼭두각시 칸에 임명하여 그들의 이름으로 자신의 권위를 정당화하고자 하였다. 이런 콤플렉스 때문에 티무르는 죽은 후세인의 아내 중 카잔 칸의 딸인 사라이 물크 하눔을 아내로 맞이함으로써 칭기즈칸 가문의 '사위'(구레겐 güregen) 지위를 얻었다. 1388년 티무르는 '술탄'이라는 이슬람식 칭호를 사용하였다. 이는 그가 칭기즈칸과 몽골제국의 계승자로 자처하는 동시에 투르크-이슬람의 지배자임을 보여주는 것이다.

티무르제국의 전성기

1370년 4월 발흐 정복을 마친 후, 티무르는 정치적·경제적으로 강력한 국가를 만들기 위해 새로운 수도가 필요했다. 티무르는 사마르칸드를 선택했다. 150년 전 몽골인들에 의해 폐허가 된 도시가 이제 티무르의 손을 통해 부활하게 되었다. 실크로드의 중간 기착지이자 유라시아의 허브인 이곳은

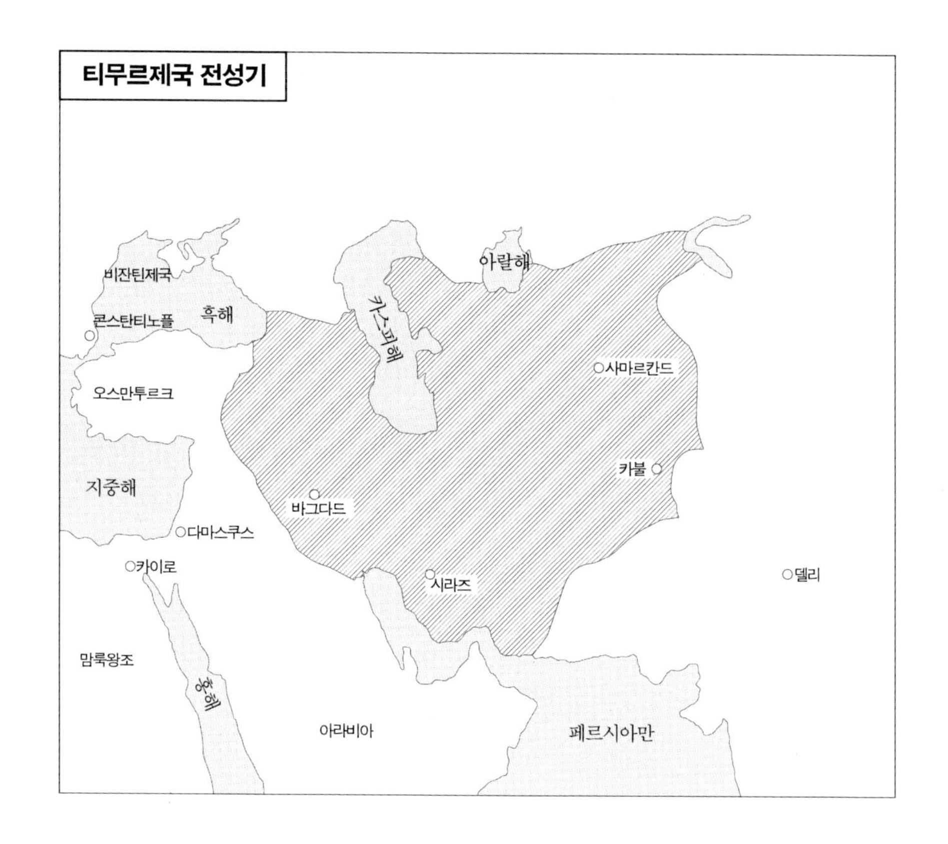

이제 세계 각지에서 데려온 장인, 기술자들에 의해 재화로 화려하게 치장되었다. 이를 두고 희곡 작가 말로는 "내 고향 사마르칸드는 대륙의 가장 먼 곳까지 유명해지리라. 그곳에 나의 왕궁이 세워질 텐데, 그 빛나는 탑으로 하늘이 무색해지고 트로이의 탑이 떨치는 명성도 지옥으로 떨어지리라"라고 표현했다.

권력을 장악한 티무르는 자신의 신생 정권의 기반을 공고히 하기 위해 대대적인 정복사업을 개시하였다. 티무르의 원정을 연대 순서대로 정리하는 것은 불가능하다. 때문에 역사학자 르네 그루세는 티무르의 원정이 원칙 없이 뒤죽박죽 진행되었다고 보았다. 분명한 점은 티무르는 처음부터 자신보다 강한 적을 상대하지는 않았다는 사실이다. 그는 가장 먼저 모굴리스탄을 정복하고자 했다. 그 이유는 모굴리스탄의 세력이 약화되어 있기는 했지만 몽골제국의 정통 후예라는 대의명분을 내세우며 세력을 규합하여 언제든 자신에게 위협이 될 수 있었기 때문이다. 티무르는 수차례의 원정으로 모굴리스탄의 잔여 세력을 모두 제거하고 호라즘 원정을 개시하였다. 페르시아, 중동, 유럽으로 향하는 실크로드의 관문인 호라즘에는 1360년 킵차크한국의 혼란을 틈타 권력을 장악한 후세인 수피(Hsayin Sufi)의 왕국이 존재하고 있었다. 티무르는 호라즘에 대한 전후 5차례의 원정으로 현재의 중앙아시아 지역을 모두 자신의 손아귀에 넣었다.

그런데 1376년 예상하지 못했던 인물이 티무르를 방문했다. 러시아를 지배하던 킵차크한국의 톡타미시(Toqtamish)였다. 권력 싸움에서 밀린 톡타미시는 티무르의 도움으로 자신의 권좌를 되찾았다. 하지만 칸이 된 뒤에 티무르와 서로 대립하게 되었고, 결국 티무르는 1391년 볼가 강가에서 벌어진 전투에서 그를 격파하고 킵챠크한국의 수도였던 사라이(Saray)를 폐허로 만들었다. 티무르의 원정으로 킵챠크한국이 결정적 타격을 받음으로써 러시아인들은 비로소 '타타르의 멍에'에서 벗을 수 있게 되었다. 이어 일한국을 목표로 1383년 헤라트 정복이 완성되자 이듬해까지 티무르는 호라산과 마잔다란을 포함해 동부 페르시아 전역을 점령했다. 1397년 티무르는 모굴리스탄의 지배자인 히즈르 호자 칸의 딸을 아내로 맞이하기 위해 사마르칸드 교외에 '기쁨의 정원'이라는 새 궁전을 축조하도록 명령했다. 그리고 11월 이슬람 율법에 따라 결혼식을 올렸다.

이제 남은 것은 오스만제국뿐이었다. 오스만제국의 군대는 티무르의 군대처럼 투르크인들과 같은 유목민이며 전투 방식 역시 기마병을 중심으로 했기 때문에 그 위력이 대단했다. 때문에 티무르는 오스만제국과의 일전에 앞서 군사력의 우위를 확보해야만 했고, 이를 위해 선택한 것이 바로 인도였다. 당시 인도에는 중앙아시아 출신의 투르크인들이 건국한 델리 술탄국이 있었다. 일찍이 알렉산더대왕과 칭기즈칸 같은 역사상 위대한 정복자들이 이루지 못한 것이 바로 인도 정복이었다. 칭기즈칸은 인도에 관심을 두지 않았고,

단지 오트라르의 비극을 자초한 호라즘의 샤 잘랄 앗딘이 인더스 강에 몸을 던져 강을 건너자 공격을 멈추고 돌아왔다.

그런데 티무르의 인도 원정 계획은 예상외의 반대에 부딪혔는데, 델리 술탄국의 코끼리부대가 막강했기 때문이었다. 그럼에도 티무르는 델리의 이슬람교도 술탄들이 힌두교도들에게 지나친 관용을 베푼다는 것을 핑계로 이미 60세이 넘은 1398년에 5월 인도로 진격했다. 당시 델리 술탄국의 지배자 마흐무드는 군사용 코끼리를 동원하였는데, 코끼리에 갑옷을 입혀 상아 끝에 칼을 매달아 휘두르게 하는 것이었다. 티무르는 코끼리에게 직접 타격을 가하면 적군과 아군을 구분 못하는 동물로 돌아갈 것이라고 생각하고 병사들에게 손잡이가 달린 못을 박은 판자를 길에 뿌리게 하고, 데리고 간 낙타와 야크를 통해 코끼리와 힘을 겨루게 하여 델리 술탄국의 최강 병기인 코끼리 부대를 무력화시켰다. 델리는 약탈과 파괴로 온통 폐허가 되었으며 다시 회복되기까지 1세기 이상이 걸렸다.

이로써 티무르는 이슬람 세계의 양축이던 페르시아 문명과 아랍 문명을 동시에 지배하게 되었다. 이에 종교, 무역의 중심지가 사마르칸드로 옮겨지게 되고 지중해에서 사마르칸드로 이어지는 실크로드의 부활이 시작되었다. 1399년 4월 무렵 티무르는 옥수스 강을 건너 사마르칸드로 귀환할 때 많은 약탈품을 가지고 왔다. 그중 90마리의 코끼리들이 사마르칸드의 모스크를 건립하기 위해 채석장에서 돌을 운반하는 데 사용되었다고 한다. 이 모스크 건설작업이 시작된 후 티무르는 이집트의 맘룩 왕조 술탄과 오스만 술탄 바야지드 1세가 자신의 영토 일부를 점령한 것을 응징하려고 1399년 말 자신의 생애 마지막 대원정에 나서게 된다. 티무르는 다양한 루트를 통해 정보를 입수하여 1402년 술탄 바야지드 1세가 이끄는 군대를 앙카라 부근에서 격파하였다. 티무르는 당시 유럽을 위협하던 또 하나의 대국을 강타한 것이다. 이 전투에서 바야지드는 포로가 되고 결국 1년 뒤 적국에서 사망하고 말았다. 티무르가 앙카라에서 오스만제국에 갑작스런 대재난을 안겨줌으로써 비

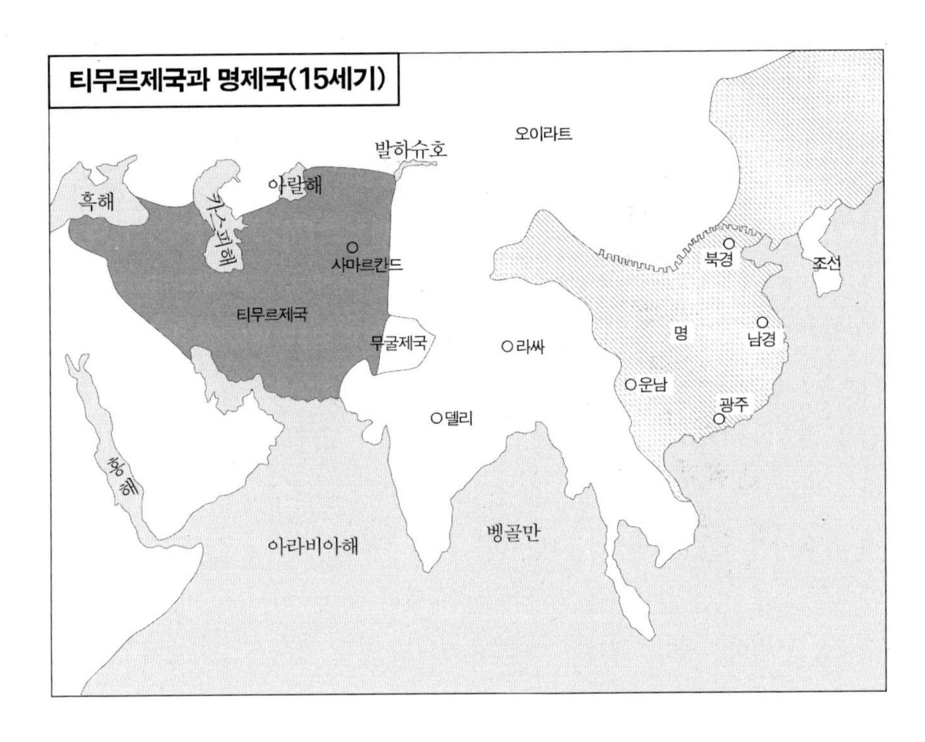

티무르제국과 명제국(15세기)

잔틴 제국은 반사적인 이익을 누려 반세기 동안의 평화를 누릴 수 있었다. 티무르의 서아시아 정복의 가장 큰 수혜자는 비잔틴제국이었던 셈이다.

1404년 티무르는 사마르칸드로 돌아와 중국 원정을 준비했다. 그의 최종 목표가 몽골제국을 재건하는 것이었고 유라시아 각지를 원정했던 까닭도 바로 사라진 제국의 영광을 부활시키려는 목적에서 추진된 것이었다. 따라서 몽골제국의 핵심지역이었던 중국이 그의 최종 목표가 되었다. 1405년 티무르는 원정에 올랐고, 당시 중국은 명나라의 영락제(1402-1424년)가 통치하고 있었다. 영락제는 몽골에 대한 다섯 차례의 친정(親征), 환관 정화의 대원정을 단행했던 한족 황제로서는 보기 드문 인물이었지만, 쿠데타를 일으켜 조카였던 건문제를 시해하고 즉위했기 때문에 권력 내부에 반대 세력이 팽배한 상태였다.

그런데 군대를 이끌고 북상하던 티무르가 시르다리아 강가에 위치한 오트라르(Otrar)라는 변경 도시에서 갑자기 사망하고 말았다. 이로써 '세기의 대전'

은 이루어지지 못하고 명은 티무르의 도전을 면하게 된 것이다. 티무르의 유해는 썩지 않는 향유를 바르고 흑단관에 넣어 사마르칸드로 보내졌고, 그곳에서 구르 미르(Gur-i Mir)라고 불리는 호화로운 무덤에 매장되었다.

1941년 스탈린의 명령을 받은 소련의 고고학자들이 사마르칸드에 있는 티무르의 무덤을 열어서 그의 시신을 조사했다. 고고학자 게라시모프(M. M. Gerasimov)는 티무르의 해골을 근거로 그의 얼굴을 복원했으며, 그가 생전에 절름발이였음을 확인했다. 무덤의 주인공 티무르의 골격은 오른쪽 손과 두 다리가 불구였지만, 키가 크고 건장하며 늠름한 체구였다. 티무르의 무덤과 관련해 예전부터 누구라도 만약 티무르의 무덤을 열면 그 나라에 파멸이 닥치리라는 전설이 전해오고 있었다. 그런데 티무르의 무덤이 개봉된 사흘 뒤 '독·소불가침조약'을 깨고 독일의 소련 침공이 시작되었고, 관을 다시 닫자 소련 군대가 승리를 거두었다. 스탈린은 1943년에 '100만' 루블로 티무르의 무덤을 완벽하게 복원하라는 명령과 함께 "앞으로 어느 누구도 그의 관을 열지 못한다"고 지시했다.

티무르의 최종 목표가 과거 몽골제국의 영광을 재현하는 것이었기에 생의 대부분을 정복하고 파괴하는 데에 보냈지만 후계자들의 치세에 이르러 문화의 꽃을 피우게 한 초석을 마련했다. 티무르는 일생을 통해 확고한 행정체계를 구축하지 않았다고 한다. 현재 확인할 수 있는 티무르제국의 행정 기구로는 군주의 측근에서 칙령 발행을 담당한 '파르와나치'가 있는데 주로 문서 행정을 담당했다. 그 밖에 군주의 경호를 담당하는 친위대를 비롯해 조리사, 매 사냥, 막영(幕營)에 관련된 관직이 있었다. 가장 중요한 군정과 재정은 여러 명의 '아미르'가 관할했다. 아미르는 유목 귀족의 신분을 나타내는 용어일 뿐만 아니라 관직과 지위를 나타내는 것이기도 했다. 대체로 제국의 행정 기구는 투르크계 군인과 타지크계 정주민을 통치하기 위해 이원적 체제를 이루었고, 군정은 투르크계가, 재정은 타지크계가 담당했다.

죽기 전, 티무르는 자신의 제국을 생존한 두 아들을 비롯하여 손자들에게 나눠 주었다. 티무르의 아들과 손자들은 중국 원정이 무산되었을 때 후계자 자리를 놓고 싸움을 벌였으나 샤 루흐에 의해 재통합되면서 한 세기 동안 유지되었다. 넷째 아들인 샤 루흐는 티무르가 죽었을 때 28살이었고, 가장 뛰어난 군주였다. 온화한 성품을 소유한 훌륭한 지도자였고, 용맹한 전사이기도 했다. 그는 페르시아 문학을 애호하였고 뛰어난 건설자로서 시인과 예술가를 후원하였던 탁월한 군주로 손꼽힌다. 대외적으로는 명과의 외교관계를 회복하여 사절을 교환하기도 하였다. 1407년부터 1447년까지 40년 동안의 그의 치세는 문화적 측면에서 페르시아 문학과 예술의 황금기를 맞아 '티무르조의 르네상스'로 칭송되었다.

샤 루흐가 수도로 삼은 헤라트와 그의 아들 울룩 벡(트란스옥시아나의 총독)의 거처가 있던 사마르칸드는 이 '르네상스'의 가장 화려한 중심지가 되었다. 1477년 샤 루흐 사후 이를 계승한 아들 울룩 벡은 천문학에 뛰어난 학자이자 시인이었다. 그도 전대를 계승해 사마르칸드의 궁정을 페르시아 문학의 찬란한 중심지로 만들었다.

티무르제국의 융성 원인

커다란 머리, 붉은 빛을 띤 얼굴색, 훤칠한 키의 절름발이 사나이, 언제나 자신의 손을 칼에서 떼지 않았으며, 뛰어난 궁수이기도 했던 티무르는 온 세상을 누비고 다니며 과거 칭기즈칸처럼 자신의 시대를 지배했다. 티무르는 그 자신의 생애 대부분 끊임없는 원정으로 동으로는 중국의 변경에서 서아시아까지, 북으로는 남러시아의 초원에서 남으로는 인도 북부에 이르는 광대한 제국을 건설했다. 티무르가 중앙아시아를 통일할 당시 몽골제국의 후예들은 러시아를 지배하고 있었고, 중국에서는 명이 건국되었고, 페르시아는 분열되어 혼란에 빠지고, 아랍은 맘룩과 오스만제국으로 분할되어 통치되고 있었다. 당시 어느 누구도 신흥의 티무르에 주목하지 않았다. 그런 면에서 그에게 행운이 따랐다고도 볼 수 있다.

몽골인들이 그랬던 것처럼 그도 적과 피정복민을 굴복시키기 위해 잔악한 살육을 자행했다. 가령, 1387년 이스파안에서 발생한 반란을 진압할 때 눈에 보이는 대로 사람들의 목을 베어 그 두개골로 첨탑을 쌓았다. 티무르 왕조의 한 역사가는 "이스파안에서 이틀간 벌어진 대량 학살보다 그 어떤 왕이 저지른 100년간의 독재가 더 낫다"라고까지 언급했다. 실제로 티무르의 정복전은 엄청난 파괴와 살육을 수반했다. 도시는 폐허로 변해버리고 높은 미나렛(이슬람 사원의 첨탑)이 있었던 곳에는 수 만 명의 해골로 이루어진 탑이 쌓였다. 그 파괴 정도는 칭기즈칸 시대를 능가하는 것이었기 때문에 어떤 학자들은 그를 문명의 '도살자'(butcher)라고 부르기까지 한다. 그러나 중요한 점은 그가 파괴만 한 것은 아니었고 동시에 위대한 건설자이기도 했다.

티무르가 대제국을 건설할 수 있었던 성공 요인을 구조적인 측면에서 찾아보면, 첫째, 무엇보다 강력한 군사력을 갖추고 있었기 때문이다. 그는 트란스옥시아나의 오아시스 지대에서 성장했지만 자신은 교외의 정원이나 초원에서 천막생활을 하면서 정주사회에 동화되지 않았다. 비록 한때 투글룩 티무르에게 패하여 유랑자 신세로 전락하기도 했지만, 이후의 위대한 원정과 연전연승의 신화를 일궈낼 수 있었던 원동력은 독창적인 군대 편성에 있었다. 티무르의 시대에는 이미 칭기즈칸의 유목군대가 가지는 장점이 힘을 발휘하지 못했다. 왜냐하면 과거처럼 유목기마병이 몽골군대만의 전유물이었던 시절에는 기마병 전술이 가능했지만 티무르의 상대는 주로 몽골제국의 후예이거나 투르크계 유목민이었다. 티무르는 포병에서 새로운 대안을 찾았다. 이로써 티무르의 군대는 유목기마병, 포병, 코끼리 부대로 구성되어 전술의 다양성과 효율성이 배가 되었다. 여기에 타고난 지도력을 바탕으로 전쟁마다 승리로 이끌었다.

둘째, 각 병사의 능력을 최대한 발휘할 수 있도록 하였다. 티무르는 초기에 부족 조직을 권력기반으로 했던 구 지배층의 영향력을 누르고, 배경이 없는 새로운 지배층을 발탁하여 자신에게 충성하는 군단을 조직했다. 일설에 따르면, 티무르는 체스를 좋아했다고 한다. 그가 체스를 두고 있을 때 신하가 아들의 탄생을 알렸다. 마침 티무르가 잡고 있던 말이 룩(Rook)이었다. 그래서 아들 이름을 '룩'이라 지었다 한다. 바로 티무르 사후 권좌에 오른 샤루흐(Shah Rukh)이다. 64개의 공간에서 여섯 종류의 말을 가지고 하는 체스를 통해 티무르는 여러 전략을 사전에 시험했다. 장기와 마찬가지로 체스에서도 졸(卒)이 왕(王)을 죽일 수 있었기 때문에 일개 사병들도 적군의 수장이나 왕을 죽일 수 있다는 자신감을 갖게 되었다. 체스 판에서 말이 자신의 역할이 있듯이 티무르는 각각의 병사가 맡은 역할과 강점을 개발시키도록 훈련시켰다. 즉 보병은 보병으로서, 기병은 기병으로서의 역할에 충실하게 하고, 철저한 성과급 제도를 군대에 도입하여 졸병부터 티무르까지 전리품을 나누어 가졌다.

셋째, 티무르의 뛰어난 리더십을 들 수 있다. 티무르제국 지배하에는 120여 개의 다양한 민족이 있었다. 티무르는 페르시아인의 학문, 투르크인의 제철 기술, 몽골인의 군사 기술, 실크로드의 상술이라는 각각의 날실을 엮어 새로운 힘을 가공하였다. 즉 그들만의 장점을 개발시키고 잘 배합하여 국가 발전의 동력으로 새롭게 승화시킨 것이다. 이질적인 것들이 자신의 고유의 속성을 잘 보존한 채 서로 잘 혼합하여 새로운 것으로 재창조되었다. 당시 티무르시대 주민 대부분은 무슬림이었다. 티무르는 이슬람 사회의 정통성을 중요하게 생각하고 예언자의 후예들을 융숭하게 대접했다. 물론 자신도 무슬림이긴 했지만 독실한 신도는 아니었고, 이슬람은 그에게 정치의 한 수단이었다. "이슬람의 칼로 이슬람의 머리를 베리라!" 즉 신성하고 위대한 종교를 지키지 않는 자들에게 자신을 '신의 채찍'으로 간주하게 했다. 그 결과 티무르의 정복 활동은 성전(聖戰)으로 자리매김 되고, 이슬람 확대를 기치로 내걸면서 전쟁은 정당화되었다. 일례로, 그는 델리 술탄국의 원정 목적이 약탈에 있었지만, 이슬람 지도층이 힌두교도에 대해 관대하기 때문임을 내세우기도 했다.

넷째, 티무르는 오아시스와 도시의 경제적 중요성을 깨닫고 도시의 번영을 위해 노력했다는 것이다. 티무르는 사마르칸드와 고향 케쉬에 궁전과 모스크, 정원을 비롯한 많은 건축물을 짓는 한편 바자르(시장)를 건설하고 도로를 정비하여 상업을 발전시켰다. 정복 활동으로 지배 영역이 확대됨에 따라 상인들의 활동범위도 넓어지고 통상 활동도 증가되었다. 티무르는 도시를 정복할 경우 저항하지 않으면 생명 보증금만 징수하고, 약탈도 파괴도 하지 않았다. 각지에 관개시설을 정비하는 일에도 힘을 쏟았다. 한 연구자는 티무르 시대의 사마르칸드가 아시아의 무역 절반을 차지할 정도로 번영했다고 보았다. 사마르칸드는 현대적 의미에서 물류의 허브 역할을 담당하며 인프라를 갖춘 도시였다. 이로써 사막 한가운데 있는 사마르칸드는 '문명의 중심'으로 탈바꿈 된 것이다.

티무르제국의 쇠망 원인

티무르의 죽음 직후 제국의 분열 위기가 나타나기 시작했다. 문화적으로 뛰어난 군주였으나 권위가 부족하고 무능했던 울룩 벡은 발흐에서 반란을 일으킨 아들 압둘 라티프에게 1449년 목이 잘려 처형당한다. 울룩 벡이 암살된 뒤 제국의 분열이 표면화되어 사마르칸드와 헤라트에 두 세 개의 정권이 서로 대립하게 되었다. 결국 북방 우즈베크 족이 침입하여 1500년에는 사마르칸드가 함락되고, 2년 뒤 헤라트도 함락되었다.

첫째, 제국을 약화시킨 가장 중요한 원인 중의 하나는 티무르가 건설한 국가는 모두 티무르 개인을 중심으로 구성되었다는 점이다. 인생의 대부분을 원정으로 보낸 티무르는 필요한 일을 부하에게 자유롭게 할당하여 처리하게 할 뿐 결코 빈틈없는 행정체계를 구축하려 하지 않았다. 그 때문에 티무르가 죽자 제국은 순식간에 분열위기를 맞게 되었고, 각지의 왕족이 계승자

자리를 놓고 치열한 싸움을 벌이게 되었다.

둘째, 티무르는 정복지 통치를 왕자들에게 위임했다. 이는 이전 몽골제국과 마찬가지로 정복지역과 민족을 자신들 일족의 공유 재산으로 생각하는 투르크-몽골계 유목민의 전통에 기초한 것이었다. 일족 중에서 가장 실력이 뛰어난 사람이 왕족과 유력자들의 지지를 받아 군주 자리에 앉는 것도 유목민의 전통이었다. 본래 티무르는 장자 상속원칙을 지키려고 했지만 큰아들 자항기르가 1375년 먼저 세상을 떠났기 때문에 죽기 전에 자항기르의 장자인 피르 무함마드를 자신의 후계자로 선택하였다. 하지만 그가 죽은 다음날부터 분쟁과 반란이 시작되었다.

셋째, 티무르는 유목제국의 한계를 그대로 온존시키고 있었다. 티무르는 중앙아시아의 초원 거주민과 유목민의 전통에 뿌리를 둔 정치적·경제적·문화적 유산의 계승자였다. 역사학자 르네 그루세는 티무르제국의 문화는 투르크, 페르시아적이며, 법 체계는 투르크, 칭기즈칸적이었고, 정치·종교적 원칙은 몽골, 아랍적인 것으로 파악했다. 혹자는 티무르, 즉 '철인'이라는 그의 이름처럼 그의 제국이 '쇠의 배합'처럼 투르크인들이 몽골 족과 혼합된 것이라고 보았다. 이런 배합은 '카리스마'를 가진 강력한 지도자가 사라지면 조화가 깨져 급속히 분열되는 양상을 드러내게 된다.

역사적 교훈과 유산

14세기 몽골의 칸국(汗國)들이 붕괴해가는 가운데 형성된 티무르제국은 이슬람 세계사의 중요한 전환점이었다. 1405년 티무르의 사후 제국은 분해되었지만, 그의 제국이 인류의 역사와 문명에 던진 충격 속에서 오스만투르크제국, 사파비 왕조의 이란제국, 무굴제국의 시대가 도래할 수 있었다. 이중, 무굴제국은 티무르의 손자 바부르가 인도를 정복하고 세운 것으로 영국의 식민지로 전락하기 전까지 인도의 대부분 지역을 지배하였다.

사마르칸드와 헤라트는 사막 가운데 존재하던 오아시스처럼 잠시 나타났다가 사라진 것처럼 보이지만 그 유산은 오늘날에도 이어지고 있다. 아랍에서는 "만약에 당시의 우리에 대해서 알고 싶다면 우리의 건축물을 보라"는 속담이 있다. 오늘날 우리는 사마르칸드의 선명한 기념물인 하늘색 터키옥과 금, 석회석, 모자이크로 장식된 아름답고 웅장한 건축물을 통해 그의 시대를 엿볼 수 있다. 이중 단연 우위는 대형 모스크로, 비록 지진으로 손상을 입긴 했지만 거대한 돔은 과거의 영광을 뽐내며 여전히 우뚝 솟아 있다.

오늘날 중앙아시아에서 가장 큰 모스크는 사마르칸드에 있는 '비비 하늠 모스크(Bibi-Khanim Mosque)'로 입구 현관 높이만 30m에 달한다. 전설에 따르면, 아미르 티무르가 인도 원정 중일 때 비비 하늠은 그가 돌아오면 줄 선물로 이 장대한 이슬람 사원을 짓게 했다고 한다. 이 모스크는 1399년에 착공되어 1404년에 완공되었다. 그런데 공사가 완성되어 갈 무렵, 공사의 중요한 부분을 담당한 페르시아인 건축사가 비비 하늠에게 키스를 요구했고, 다급한 비비 하늠은 손에 키스하는 걸 허락했지만 건축사는 그녀의 볼에 키스를 했다. 인도 원정을 끝내고 돌아온 티무르가 이 사실을 알게 되어 페르시아 건축가는 죽음을 당하고, 티무르는 모든 여성들이 얼굴을 가리도록 명령했다고 한다.

뿐만 아니라 근대 유럽 르네상스의 원천에는 아미르 티무르가 이룩한 실크로드의 부활이 있었다. 티무르는 유럽을 위협하던 오스만제국을 격파함으로써 풍전등화에 있던 유럽을 구하고 실크로드의 부활과 소통이라는 대업을 달성했다.

1724년 10월 31일 음악의 거장 프리드리히 헨델(1685-1759)이 지휘하는 오페라 〈타메르나노(Tamerlano)〉가 영국의 수도 런던에서 공연되었다. 당시 이 작품은 열 번이 넘는 앙코르 공연으로 이어지고 독일에서도 성공을 거두었다고 한다. 오페라의 줄거리는 14세기 초 유목민이자 무슬림 정복자였던 '타메르나노' 즉 티무르가 오스만제국의 술탄 바야지드를 앙카라 전투에서 패배시킨 역사적 사실을 담고 있다. 헨델은 유럽 기독교 사회를 구원한 티무르를 찬양하였고, 영국은 그의 전략을 배우고자 하였던 것이다.

하바드대학의 정치학 교수 브레진스키(1928-)는 자신의 저서에서 "유라시아를 지배하는 자가 세계를 지배한다"고 주장했다. 21세기 많은 전문가들이 초강대국이 되기 위한 필수적인 전략의 하나로 유라시아 대륙의 지배를 꼽고 있다. 인류의 역사에서 이 과업을 성공적으로 달성했던 인물로 티무르를 꼽을 수 있다. 그는 신체적 결함을 이겨내고 다민족·다종교·다언어·다문화를 소통시켜 유라시아 대륙에 대제국을 건설했고 그 유산을 후세에 남겨주었다.

연표

- 1336년 4월 트란스옥시아나의 케쉬(지금의 우즈베키스탄)에서 티무르 출생
- 1360년 투글룩 티무르에게 신속하여 케쉬의 대리통치인이 됨
- 1363년 투글룩 티무르의 아들 일리야스 호자에게 패해 호라즘으로 도망
- 1363년 세이스탄의 전투에서 화살을 맞아 절름발이가 됨
- 1365년 투글룩 사망. 사마르칸드를 되찾음
- 1370년 발흐에서 미르 후세인을 격파하고 트란스옥시아나의 최고 통치자에 오름 사마르칸드를 수도로 정함
- 1372년 모굴리스탄 1차 원정
- 1375년 모굴리스탄 2차 원정, 호라즘 1차 원정
- 1376년 모굴리스탄 3차 원정
- 1379년 호라즘 3차 원정, 모굴리스탄 4차, 5차 원정, 톡타미시가 도움 요청
- 1381년 호라즘 전역 통합
- 1383년 헤라트 정복
- 1389년 호라즘 5차 원정
- 1393년 톡타미시 격퇴
- 1398년 바그다드 침략과 중동 정복
- 1402년 델리 술탄국 정복
- 1404년 오스만제국과 앙카라 전투
- 1405년 명나라 원정에 오름. 오트라르에서 사망

참고문헌

• **단행본** 르네 그루세, 김호동·유원수·정재훈 역, 『유라시아유목제국사』, 사계절, 1998.
고마츠 히사오 외, 이평래 옮김, 『중앙 유라시아의 역사』, 소나무, 2005.
데니스 워프먼, 한영탁 옮김, 『인물로 읽는 세계사 – 티무르』, 대현출판사, 1993.
성동기, 『아미르 티무르 – 닫힌 중앙아시아를 열고 세계를 소통시키다』, 쎄네스트, 2010.

• **다큐멘터리** 〈NHK 실크로드 – 12부 초원의 지배자 티무르〉
〈KBS 역사기행 – 초원의 마지막 지배자 티무르제국〉

사랑과 향신료로 가득찬 신비의 제국

무굴

머리말

인도행 비행기를 타면 볼 수 있는 독특한 장면 중의 하나가 식사 장면이다. 다른 지역의 비행기에서는 2-3가지의 메뉴 가운데 무엇을 선택할 것이냐고 묻지만, 인도의 비행기는 채식주의냐 아니냐를 묻는다. 메뉴는 채식주의자의 것과 그렇지 않은 사람의 것으로 나누어진다. 힌두교도들은 육식을 별로 하지 않고 육식을 한다 해도 소고기는 먹지 않는다. 이슬람교도들은 카스트의 구분이 없기 때문에 육식을 꺼려하지 않지만 단지 돼지고기는 먹지 않는다. 힌두와 이슬람은 장례 문화도 다르다. 힌두교도들은 사람이 죽으면 화장을 하여 강물에 뿌린다. 그러나 이슬람교도들은 사람이 죽으면 매장을 하며 시신을 불태우는 것은 큰 죄로 여긴다.

인도의 역사 연구는 어려움이 많다. 힌두 왕조는 왕릉을 만들지 않았기 때문이다. 하지만 무굴제국과 같은 이슬람왕조는 왕이나 귀족들의 무덤을 통해 생생한 역사의 현장을 연구할 수 있다. 무굴제국은 16세기 초부터 19세기 중반까지 오늘날의 인도 대부분과 파키스탄, 아프가니스탄에 이르는 지역을 지배한 이슬람왕조이다. 음식과 장례 풍속을 비롯한 많은 문화적 차이를

▲뭄타즈 마할
◀1648년 완공된 타지마할

가진 힌두와 무슬림들이 같은 공간에서 살았던 무굴제국을 이해해야만 인도를 알 수 있다. 인도에 이슬람들이 침입해 온 것은 사실이다. 이슬람세력이 인도를 지배해 온 수백 년 동안 인도는 양 문화의 융합 과정을 겪고 있었기 때문에 침체기에 빠져 있었다. 이러한 침체기를 벗어나 인도의 영광을 재현한 왕조가 무굴제국이었다.

무굴제국 시기에 페르시아 문화와 힌두 문화가 결합하였고, 문화 융합의 대표적인 예로 타지마할(Taj Mahal) 묘와 우르두(Urdu)가 있다. 타지마할은 무굴제국의 5대 황제인 샤 자한(Shah Jahan)이 사랑하는 왕비 뭄타즈 마할의 죽음을 애도하기 위해 만든 무덤이다. 뭄타즈 마할과 19년의 혼인 생활 동안 14명의 아이를 낳았다. 데칸고원의 원정길에서 아이를 낳다 왕비가 죽자 샤 자한의 슬픔은 깊었다. 식음을 전폐하고 비통에 잠겨 그의 머리카락이 하얗게 바뀔 정도였다. 타지마할은 매일 2만 명을 동원하여 22년 만에 완성하였다. 페르시아 건축의 특징인 뾰족한 아치, 둥근 아치형 천장, 돔 밑의 팔각형 구조로 되어있다. 또한 힌두 건축의 요소로는 연꽃모양의 장식물이 대표적이다.

샤 자한은 타지마할이 완공된 후 10년 뒤인 1658년 막내아들 아우랑제브의 반란으로 왕위를 박탈당하고 아그라(Agra Fort)요새의 무삼만 버즈(Musamman Burj) 탑에 갇혀 말년을 보냈다. 다행히도 아그라 요새에서는 2km 떨어진 타지마할의 모습을 볼 수 있었다. 샤 자한에게는 아내가 묻힌 타지마할을 바라볼 수 있었다는 게 유일한 위안이었고, 죽은 후 그토록 사랑하던 아내 곁에 묻혔다.

당시 무굴제국의 군대 지휘관은 페르시아어나 투르크어를 사용했고, 일반 장병들은 힌두어나 기타 인도의 지방 언어를 사용하고 있었기 때문에 상하간 의사소통이 원활하지 못하였다. 이를 극복하기 위해 등장한 것이 우르두어이다. 문법은 힌두어에서 빌려왔고, 어휘는 페르시아어, 투르크어, 아랍어, 산스크리트어에서 빌려온 것이다. 이와 같이 인도에 이슬람이 들어온 이후 이들은 수세기를 지나면서 다양하고 찬란한 문화를 남겼다.

1498년 포르투갈의 바스코 다 가마(Visco da Gama)는 인도의 캘리컷에서 후추와 향료를 싣고 귀국하여 60배의 큰 돈을 벌었다. 이후 포르투갈의 성공에 고무되어 각국은 저마다 동인도회사를 세웠고, 그 중 상당수가 인도에서 활동했다. 유럽인들은 부와 번영의 땅으로 소문난 인도를 찾아서 동쪽으로 왔고, 인도의 면직물과 보석을 앞 다투어 구해갔다. 1700년대 중반까지 세계 제조업의 2% 미만에 불과했던 영국이 인도에 거점을 마련하면서 세계 최고의 강대국이 되는 기반을 마련하고 그 지배하에 인도는 점점 빈곤해졌다.

초기 국가의 양상

인도 무굴제국은 오늘날의 우즈베크 공화국에서 태어난 바부르(Baber)부터 시작한다. 자신이 직접 저술한 전기에 의하면 그는 1483년 우즈베크의 시르강 상류지역에 있는 페르가나에서 태어났다. 그는 본래 중앙아시아를 지배했던 티무르의 5대손으로 칭기즈칸의 15대 손이기도 하다.

바부르는 원래 인도보다 사마르칸드 지역을 차지함으로써 티무르의 옛 영광을 되찾고 싶어 했으나, 두 번에 걸친 시도로 오히려 고향까지 잃어버린다. 바부르는 차선책으로 카불을 점령한 뒤 다른 중앙아시아의 침입자들이 그랬던 것처럼 금과 은 등의 보석을 약탈하기 위하여 인도의 펀자브 지방으로 자주 쳐들어갔다. 몇 차례의 인도 침입을 통하여 당시 아프가니스탄계가 세운 델리의 로디왕조가 그 힘이 약하다는 사실을 알았다.

▲시조 바부르, 악바르 대제 (위쪽부터)

이 무렵 인도에서 가장 강력한 세력은 로디왕조였다. 로디의 마지막 왕인 이브라힘은 군사적으로는 뛰어난 재능을 가졌으나 판단력과 관용성이 부족했던 것으로 평가받고 있다. 그는 자신의 왕권을 강화하는 과정에서 수많은 귀족들과 마찰을 빚어 반감을 사고 있었다. 바부르의 군대는 대포를 보유한 포병대와 기민하게 움직이는 기병대가 있었다. 바부르는 파니파트 전투에서 그러한 장점을 최대한 활용하여 불과 1만 2천명의 군대로 10배가 넘는 이브라힘의 군대를 격파했다. 이 전투는 인도 역사상 매우 중요한 위치를 차지하는데, 바부르가 델리와 아그라 지역의 경제력을 바탕으로 재정난을 해소하고 본격적으로 인도에 진출 할 수 있는 교두보를 마련하였기 때문이다. 이때가 1526년으로 무굴제국이 시작된 것이다.

델리를 정복한 바부르는 라지푸트(Rajput) 세력과 카누아 전투를 치르게 되었다. 라지푸트는 훈 족의 이동으로 인도에 들어와 정착한 중앙아시아계 여러 종족들의 후손이다. 그들은 스스로 고대 크샤트리아의 후손임을 주장하며 왕족의 후손이라는 의미로 라지푸트라 칭했다. 수적으로 열세인 바부르 군대는 고전할 수밖에 없었지만, 중앙의 포병으로 코끼리 부대를 혼란에 빠지게 한 후에 측면에서 기병이 공격하는 전술을 사용하여 승리하였다. 군대가 인도의 무더운 날씨에 적응하지 못하고 고향으로 돌아가기를 원했지만 바부르는 이슬람의 정신에 호소하여 인도지역에 무굴제국을 세울 수 있었다.

무굴제국은 쿠샨 왕조 이후 분리되었던 카불과 북인도 지역을 통합시켰다. 이들 지역은 중앙아시아에서 북인도로 들어오는 관문이었고, 동시에 외부의 침략을 막을 수 있는 안전판이었다. 또한 중국에서 지중해에 이르는 동서무역에 커다란 역할을 담당하였다. 바부르는 언제나 병사들과 힘든 일을 함께하고 스스로 모범을 보여 주었다. 그리고 이전의 델리 술탄들과는 달리 아프가니스탄인이나 인도인을 차별 없이 골고루 관리로 등용했는데, 이것은 이후 무굴제국의 전통으로 확립되었다. 하지만 바부르의 통치기간에는 거듭된 전쟁을 통하여 북인도 대부분의 영토를 차지하는데 힘썼기 때문에 중앙집권적인 조직을 갖출 여력이 없었다.

무굴제국을 건설한 바부르는 1530년 48세로 사망했다. 인도 중부 보팔(Bhopal)에 있는 주립도서관에는 바부르가 그의 아들 후마윤에 남긴 유언이 남아있다. 그는 "종교적 선입견을 품지 마라. 모든 백성들의 종교적 감성과 의례를 주의 깊게 살펴 공정하게 대하라. 토착민들의 마음을 사로잡으려면 소를 죽이지 마라. 어떤 종교 사원도 파괴하지 말고, 제국 내의 평화를 유지하기 위해서는 그들을 모두 공평하게 대하라. 이슬람은 폭정과 박해라는 칼보다는 사랑과 애정으로 훨씬 더 잘 전파될 것이다. 시아와 수니의 대립을 피하라. 다양한 계절이 있는 것처럼 백성들도 다양한 성향이 있다는 것을 명심하라"라는 유언을 남겼다. 바부르는 마치 이후 무굴제국에서 발생할 많은 문제들과 융합하지 않으면 멸망할 것을 예견한 듯 유언을 남긴 것이다. 그의 후손 가운데에는 이 유언을 지킨 황제도 있고, 실천하지 못한 이도 있다. 바부르의 예언대로 되었다면 무굴의 역사와 인도의 역사는 달라졌을 것이다.

전성기 무굴제국의 양상

무굴제국이 가장 번성했던 시기는 3대 악바르 대제부터 5대 샤 자한에 이르는 약 백 년간이다. 이 시기에 무굴제국의 세력판도와 문화가 형성되었는데 저 유명한 타지마할을 비롯하여 페르시아의 영향을 받은 건축물, 문학, 그림 등 무굴제국의 문화가 대부분 이 시기에 이루어졌다.

13세에 즉위한 악바르(Akbar, 1556-1603)는 그의 할아버지 바부르의 유언을 철저하게 실천한 유일한 왕이라고 할 수 있다. 2대 후마윤이 잃어버린 제국의 영토를 대부분 회복하고 안정적 통치를 펼쳤다. 북인도에 지배력을 확보하게 되자 그 세력을 인도의 다른 지방까지 확대하여, 라자스탄 지방에 독립국으로 있던 라지푸트 족의 왕들을 동맹 세력으로 끌어들였다. 또한 1573년 서방의 구자라트 지방에 진격하여 그곳을 지배하고 있던 이슬람 왕조를 정복하였다. 1576년 동쪽으로는 벵골 지방까지 그의 지배하에 넣었다. 1580년대에는 인도 북서부지방의 펀자브에서 아프가니스탄의 카불까지도 군대를 파견하여 인더스 강 하류 신드 지방까지 정복하였다. 1590년대에는 남쪽으로 진출하여 데칸 지방의 이슬람 여러 왕조에도 세력을 뻗어나갔다.

악바르의 정책을 보면 먼저 종교적인 융합정책을 추진하였다. 대표적으로 지즈야(Zizya)를 폐지하고 라지푸트의 힌두 왕비를 맞이한 것이다. 지즈야는 일종의 인두세로서 비이슬람들에게 부과되는 것이다. 이것은 이슬람 지배하의 힌두들에게 차별적으로 부과된 것이기 때문에 힌두들의 반감을 사는 주요 원인이 되었다. 악바르는 자이프로 지역에 있던 엠버(Amber) 왕의 공주인 히라 쿤와리를 왕비로 맞이하여 살림(Salim) 왕자를 낳았다. 이 결혼 정책은 힌두-무슬림의 융화의 상징이 되었다. 그는 또 라지푸트 지역의 힌두교도 왕들을 우대하고 군사나 행정 분야 고위직에 중용하였다. 요컨대 제국의 통합, 융합 정책을 일관되게 추구했던 것이다.

악바르가 인도에서 힌두와 무슬림 그리고 모든 종교의 화합을 위해 만들어

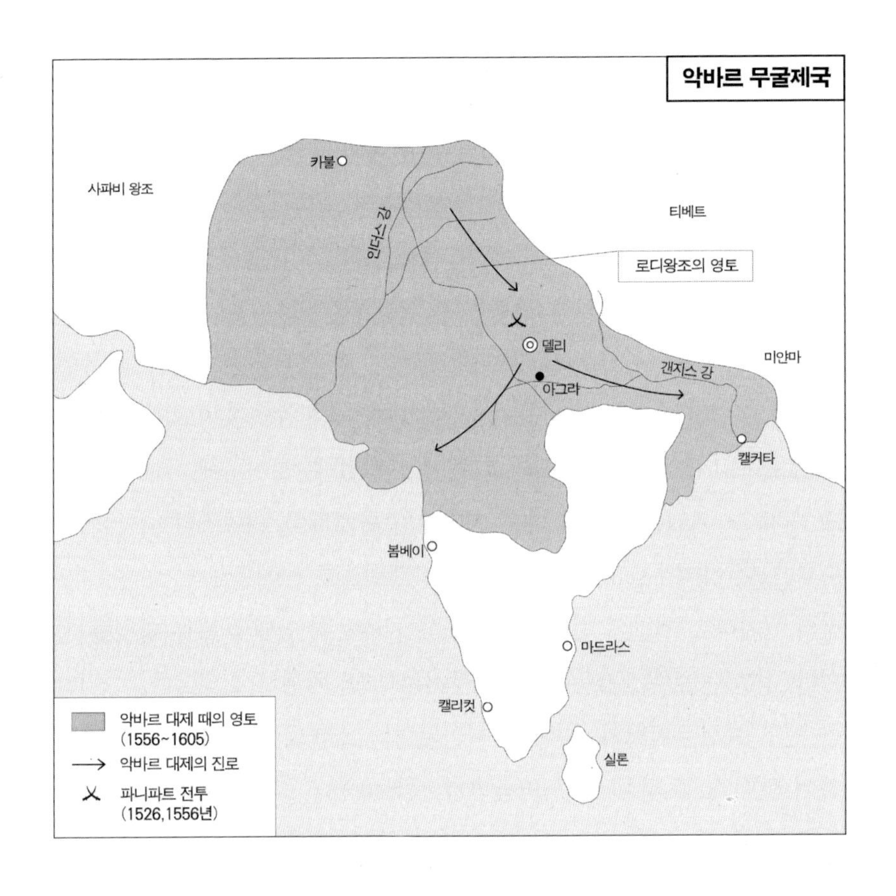

낸 것이 딘 알라히(Din-Ilahi)이다. 딘 알라히는 왕권은 신성불가침이며 왕은 신을 대신한다는 의미이다. 왕은 곧 신이라는 것을 선언한 이유는 다양한 종교와 인종의 인도인을 단일 사상으로 결속시키기 위한 것이었다. 딘 알라히가 선포되던 시기 인도는 힌두와 무슬림은 물론이고 기독교를 비롯한 여러 종교와 사상이 아무런 제약 없이 허용되었다. 악바르는 스스로 정치와 종교의 최고 권위자임을 선포하면서 인도 전체를 아우르는 사상의 통일을 시도했던 것이다.

악바르는 힌두들을 폭넓게 중용하여 각 지방의 토지측량이나 지세(地稅) 결정 등의 실무를 담당하게 하였고, 탄압보다 융화를 선택하여 제국의 안정적 기반을 다졌다. 그리고 악바르는 백성들의 여론을 우호적으로 만드는 데에도 많은 신경을 썼다. 예컨대 그는 일부러 매일 일정 시각에 궁정 창문 앞으로 모습을 드러내 보였다. 백성들은 악바르의 그런 모습을 보며 환호하고 경의를 표했다. 지고(至高)의 존재인 황제가 매일 백성들 앞에 모습을 보인다는 것은 당시로서는 파격적인 일이었다. 그는 백성들과 함께 하는 자애로운 황제의 모습을 연출했던 것이다.

그리고 중앙집권을 강화하고, 지방의 세력을 견제하기 위하여 조세제도를 개혁하였다. 당시 지방의 기득권 세력은 자민다르(Zamindar)였다. 그들은 대토지 소유자면서 세금을 징수하는 관리이기도 하였다. 이들은 지방에서 걷는 세금의 십분의 일을 봉급 대신에 사용하였다. 그러나 통상적으로 지역의 세금 할당량을 중앙에 보내기만 하면 중앙정부의 간섭 없이 더 많은 이익을 챙겼다.

악바르는 자민다르 세력을 약화시키기 위하여 그들 소유의 토지를 국가로 귀속시키고, 지방에 현금으로 봉급을 주는 관리를 파견하였다. 봉급 관리의 증가로 현금 수요가 급증하자 이를 해결하기 위하여 조세수입의 증대를 시도하였다. 토지를 정확하게 측량하고, 곡물생산과 가격 등 조세수입의 통계자료를 정리하였다. 세금은 경작 조건과 토양의 비옥도에 따라 결정되는데 수확량의 삼분의 일을 현금으로 납부하도록 하였다. 농민들은 자신들의 생산물을 시장에 팔고, 현금을 만들어 세금을 내야했다. 이렇게 개혁된 조세제도를 자브트(zabt)라 하는데, 이 제도의 실시로 현금 유통이 증가하였고, 금융업과 곡물 상인들의 활동이 활발해졌다. 무굴제국 최대의 수입원은 토지로부터 징수하는 세금이었다. 이 토지세를 하라주라 하였고, 이것을 바치는 농민은 라이야트라 불렀다. 라이야트 농민은 자기의 경작지를 상속할 수 있었고, 또 저당과 매매도 할 수 있었던 것으로 보아 토지에 대한 소유권을 행사했던 것으로 짐작된다.

악바르는 무척이나 다재다능했다. 황제이면서도 예술가, 전사(戰士), 장인(匠人), 목수, 발명가, 동물 사육사, 신학자로서의 능력을 발휘했다. 그는 제분

▲6대 아우랑제브

기와 운송 마차 기능을 겸하는 제분(製粉) 마차를 직접 발명하는가 하면, 형광물질을 바른 공을 고안해서 밤에도 공놀이를 할 수 있도록 했다. 그는 어릴 때 문예를 익히지는 못했지만 그림을 직접 그릴 정도로 예술을 애호했다. 악바르는 산스크리트 고전을 페르시아어로 번역하는 사업을 장려했고, 신하들에게 문헌 사본을 하사했으며, 예수회 선교사들이 가져온 유럽의 회화 작품에도 깊은 관심을 기울였다. 이에 따라 궁정 화가들은 페르시아와 인도 양식에 투시적 원근법을 도입한 사실적이면서도 낭만적인 그림, 즉 무굴회화를 발전시켰다.

악바르 시대가 왕권과 중앙집권을 강화하여 제국의 틀을 잡은 시기였다고 한다면 이후 무굴제국은 이를 기반으로 자한기르, 샤자한, 아우랑제브의 전성기를 맞이한다.

악바르의 사후 왕위를 계승한 4대 자한기르(Jahangir)는 악바르의 유업을 계승하여 영토확장 정책을 계속했다. 그는 페르시아 귀족출신의 누르자한(Nur Jahan)과 결혼함으로써 페르시아 풍의 예술과 문화가 성행하게 하여 인도 문화에 영향을 주었다. 자한기르는 1608년 영국 상인들이 수라트(Surat)에 동인도회사를 설립하도록 허락함으로써 영국세력이 인도에 본격적으로 진출하는 계기를 제공하기도 했다.

자한기르의 아들인 샤자한(Shah Ja han, 1592-1666)은 반란을 거듭하다 결국 왕위에 올라 영토 확장에 착수하여 악바르 시대보다 넓은 영토를 차지했으며, 원활한 행정 통치와 국내외 교역의 발전에 힘써 전성기를 구가했다. 타지마할을 비롯하여 델리 성, 자마 마스지도, 아그라 성(Agra fort) 등 무굴제국의 대표적인 건축물들을 건설했다.

제6대 황제인 아우랑제브 1세는 남부의 비자푸르, 골콘다, 동부의 오리사

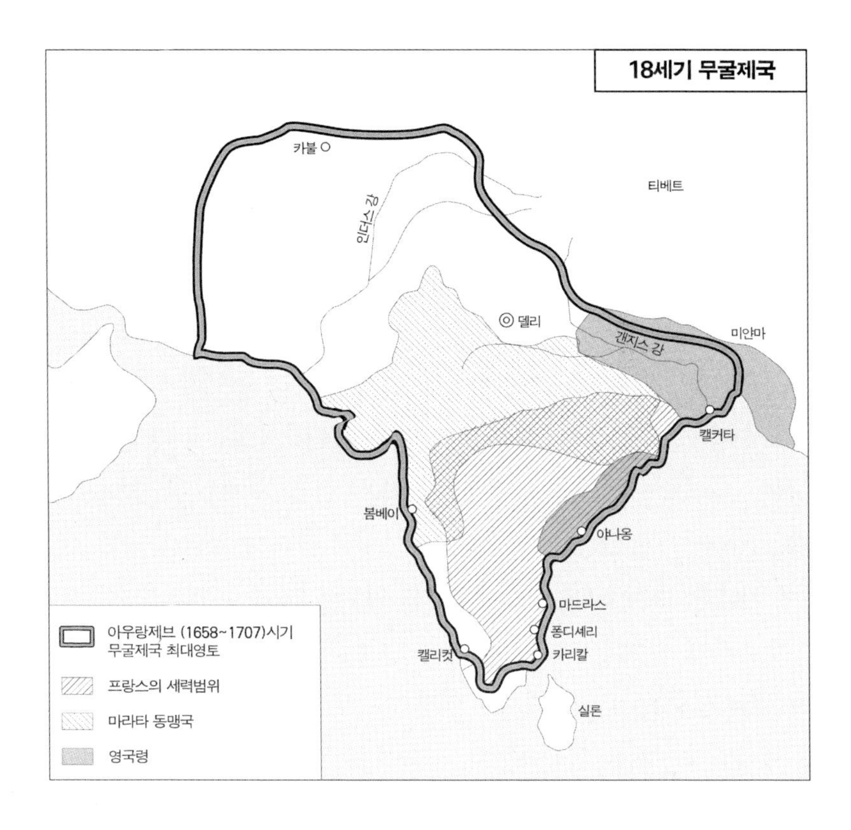

를 병합했으며, 데칸 지역의 여러 이슬람 소국들을 정복하여, 무굴제국 역사상 최대의 영토를 이룩했다. 그러나 그의 말년인 1674년 힌두교도들이 데칸 지방에 마라타왕국을 세워, 무굴제국의 강력한 적대세력으로 등장하였다. 1707년 아우랑제브가 데칸고원의 원정 도중 죽자 제위계승을 둘러싸고 분쟁이 일어나면서 무굴의 중앙 권력은 급속히 쇠퇴해졌다. 18세기 말에 이르자, 약화된 무굴의 중앙권력은 데칸지방에서 델리 주변까지 세력을 확장한 마라타동맹에 의하여 좌우되어, 무굴 황제의 지배력은 약화되었다.

아우랑제브 황제를 제외한 역대의 무굴 황제는 모두 그의 통치시대에 화려한 건축물을 건립했다. 무굴시대 초기에 악바르가 건립한 건축은 페르시아 양식과 인도 재래의 형식을 합친 모티프를 지닌 힘찬 것으로 황제의 호방한 성격이 나타난다. 악바르의 도성(都城), 파테푸르 시크리와 아그라의 성 등이 대표적이다. 샤자한 황제는 화려한 외형과 정교하고 치밀한 장식을 좋아했다. 아그라의 타지마할 묘나 델리성의 황제접견소 등은 이 시대의 대표적 건축이다.

언어 면에서는 페르시아어가 공식 언어였지만, 군대에서는 힌디어, 페르시아어, 아라비아 언어의 어휘를 섞은 말들을 사용했다.

무굴제국 시대는 상업이 발달하고 도시가 흥성하였으며, 화폐경제가 크게 활성화 되었다. 광대한 영역이 하나의 통치권 아래 놓이면서 법과 질서의 체계가 수립되고 전국이 도로와 통신망으로 연결됨으로써 부강한 제국을 형성했다. 무역도 크게 증가했다. 서아시아, 유럽 등과 매우 활발하게 무역이 진행되었는데, 특히 포르투갈, 네덜란드, 영국 등과의 교역은 국내 산업의 발달에 커다란 자극이 되었고, 이를 통해 인도의 제품이 유럽 시장에 본격적으로 진출하게 되었다.

무굴제국은 당시 세계의 경제적 열강으로 부상하였다. 1575년부터 무굴제국은 국제무역 전체를 국유화했고, 섬유산업의 대부분을 국가가 소유했다. 중요한 수익 사업을 모두 국가가 독점했으므로 무굴제국의 황제는 엄청난 부를 축적할 수 있었다. 차튼 지방에서 생산된 많은 양의 면직물은 세계시장을 점령했다. 1671년 차튼 지방에서 목화 가공에 종사하는 여성방직공 수가 3만 5천 명이었고 직조공의 수는 2만 2천 명에 달할 정도로 인도의 섬유산업은 번성했다. 유럽에서 금값의 두 배에 달할 정도로 비싸게 팔렸던 청금석을 갈아 만든 감청색 염료도 이곳에서 생산되었다. 향신료도 유럽 상인들이 주목했던 상품이었다. 특히 후추의 인기가 높아서 인도 후추는 유럽 여러 나라에서 금값에 버금가는 가격으로 팔렸다. 그러나 유럽이 30년 전쟁을 치르면서 인도로부터 수입할 여력이 줄어들자 인도는 심각한 경제위기를 맞이했다. 1653년 비단, 보석, 진주, 초석의 수출량은 전쟁 전의 1퍼센트에도 못 미쳤고 염료와 향신료는 15퍼센트 정도로 줄었다.

무굴제국의 융성원인

무굴제국은 제3대 황제인 악바르의 치세 동안 크게 발전하였다. 그 발전 요인을 찾아보면 다음과 같다.

첫째, 악바르 치세 때 시행했던 통합정책을 들 수 있다. 무굴제국은 행정면에서 종파를 가리지 않고 유능한 이를 등용하였다. 힌두교도들을 회유하기 위해 브라만 계급과 타협하고, 힌두교에서 왕비를 받아들였다. 특히 악바르는 비이슬람교도들에 대한 인두세를 폐지하고, 모든 종교의 사상을 하나의 유일사상으로 묶어 장려하는 등 종교에 관하여 만인평화 정책을 채택하였다. 또한 능력에 따라 관료를 임명하여 지방 통치나 토지 측량에서 반발이 나지 않게 하였다. 이 외에도 사회의 악습을 철폐하는 등 사회 개혁을 실시하였고 문학과 예술을 보호하고 교육과 학문을 장려했다.

둘째, 무굴제국은 전반적으로 문화를 중시하고 종교적으로 관용을 실천하였다. 무굴왕조는 본래 시아파 이슬람교를 신봉했으나 다른 종교를 수용했다. 악바르 황제는 특히 힌두교를 비롯한 다른 종교의 신앙과 습관을 보호했기에 다양한 종교가 등장했다.

이 시대의 피정복민이었던 힌두교도 민중 사이에서는 엄격한 카스트제도에서 벗어나 신을 열렬히 숭배하는 바크티파의 종교개혁운동이 일어났다. 펀자브 지방에서는 16세기 초, 나나크(Nanak, 1469-1538)가 힌두교를 개혁하여 시크교를 만들었다. 나나크는 힌두교와 이슬람교의 부패와 형식주의에 반대했다. 힌두교와 이슬람교로부터 각각의 장점들을 취사선택하여 새로운 종교를 만든 것이다. 새로운 종교의 지도자는 구루(Guru)라고 하며, 그 스승을 따르는 제자들을 시크(Sikh, 제자)라고 불렀기 때문에 시크교라 불리게 된 것이다. 인도에서 발생한 대부분의 종교는 다신교적 영향을 띠고 있지만 시크교만은 유일신을 주장하는 종교이다. 모든 종교적 형식과 의례를 부정하고 우상숭배를 금지하였다. 또한 카스트 차별을 부정하고, 오직 유일신에 대한 헌신적 사랑과 경배만을 중시한다. 특히 카스트 차별의 상징인 음식에 대한 금기를 깨기 위해 어떠한 카스트라도 함께 모여 같은 음식을 먹게 하는 공동 무료 식당을 운영했다.

시크교는 5대 구루 아르잔까지는 델리 술탄 말기에서 무굴제국 초기에 해당하는 시기로 종교와 종족에 대한 관용정책을 기반으로 꾸준히 성장하였다. 그러나 악바르가 죽고 자한기르가 즉위하는 과정에서 자한기르와 왕위 계승문제로 갈등을 일으킨 쿠스라우가 구루 아르잔의 도움으로 국경을 넘어 도피하자 갈등을 빚었다. 9대 구루 바하두르 지(Bahadur Ji)가 아우랑제브에게 개종을 강요당하다가 처형되기도 하는 등 무굴제국과 때로는 화해하고 때로는 갈등을 겪으면서 시크교는 무굴제국에서 두 종교의 합일을 꾀하였다. 그러나 이 종교 관용 정책은 악바르 이후 황제들에 이르러 점차 수니파 이슬람교로 기울어졌으며, 아우랑제브 황제에 이르러서는 거의 광신적인 이슬람교 신앙을 가져 힌두교를 심하게 압박하였다.

셋째, 무굴제국이 초창기 제국의 영토를 크게 확장시킬 수 있었던 가장 큰 이유 가운데 하나는 강력한 군대의 힘이었다. 특히 악바르는 광대한 제국의 통합을 위해 새로운 군사정책을 실시하였다. 중앙아시아의 부족제에 기반을 둔 병력과 힌두교 토착 병력을 합치고, 지배층과 군대를 만사브다르로 불리는 체계로 재조직했다. 이 제도는 먼저 모든 귀족들을 신분 고하에 따라 33등급으로 나누었다. 가장 낮은 등급은 10명의 병사, 가장 높은 등급은 5천에서 7천 명의 병사들을 배정하여 그들의 책임 하에 행정 및 군사업무를 담당하도록 하는 일종의 군정일치제도였다. 즉 지배층은 33단계의 만사브 가운데 하나에 배속되었으며, 능력과 공적에 따라 보다 높은 만사브를 단계적으로 차지할 수 있었다. 7천의 병력을 거느리는 최고위 만사브들은 대부분 황족들이었다. 제국의 상비군은 소규모였지만 만사브다르 체계를 통해 안정적으로 병력을 충원했다. 각 만사브들은 일정 숫자의 기사(騎士)들을 유지해야 했고, 특히 말의 숫자는 병력의 몇 배 이상이어야 했다. 악바르는 정기적으로 병력과 말의 수준을 점검했고, 말은 아라비아종의 우수한 말만 기르도록 했다.

넷째, 일원적인 중앙집권체제의 구축을 들 수 있다. 악바르의 통치 시스템은 기능에 따라 분화된 중앙집권체제였다. 궁정 귀족 가운데 가장 능력 있고 신임할 수 있는 사람을 임명한 군사 장관은 정보 수집 역할도 맡았다. 사법 장관은 종교 문제도 담당했다. 악바르는 정복지에 자율권을 폭넓게 부여했던 이전 군주들과 달리 일원화된 중앙집권체제를 관철시켰고, 정복지 수장들에게는 군사 지휘관으로서의 자격과 함께 지배층으로서의 특권을 보장하여 궁정에서 활동할 수 있게 했다. 이러한 제도는 인도 이외의 지역에서는 쉽게 찾아볼 수 없는 독특한 제도이다.

무굴제국의 쇠망원인

무굴제국은 외적으로 세포이 항쟁에 의한 영국군의 진압에 의하여 멸망하였다. 하지만 내적으로는 6대 왕인 아우랑제브 이후로 쇠퇴의 길을 걸었으며 사실상 인도 전역에 힘을 갖는 강력한 국가로써의 역할을 상실하였다. 여기서는 무굴제국이 쇠망하게 된 원인을 살펴보고자 한다.

첫째, 아우랑제브에 의해 시행된 과도한 영토확장과 이슬람화 정책을 들 수 있다. 아우랑제브는 왕위에 오른 뒤 힌두사원을 파괴하고 힌두교도들에게 인두세를 부활시키는 등 이슬람 근본주의 정책을 실시하였고, 동시에 영토 확장 정책을 펼쳤다. 그러나 이러한 과격한 정책은 국력을 소진시키고 힌두교도들의 불만을 낳게 되면서 국가의 힘이 분열되는 결과로 나타났다. 국가를 유지하기 위해서 엄청난 재정이 필요하였는데 이것은 특히 세금을 내는 소영주들이나 일반 농민들이 부담하는 것이었다. 라지푸트 족에 대해서도 엄격한 정책을 취하면서 높은 세금을 감당해야 했던 농민을 비롯하여 귀족들까지도 정부에 대해 반감을 가지게 되었다. 그 밖에 농업 생산력의 감소, 관리의 부패, 귀족들의 사치와 같은 문제점도 있었지만 무굴제국이 쇠퇴하게 된 가장 큰 이유는 이슬람화 정책으로 인한 분열이었던 것이다.

둘째, 왕위 계승을 둘러싼 권력 다툼이다. 1657년 샤 자한이 병고에 시달리는 사이 아들들이 피 비린내 나는 권력 투쟁에 나선 것이다. 장남 다라 시코는 병든 샤 자한을 대신해 사실상 대리 통치를 하고 있었지만, 차남 샤 슈자, 삼남 아우랑제브, 막내 무라드 바크시 등 형제들은 이를 수용하지 않았다. 이합집산의 전쟁 끝에 1658년 아우랑제브가 승리하였다. 아우랑제브는 형 다라 시코를 공개 참수형에 처하고 아버지 샤 자한을 아그라 요새의 탑에 감금했다. 아우랑제브는 이후 아버지가 세상을 떠날 때까지 한 번도 찾지 않았다.

이후 1712년 바하두루샤 1세가 죽은 후에는 왕권다툼이 계속되었다. 실제로 왕의 재위 기간이 수개월도 안 되는 왕들도 있었다. 즉위한 왕들은 왕위 계승에 결정적 공을 세운 세력가들에게 휘둘리는 사태가 이어지면서 무굴제국은 쇠퇴하기 시작하였다. 이후 무굴제국의 왕들은 이름만 존재하는 유명무실한 상태가 지속되었다. 무굴제국의 왕위 계승은 장자에게 당연한 권리를 주는 방식이 아니었다. 전공을 세우고 권력 투쟁에서 승리한 왕자가 자리를 차지했다. 이와 같이 이슬람 왕조에서 왕위를 놓고 잦은 세력다툼이 발생했던 이유는 제도적으로 왕위 계승에 관해 정해진 법이 없기 때문이었다. 따라서 이슬람 세계에서는 왕이 정적에 의해 피살되는 경우가 자주 나타나며, 황제 계승을 둘러싸고 끝없는 분쟁이 일어났다. 이러한 잦은 황제들의 교체는 아우랑제브의 통치기간 동안 정복전쟁으로 잠시나마 멈췄지만 결국은 다시 파괴와 무질서가 초래되었고 이윽고 쇠퇴의 길로 접어들게 되었다. 왕위 계승을 둘러싼 음모와 반란은 어떤 의미에서 필연적이었다.

셋째, 마라타 족(Mahratha)의 반란을 들 수 있다. 데칸 고원을 차지하고 있는 여러 종족 가운데 대표적인 종족이 마라타 족이다. 1674년 힌두교도들이 서부 데칸 지방에 마라타 왕국을 세웠고, 남인도로 영향력을 확대하면서,

무굴제국의 강력한 적대세력으로 등장하였다. 무굴제국은 힌두전통이 강한 데칸의 마라타 족의 반란을 효과적으로 제압하지 못하였다. 50만 대군을 이끌고 마라타 족을 정복하려 했던 아우랑제브는 마라타 성을 점령했다가는 빼앗기는 지루한 전쟁을 계속하였다. 결국 정복을 포기하고 돌아오는 도중에 90세의 생을 마쳤다. 아우랑제브는 황제로 있던 시기의 절반을 데칸에서 보냈으면서도 마라타를 정복하지 못했다.

넷째, 경제구조의 와해이다. 17세기 말부터 경제가 서서히 쇠퇴하기 시작하였는데, 토지의 산성화로 인한 농업 생산력의 감소가 중요한 이유였다. 이를 극복하기 위한 새로운 경작 기술이나 과학의 발전이 뒤따르지 못하였다. 반면에 매관매직으로 인하여 봉토의 토지세 징수권을 가진 관리의 수가 점차 늘어났고, 이는 세금의 증가와 농민의 피폐로 이어졌다. 여기에 귀족계층의 소비와 사치 생활이 더해져 농민들의 생활은 빈곤해졌다. 농민들은 봉기를 일으켜 저항했으며, 특히 수도에서 멀지 않은 곳에 있었던 자트의 농민들은 1669년부터 계속해서 델리정부에 맞섰다.

18세기 후반이 되면 마라타 동맹, 시크교도 세력 그리고 일부 라지푸트 소국들은 무굴의 중앙 정부에 격렬히 대항하였으며, 이것은 무굴의 재정 수입과 영토를 감소시켰다. 이는 많은 수의 독립된 혹은 준독립된 상태의 지방세력들의 등장을 의미한다. 예를 들면, 데칸지역의 하이드라 바드 족, 펀자브 지방의 시크교도 세력, 델리 지역의 라지푸트, 중북부 인도를 중심으로 한 아와드 족 등이 있었다. 이들은 독자적으로 법, 행정, 조세 정책을 수립하여 개혁과 발전을 시도하였으니 무굴제국은 빈껍데기만 남은 상태로 전락하였다.

다섯째, 영국 동인도회사의 활동을 들 수 있다. 18세기 말에서 19세기에 걸쳐 영국은 마라타를 비롯한 강력한 봉건세력을 멸망시키고, 인도에서의 식민지 지배영역을 확대하였다. 영국은 명목상으로만 존속한 무굴 황제의 지위는 그대로 남겨 두고 식민지 지배의 도구로 이용하고자 하였다. 그러나 1857년, 북인도에서 일어난 세포이의 반란 이후 정책을 변경하였다. 각 주둔지에서 반란을 일으킨 인도의 병사들이 델리에 집결하여, 무굴 황제 바하두르샤 2세를 추대하였던 것이다. 2년에 걸쳐 반란을 진압한 영국은 탄압정책으로 돌아섰다. 명목상으로만 남아있던 무굴 황제의 지위가 폐지되면서 무굴제국은 마침내 멸망하였다. 그리고 1877년에는 영국 국왕이 인도 황제를 겸하는 인도제국이 성립되었다.

무굴제국이 주는 역사적 교훈

현재 인도에서 힌두와 무슬림이 종교 갈등을 계속 일으키는 이유는 무엇일까? 영국령 인도가 인도와 파키스탄으로 분리된 이유는 무엇일까? 역사적으로 힌두와 무슬림이 함께 살아갈 수 없는 필연적 적대관계에 있었는가? 정답은 '아니다'라는 것이다. 물론 이슬람이 인도를 정복하는 과정에서 많은 학살이 있었고, 정복자의 종교적 열광으로 부유한 힌두의 영지가 몰수되었다. 하지만 정부의 조직과 체제를 정비하면서 정복자와 힌두들의 문화가 융합되었고, 통혼으로 피가 섞이게 되었다. 문화적 융합이 이루어지면서 무굴제국 시기 인도의 문화는 찬란한 꽃을 피웠던 것이다.

무굴제국의 역사를 통해서 보면, 수십 년도 아니고 수백 년을 함께 살아온 인도 땅의 힌두와 무슬림들은 나름대로 함께 살아가는 법을 익혀왔다. 바부르가 힌두들의 종교에 관여하거나 그들의 사원을 파괴하지 말라고 유언을 남긴 것은 함께 더불어 사는 길을 안내한 것이다. 악바르가 지즈야를 폐지하고 힌두 왕비를 맞아들인 일 역시 함께 살아가는 길을 닦은 것이다. 자한기르부터 아우랑제브까지 힌두들에 대한 차별적 태도가 일부 살아난 것은 사실이라고 하더라도, 당시에도 국가의 주요 관직에 힌두들이 기용되었던 것은 엄연한 진실이다.

이와 같이 힌두와 무슬림들은 오래전에 싸움을 멈추었고, 이슬람 통치하에서 힌두들도 번영을 누렸다. 또한 힌두 지배하에서 무슬림들도 평화를 누렸다. 그렇다면 힌두와 무슬림 간에 식사 습관이 다르고, 풍속이 다르고, 장례 문화가 다르고, 언어가 다르다는 것을 부각시킨 것은 영국 식민 통치의 영향은 아닐까? 영국인들이 주장하는 것처럼 힌두와 무슬림의 싸움은 영국이 인도에 진출한 이후 그친 것이 아니라 오히려 '너희는 다르다. 너희는 대대로 적대관계였다'고 싸움을 부추긴 것이다.

영국인들은 세포이 항쟁을 겪으면서 엄청난 충격을 받았다. '분리하여 지배하라(Divide and rule)'는 모토는 유럽인의 사고에 깊이 자리를 잡았다. 영국은 우선 인도에서 힌두와 무슬림이라는 가장 큰 두 개의 집단을 선택했다. 대외적으로는 종교에 관여하지 않는 태도를 취했으나, 때로는 힌두를 위해, 때로는 무슬림을 위해 관용의 정책을 표방하면서 서로를 자극하였다. 인도의 단결은 영국이 식민지 통치를 어렵게 만들기 때문에 종교적으로 분열시키고 서로의 차이점을 분명하게 인식시키기 위하여 학문적 연구가 동원되었다. 당시의 영국 역사학자들은 이슬람이 들어오면서 힌두들은 무슬림에 의해 살해되었고, 그들의 신상과 사원들도 훼손되었으며, 개종과 혼인을 강요당했다고 서술하였다. 즉 인도 역사에서 힌두와 무슬림의 대결 구조를 부각시켰다.

무굴제국의 역사를 통해보면 인도인들은 서로 다른 점을 드러내기보다는 다름을 인정하며 함께 살아왔다. 영국이 들어오면서 다름을 강조함으로써 힌두와 무슬림은 절대 함께 살 수 없는 집단이라는 인식을 심어주게 되었다. 이것이 결국 인도와 파키스탄의 분리 독립이라는 결과를 낳았다. 무굴제국의 융성과 쇠퇴 요인, 그리고 열강의 식민지 통치는 현재를 살아가는 우리에게 많은 점을 시사하고 있다. 즉 역사를 통해 융합과 화해는 발전을 가져오고, 분열과 갈등은 멸망으로 간다는 것이다. 그리고 국민과 국민 사이의 증오와 대립을 부채질하여 지위를 유지하고자 하는 지배자의 교활함을 비판할 수 있어야 한다. 이념과 사상 종교의 차이를 넘어 소통하고 통합하는 것이 발전의 핵심이고, 소중한 가치라는 것을 알아야 한다.

연표

- 1504년 바부르가 아프가니스탄 카불을 점령함
- 1526년 델리를 점령하고 무굴제국을 건국함
- 1540년 제2대 후마윤이 수르왕조에게 패하여 페르시아로 도망감
- 1555년 재차 델리를 점령하고 중단되었던 무굴제국 부활
- 1573년 악바르 대제가 구지라트를 점령함
- 1576년 악바르 대제가 벵골지방을 점령함
- 1580년 펀자브에서 아프가니스탄의 카불에 이르는 지역을 정복
- 1632년 아흐마드나가르 왕국을 멸망시켜 병합함
- 1632년 샤 자한이 타지마할을 건설하기 시작함
- 1658년 아우랑제브가 사마가르에서 다라를 물리치고 승리
  그 후 아버지를 아그라 궁에 유폐시키고 황제로 즉위함
- 1674년 데칸고원에서 마라타 왕국이 건국됨
- 1679년 비이슬람교도들에게 인두세를 다시 부과하기 시작함
- 1707년 아우랑제브가 데칸고원 원정 중 사망
  제위계승을 둘러싸고 분쟁이 일어남
- 1739년 페르시아의 나디르 샤의 델리 침입
  무굴제국은 빈껍데기만 남은 상태로 사실상 멸망함
- 1757년 영국이 벵골과 오리사 비하드를 지배함
- 1799년 영국이 마이소르를 흡수함
- 1843년 영국이 신드를 지배함
- 1849년 영국이 펀자브를 흡수함
- 1857년 세포이가 바하두르 샤 2세를 황제에 추대함
- 1859년 세포이의 반란이 진압되고 무굴제국 멸망

참고문헌

- **단행본** 자와할랄 네루, 김종철 옮김, 『인도의 발견』, 우물이 있는 집, 2003.
  김형준, 『이야기 인도사』, 청아출판사, 2006.
  박금표, 『인도사 108장면』, 민족사, 2007.
  이옥순, 『인도에 미치다』, 김영사, 2007.

- **다큐멘터리** 〈HC 무굴제국〉

- **영화** 〈조다 악바르(2007), 아슈토쉬 고와리커 감독〉

교차로를 지배한 술탄의 나라

오스만

머리말

1453년 5월 29일 유럽과 아시아 두 대륙의 교차로에 위치한 도시 콘스탄티노플의 미래가 결정되었다. 지정학적, 전략적 요충지로서 천년 동안 동로마제국인 비잔틴제국의 수도였던 이 도시가 오스만제국의 제7대 술탄인 메흐메트 2세(1432-1481)의 공격에 의해 함락되었던 것이다. 이로써 콘스탄티노플은 이스탄불로 이름이 바뀌었을 뿐만 아니라 기독교 제국에서 이슬람 제국의 중심지로 변모했다. 콘스탄티노플은 삼면이 바다인 삼각형 모양의 도시로서, 23km에 달하는 굳건한 성벽으로 둘러싸인 천연의 요새였는데, 이 요새가 술탄의 전략 앞에서 굴복했던 것이다. 서북쪽의 폭이 좁은 골드 혼 해협과 육지에서의 공격만 잘 지켜내면 누구도 함부로 침범할 수 없었던 난공불락의 요새가 선박과 대포를 소 떼와 통나무를 이용하여 육로로 우회하여 골드 혼 해협으로 침입한 오스만 군대에 의해 함락되었다.

콘스탄티노플의 함락으로 오스만제국의 무슬림 투르크 전사는 거리낌 없이 발칸 반도로 세력을 확장해 나갔는데, 1529년과 1683년에는 두 번에 걸쳐 오스트리아의 수도 빈까지 진출하여 유럽을 위협했다. 당시 유럽인들은 '투르크인이 오고 있다'고 얘기하면, 울던 아이가 울음을 갑자기 뚝 그칠 정도로 투르크인을 두려워했었다고 한다. 지금도 유럽인들에게 '투르크'는 공포의 대상으로 남아있다.

콘스탄티노플 공략 후 오스만제국은 지속적인 정복전쟁을 통해 유럽, 아시아, 아프리카 대륙에 걸친 대제국을 건설했다. 이 제국이 한 때 지배했던 영토를 계승하고 있는 국가들은 현재 약 30여 개 국가이다. 유럽 발칸 반도의 세르비아, 그리스, 루마니아, 불가리아에서부터, 아나톨리아 반도의 터키, 근동지역의 시리아, 레바논, 이스라엘과 팔레스타인과 중동지역의 이라크를 거쳐, 북아프리카의 이집트에 이르렀다.

오스만제국의 초기 국가 양상

오스만제국의 시작은 작았다. 이 국가는 지금의 터키가 위치하는 아나톨리아 반도의 서북부 지역의 일부를 지배하던, 투르크 족에 속하는 한 작은 부족 오스만 가문의 오스만 1세(Osman I, 1258-1326)로부터 시작되었다. 투르크 족은 원래 중앙아시아에 거주하던 유목민으로서, 식량부족과 동쪽으로부터의 압력 때문에 서남쪽으로 이동하여 지금의 터키와 중동 지역에 도달했다. 이들은 이 지역으로 이주하면서 10세기경 이슬람으로 개종했다. 이주한 투르크 족의 여러 부족들 중에서 셀주크 투르크가 세력을 확대하는데 성공하여 아나톨리아 반도와 근동지역을 차지했다. 이들은 11세기에 기독교 성지 예루살렘을 점령하면서 유럽 기독교도들과 십자군 전쟁을 벌이기도 했으나, 몽골과의 경쟁에서 패배하면서 세력을 상실했다. 이후 아나톨리아 반도에서는 투르크 족에 속하는 여러 부족들이 서로 세력 경쟁을 벌였는데, 이 중의 하나가 오스만투르크였다.

이 당시 경쟁했던 투르크 부족들 중에서 오스만투르크는 약소한 세력이었다. 약소했던 오스만 왕조가 자신들보다 강하고 규모가 컸던 부족들을 통합하

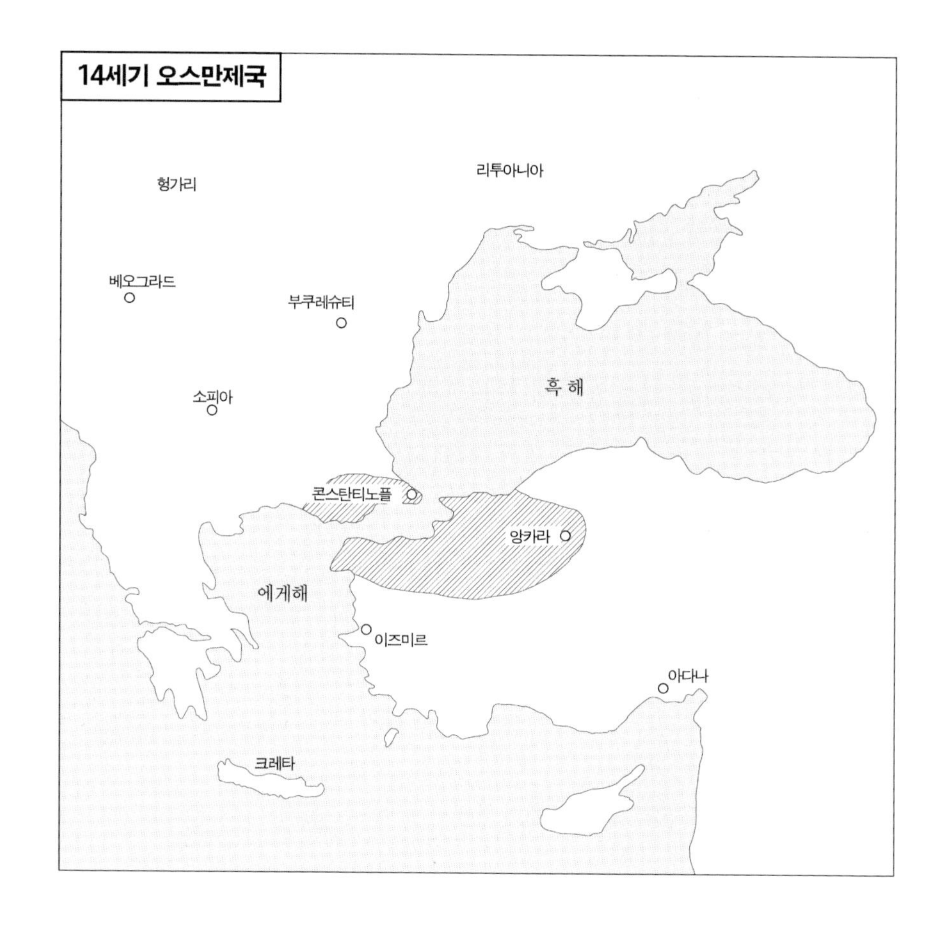

고 또 유럽으로 세력을 확대해 대제국을 건설했던 것이다. 이것을 가능하게 만든 것은 그들의 지리적 위치였다. 이들의 세력근거지는 아나톨리아 반도의 서북부였는데, 동, 서 양쪽으로부터 압박을 받을 수 있는 취약한 위치인 동시에 양쪽으로 세력을 확대해 나갈 수 있는 유리한 위치였다. 오스만의 지배자들은 이 지리적 위치를 유리하게 이용하는 데 성공했다. 서쪽으로는 마르마라해를 두고 마주 보고 있는 유럽 대륙의 비잔틴제국을 압박하여 발칸 반도에 세력 거점을 확보한 후, 이들 세력을 규합하여 다시 동쪽으로 아나톨리아 반도를 분할, 지배하고 있는 투르크 족의 여러 부족들의 세력을 복속시켰다. 오스만 왕조가 양쪽 방향으로 진출하면서 군사적 성공이 크면 클수록 오스만 왕조의 통치 하에 들어온 거주민들은 민족적으로 종교적으로 다양해졌다.

주민의 민족적, 종교적 다양성에도 불구하고, 오스만 왕조는 점차 강력한 중앙집권국가로 성장했는데, 무슬림과 비무슬림 주민들의 마음을 얻은 오스만 1세의 관용정책 덕분이었다. 기독교도와 무슬림, 투르크어와 그리스어 사용자들을 함께 지배하게 된 오스만 왕조는 국가체제의 안정을 위해 이들을 통합할 수 있는 정책이 필요했다. 기독교도와 무슬림의 통합에 서로 다른 정책이 이용되었다. 먼저 무슬림 투르크인을 통합하는 데는 '가자(ghaza)'와 '지하드'가 이용되었다. 무슬림 투르크인은 전쟁을 통해 생활공간과 생계수단을 마련하면서 자연스럽게 전사조직을 가지게 되었는데, 이 전사조직을 '가자', 이 조직의 전사는 '가지스(ghazis)'로 불렸다. 가자를 언급하면 무슬림으로서 알라를 위해 싸운다는 '지하드'의 의미가 이미 포함되어 있다. 지하드를 내세운 가자의 이상은 오스만이 군사적으로 지속적인 승리를 얻는 데 기여했으며, 이슬람 전통은 새로 정복된 지역에 안정적인 지배 체제를 확립하는 데 도움을 주었다.

그러나 오스만제국은 세력 확대과정에서 어쩔 수 없이 다른 무슬림 투르크족에게도 칼을 들이댈 수밖에 없었는데, 같은 믿음의 형제에게 칼을 뽑는 것은 무슬림 지하드전사 가지스로서 해서는 안 되는 행위였다. 그래서 오스만 지배자는 다른 무슬림 투르크 부족들을 병합하는 데 자신들의 손에 피를 묻히지 않고 비무슬림-비투르크 출신의 군사력을 이용했다. 이들은 신을 위해서가 아니라 자신들의 부 및 명예와 권력을 위해서 오스만 왕조가 이끄는 전쟁에 참여했다. 비무슬림-비투르크인을 통합하는 데 종교적 관용과 개인적 이익이 이용된 것이었다. 이처럼 오스만 술탄들은 서로 다른 종교를 가진 여러 민족들을 지배하는 데서 올 수 있는 어려움을 오히려 영토팽창에 유리하게 이용했다. 양면적인 통합정책의 성공으로 오스만제국은 오랜 기간에 걸쳐 지속되는 전투를 성공적으로 이끌며 크게 성장할 수 있었고, 전성기 16세기에는 지금의 유럽, 아시아, 북아프리카에 걸치는 대제국을 건설했다.

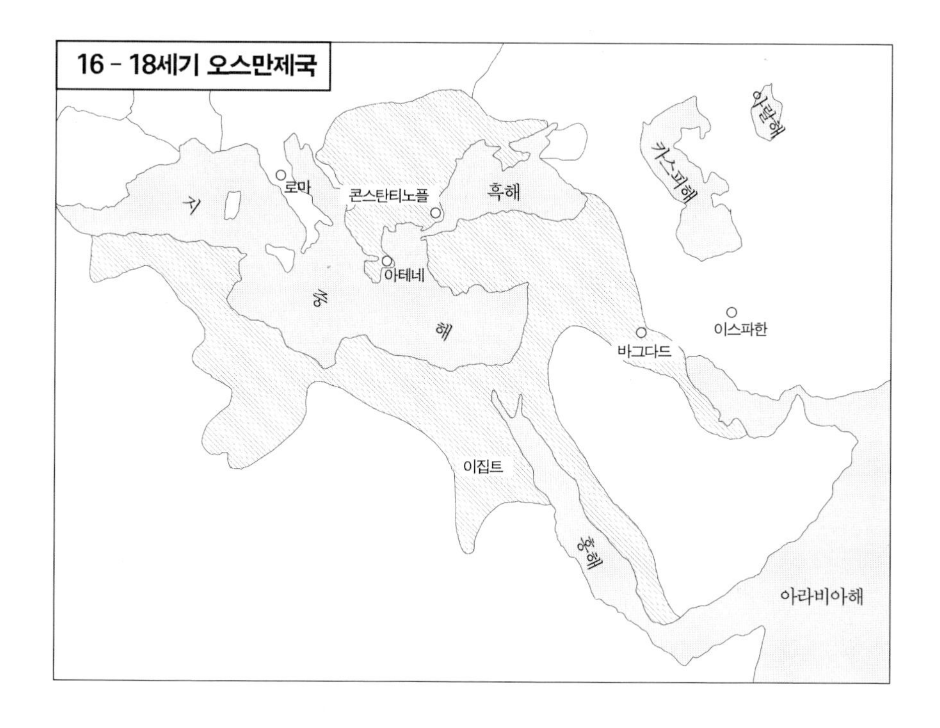

오스만제국의 전성기

오스만제국의 전성기는 제10대 술탄 술레이만 대제(Suleiman, 1494-1566, 재위 1520-1566)가 지배하던 시기로, 군사적인 성공으로 새로운 영토와 인구를 많이 얻은 시기였다. 오스만제국의 정치적, 종교적 최고 지배자는 술탄으로서, 그의 밑에 정부를 이끄는 재상이 존재했다. 재상은 왕실과 울라마(Ulama, 이슬람 종교지도자회의), 제국의 정치와 군사에 관련한 업무를 총괄했다. 정복된 영토는 군사력을 제공하는 조건으로 지방의 유력자에게 주어졌는데, 이 유력자는 지방행정을 담당하여 제국의 봉신이 되었다. 이러한 봉건적 군사와 행정 체제가 시행되면서 정복된 영토의 주민은 오스만제국의 군대에 편입되었다. 오스만제국의 군대는 건국 초기 주변 세력과의 지속적인 전쟁으로 인해 강하고 용감한 군대였으나, 상비군은 아니었다. 제국의 성장 과정에서 상비군의 필요성이 절실해 지면서, 오스만제국도 상비군 체제를 갖추었다.

오스만제국은 14세기 이후 상비군 격인 예니체리(yeniceri, 새로운 군인), 포병대, 기병대 등을 창설하였다. 특히 예니체리는 술탄의 친위대로서 1363년에 창설되었는데, 오스만제국 상비군의 핵심 세력이었다. 특이한 것은 아무나 예니체리가 될 수 없었다는 것이다. 술탄의 엘리트 군대이니 아무나 될 수 없었던 것이 당연하고, 무슬림 투르크인들 중에서 뛰어난 전사를 선발하지 않았을까 생각되지만, 그렇지 않았다. 1700년경까지 무슬림 투르크인은 예니체리가 될 수 없었다.

예니체리는 발칸 반도의 기독교도 청소년들이 될 수 있었다. 예니체리는 술탄의 노예 신분이었기 때문에, 무슬림 투르크인은 될 수 없었다. 기독교도 농민들의 7, 8세가 되는 아들들을 모아서 그 중에서 제일 똑똑하고 영리한 아이들만 뽑았다. 선발된 아이들은 먼저 이슬람으로 개종해야 했고 투르크어를 배웠다. 다음에 무슬림 전사 훈련을 받았고, 이들 중에서 뛰어난 아이들은 후에 이스탄불 궁정 학교에서 정식 군사 훈련을 받았다. 예니체리는 황제 친위대 겸 국가 상비군으로서 매우 엄격한 규율을 지켜야 했다. 그들은 술탄의 명령에 절대 복종해야 했고, 결혼할 수 없었고, 병영에서만 거주해야 했고, 또 다른 직업에 종사해서도 안 되었다. 하지만 예니체리는 술탄의 최측근으로서 점차 상당한 정치적 특권과 영향력을 행사할 수 있었다. 심지어 자신들의 이익을 위해 술탄을 폐위시키거나 시해할 수 있을 정도로 기존의 성격이 크게 변했지만, 오스만제국이 대제국으로 성장하는데 예니체리가 군사적, 정치적으로 큰 기여를 했음을 부인할 수는 없다.

예니체리가 도입되고 난 후 14세기 말에는 기독교도 청소년을 선발, 교육하여 술탄에게 충성하는 관리나 군인을 만드는 제도 데브쉬르메(devshirme)가 생겼다. 이 제도를 통해 탄생한 예니체리나 예니체리 출신 관리는 지방 정부에 파견되어, 술탄이 지방 행정력을 장악하는 데 기여하면서 중앙 권력이 안정되는데 도움을 주었다. 이처럼 데브쉬르메 제도는 한편으로는 술탄의 중앙집권강화 정책이기도 하지만, 다른 한편으로는 기독교도 피정복민의 회유정책이라고도 할 수 있다. 투르크인 정복자보다 많은 숫자의 기독교도 피정복민을 통치해야 했던 오스만제국은 이들의 마음을 얻을 수 있는 정책이 필요했는데, 데브쉬르메가 바로 그런 정책이었다. 이 제도가 가난한 기독교도 가족의 자녀들에게는 사회적 출세를 보장해 주어 이들의 마음을 얻기도 했지만, 아들을 잃는 것을 두려워한 일부 기독교도 부모들은 아들을 일찍 결혼시켜 징집을 피하기도 했다. 결혼한 소년은 징집 대상에서 제외되기 때문이었다.

이러한 정치, 군사 제도를 유지하는데 막대한 재정이 필요했다. 국가의 수입은 정복된 지역의 토지에 부과되는 고정세와 무슬림의 토지에 부과되는 10분의 1세, 비무슬림에게 부과되는 인두세(지즈야)로 구성되었다. 그 밖에도 관세, 특별세, 지방세와 이집트와 이라크 같은 나라들이 내는 조공이 있었다. 오스만제국은 새로 영토를 획득하면 인구, 토지, 가축 등 과세 가능한 재원을 조사하여, 오스만 군대와 정부 관료들에게 봉급으로 조세 수입을 티마르(timar)의 형태로 분배해 주었다. 티마르는 일정 수준의 조세 수입을 산출하는 조세행정 단위로서, 기본적으로 기병 한 사람과 말을 일 년 동안 유지하는데 필요한 비용을 계산한 금액이었다. 오스만 군대의 전사는 기꺼이 정복 전쟁에 참여했는데, 새로운 영토의 획득이 바로 그들의 티마르의 증가를 의미했기 때문이었다.

16세기 초까지 획득된 발칸과 아나톨리아 반도의 토지들이 티마르가 된 반면에, 그 후에 편입된 아랍 지역은 세금 청부(일티잠, iltizam) 형태로 바뀌었다. 국가 관료제와 군대를 유지하기 위해 현금이 많이 필요했던 오스만제국의 중앙정부는 일 년 동안 조세를 거둘 권리를 경매를 통해 제일 높은 가격을 제시한 사람에게 양도했다. 이 사람은 일 년치 조세를 국가에 현금으로 먼저 지불하고 국가의 군사력의 도움을 받아 할당 지역에서 세금을 거두었다. 17세기 이후 현금이 더 필요해진 정부는 1년이 아니라 종신 단위로 조세 받을 권리를 부여하기도 했다.

오스만제국은 포르투갈인이 아프리카 대륙을 돌아 인도로 가는 해로를 개척하면서, 수백 년 동안 지배했던 동방 산물의 중개 무역을 위협받았으나, 발칸 반도에서의 세력 확대로 에게 해와 지중해를 동유럽과 중유럽으로 연결하는 무역로를 장악하면서 경제적으로 번영했다. 특히 유럽, 아시아, 아프리카를 잇는 해상과 육상 교통의 교차지에 위치한 이스탄불은 상품 유통의 요충지로서 번영했으며, 교역의 대부분은 외국인, 즉 베네치아인, 제노바인, 폴란드인, 모스크바인, 프랑스인 등이 담당했다. 특히 프랑스인들은 오스만제국의 여러 항구 도시에서 정착하고 교역할 수 있는 법적 지위와 조건을 규정한 치외 법권을 최초로 승인받는 특혜를 얻었는데, 이것은 술레이만이 프랑스 국왕 프랑수아 1세(1494-1547)와 함께 합스부르크 가문을 견제하기 위해 맺은 정치적, 군사적 동맹에 기인했다.

술레이만의 통치 당시 수도 이스탄불은 인구가 40만 명에 이르는 대도시로서, 이슬람교, 기독교, 유대교를 믿는 투르크인, 그리스인, 아르메니아인, 유대인, 아랍인 등 다양한 민족이 거주하는 국제도시였다. 이렇게 다양한 주민을 포함한 이스탄불은 바로 오스만제국의 다양한 성격을 잘 반영했다. 이스탄불에서 거주민들이 어떻게 살아갔는가를 살펴보면 어느 정도 오스만제국의 사회상을 발견할 수 있다. 다양한 민족으로 구성된 이스탄불 거주민들은 거주지는 분리되었으나, 직업 활동과 거리에서는 서로 왕래하며 지냈다. 주민들은 대체로 종교에 따라 모스크(이슬람사원), 교회, 시나고그(유대인 회당) 같은 예배 장소를 중심으로 모여 살았다. 정부는 이렇게 민족 혹은 종교에 따라 주민이 모여 사는 것을 장려했는데, 이로써 새로 정착한 사람들이 공동체에 더 빨리 통합되고, 또 종교지도자를 통한 공동체 관리가 수월하다고 여겼기 때문이다. 무슬림, 기독교도, 유대교도는 고유한 복장이나 신발을 착용하여 서로를 구별했고, 비무슬림은 말이나 낙타를 타서는 안 되었고, 칼을 소지하거나 땅을 구매해서도 안 되었고, 정부나 궁정 관리가 될 수도 없었다. 또 이들은 인두세를 지불해야 하는 의무를 가졌다.

이처럼 오스만제국 하에서 비무슬림-비투르크인들은 자유로이 종교 활동을 했으며, 종교적 탄압이나 박해는 없었다. 비록 그들이 신분상 무슬림-투르크인들과 차이가 있었으나, 군사적 의무가 없는 비무슬림이 군사적 의무를 가지는 무슬림과 같은 권리를 기대할 수 없는 것은 당연해 보인다. 술레이만은 특정 종교나 인종차별 없이 모든 백성에게 존경받는 군주가 되기를 원했고, 이러한 목적에 부합하는 여러 행정조치들을 취했던 것이다.

오스만제국이 남긴 문화 유산으로는 화려하고 아름다운 궁전, 모스크, 다리, 목욕탕 등의 건축물과 양탄자, 직물, 도자기, 코란의 수사본 등이 유명하다. 술레이만은 예니체리 출신의 시난(Sinan, 1489-1588)에게 이스탄불의 건축사업을 맡겼고, 그는 이스탄불과 그 주변에 약 300여 개의 기념물을 건설했다. 건축물 중에서 공중 목욕탕 하맘(Hammam)이 주목할 만하다. 목욕탕은 문화 교류의 장소로서 이슬람 도시의 특징 중 하나였고 구역마다 있었다. 목욕탕은 코란이 요구하는 신체 정결의 의무를 행하는 곳일 뿐만 아니라 정보 교환, 오락, 휴식의 장소였다. 고대 로마제국의 공중목욕탕을 모방하여 접수실, 탈의실, 마사지실, 면도실, 한증실 등이 있었다. 특히 여자들은 음식을 가져와 목욕탕에서 긴 시간을 보내면서 씻고 마사지를 받았다. 술레이만 통치 말기에는 커피가 유행하면서, 사람들이 하맘에서 커피를 마시는 매력에 빠지기도 했다. 게다가 하맘 이용은 무료였는데, 하맘이 종교 자선 단체에 의해 운영되었기 때문이다.

오스만제국의 융성 원인

오스만제국이 융성할 수 있었던 이유로 첫째, 유리한 시대적 상황을 들 수 있다. 제국이 14-15세기에 동, 서로 세력을 확장하고자 시도했을 때, 비잔틴과 사산조 페르시아제국 등의 주변 국가들이 서로간의 오랜 경쟁과 봉건질서의 쇠퇴로 정치적, 군사적으로 약해져 있었고, 또 14세기 중반 페스트의 유행으로 큰 피해를 입은 후였기 때문에 정복 활동이 성공적이었다.

둘째, 술탄들의 유연하고 실용적인 영토 확대정책이다. 오스만 왕조의 술탄들은 주변의 기독교 국가들 혹은 무슬림 왕조와 결혼을 통해 긴밀한 관계를 맺고 동시에 영토를 결혼 지참금으로 챙겼다. 그러나 오스만제국은 세력이 커짐에 따라 주변 국가들에 대한 정책을 변화시켰다. 술탄들은 처음에는 주변 국가들과 동등한 동맹관계를 맺었고, 때로는 결혼을 통해 관계를 강화했다. 그 후 자신의 세력이 커짐에 따라 종래의 동맹국을 신하의 형태로 종속시키다가 마침내는 직접 합병했다. 언제나 이런 과정을 거친 것은 아니었지만, 신하관계에 있던 주변 국가들을 정복·합병하는 정책은 성공적이었다.

셋째, 술탄들은 새로 정복된 지역 주민의 마음을 얻는데 성공했다. 이들은 새로 정복, 복속된 주민들에게 이슬람으로의 개종을 강요하지 않고 그들의 종교를 인정해 주고, 또 비잔틴 혹은 사산조 페르시아 제국의 지배자보다 적은 세금을 거둠으로써 이들이 오스만제국의 지배를 환영하게 만들었다.

넷째, 술탄들의 기술 혁신에 대한 개방성이다. 이들은 경쟁국보다 더 큰 규모로, 더 효과적으로, 더 일찍 화약 무기를 사용하여 무력의 우위를 확보했다. 화약 무기는 여러 문화권에서 배척당했는데, 이것이 장기간의 훈련과 규율을 필요로 하고, 또 백병전이 높이 평가되던 당시 전술과는 맞지 않기 때문이었다. 그러나 오스만 지배자들은 대포와 화기를 갖춘 보병을 일찍 양성했는데, 이들이 얼마나 시대를 앞서 가고 있었는가를 짐작하게 한다.

다섯째, 데브쉬르메 제도이다. 이 제도는 두 가지 측면에서 제국에 유리했다. 오스만 술탄은 자신에게 절대적으로 복종하는 예니체리를 양성하여 권력을 강화할 수 있었는데, 예니체리는 수백 년 동안 지중해 지역에서 기술적으로 잘 훈련되고 가장 좋은 무기를 가진 군대였다. 또 예니체리와 정부관리들이 기독교도 소년들로 충원되면서, 기독교도 주민들은 최고 신분으로 상승할 수 있는 기회를 얻었고, 오스만 술탄들은 기독교도 인력자원을 제국의 발전에 동원할 수 있었다.

오스만제국의 쇠망 원인

첫째, 술탄 계승제도로 인한 술탄의 권력 약화와 정치적 혼란이다. 술레이만 이전의 술탄들에게는 왕비가 없었고, 하렘(Harem)에 거주하는 여자 노예들 중에서 일부를 첩으로 삼고 이들에게서 아들을 얻었다. 하렘은 일반인들이 상상하듯 술탄의 성적 쾌락을 위한 비밀스런 장소가 아니었다. 오스만제국을 이끌어 갈 새로운 술탄을 얻는 것이 하렘의 목적이었지만, 후계자를 잘 교육시키기 위해 어머니들도 좋은 교육을 받고 건강해야 했다. 그런 점에서 하렘의 여자들은 당시로서는 최고 교육을 받은 여성들이었다. 이들은 대개 외국에서 잡혀 온 노예들이었는데, 하렘에서 읽기, 자수기술과 궁중 법도, 코란을 교육받았고, 대개 술탄의 어머니의 선택으로 술탄을 만날 수 있었다.

술탄의 첩들은 아들 하나씩만 낳을 수 있었다. 아들을 하나 가진 어머니는 그에게만 집중하여 잘 교육시킬 수 있다고 믿었기 때문이었다. 술탄이 죽으면 많은 아들들 중에서 가장 '유능한' 아들만이 새로운 술탄이 될 수 있었고, 나머지 형제들은 정치적 안정을 위해 모두 교살되었다. 왕족은 피를 흘리면서 죽어서는 안 된다는 당시 통념 때문에 교살은 '위엄 있는 죽음'이었다. 첩들은 아들의 생명을 보호하기 위해 암투를 벌였다. 술탄을 계승하는 아들을 제외한 다른 아들들을 모두 살해하는 관습은 지속되었지만, 술레이만 이후 하렘에 변화가 생겼다.

술레이만이 러시아 출신의 한 첩과 결혼하여 그녀를 왕비로 만든 것이다. 그녀는 매우 정치적인 인물로 자신의 아들을 술탄으로 만들기 위해 자신에 대한 술탄의 애정을 적절히 이용했다. 그녀 이후 오스만제국에서 술탄의 아내 혹은 어머니의 정치적인 영향력이 커졌다. 술탄이 되지 못한 아들을 살려두기 위한 어머니의 노력으로 17세기 이후 술탄의 계승 관습이 변했는데, 술탄이 되지 못한 형제들을 살해하는 대신에 하렘에 유폐시킨 것이다. 유폐된 술탄 후보자들은 생존해 있었지만, 세상에서 격리되어 정치에 대해 잘 알지 못하면서 후에 술탄이 되어도 제대로 통치할 수 없는 이름뿐인 술탄이 되었다. 대신 그를 보좌하는 주변 인물들이 정권을 차지했다. 때로는 유폐된 이들 중 유능한 술탄이 등장하기도 했지만, 이들의 개혁 노력은 대체로 막강한 반대세력에 부딪혀 실패로 돌아갔다.

17세기에 이르면 오스만제국의 술탄은 더 이상 실질적인 절대 권력 보유자가 아니라, 통치하지 않는 군주로 변모하였다. 중앙정부는 여전히 실제적인 통치권을 보유했으나, 술탄이 아니라, 술탄의 여인들, 즉 아내 혹은 어머니, 재상들이나 다른 고위관리들이 실질적인 지배자였다. 정복전쟁으로 인한 새로운 영토 획득이 어려워지면서, 기존의 자원에서 세금을 어떻게 효율적으로 거두어들이는가가 국가 재정에 중요했다. 이제 군사 기술이 아니라 행정, 재정적 기술이 중요했던 것이다. 이 분야에서 재상과 고위관리 가문 출신 엘리트들이 전문적인 능력을 발휘했는데, 이들은 오스만 공주들과의 결혼으로 궁정에 연결되기도 했다. 또 이들은 경제적으로 종교 자선기금, 종신 세금 청부 계약, 상인과의 동업 관리를 통해 영향력을 행사하기도 했다. 오스만 술탄이 이름뿐인 존재가 되면서, 중앙과 지방행정에서는 혼란과 무질서가 만연했고, 또 예니체리도 정치에 관여하면서 정치적 혼란을 가중시켰다.

둘째, 주민의 경제적 어려움과 제국의 재정악화이다. 술탄 대신 권력을 잡은 재상과 고위관리 가문들은 정치적 혼란을 야기했을 뿐만 아니라, 부정부패로 제국 주민들의 부담을 무겁게 만들었고, 오스만제국의 술탄들은 사치와 무리한 건축공사 등으로 제국의 재정을 어렵게 만들었다. 오스만의 지배자들이 재정적자 문제를 스스로 또 근본적으로 해결하려고 노력하는 대신에 서양 열강의 외채를 통해 해결하고자 시도하면서 결국에는 제국의 영토를 침탈당하고 상실했다.

셋째, 군사적 실패와 영토 상실이다. 제국은 14-17세기까지 군사적으로 대부분 승리하여 영토를 확대했으나, 18세기에는 자주 패배하면서 영토를 상실했다. 유럽이 새로운 기술과 방어 전투에 필요한 전쟁비용을 신대륙에서 유입된 부로 충당할 수 있었던데 반해서, 오스만제국은 그렇지 못했다. 그러나 오스만제국이 군사적 패배로 크게 영토를 상실하지는 않았는데, 이것은 유럽 내부 세력이 서로 경쟁하면서, 경쟁세력이 오스만제국에서 영향력이 커지는 것을 막는 외교를 펼쳤기 때문이었다. 예를 들면, 18세기에는 러시아가 부동항 확보를 위해 남하하면서 오스만제국은 흑해 부근의 상당한 영토를 상실하게 되었는데, 러시아를 견제하고자 영국, 프랑스, 독일이 함께 손을 잡고 오스만제국이 지나치게 약해지는 것을 막는 식이었다.

넷째, 오스만제국의 사회와 문화의 후진성이다. 술레이만 대제의 지배기 전후에 발전했던 과학과 산업도 17-18세기가 되면 침체되었고, 모직물 산업을 제외한 다른 산업들은 발전하지 못했다. 문화적으로도 투르크인들은 다른 유럽나라들의 언어를 배우려고 하지 않아, 세계정세를 잘 알지 못했다. 외국과 관련된 일은 외국전문가들, 주로 그리스인들에게 의존했다. 그러나 그리스가 1830년대에 오스만제국에서 분리 독립하면서, 그리스인은 더 이상 신뢰할 수 없는 존재가 되었다. 그때서야 오스만제국은 스스로 외국어도 배우고, 세계동정에 관심을 가졌다.

다섯째, 민족주의 운동이다. 19세기 발칸, 아나톨리아 반도, 아랍 지역에서 오스만의 지배에서 벗어나 독립된 주권국가를 세우려는 민족주의 운동이 발생했다. 서구 열강은 오스만제국 내에서 자국의 이익을 위해 민족주의 운동을 지원하기도 했다. 제 1차 세계대전이 발발하기 전에 이미 발칸 반도에서는 여러 독립 국가들이 탄생하면서 오스만제국의 해체과정이 진행되었다. 제 1차 세계대전에서 독일 편에서 싸웠던 오스만제국은 전쟁에 패하면서 남은 영토마저 연합국에게 상실하고 점령당했다. 이때 장군 무스타파 케말(Mustafa Kemal, 1881-1938)이 투르크 민족주의 운동에 기반을 둔 전쟁을 벌여 지금의 터키의 영토를 회복하여 1923년에 터키 공화국이 탄생했다.

오스만제국이 주는 역사적 교훈

오스만제국의 지도자들은 이슬람을 신봉하는 투르크인이었음에도 제국에 종속되었던 다양한 민족들과 종교들을 억압하지 않고 관대하게 통치했다. 19세기 오스만제국 내에서 민족주의 운동이 일어나면서 민족들 간의 갈등이 종교와 결합되어 폭력을 수반해서 나타나기도 했지만, 대체로 제국 지배 시기 대부분을 지배자의 관용 정책 덕분으로 비무슬림-비투르크인들은 비록 신분상 차이는 있었지만 무슬림-투르크인들과 조화롭게 살았다. 여러 종교를 신봉하는 다양한 민족들로 구성된 국가가 어떻게 통치되는 것이 바람직한지 방향을 제시해 준다.

오스만제국은 국가 형성 초기에 지리적인 불리함을 유리함으로 바꾸었다. '위기는 곧 기회'라는 말이 있는데, 오스만 지배자들은 동, 서 양쪽으로부터 위협받을 수 있는 '위기'를 오히려 양쪽 방향으로 세력을 확대할 수 있는 '기회'로 바꾸는데 성공했다. 이 기회를 기반으로 하여 유럽과 아시아의 교차 지역에 세계적인 제국을 건설하는 데 성공했던 것이다.

오스만 지배자들은 유연하면서 실용적인 정책을 폈다. 그들이 처한 상황에서 최선의 정책을 결정하는 유연성을 통해 세력을 확장, 유지하는데 성공했다. 자신의 세력이 약할 때는 동등한 관계를, 자신의 세력이 커지면 합병 관계를 맺으며, 어제의 적군을 오늘의 아군으로 받아들이는 데 아무런 거리낌이 없었으며, 전쟁을 벌였던 유럽의 문물을 받아들이는데도 적극적이었던 오스만 지배자들의 유연성은 모두 오스만제국의 이익이라는 최고 목표를 우선시하는 자세에서 나왔다고 할 수 있다. 무한 경쟁 시대에 살고 있는 우리가 한번 쯤 고려해 볼 만한 자세이다.

오스만제국 쇠퇴기의 경제적인 상황을 보면 관리들의 부정부패, 부족한 재정에 아랑곳 하지 않는 사치와 무리한 건축공사 추진, 재정적인 어려움을 근본적인 해결 없이 외채로 해결하려는 시도들이 나타난다. 이는 우리가 피하고, 방지해야 하는 모습들이다. 특히 재정문제를 손쉽게 '빚'으로 해결하고 수입 이상의 지출을 하는 것은 현재 미국과 그리스를 비롯한 유럽의 여러 나라들이 직면하고 있는 경제적 위기를 보면서 '타산지석'으로 삼아야 할 것이다.

연표

◆1299년	오스만 왕조의 시작, 오스만 1세
◆1363년	상비군 예니체리 창설
◆1389년	발칸 반도 코소보 전투
◆1453년	비잔틴제국의 수도 콘스탄티노플 함락
◆1516–1517년	이집트와 시리아 속주 편입
◆1683년	오스트리아 수도 빈 포위 공격
◆1839–1876년	탄지마트 개혁
◆1908년	청년 투르크당 봉기
◆1912–1913년	발칸전쟁으로 영토 상실
◆1922년	제1차 세계대전의 패배로 해체
◆1923년	터키 공화국 탄생

참고문헌

• **단행본**

진원숙, 『오스만제국 지중해의 세 번째 패자』, 살림, 2008.
도널드 쿼터트, 이은정 옮김, 『오스만제국사 적응과 변화의 긴 여정, 1700–1922』, 사계절, 2008.
테레스 비타르, 변지현 옮김, 『술레이만, 오스만의 화려한 황제』, 시공사, 2009.
앨런 파머, 이은정 옮김, 『오스만제국은 왜 몰락했는가』, 에디터, 2004.
이희철, 『오스만제국과 터키사』, 펴내기, 2001.

• **영화**

〈바람과 라이언(1975), 존 밀리어스 감독〉
〈사막의 라이언(1981), 무스타파 아카드 감독〉
〈아라비아의 로렌스(1962), 데이비드 린 감독〉

신대륙의 정복자

에스파냐

머리말

15세기 말 에스파냐에서 대부분의 사람들은 지구가 평평하다고 믿었다. 누구도 서쪽 바다로 항해를 떠난 적이 없었고, 바다는 끝이 없거나 땅 끝에는 괴물이 살고 있다는 등 미신에 사로 잡혀 있었다. 이때 세비야의 바닷가에서 한 남자가 어린 아들과 함께 바다 멀리 사라져 가는 배를 바라보며 칼로 오렌지를 까고 있었다. 절반이 보이던 배가 점차 돛만 보이고 마침내 사라지는 모습을 관찰하면서 아버지가 아들에게 왜 배가 사라졌냐고 물었다. 선뜻 대답을 못하는 아들에게 아버지는 까던 오렌지를 내밀며 지구가 오렌지처럼 '둥글기' 때문이라고 대답했다. 이것은 영화 〈1492〉의 첫 장면으로 대부분의 사람들이 지구가 평평하다고 믿던 시기에 지구가 둥글다고 확신한 이 남자는 바로 이탈리아 제노바 출신의 항해사 콜럼버스(C. Columbus, 1451-1506)였다.

지구가 둥글기 때문에 서쪽으로 계속 항해하다 보면 분명히 황금과 향신료가 풍부한 동양에 도착할 것이라고 확신한 콜럼버스는 에스파냐 여왕 이사벨라(Isabella I, 1451-1504)의 후원을 받아 1492년 8월 3일 세 척의 함선을 거느리고 항해를 떠났다. 예상보다 길어진 항해 거리로 선원들이 두려움에 빠지자,

처음 이 바다를 건넌 우리의 용기가 후에 크게 칭송될 것이라는 말로 설득하여 항해한 결과 그는 1492년 10월 12일 당시 지리 지식으로는 미지의 대륙, 아메리카에 도착했다. 비록 그가 도착한 곳이 원래의 목적지 동양은 아니었지만, 무모한 도전을 하는 '몽상가'로 보였던 콜럼버스는 누구도 건너보지 못한 서쪽 바다를 항해하는 데 성공하여 이후 아메리카와 유럽의 역사를 크게 바꾸어 놓았다.

콜럼버스의 신항로 개척 이후 많은 에스파냐인들이 신대륙으로 건너와 정착했다. 황금을 원했던 신대륙의 정복자는 아메리카 원주민들을 착취하고 강제 노동에 동원했다. 얼마 지나지 않아 대부분의 원주민이 죽었는데, 에스파냐인들의 착취와 무기뿐만 아니라 이들이 유럽에서 가져온 전염병인 천연두가 치명적인 피해를 입혔다. 아메리카의 원주민들이 수난을 겪었던 동안, 에스파냐 왕실은 신대륙으로부터 유입된 막대한 금·은과 에스파냐와 신대륙 사이의 무역으로 큰 부를 얻었다. 이를 기반으로 에스파냐 왕국은 유럽 강대국과 세계적 제국이 되었다. 하지만 이 제국의 전성기는 매우 짧았고 급속히 쇠퇴해갔다. 그 이유는 무엇이었을까?

에스파냐의 초기 국가 양상

에스파냐제국의 시작은 1469년 아라곤 왕자 페르난도(Fernando II, 1452-1516)와 카스티야 공주 이사벨라의 결혼이었다. 이 결혼으로 아라곤, 카탈루냐, 발렌시아로 이루어진 아라곤 연합왕국과 카스티야 연합왕국이 하나로 결합되면서 에스파냐가 탄생했다. 하지만 에스파냐의 구성 국가들의 이질적인 역사와 성격은 1716년 부르봉 왕조 에스파냐의 탄생까지 지속되었다. 에스파냐의 공동 왕 페르난도와 이사벨라는 결혼 후 안, 밖으로 왕의 세력을 확대하는 데 성공했다. 수백 년에 걸쳐서 진행된 레콩키스타(Reconquista, 재정복)는 1492년 카스티야 군대에 의해 그라나다가 함락되면서 성공적으로

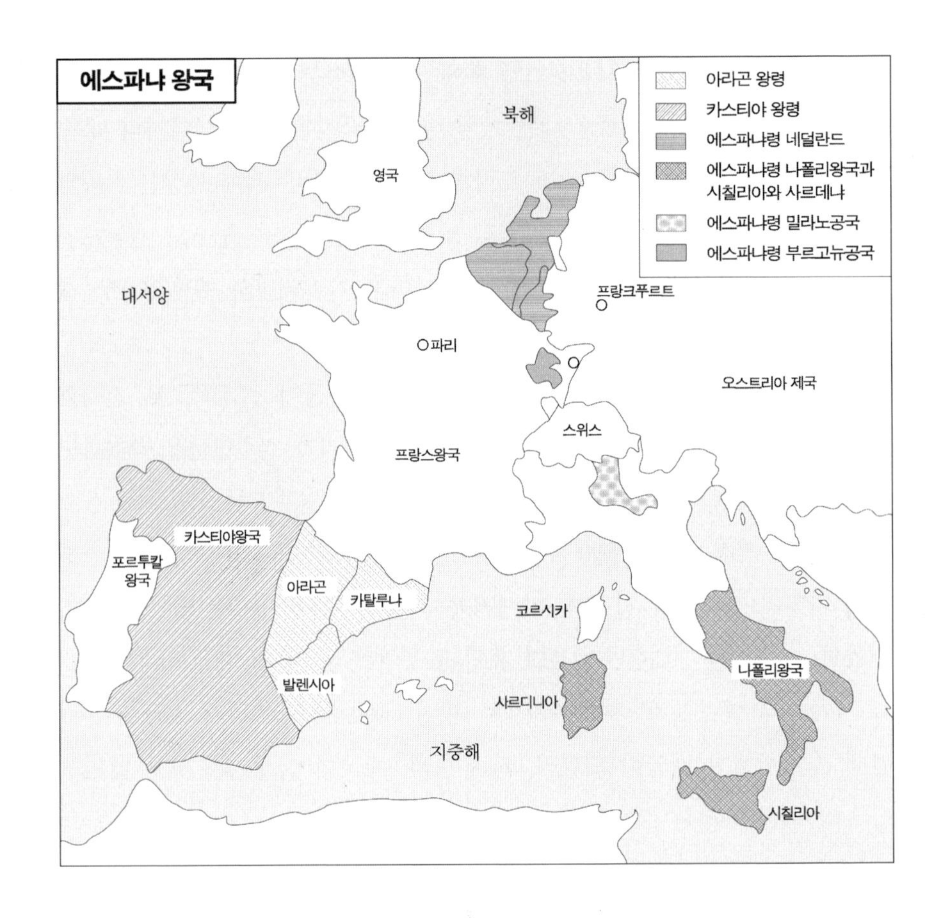

끝났다.

레콩키스타는 711-1492년에 이베리아 반도를 지배했던 이슬람 무어인들에 반해 반도북부의 기독교 왕국들이 국토회복을 위해 벌인 기독교 성전(聖戰)이었다. 13세기부터 활발히 행해진 레콩키스타는 이베리아 반도에서 기독교 왕국들이 형성, 발전하는 데 큰 영향을 주었다. 카스티야와 아라곤 역시 레콩키스타를 통해 주변 세력을 통합해 나가면서 후에 에스파냐가 탄생할 기반을 닦았다. 특히 레콩키스타를 열성적으로 추진했던 카스티야는 이 국토회복운동 때문에 종교적이면서도 호전적인 사회가 되었다. 이 종교적인 열정과 호전성은 또한 신대륙에서도 유용했다.

1492년 콜럼버스의 신항로 개척은 신대륙에 에스파냐의 식민지를 건설하는 계기가 되었다. 많은 사람들이 부와 영광을 위해 신대륙으로 이주했는데, 이들은 '콩키스타도르(Conquistador, 정복자)'로 불렸다. 신분과 재산이 모두 장남에게만 상속되는 제도 때문에, 본국에서 출세할 기회가 없었던 귀족들의 차남 이하 아들들과 하급 귀족들이 주로 신대륙에서 새로운 운명을 개척했다. 이주민들은 주로 카스티야인이었는데, 콜럼버스의 항해를 이사벨라 여왕과 카스티야인들이 물적, 인적으로 지원했기 때문에 신대륙의 부와 영광은 바로 카스티야인의 것이라는 사고가 팽배했었다. 이 때문에 다른 지역 출신 사람들은 신대륙에서 차별을 받아 극소수만이 이주했다.

정복자들이 신대륙에서 얻은 전리품은 국왕의 몫(약 1/5)을 제외하고 그들 사이에서 서열과 지위에 따라 일정한 비율로 나누어졌다. 신대륙의 영토에 대해서는 아메리카 원주민의 토지소유권이 보장되었는데, 나머지 토지는 모두 국왕에게 속한다는 원칙이 공표되었다. 국왕은 이 땅을 정복자들에게 분배했는데, 소수의 세력가가 등장하는 것을 막기 위해 일정 크기 이상의 분배를 제한했다.

신대륙의 경작지와 광산은 주로 아메리카 원주민 노동력의 착취로 운영되었는데, 이 과정에서 원주민의 노예화 현상이 나타났다. 원주민의 노예화가 기독교 교리에 어긋난다고 판단되면서 에스파냐 왕실은 1500년 원주민의 노예화를 공식적으로 금지했다. 이로 인해 생긴 노동력 공급의 문제는 엔코미엔다(encomienda, 위탁)라는 제도로 해결했다. 이 제도는 엔코멘데로(encomendero, 엔코미엔다의 소유주)가 일정한 숫자의 원주민을 보호, 교육하여 문명과 기독교로 인도하는 책임을 맡는 대신, 원주민으로부터 부역과 공물을 받는 것이었다. 실제로는 이 제도와 노예제가 거의 구분이 안 되었다. 신대륙에서 자신의 지배권을 확고히 하기를 원했던 에스파냐 왕실은 16세기에 노예제를 폐지하고 엔코미엔다를 약화시켰다. 이러한 에스파냐 왕실의 행동은 자신의 권력을 강화하기 위해 취한 조치였지만, 당시 에스파냐 사회에서 도덕적으로 문제가 된 원주민의 노예화에 대한 휴머니즘적 대답으로 볼 수도 있다.

15세기 말 레콩키스타의 성공적인 마무리와 신대륙의 식민지 건설을 통해 강대국으로 성장할 기반을 마련한 에스파냐는 이후 이베리아 반도는 물론 북부 이탈리아와 나폴리, 시칠리아와 사르디니아, 지금의 벨기에와 네덜란드, 중앙과 남부 아메리카대륙에 걸쳐 세력이 미치는 세계적인 제국을 건설했다.

전성기의 에스파냐

에스파냐의 전성기 지배자는 펠리페 2세(Felipe II, 1527-1598, 재위 1556-1598)였다. 그는 페르난도와 이사벨라의 외손자 카를로스 1세(1500-1558, 재위 1516-1556, 신성로마황제 카를 5세 재위 1519-1556)의 아들로서 에스파냐가 전성기에 지배했던 유럽의 상당지역과 아메리카의 식민지를 아버지로부터 상속받았다. 펠리페 2세는 이렇게 광대한 지역을 효과적으로 통제해야 했는데, 카를로스 1세 때 마련된 관료제를 이용했다. 당시 에스파냐 왕실은 수도가 없이 62개 우마차로 구성된 '이동식 궁정'을 운영했기 때문에, 에스파냐 왕을 대신하여 행정을 담당할 평의회 조직이 생겨났다.

평의회 조직은 제국 전체와 관련된 일반문제 혹은 분야별 문제들에 대해 국왕에게 조언하는 '자문평의회'와 '부문평의회', 그리고 제국을 구성하는 개별영역들의 통치를 관장하는 '영토상의 평의회'로 구성되었다. 자문평의회와 부문평의회에는 '국가평의회', '전쟁평의회', '재정평의회', '종교재판소' 등이 속했다. 영토상의 평의회는 카스티야, 아메리카, 아라곤, 이탈리아, 포르투갈, 플랑드르 평의회로 나뉘어져 있었다. 에스파냐제국은 지방분권적이었는데, 개별 지배 영역들에서는 그들 고유의 법과 관습이 유지되었다.

16세기 에스파냐제국의 역사는 '전쟁'의 역사였다. 카를로스 1세는 1520년대에는 프랑스, 1530년대에는 오스만투르크, 1540-1550년대에는 독일의 개

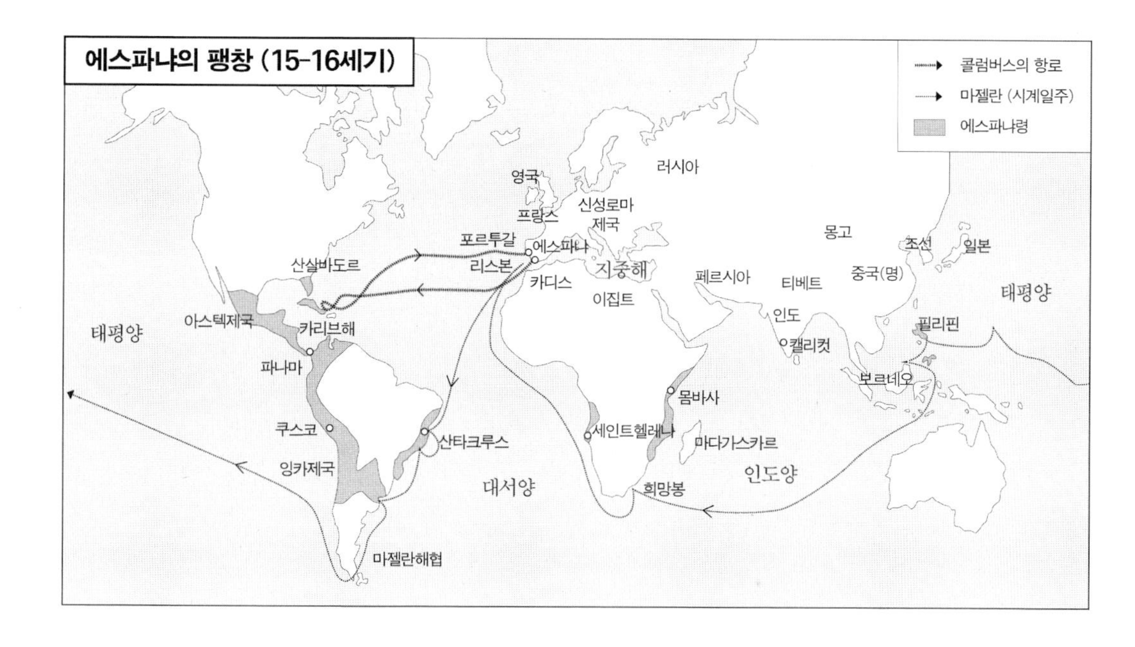

에스파냐의 팽창 (15-16세기)

신교와 전쟁을 벌였다. 펠리페 2세도 1560년대 그라나다 모리스코(Morisco, 이슬람에서 개종한 기독교도 무어인)의 반란, 오스만투르크 해군의 공세, 네덜란드 반란, 프랑스 종교전쟁 등에 직면했다. 에스파냐 왕들은 막대한 비용이 드는 전쟁 때문에 만성적인 재정적자에 시달렸고, 세입의 증가가 불가피했다. 이를 위해 새로운 세금 제도가 도입되기도 하고 또 기존의 세금 제도가 변형되기도 했지만, 지출이 늘 수입보다 월등히 많았다. 신대륙으로부터 유입된 물자도 전쟁으로 인한 재정 적자에 약간의 도움을 줄 뿐, 근본적으로 해결하지 못했고, 오히려 수입에 대한 기대로 국가 부채를 증가시켰다.

신대륙은 에스파냐가 필요로 하는 원료의 공급지이면서 동시에 에스파냐 상품의 시장이었다. 신대륙에서의 수입품으로 가장 사랑받은 것은 금과 은이었다. 신항로 개척 초기에는 소량의 금만이 발견되었으나, 1519-1540년 정복된 멕시코와 페루에서 금광과 은광이 발견되면서 상황은 달라졌다. 1545년 포토시(Potosi) 은광이 발견되었으나, 은광 개발이 상당한 규모에 달한 시기는 1560년대였다. 에스파냐의 대 아메리카 무역을 세비야가 독점하면서, 이 도시는 1570년 인구 10만 명의 대도시로 성장했고 경제적인 번영을 누렸다. 신대륙이 에스파냐에 금, 은, 설탕, 진주 등을 공급했다면, 에스파냐는 신대륙에 곡물, 포도주, 올리브유, 직물류, 서적 등을 공급했다. 1570년대 후반에는 신대륙으로부터의 에스파냐 왕실 수입이 크게 증가했는데, 이를 기반으로 펠리페 2세는 1580년 포르투갈을 무력으로 합병했다.

레콩키스타를 통해 종교적인 열정을 경험했던 에스파냐 사회는 펠리페 2세 치하에서 '이단'이라는 적과 싸우고 있었다. 이단이란 비기독교뿐만 아니라 정통 가톨릭교회 교리에 어긋나는 모든 것을 의미했다. 네덜란드에서 개신교 때문에 반란이 일어났다고 판단한 에스파냐는 이것을 '정화'해야 한다고 믿었다. 에스파냐인들이 '이단'에 대해 지나치게 예민했던 이유는 바로 에스파냐 사회가 다양한 인종과 종교를 가진 사람들, 즉 유대교도 유대인, 이슬람 무어인, 기독교도 카스티야인과 아라곤인, 개종한 기독교도 유대인과 무어인들로 구성되었기 때문이었다. 에스파냐에서는 종교적인 문제 외에도 지역주의, 귀족들 간의 갈등, 경제적 이해관계 등의 이유로 사회적 긴장이 강했다. 에스파냐 정부는 이러한 사회적 긴장을 완화하기 위해 관용정책을 도입하기 보다는 '종교재판'과 '추방'과 같은 비관용정책을 통해서 사회적으로 이질적인 요소를 제거하고자 했다.

에스파냐 사회의 이질적인 요소들은 문화적으로도 영향을 주었다. 에스파냐는 페르난도와 이사벨라가 지배하던 시기부터 유럽의 문화와 중세 카스티야의 유대, 이슬람, 기독교적 전통들을 혼합한 문화를 발전시켰다. 플랑드르 지역과 교역했던 카스티야는 북유럽의 회화, 건축, 서적의 영향을 받았고, 이탈리아와 교역했던 아라곤은 이탈리아 인문주의와 건축의 영향을 받았다. 에스파냐는 특히 건축 분야에서 독특한 플라테레스크(Plateresque) 양식을 발전시켰는데, 이것은 무어인의 건축양식, 북유럽의 고딕양식, 르네상스의 요소가 혼합된, 화려하고 장식적인 건축양식이었다. 부유하고 과시하기 좋아하는 왕과 귀족들의 후원으로 이 건축양식의 궁정과 대저택들이 많이 건축되었다. 하지만 펠리페 2세의 지배기 에스파냐는 사회적 안정을 위해 외부세계와의 문화적 접촉과 외국 문물 수용을 꺼리는 모습을 보였다. 펠리페 2세 치하 에스파냐는 제국의 발전과정에서 전성기면서, 동시에 쇠퇴가 시작된 시기였다.

에스파냐의 융성 원인

에스파냐제국의 존재 자체가 제국의 가장 큰 업적이었다. 자연 지리적으로 전체면적의 45%가 돌산과 황무지, 다른 45%는 겨우 농사가 가능하고, 나머지 10%만이 비옥했고, 내부적으로 크게 분열되어 자연적, 인위적 중심지도 없었고, 교통로도 굉장히 불편했던 상황에서 매우 이질적인 부분으로 나뉘어져 있었고, 서로 다른 인종, 언어, 문화를 가지고 있던 사람들을 결합시켜 하나의 에스파냐를 만들어 낸 사실은 거의 '기적'처럼 여겨진다.

에스파냐가 이베리아 반도를 넘어 유럽과 아메리카에 걸친 제국으로 성장할 수 있었던 이유는 첫째, 신대륙 정복과 상속 유산 때문이었다. 에스파냐는 콜럼버스의 신항로 개척으로 신대륙에 식민지를 건설함으로써 제국으로 발돋움할 수 있었다. 페르난도와 이사벨라가 의도한 것은 아니었지만, 자녀들의 혼인정책의 결과 그들의 외손자인 오스트리아 합스부르크가 계승자 카를 5세가 카를로스 1세로서 에스파냐를 계승하면서 에스파냐는 넓은 영토와 풍부한 자원을 가진 세계적 제국이 되었다.

둘째, 에스파냐제국 정부의 탁월한 행정 능력을 들 수 있다. 당시 반란이 자주 일어났던 통치 수준과 불편한 교통 상황을 고려할 때 이 제국을 지배하는 것은 거의 불가능했다. 그런데도 에스파냐 왕들은 당시의 '가계운영' 수준의 통치 기술과 매우 불편한 교통상황을 극복하고 넓은 지배영역들을 효과적으로 통제하면서 높은 수준의 공적질서를 유지했다. 당시 어느 나라도 직면하지 않았던 행정문제들로 고민했던 에스파냐제국은 개별 지역에 독립된 법과 권한을 보장해주는 지방분권적인 형태로 운영되었다.

셋째, 에스파냐제국 행정관리의 의무감과 사명감을 들 수 있다. 제국의 행정체제를 유지하는데 기여한 사람은 바로 군인, 법률가, 행정가였다. 비록 이들 중 대부분이 자신의 부를 축적하는데 지나친 열성을 보인다는 결점을 가지고 있었지만, 이들 중 소수는 그들의 임무에 대해 높은 수준의 의무감과 사명감을 보유하고 있었다.

넷째, 에스파냐인, 특히 카스티야인은 그들이 신으로부터 특별히 사랑받는다는 확신을 가졌다. 이들은 이슬람으로부터 기독교 세계를 지키는 신의 사업을 수행하기 위해서 선택되었고, 신의 특별한 사랑을 받는다고 믿었다. 이 신념이 바로 많은 어려움을 극복하면서 제국을 지탱하고 전성기로 이끌어갔던 원동력이었다. 신의 총애에 대한 그들의 응답은 종교적인 헌신이었다. 16세기 말 바로 이 신의 총애를 받는다는 확신이 흔들리면서 에스파냐제국의 쇠퇴가 시작되었다는 것은 의미심장하다.

에스파냐의 쇠망 원인

첫째, 비기독교도에 대한 비관용정책과 이로 인한 손실이다. 레콩키스타를 통해 이슬람 무어인과 성전을 벌였던 에스파냐인들은 동쪽의 새로운 이슬람 세력인 오스만투르크로부터 기독교 세계를 지켜내야 하는 성스러운 임무를 부여받았다고 확신했다. 이전에 그들은 먼저 에스파냐 내부, 특히 정치중심부에 존재하는 유대인과 개종한 '사이비 기독교도'들을 정화해야 한다고 믿었다. 이 정화대상 '사이비 기독교도'는 바로 개종한 유대인, 콘베르소(Converso)를 의미했다. 부유한 콘베르소의 고위관직과 교회의 고위성직으로의 신분상승은 세습적 지위와 토지재산의 소유에 기반을 둔 카스티야의 전 사회질서를 위협하는 것이었다. 가톨릭 사제들은 그들의 개종을 의심했고, 귀족들은 자신들이 부유한 콘베르소에게 돈을 빌려야 하는 현실에 화가 났고, 일반 민중들은 콘베르소들이 세금을 거두는 관리 혹은 귀족들의 재정대리인으로 활동하는 것이 불만이었다.

기독교도로의 개종이 형식적인 것으로 의심되었던 콘베르소문제를 해결하기 위해 설치된 것이 바로 종교재판소(1478)였다. 이에 많은 콘베르소들이 급히 재산을 처분하여 살던 지역을 떠났다. 에스파냐 정부의 반유대인 조치의 절정은 바로 지금까지 비 기독교도에게 관대했던 페르난도와 이사벨라가 1492년 3월 30일 발표한 유대인 추방령이었다. 모든 유대인은 4개월 내 에스파냐를 떠나야 했다. 당시 에스파냐에 거주하던 유대인의 수를 약 20만 명 정도로 추정하는데, 이 중 12-15만 명이 떠났다. 1547년 톨레도에서는 유대인을 조상으로 둔 고위성직자와 교회 참사회회원을 추방하고 관직 수여를 금지하는 순혈령(純血令)이 만들어졌는데, 1556년 펠리페 2세에 의해 법령으로 승인되었다.

그러나 유대인의 추방은 에스파냐 사회에 치명적인 피해를 주었다. 유대인 혹은 콘베르소 대다수가 대상인 혹은 관리였기 때문에 이들의 이주로 생긴 에스파냐의 문화적, 경제적 분야의 손실은 상당히 컸다. 안 그래도 부족했던 재원이 유대인의 추방이후 더욱 부족해졌다. 유대인 대신에 플랑드르인, 독일인, 제노바인 등 외국인 이민자들이 들어왔으나, 이들은 에스파냐의 재원보다는 자신들의 부의 축적에만 관심을 가졌다. 에스파냐가 더 도약할 수 있는 시기에 실행된 유대인의 추방은 오히려 제국의 경제적 기반을 약화시켰다.

엄청난 경제적인 손실에도 에스파냐가 통일된 종교 정책을 추구할 수밖에 없었던 이유는 바로 에스파냐가 정치적으로 하나로 통일된 국가가 아니라 거의 독립적인 국가들의 느슨한 연합체였다는 사실에 있었다. 이렇게 정치적으로 분열되고 이질적인 국가들로 구성된 에스파냐를 하나로 결속시키는 역할을 바로 종교가 맡아야 했던 것이다.

둘째, 신대륙으로부터 유입된 부의 부작용과 비생산적인 이용이다. 에스파냐는 16-17세기 중반까지 신대륙으로부터, 당시 유럽 은 보유량의 3배가 넘는 약 1,600만 킬로그램의 은을 획득했다. 이렇게 유입된 막대한 은은 에스파냐에서 인플레이션을 일으켰는데, 에스파냐의 후진 경제가 증가한 수요를 충족시키지 못하면서 곡물을 비롯하여 생필품 가격이 더욱 상승하는 결과를 초래했다. 또 신대륙의 부를 에스파냐 군주들은 전쟁에, 귀족들은 건축물과 의복, 보석류와 같은 사치품에 아낌없이 소비했다.

신대륙의 부는 에스파냐인들이 근면, 인내, 절약과 같은 건전한 가치를 버리게 만들었다. 예를 들어, 오늘 돈이 부족해도 내일 세비야에 신대륙으로부터 함대가 도착하면 다시 풍족해질 것이기 때문에, 이들은 계획을 세우고, 저축하고, 일할 필요가 없다고 생각했다.

에스파냐는 국내 인구증가와 신 시장 개척으로 갑자기 증가한 수요를 충족시키기 위해서, 국내 농업과 상공업의 발전에 투자하기보다 증가한 수요를 외국 경쟁상품의 수입 혹은 신대륙에서 같은 산업의 허가로 해결했다. 또 신대륙의 부가 투입된 곳은 국가공채 후로(Huro)였다. 후로는 투자자들을 이자만으로도 잘 먹고 잘 살 수 있는 '금리 생활자'로 만들었다. 이때부터 에스파냐에서는 상업 활동과 육체노동을 천시하고, 모두가 군인이나 관료가 되려는 경향이 두드러졌다. 17세기 카스티야에서는 엄청난 부자와 찢어지게 가난한 빈자 사이에 양극화가 두드러졌다.

셋째, 과도한 전쟁비용과 이에 따른 만성적인 재정위기를 들 수 있다. 에스파냐제국은 오랫동안 많은 적들과 전쟁을 치르면서 만성적인 재정적자와 파산위기를 겪었다. 왕실 수입의 대부분이 전쟁비용으로 사용되었고, 부족한 부분은 국가공채 후로 혹은 외채로 충당되었다. 펠리페 2세는 비록 신대륙의 귀금속과 포르투갈의 부를 이용해, 영국과의 일전을 준비하는 무적함대의 건조에 필요한 재정을 조달했지만, 그 외의 대부분의 경우에는 거의 만성적인 재정부족에 시달렸다. 이것은 그의 아버지 카를로스 1세가 남겨준 '유산'의 일부이기도 했다. 에스파냐 왕들은 전쟁비용의 조달을 위해 외채를 얻는데도 망설이지 않아, 외국 채권자들이 에스파냐 국부의 원천 상당 부분을 차지하고 있었다. 또 전쟁 비용이 주로 카스티야에 부담되고, 카스티야에서도 가장 가난한 계층에게 부과되면서, 카스티야의 경제가 이러한 부담을 감당할 수 없을 때 제국이 무너질 수도 있다는 위험 부담이 있었고, 이것은 후에 현실화되었다. 17세기 카스티야의 경제가 후퇴하면서 에스파냐 왕들은 이베리아 반도 내부에서뿐만 아니라 유럽의 다른 지역에서도 영토를 상실했다.

넷째, 종교적인 열정에도 불구하고 믿음을 상실한 점을 들 수 있다. 에스파냐인들은 신으로부터 사랑받는다는 신념을 상실했다. 신대륙과 포르투갈의 막대한 부로 완성된 에스파냐 무적함대가 1588년 영국 함대와의 일전에서 패배하면서, 그동안 신의 사업을 수행한다고 확신했던 에스파냐인들은 신이 그들을 외면했다고 믿었다. 이를 증명이라도 하듯이 이후 그들은 전쟁에서 계속해서 패배했다.

에스파냐가 주는 역사적 교훈

에스파냐제국의 역사가 주는 교훈은 좋은 기회가 왔을 때 잘 이용해야 한다는 것이다. 제국은 신대륙으로부터의 부와 국내 세입을 농업과 상공업에 생산적으로 투자하여 제국의 경제를 성장시킬 수 있었지만, 오히려 비생산적인 전쟁과 사치에 낭비하면서 좋은 기회를 상실했다.

게다가 에스파냐제국이 부를 비생산적으로 투자하면서, 사회 내에서 '노동'과 '상업'을 천시하는 풍조가 만연했다. 에스파냐인들은 열심히 일하는 '노동자'와 '상인'보다는 '금리생활자', '군인', '관리'가 되고 싶어 했다. 제국의 경제가 어려워지면서 노동에 대한 사고의 변화가 불가피했음에도 개혁의지가 부족했다. 열심히 노동하는 사람들이 제대로 인정받지 못하고 살기 어려우며, 자본을 보유한 사람들만이 잘 사는 사회는 불안정하다. 자본을 생산적인 분야에 투자하기보다 고수익을 얻지만 위험부담이 큰 금융상품에 투자한 것이 바로 2008년 미국에서 일어난 금융위기의 주된 이유였다는 사실을 기억할 때, 에스파냐제국의 역사가 주는 교훈은 지금도 유효하다.

한편 에스파냐제국의 발전에 큰 걸림돌이 된 것은 지역주의적 성격이었다. 에스파냐 인들은 지역적인 이익에 눈이 어두워 국가적인 이익을 기꺼이 포기했다. 예를 들어, 제국의 장기적인 발전을 위해 톨레도와 리스본을 잇는 타호 강을 항해가 가능한 강으로 만들기 위한 사업이 계획되었는데, 이 계획이 실행될 경우 경제적으로 큰 손실을 입을 세비야 시가 결사반대하여 이 계획은 수포로 돌아갔다. 세비야 시는 단기적으로 자신의 이익을 확보할 수 있었을지 모르나, 제국이 무너지면서 당연히 세비야 시의 경제적인 번영도 끝이 났다. 현재 정치에서 국가 이익과 지역 이익이 서로 충돌하는 경우가 적지 않은데, 이럴 때 어떻게 하는 것이 현명할까?

또한 에스파냐제국은 종교적인 비관용정책으로 경제적 번영을 가로막았다. 유대인과 무어인의 추방은 문화적, 지적뿐만 아니라 경제적으로도 큰 손실이었다. 상업과 금융 분야에서 두각을 나타낸 유대인들이 빠져나면서 그들의 자본과 기술이 함께 빠져나갔고, 또 주로 농업, 광업, 운송업과 같은 분야에서 육체적 노동을 제공했던 무어인들이 빠져나면서 노동력 부족에 직면했다.

결국 지나친 종교적 열정은 맹목적인 태도를 보일 수 있다. 에스파냐제국의 경제 발전을 위해 두 개의 강을 연결하는 운하건설이 계획되었는데, 이때 운하건설 반대자들의 주장이 특이하다. 만약 신이 원했다면 애초에 두 강 사이에 운하가 존재했을 것이며, 그렇지 않은 것은 신이 운하를 원하지 않았다는 것을 의미하기 때문에, 인간이 애써 운하를 만들 필요가 없다는 것이다. 에스파냐제국의 경제가 발전하는 데 장애가 된 것이 이러한 맹목적인 태도였던 것으로 보인다.

연표

- 1469년 카스티야 왕위계승자 이사벨라와 아라곤 왕위계승자 페르난도의 결혼
- 1478년 종교재판소 설치
- 1492년 그라나다 함락
  콜럼버스의 신대륙 항로 개척
- 1517년 이사벨라와 페르난도의 외손자 카를로스 1세(신성로마황제 카를 5세) 에스파냐 왕위계승, 합스부르크가 에스파냐 성립
- 1556년 카를로스 1세의 아들 펠리페 2세의 합스부르크가 에스파냐 계승과 카를로스 1세의 동생 페르디난트 1세의 합스부르크가 오스트리아 계승
- 1568–1648년 네덜란드 독립전쟁
- 1580년 포르투갈 합병
- 1588년 무적함대의 영국 공략 실패
- 1640년 포르투갈 분리, 독립
- 1716년 부르봉가 에스파냐 성립

참고문헌

- **단행본** 존 H. 엘리엇, 김원중 옮김, 『스페인 제국사 1469–1716』, 까치, 2000.
  레이몬드 카외, 김원중·황보영조 옮김, 『스페인사』, 까치, 2006.

- **다큐멘터리** 〈EBS 콜럼버스, 세계를 바꾼 탐험가〉
  〈BBS 워리어스 – 탐욕의 정복자, 코르테스〉
  〈HC 종교재판〉

- **영화** 〈아귀레, 신의 분노(1972), 베르너 헤어조크 감독〉
  〈미션(1986), 롤랑조페 감독〉
  〈1492(1992), 리들리 스콧 감독〉

이윤 창출을 최고의 가치로

네덜란드

머리말

네덜란드 국화 튤립의 가격이 한 때 암스테르담의 집 한 채 가격과 맞먹고, 금, 은이 아니라 꽃 뿌리가 일확천금을 가져다 줄 것이라고 꿈꾸며 투자한 사람들이 있었다. 튤립 뿌리를 구매해서 직접 재배하는 정원사 외에는 누구에게도 꼭 필요하지 않았던 꽃 뿌리를 꽃 수집가들이 고가로 매입하면서 17세기 초 네덜란드에서는 튤립 투기 열풍이 일어났다. 당시 네덜란드는 국제무역과 유럽 금융의 중심지로서 경제적으로 크게 번영하고 있었는데, 오스만투르크에서 수입된 튤립이 네덜란드의 부유한 상인과 귀족들의 전유물로 인식되면서 가격이 오르기 시작했다. 튤립의 아름다움을 즐기는 부유한 사람과 튤립 매매로 이익을 얻으려는 중개인이 이 꽃 뿌리의 가격을 비현실적으로 올렸으며, 네덜란드 동인도회사와 같은 회사에 투자할 만큼의 자본이 없었던 사람들이 자신들의 자본을 튤립 시장에 투자하면서 튤립의 가격 인상에 동참했다.

1636년 최고가의 튤립은 '황제(Semper Augustus)'라는 이름의 튤립으로 꽃잎에 붉은 줄무늬가 있는 것이었는데, 당시 일 파운드에 6,000길더(Guilder, 약

164만 달러)에 거래되었다. 당시 보통 네덜란드인의 연수입이 150길더였음을 감안할 때 이 가격이 얼마나 터무니없는 것인지 상상이 된다. 튤립 뿌리 중 희귀한 색깔을 가진 변종이 특히 비싸게 평가되었는데, 병이 든 튤립일수록 색깔이 희귀했었다. 평범한 노란색의 튤립 뿌리도 일 파운드에 네덜란드 노동자의 연 수입의 6배에 달했다.

튤립 시장의 거품은 1637년 튤립을 더 이상 고가로 구매할 사람이 없다는 소문이 돌면서 꺼졌다. 구매자보다 판매자가 많아지면서 튤립 투자자들의 재산은 순식간에 사라졌고 부도가 연이어 발생했다. 부자보다는 서민들이 피해를 많이 보면서, 경제적, 사회적으로 큰 혼란을 야기했다. 네덜란드 튤립의 투기 열풍은 터무니없이 팽창하던 시장이 몰락하면 어떤 결과를 초래하는지 보여주는 좋은 본보기이면서, 네덜란드가 17세기에 초기 자본주의가 발전했던 상업 제국이었음을 보여준다.

네덜란드는 국토의 3분의 1이 해수면보다 낮다는 불리한 지리적 조건을 가졌는데, 네덜란드인들은 바로 이 불리한 조건을 오히려 무역하기에 유리한 조건으로 만들었다. 이들은 네덜란드를 16세기에는 해로를 통해 영국과 유럽대륙, 스칸디나비아 반도를 연결하는 교통의 요지라는 장점을 이용하여 유럽 내 무역과 교역의 중심지로, 17세기에는 아시아, 아메리카, 아프리카와의 무역을 통해 세계적인 상업제국으로 성장시켰다.

네덜란드의 초기 국가 양상

'낮은 땅'을 의미하는 네덜란드는 14세기 이전 물로 가득 찬 바다, 호수, 습지가 대부분이었으나, 제방 쌓기와 간척사업을 통해 14세기 이후 사람들이 거주할 수 있는 땅으로 변모하면서 많은 도시들이 생겨났다. 이러한 도시들이 모여 주를 형성하였는데, 16세기 네덜란드는 지금의 벨기에, 네덜란드, 룩셈부르크와 프랑스 북동부 일부 지역을 포함하는 17개 주로 구성되어 있었다. 벨기에의 브뤼헤와 안트베르펜이 유럽 물류의 중심지로서 일찍 발전했으나, 16세기에는 네덜란드의 암스테르담이 유럽 남부와 북부의 중개무역 중심지로 부상하였다. 암스테르담은 발트 해 무역을 독점한 후, 신항로 개척으로 아시아와 아메리카에 거대한 시장을 개척했음에도 그 수요를 감당할 수 없었던 포르투갈과 에스파냐를 대신해서 북유럽의 상품을 공급했다. 이베리아 반도와 북대서양 사이에서 이루어지는 화물무역의 대부분을 담당했던 것이다.

암스테르담의 경제적인 발전의 초기 원동력은 바로 청어였다. 청어는 잉글랜드 연안에서 매년 두 차례에 걸쳐 획득되었는데, 한꺼번에 대량으로 획득되는 청어의 저장법이 큰 고민거리였다. 이 문제는 벤켈소어라는 한 어부가 청어 내장을 제거하고 머리를 잘라 소금에 절이는 염장법을 고안하면서 해결되었다. 네덜란드인들은 염장된 청어를 러시아, 독일에 수출하면서 무역거래를 확장해 나갔고, 후에는 아마, 삼 같은 상품농작물도 함께 수출했다.

청어로 벌어들인 돈은 새로운 형태의 선박을 제조하는 데 투자되었다. 네덜란드인들은 대포를 장착하지 않고 화물 운반에만 이용될 수 있는 소형선박을 제작하여 선박 제조원가를 낮추어 경쟁력을 키웠다. 당시 소형 선박 한 척 제작에 영국에서는 1,300파운드가 들었는데, 네덜란드에서는 800파운드면 충분했다. 이 네덜란드 조선업의 발명품은 '플류트(Fluyt)선'인데, 양옆이 불룩하게 튀어나오고 갑판은 매우 좁았다. 갑판이 좁은 이유는, 갑판 면적에 따라 선박세를 거두었던 스칸디나비아에서 가능하면 세금을 적게 내기 위해서였다.

이 풍요로운 땅은 16세기 에스파냐의 합스부르크 왕실의 지배하에 있었다. 에스파냐 국왕과 네덜란드 귀족은 세금문제로 갈등관계에 있었는데, 프랑스와의 전쟁비용이 필요했던 펠리페 2세(1527~1598)가 네덜란드인에게서 고정세금을 거두려고 했기 때문이었다. 고정세금으로 자치권을 잃을 수 있다고 판단한 네덜란드인들은 이에 반대하면서 일정 기간 동안 일정 금액만

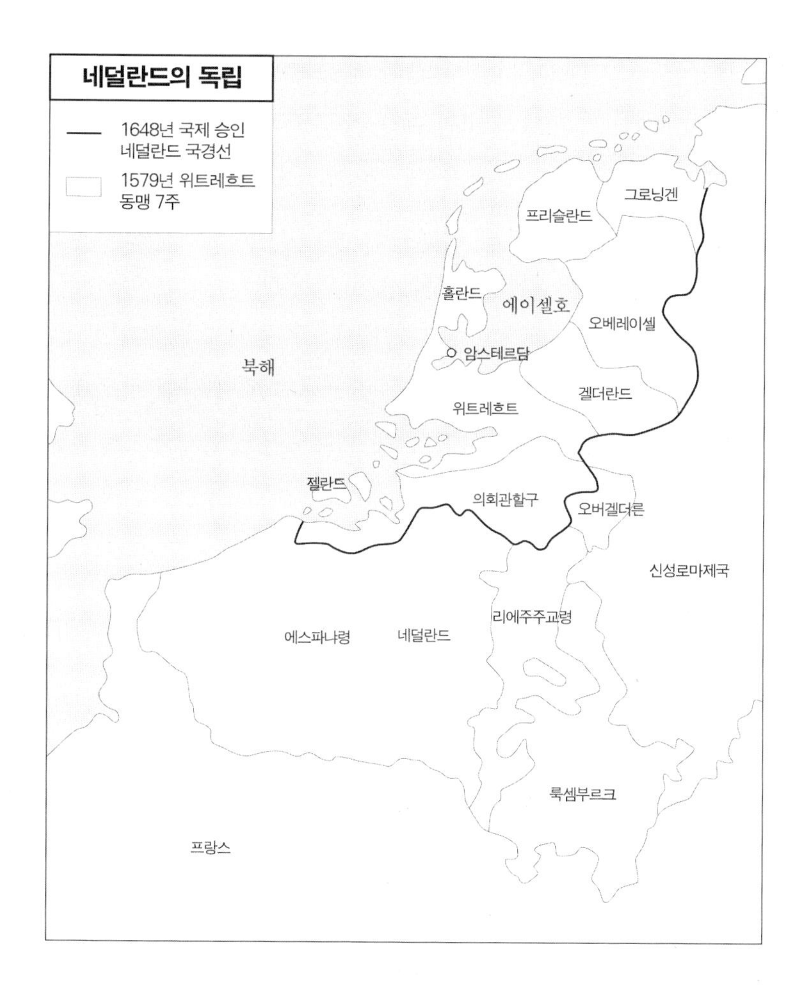

징수하는 조세제도를 원했다. 이들 사이의 갈등의 골을 더욱 깊게 만든 것은 종교였다. 16세기 초 네덜란드에서 가톨릭에 반대하는 신교도운동이 활발히 전개되면서, 독실한 가톨릭교도였던 펠리페 2세는 알바공작(1507-1582)을 파견하여 신교도, 특히 칼뱅교도들을 무자비하게 탄압하도록 했다. 에스파냐 국왕에 대한 신교도와 귀족의 저항이 격화되면서, 에스파냐의 탄압 또한 강화되었다.

1568년 네덜란드 17개주는 홀란드와 젤란드의 총독 오라녀 공 빌렘(1533-1584)의 지도하에 에스파냐와 독립전쟁에 돌입했다. 종교적인 이유로 1579년 아라스 동맹을 맺고 에스파냐에 굴복한 남부 10개 주를 제외한 북부 7개 주, 즉 홀란드, 젤란드, 위트레흐트, 프리슬란드, 그로닝겐, 오베레이셀, 겔더란드는 1579년 위트레흐트 동맹을 체결하여 독립전쟁을 계속 수행했으며, 1581년에는 네덜란드 연방공화국이 탄생했다. 연방공화국은 독립전쟁이 시작된 지 80년 후인 1648년에 국제사회에서 인정받는 완전한 독립국가가 되었다. 네덜란드 연방공화국의 탄생은 자치권을 수호하고자 원했던 네덜란드인들의 강력한 의지의 결과물이었다. 독립전쟁 중에도 상업 활동에 힘썼던 네덜란드인들은 이를 기반으로 17세기에 세계적인 상업제국으로 발전했다.

네덜란드의 전성기

17세기 네덜란드 연방공화국은 지금의 네덜란드를 중심으로, 대만, 인도네시아, 스리랑카, 남아프리카, 수리남, 브라질 일부 등의 지역으로 구성되었다. 세계적인 상업제국을 형성했던 네덜란드는 그들의 활동 범위에 비해서 차지했던 식민지가 많지 않았는데, 이들이 해외에서 '정착'보다는 '무역'에 관심을 두었기 때문이다. 이들 중에서 안락한 자신의 고향을 떠나 해외에 정착할 사람이 많지 않기도 했지만, 이들에게는 정착민 이주가 아니라 무역 거점 확보가 주된 목적이었다.

유럽의 네덜란드 연방공화국은 각각 자치권을 가진 7개 주와 각 주의 도시들로 구성되어 있었다. 각 주는 독자적인 입법권을 보유하고 있었고, 각 주 의회 구성은 복잡했다. 또 연방의 모든 도시도 자치권과 특권을 보유하고 있었고, 시의원과 행정관리는 대부분 대상인 혹은 토지소유귀족이었다. 연방공화국의 실질적인 최고 권력 기관은 연방의회로서, 연방의회는 각 주 의회가 선출한 대표 30명으로 구성되었다. 각 주는 대표 수에 상관없이 한 표의 의결권을 가졌고, 하나의 정책이 실행되려면 7개 주가 모두 만장일치로 찬성해야 했다. 각 주 의회는 의장을 임명하여 결정사항을 수행하도록 했으며,

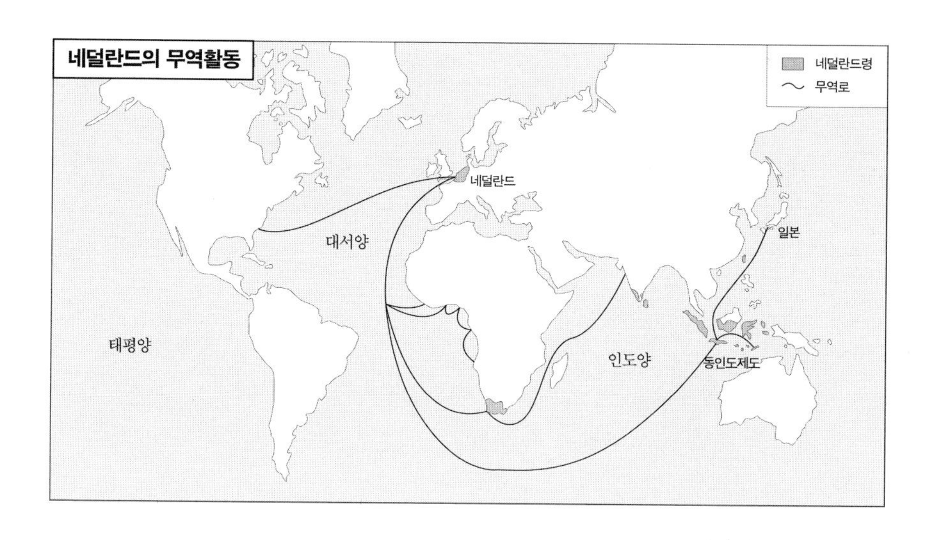

주 의회 의장들 중에서 가장 크고 부유하며, 세금도 가장 많이 부담했던 홀란드 주 의장이 대의장으로서 국가의 비공식적인 수장역할을 했다.

네덜란드의 연방체제로는 주변 강대국으로부터 네덜란드를 보호하는 것이 힘들다고 판단한 총독 오라녀 공 빌렘이 중앙집권을 옹호한데 반해, 각 주의 세력가들은 지방분권을 옹호했다. 연방공화국 선포 당시 오라녀 공 빌렘은 연방의회로부터 법 집행권 및 감독권, 관리임명권, 해군통솔권을 부여받았고, 전쟁이 진행되면서 연방 통치권과 육해군 통솔권을 가지게 되었다. 전쟁이 지속되면서 빌렘의 지지도가 상승하자 연방제를 지지하는 연방의회 의장인 대의장과 그의 측근들은 군비징수와 전쟁을 반대하고 주의 자치권을 강조했다. 두 세력 오라녀 가와 대의장, 즉 중앙집권 옹호자와 연방제 옹호자 사이의 정치적 갈등은 공동의 적에 대항할 때에는 협력하기도 했지만, 17세기 전성기를 지나 18세기 말까지 지속되었다.

독립전쟁 중 특이한 것은, 전쟁이 시작된 후 에스파냐의 남부지역 봉쇄로 네덜란드 무역이 잠시 주춤했으나, 에스파냐가 안트베르펜을 함락(1585)하면서, 암스테르담과 로테르담이 기대하지 않은 호황을 누렸다는 것이다. 또 에스파냐와 네덜란드가 장기간 교전 중에도 양국의 무역은 단 한 번도 중단된 적이 없었다는 것이다. 무역은 오히려 전쟁자금의 주요 원천으로서 네덜란드인들은 어떤 상황에서도 무역을 포기하려 하지 않았다.

유럽 무역에 만족하지 못한 듯, 네덜란드는 16세기 말 독자적으로 아시아 항로를 개척하려고 시도했다. 네덜란드는 왜 갑자기 그런 시도를 한 것일까? 15세기 말 포르투갈이 아시아로 가는 신항로를 개척한 후 약 100년 동안 아시아로부터 수입되는 향신료무역은 포르투갈이 독점했다. 포르투갈이 실어온 향신료를 네덜란드는 주요 향신료 시장인 북유럽에 공급하는 중개무역을 통해 상업적 이익을 얻는데 만족했다. 그런데 16세기 말 유럽 내 후추판매망이 함부르크 중심으로 다시 짜여졌다. 이것은 푸거(Fugger) 가문이 1580년에 포르투갈을 합병한 에스파냐 왕실에 대여한 자금회수 대신에 강제로 후추사업을 떠안게 되면서 일어난 변화였다. 가격상승으로 상업적으로 큰 이익을 얻을 수 있는 후추사업에서 제외된 암스테르담은 유럽의 수요를 제대로 충족시키지 못하는 포르투갈 대신 아시아로 직접 항해하여 후추를 수입하고자 마음먹었다.

네덜란드는 독자적으로 아시아로 가는 항로를 개척하는 데 성공했으나, 네덜란드 회사들 간의 경쟁이 지나쳐 후추의 아시아 구매가격은 상승하고, 유럽 판매가격은 하락하는 문제가 발생했다. 함께 몰락하는 것을 막기 위해 네덜란드 연방정부가 개입하여 '통합 네덜란드 동인도회사'를 1602년 탄생시켰고, 이 회사는 1799년 해체될 때까지 약 200년 동안 세계에서 가장 큰 기업이 되었고, 17세기 네덜란드 상업제국이 경제적으로 번영하는 데 크게 기여했다.

동인도회사는 고수익의 향신료 무역을 가능한 한 독점하고 싶었다. 여러 지역에서 생산되는 후추의 독점은 불가능했으나, 인도네시아에서 생산되는 정향, 육두구, 계피 같은, 후추가격의 10배가 넘는 고가의 향신료는 독점이 비교적 가능했다. 동인도회사는 우세한 무력으로 인도네시아에 정착한 포르투갈의 세력을 몰아내고, 경쟁국인 영국을 따돌리면서, 또 아시아 원주민의 저항을 극복하여 후추를 제외한 향신료 무역을 독점하였다. 아시아에서 향신료, 차, 비단, 면직물을 사들인 네덜란드는 유럽에서 영국, 프랑스, 에스파냐, 독일 그리고 아시아 각국에 다시 판매하는 방식으로 막대한 수익을 얻었다. 나아가 아메리카와 아프리카로 진출하여 설탕과 노예무역에도 종사했다. 아시아, 아프리카, 아메리카, 유럽 사이의 중개무역을 통해 네덜란드는 17세기에 세계적인 상업제국으로서 전성기를 맞이했고, 당시 암스테르담은 세계무역의 중심지가 되었다.

암스테르담이 세계무역의 중심지로 도약하는 데 큰 기여를 한 것은 바로 이민자들이었다. 에스파냐 군대가 안트베르펜을 함락하자, 안트베르펜을 상업, 제조업, 금융의 중심지로 만들었던 상인, 수공업자, 금융가들이 자유의 땅 암스테르담으로 모여 들면서 상업자본과 인구가 증가했다. 또 17세기 말 프랑스 국왕 루이 14세가 신교도의 종교적 권리를 인정했던 낭트칙령을 철회하자 프랑스 위그노들이 종교의 자유를 찾아 네덜란드로 왔다. 에스파냐와 포르투갈에서도 종교재판을 피해 상당수의 유대인이 이주해 왔다. 이주민의 대부분은 상인이었는데, 거액의 자본과 기술, 인적인 네트워크를 보유하고 있었고, 이 자본을 암스테르담에 투자했다. 수공업자들의 이주는 네덜란드 섬유산업을 활성화했고, 금융인은 암스테르담에 자본주의의 씨앗을 뿌렸고, 암스테르담은 유럽은 물론 세계적인 금융 중심지가 되었다.

네덜란드인들은 대부분 신교 중에서 칼뱅교를 신봉했는데, 칼뱅교는 네덜란드 사회에 있어 종교일 뿐만 아니라 하나의 보편적인 규범이자 전통이었다. 또 칼뱅교는 네덜란드 독립전쟁의 이유가 되면서 네덜란드의 독립을 상징하기도 했다. 네덜란드인들이 탄압에도 칼뱅교를 포기하지 않았던 이유는, 이 종교가 네덜란드인에게 가장 잘 맞았기 때문이었다. 칼뱅교는 네덜란드의 상업주의를 잘 보호해 줄 수 있는 교리를 가지고 있었는데, 이것은 '소명'이다. 인간의 직업은 신이 준 것이기 때문에, 네덜란드인들이 교역과 산업으로 발전시킨 자본주의, 즉 돈으로 돈을 버는 자본주의는 '부의 축적'에 대한 기독교의 비난으로부터 자유로울 수 있었다. 대신 축적된 부는 신의 뜻에 따라 불우한 이웃과 공공선을 위해 사용되어야 했다. 또 칼뱅교도들은 신의 뜻에 따라 주어진 임무에 최선을 다하고, 절제, 근면, 검약하게 살라는 가르침을 받았다.

네덜란드인의 절약정신을 비웃는 사람들도 있다. 네덜란드인들은 '제일 작은 자동차 중의 하나인 미니(Mini)에 스무 명이 넘게 탈 수 있는 사람들', '1유로에 가족의 연을 끊을 수 있는 사람들', '카라반(caravan)이 없으면 휴가를 가지 않는 사람들'로 불려진다. 또 영어에서 'dutch'가 들어가는 'dutch pay', 'dutch treat', 'go dutch'(세 가지 표현 모두 각자 비용을 부담하자는 의미), 'dutch auction'(값을 내려가는 경매, 역경매 의미)과 같은 표현들은 부정적인 의미를 담고 있다. 자원 빈국에 살고 있던 네덜란드인에게는 절약 외에는 다른 선택의 여지가 없었던 것으로 보이고, 인간의 쾌락을 경계하는 칼뱅교의 영향으로 절약정신이 더욱 강화된 것으로 보인다.

모든 직업은 신이 준 것으로 받아들여져 직업에 귀천은 없었다. 다만 맡은 직분을 얼마나 충실히 수행했는가가 중요했다. 나아가 이러한 평등의식은 네덜란드의 중요한 가치 중의 하나인 관용이 정착하는 데 기여했다. 당시 네덜란드는 정부와 다른 종교를 공격하지 않는 이상, 다양한 종교와 사상이 허용되는 자유로운 곳이었다. 다른 유럽 국가에서 출판될 수 없었던 금서들은 네덜란드에서 자유롭게 출판될 수 있었고, 암스테르담에는 서점이 즐비했다. '자유로운' 암스테르담은 자유를 원했던 데카르트, 존 로크, 볼테르 같은 철학자와 사상가들을 끌어 들였다. 1628-1649년 이 도시에 거주했던 데카르트는 암스테르담에 대해서, 암스테르담인들은 돈 번다고 너무 바빠서 그가 철학적 사고를 하는 데 필요한 고독을 방해할 수 없을 정도였다고 전한다. 또 암스테르담을 방문한 한 영국인은, 이 도시에는 거리에 있는 집들만큼 많은 종교가 존재하지만, 암스테르담인들은 이웃이 어떤 종교를 믿는지 모르고 상관하지도 않는다고 전했다.

네덜란드의 17세기 황금시대는 또한 회화를 통해 길이 역사에 남겨졌다. 천재화가 렘브란트는 부유한 도시 암스테르담 시민들의 생활과 초상화를 많이 그렸다. 그 외에도 베르메르와 같이 평범한 시민들의 일상을 유화로 표현한 수많은 예술가들이 있었다. 또 암스테르담 시는 3개의 운하가 정비되면서 운하를 끼고 양편에 주택들이 많이 건축되었고, 암스테르담의 시청(지금의 네덜란드 왕궁), 각 도시들의 시청건물들, 부유한 상인들의 별장 등이 지어졌다.

네덜란드의 융성 원인

네덜란드가 17세기에 세계적인 상업제국으로 발전할 수 있었던 원인으로 첫째, 지리적 이점을 들 수 있다. 북부유럽과 남부유럽 사이에 위치하면서 해로를 통해 유럽 다른 국가들과 쉽게 연결될 수 있었고, 나아가 발전한 조선기술과 해양 지식을 바탕으로 대서양을 통해 아시아, 아프리카, 아메리카로 무역을 확대할 수 있었다.

둘째, 네덜란드인들의 진취적이고도 실용적인 사고방식을 들 수 있다. 네덜란드인들은 자유와 독립을 위해 당시 세계 강대국이었던 에스파냐에게 80년 동안 저항하면서 독립을 쟁취해 낸 진취적이고 용기 있는 사람들이었다. 이들의 용기도 16세기 유럽이 전반적으로 경제 불황에 빠져 경제가 수축되고 있을 때 발휘되어 과감하게 팽창을 시도했다. 또한 네덜란드는 실용적이고 경쟁력 있는 사고를 가지고 있었다. 선박에는 의례 대포가 장착되어야 한다고 생각하던 시기에 과감하게 대포가 없는 선박을 건조함으로써 생산원가를 낮추고, 운송비까지 저하시켰던 네덜란드인들은 실용적, 혁신적인 사고로 경쟁력을 키웠다. 특히 경제적으로 네덜란드와 경쟁하고 있던 이웃국가 영국은 네덜란드인의 경쟁의식을 자극해서 이들이 경제적 발전을 도모하고 국민의식을 고취시키는 데 도움을 주었다.

셋째, 군사력에서의 우위를 들 수 있다. 아시아에서 이미 100년 동안 향신료 무역을 독점했던 포르투갈로부터 향신료시장을 빼앗고, 또 같은 시기에 같은 장소에서 같은 상품의 무역을 위해 경쟁하는 영국을 따돌리고, 아시아 원주민의 저항을 억압하기 위해 네덜란드는 군사력이 꼭 필요했는데, 우월한 경제력을 바탕으로 우월한 군사력을 갖추고 있었다.

넷째, 관용정신과 기독교적인 소명의식을 들 수 있다. 네덜란드는 유럽 다른 국가에서 정치적, 종교적 이유로 억압을 받던 사람들의 이주를 받아들였는데, 이들의 유입이 네덜란드의 경제적, 사회적, 문화적 성장에 크게 기여했다. 그들은 자유와 독립을 찾아 네덜란드로 몰려 든 상인, 수공업자, 금융인, 철학자와 사상가들로서 각자 보유한 자본과 기술, 지식 등을 네덜란드의 국가발전에 투입했다. 또한 네덜란드의 종교인 칼뱅교는 '소명'이라는 교리를 통해 '부의 축적'에 대한 기독교의 비난으로부터 해방시켜 주었다. 칼뱅교는 또 엄격한 노동윤리와 높은 도덕적 수준, 청렴, 금욕, 근검, 절약을 가르침으로써 네덜란드인들이 어려운 상황을 견디고 상업적 이익을 위해 헌신할 수 있도록 만들었다고 할 수 있다. 이 때문에 독일 사회학자 막스 베버는 칼뱅교가 네덜란드의 자본주의를 발흥시켰다고 평가했다.

이렇듯 발전했던 17세기의 세계적인 네덜란드 상업제국도 17세기 후반이후 서서히 쇠퇴해 갔다.

네덜란드의 쇠망원인

첫째, 전쟁을 들 수 있다. 전쟁은 예나 지금이나 국가 재정에 막대한 부담을 주는 요소로서, 네덜란드는 17세기 중반에서 18세기 초반까지 주변 유럽 국가들과 많은 전쟁을 벌였다. 영국과는 무역 때문에, 프랑스와는 국경선과 관세 때문에, 에스파냐와는 에스파냐 왕위계승문제 때문에 여러 차례 전쟁을 벌였는데, 장기간의 전쟁으로 또 교전국과의 무역 단절로 재정이 악화되었다. 또 지속적인 전쟁을 통해 영국은 중요한 해상국가로 성장해 나간 반면,

네덜란드는 약소국으로 전락해 갔다.

둘째, 1680년대 후반 무역의 쇠퇴를 들 수 있다. 무역량이 점차 감소했으며, 해상력도 쇠퇴하고 선박수도 줄어들었다. 무역이 쇠퇴한 데에는 밀수와 해적의 영향도 있었지만, 가장 큰 이유는 네덜란드 동인도회사가 무역 상품 품목을 잘못 선택했기 때문이었다. 동인도회사가 17세기에 수입했던 주요 상품은 후추였는데, 후추의 가격이 공급과잉으로 하락했다. 네덜란드가 인도네시아에서 독점했던 후추 외 향신료도 장기적으로 향신료 자체에 대한 수요가 줄어들면서 가격이 하락했다. 네덜란드인들이 향신료 독점을 위해 경쟁지역에서 몰아냈던 영국은 어쩔 수 없이 인도와 중국과의 무역에 집중하게 되었는데, 이것이 오히려 영국에게는 전화위복의 기회가 되었다. 네덜란드가 향신료와 함께 천천히 쇠퇴하는 동안, 영국은 인도의 캘리코(면직물)와 중국의 차 무역으로 18세기에 세계 무역의 주인공으로 떠올랐던 것이다.

셋째, 네덜란드 사회의 투기, 부정부패로 인한 공공성의 쇠퇴를 들 수 있다. 18세기가 되면 동인도회사의 대주주는 소주주의 주식을 매입하여 투기하는 경향을 보였고, 동인도회사 경영자와 네덜란드 고위 행정관리는 서로 연결되어 부정부패가 심했다. 회사의 이윤이 불확실한데도 매년 12.5%에 달하는 높은 배당금이 주주들에게 배당되었고, 17세기 말에는 이윤이 없는데도 부채를 얻어서까지 배당금이 지불되었다. 동인도회사의 경영이 어려진 이유는 바로 자카르타와 같은 해외식민지 담당자들이 회사 자산을 빼돌렸기 때문이기도 했다. 근면하고 정직하게 생활하던 네덜란드인들의 모습은 더 이상 찾아보기 힘들었다. 관직매매, 불법, 인신매매 등이 행해지면서 공공성은 더 이상 찾아볼 수 없었다.

넷째, 암스테르담의 상품무역에서 금융업으로의 전환을 들 수 있다. 큰 규모의 화물저장을 통해 유럽 각국의 직접 무역을 방해하고 중개무역을 통해 수익을 유지했던 암스테르담은 직접무역의 바람을 더 이상 막을 수 없다고 판단되었을 때, 현실을 받아들이고 변화했다. 암스테르담은 상품대신 금융대출을 통해, 외국에 대한 은행과 투자 업무를 시작했다. 네덜란드 자본의 대부분은 17세기 후반이후 100년 동안 인도회사, 남해회사, 잉글랜드 은행 등 경쟁국이었던 영국 경제로 흘러 들어가 영국 경제를 성장시키고 18세기에 영국이 네덜란드를 대신하여 세계 경제의 중심이 되는데 기여하는 아이러니를 만들었다.

이것은 1688년 명예혁명으로 제임스 2세의 사위로서 영국 왕이 된 네덜란드 총독 빌렘 3세의 영향이 컸다. 빌렘 3세가 영국 왕 윌리엄 3세로 즉위한 후, 네덜란드 정책은 영국의 정책에 구속되었다. 네덜란드보다 영국의 경제적 이익에 더 관심이 있었던 빌렘 3세가 두 왕위를 보유하는 동안 네덜란드는 오히려 손해를 보았던 것이다.

다섯째, 18세기 주변 유럽 국가들의 중상주의 정책 추진으로 인한 네덜란드 경제의 위축을 들 수 있다. 영국, 프랑스, 프러시아가 직접무역과 높은 관세장벽으로 중개무역상으로서의 네덜란드의 지위를 위태롭게 만들었고, 이들에 의해 추진된 국내산업 육성은 네덜란드의 농공업 시장을 빼앗았다. 네덜란드는 유럽에서 상실한 시장을 대체할 해외 식민지를 보유하지 못했고, 그나마 보유한 식민지는 강압적인 식민정책 때문에 비용이 많이 들어 이익이 거의 없었다. 네덜란드의 상공업과 함께 가장 빨리 쇠퇴한 것은 어업과 해운업이었다. 사람들의 입맛이 생선보다 육류를 좋아하면서, 프랑스 군함의 어업 방해, 낙후된 고래잡이 방식 등으로 어업이 쇠퇴했다.

여섯째, 지나친 상업적인 이윤추구를 들 수 있다. 네덜란드 상인들은 지나치게 상업적인 이윤추구에 몰두하여 서슴지 않고 같은 민족과 같은 종교인을 배신했다. 1694년 네덜란드 연방공화국과 프랑스가 전쟁 중이었을 때, 프랑스가 지면 경제적 손실을 입을 것으로 판단한 일부 네덜란드 상인들은 전쟁에서 밀리고 있는 프랑스인들에게 식량을 제공하며 중립국 깃발을 달고 프랑스로 화물을 운반하기도 했다. 네덜란드의 동인도회사가 일부 네덜란드 상인들을 억압하자 이들은 영국, 덴마크, 프랑스의 인도회사가 네덜란드 동인도회사의 선박을 약탈하도록 자금을 지원했다. 프랑스와 에스파냐는 네덜란드의 적이었지만, 이들 손에는 모두 네덜란드인들이 제공한 무기와 현금이 들려 있었다.

일곱째, 자본의 비생산적인 투자를 들 수 있다. 18세기에 암스테르담 상인들 중 상당수는 자금을 선박이나 국가 건설에 투자하기보다는 아름다운 집짓기에 몰두했다. 부유한 대상인들은 대규모 토지에 별장을 지었고, 귀족들에게서 근검절약의 모습은 볼 수 없고 프랑스를 본떠 겉모습만 치장하여 가발을 쓰고 주름이 잡힌 화려한 옷을 입은 모습만 볼 수 있었다. 네덜란드의 경건하고 성실했던 문화는 사라지고 어느새 사치와 부도덕한 풍조가 만연했다.

네덜란드가 주는 역사적 교훈

열악한 지리적 조건과 부존자원이 없는 자연환경을 극복하고, 그들의 불리함을 무역이라는 유리함으로 바꿔 생존뿐만 아니라, 나아가 결국에는 세계적인 상업제국을 건설한 네덜란드인들의 실용적이고 진취적인 성격은 높이 평가할 만하다. 당시의 거인 골리앗 에스파냐에 대항해 그들이 원하던 자유와 독립을 쟁취한 진취성, 용기와 무엇보다 상업적 이익을 중요시하는 실용성도 존경할 만하다. 하지만 눈앞의 상업적인 이익에 눈이 멀어 적대국에 군사적, 경제적으로 지원할 정도로, 모든 윤리와 도덕적 가치위에 상업적인 이익을 두는 것을 실용적이라고 평가하기에는 주저하게 된다. 우리가 막상 비슷한 상황에 처한다면 어떤 결정을 내릴까?

이민자를 적극적으로 수용한 네덜란드인들은, 동일한 민족과 동일한 종교에 기반을 둔 네덜란드 사회가 유럽 여러 지역으로부터 모여든 이민자들로 인해 동질성을 상실하고 매우 이질적인 사회로 변화할 수 있다는 사실에 대해 어떻게 생각했을까? 이민자들이 가져 온 경제적, 문화적 자본과 기술, 지식의 유입으로 네덜란드 사회가 발전할 수 있다는 사실에 만족했을까?

네덜란드로 와서 네덜란드가 발전하는데 인구수가 늘어나는 것 외에는 아무 것도 기여할 수 없었던 사람들의 이주도 기꺼이 받아들였을까?

오늘날 과열된 부동산, 주식, 금융시장 등을 경험하는 우리에게 17세기 네덜란드 튤립 투기 열풍은 시사하는 바가 크다. 자본주의 사회에서 살고 있는 우리에게 여러 형태의 경제적 거품은 거품이 꺼진 후의 사회적, 경제적 위기와 혼란 때문에 경각심을 불러일으킨다. 17세기 네덜란드 사회에서 튤립 투기 열풍으로 열심히 일해서 돈을 벌겠다는 건전한 정신이 사라진 것처럼, 오늘날에도 열심히 일하는 대신 투기를 통해 일확천금을 얻겠다는 생각이 사회에 만연한다면, 이것은 예나 지금이나 사회의 안정을 크게 위협할 것이다.

연표

- 1568–1648년 네덜란드 독립전쟁
- 1579년 유트레히트 동맹
- 1581년 네덜란드 연방공화국 탄생
- 1602년 동인도회사 설립
- 1637년 튤립 투기열풍 붕괴
- 1648년 네덜란드 독립국가 국제적 인정
- 1652–1654년 네덜란드와 영국의 전쟁
- 1688년 네덜란드 총독 오라녀 공 빌렘 3세의 영국 왕 윌리엄 3세 즉위
- 1795년 나폴레옹에 의해 네덜란드 공화국 몰락
- 1799년 동인도회사 해체
- 1815년 벨기에와 함께 네덜란드 왕국 성립
- 1830년 벨기에의 독립

참고문헌

- **단행본** 주경철, 『네덜란드』, 산처럼, 2003.
  주경철, 『대항해시대』, 서울대학교출판문화원, 2009.
  에드워드 첸슬러, 강남규 옮김, 『금융투기의 역사』, 국일증권경제연구소, 2001.

- **다큐멘터리** 〈EBS 대국굴기 – 네덜란드〉

- **영화** 〈진주 귀걸이를 한 소녀(2003), 피터 웨버 감독〉

자유의 전파자로 유럽을 제패하다

프랑스

머리말

'패배를 모르는 나폴레옹 군대', '타고난 승부사', '나폴레옹 식(式) 전략과 전술' 등의 명성과 더불어 대서양으로부터 러시아 초원까지 그리고 북해로부터 지중해까지 광대한 프랑스를 이룩했던 나폴레옹제국! 알프스 산맥을 넘고, 피레네 산맥을 넘어 나폴레옹은 가는 곳마다 연설하였다.

"우리 프랑스 군은 그대들을 해방하려 왔습니다. 우리는 그대들의 재산, 종교 그리고 전통을 존중할 것이오. 우리 마음은 관대하오. 우리가 맞서 싸우는 상대는 우리를 노예로 삼으려는 독재자들이오"라고 연설하며 자신과 프랑스 군대를 '자유를 전파하는 전령'으로 묘사하였다.

루이 16세와 마리앙뜨와넷이 단두대에서 참수되자 유럽의 군주국들은 프랑스 혁명의 기세가 자국들에게 파급될 것을 두려워하며, 함께 연대하여 '프랑스 죽이기'를 감행하였고, 이에 나폴레옹 보나파르트(Napoleon Bonapart, 1769-1821)와 그의 군대는 민족의 자유를 사수하고 혁명을 완수하기 위해 유럽을 향해 칼을 빼들었다. 1796년 나폴레옹 군대는 이탈리아로 출격하여 압제자 오스트리아를 축출하였고, 이후 1814년까지 오스트리아, 프로이센,

에스파냐, 네덜란드, 이탈리아 본토 등을 정복하며 지치지 않는 전투력으로 전 유럽을 긴장시켰다. 1804년(12. 2) 황제로 추대되었던 나폴레옹은 안으로 프랑스 혁명의 이념과 정신을 법과 제도로 정착시켰고, 밖으로 프랑스를 침공해오던 대불 동맹국들을 격퇴하며 '영광스러운 프랑스 제국'의 명성을 드높였다.

그러나 트라팔가 해전(1805)에서 패배한 프랑스가 영국을 향해 대륙봉쇄령(1806)을 발령한 이후 러시아 원정(1812)과 워털루 전투(1814)에서 패배한 결과 나폴레옹 황제는 엘바 섬으로 유배되었고, 유럽의 군주정은 부활하였다. 군주정을 무너뜨리고 공화국을 쟁취하려 혁명을 수행했던 프랑스 국민들이 식민지 난민출신의 일개 장교를 어떻게 황제로 추대하게 되었던가? 황제 나폴레옹과 그 부대는 어떻게 유럽을 제패하였으며, 무슨 힘으로 제국의 전성기를 유지할 수 있었던가? 그러한 나폴레옹제국이 왜 쇠퇴하였는가? 그리고 근대 시민사회로 진입하던 시점에서 나폴레옹제국은 어떤 의미를 지니는가? 이러한 역사적 질문은 나폴레옹제국의 흥망 과정뿐만 아니라 19세기 유럽 역사 전개의 방향을 이해하는 핵심이다.

제국 이전의 '혁명 프랑스 정국' 양상

나폴레옹제국의 기원은 프랑스 혁명 정국에서 비롯되었으므로, 혁명 정국에 대한 이해가 필요하다. 루이 14세(1638-1715) 이래 누적되었던 20억 리브르의 막대한 재정 부채와 심각한 재정 적자에 직면했던 루이 16세(1754-1793. 1. 21)는 과세를 위한 승인을 얻고자 1789년(5월) 삼부회를 소집하였다. 175년 만에 소집되었던 삼부회에서 제3신분 세력은 국왕에게 투표 방법 개선을 요청했다. 계몽사상에 힘입어 변화와 개선을 희망했던 그들은 집단별로 투표하던 관례를 개별 투표제로 바꾸어주기를 요청하였고, 루이 16세는 허락하지 않았다. 이에 제3신분 세력과 자유주의 귀족들은 베르사유 궁전 안 테니

▲ 바스티유 감옥 습격

스 코트에서 헌법 제정을 요구하며 해산을 거부하였다.

한편 혁명을 초래했던 근본적인 요인은 바로 구체제(Ancient regime) 모순에서 비롯되었다. 2% 정도에 불과한 1, 2신분들이 전 국토의 40%를 장악한 채 면세 특권을 누렸던 반면 98%의 제3신분이 상대적으로 적은 토지를 소유한 채, 불합리하게 국가 세금의 80%를 부담함으로써 고통 속에서 생활해야 했던 것이다. 그리고 1788-1789년 흉작과 기근, 곡물가격 앙등 등으로 기아 속을 헤매던 백성들이 1789년(7. 14) 바스티유 감옥을 습격하였던 것이다. 이후 지방 도시들에서 민병대가 조직되었고, 농민들의 봉기가 일어나 귀족과 고리대 상인 및 관리들이 습격당하고 살해되었다.

8월 4일 마침내 루이 16세는 봉건적 특권 폐지를 선언하였으며 국민의회에서 '인간과 시민의 권리선언'이 채택되어 모든 인간은 진정으로 평등하며

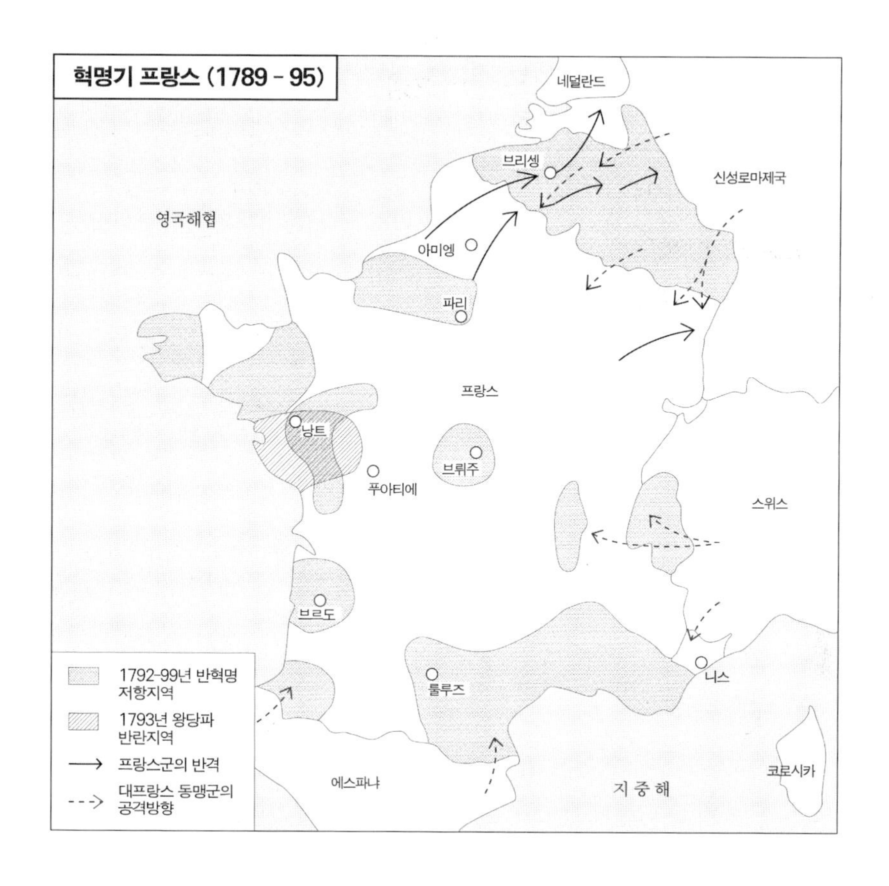

주권은 국민과 국가에게 있는 것으로 인식되었다. 10월에 루이 16세와 베르사유 궁정세력의 태도 돌변으로 '인간과 시민의 권리선언'이 부인되자 분노한 시민들, 특히 당시 시장에서 생선을 팔던 가난한 파리 부녀자들이 빵과 인권선언 승인을 요구하며 베르사이유로 행진하였다. 뒤를 따르던 과격한 파리 시민들의 요구에 따라 국왕 부처는 파리 튈르리 궁으로 이송되었다. 이후 국민의회는 국왕의 권력을 공유하며 프랑스 국민의 목소리를 대변하게 되었다.

국민의회는 먼저 교회 재산을 몰수하여 그것을 담보로 아씨냐 채권(지폐)을 발행하여 물가 조정을 시도하였다. 또한 의회는 길드와 내륙 관세, 통행세를 폐지해 자유주의 경제 정책을 추진하는 동시에 지방 행정 제도를 개편하였다. 1791년에 국민의회는 입헌 군주정을 표방하며 헌법제정에 주력하였다. 헌법 제정의 목표가 달성되자 국민의회는 해산되었으며, 입법의회가 소집되었다(1791. 10. 1).

입법의회에서는 유산시민들에게 선거권을 수여한다는 제한 선거제가 결정되었다. 1792년 9월 프랑스가 오스트리아·프로이센 연합군을 상대로 발미 전투에서 승리하자 국민공회가 소집되었고 이때 왕정 폐지와 공화국 수립이 선언되었다. 발미 전투 결과 프랑스가 벨기에를 점령하자 영국이 주도하여 대불 동맹이 결성되었다. 이후 루이 16세 부처의 생존 여부는 국내에서는 왕당파 활동의 구심점이 되었고 외세에게는 프랑스 침공의 이유가 되었다. 이에 자코뱅 세력이 장악했던 국민공회는 루이 16세를 단순히 하야시킬 것인지 참수할 것인지를 문제 삼다가 1793년 1월 근소한 표 차이로 루이 16세의 사형을 결정하였고 루이는 '샹드 마 광장에서의 시민 대학살 죄목'으로 단두대에서 참수되었다.

혁명기 공포정치의 핵심에는 공안위원회와 로베스피에르가 있었다. 공포정치의 상징은 바로 단두대였으며, 단두대는 의사이자 발명가였던 조제프 기요틴 의원이 누구나 평등하게 단시간에 죽을 수 있도록 고안해냈던 효율적인 사형도구였다. 이전의 중세시대의 소름끼치는 처형방식들 즉 사지 찢기, 목매달기, 익사시키기, 화형 등이 서민들이 겪어야 했던 처형 방식이었던 반면 참수형은 귀족들에게만 적용되었던 혜택이었기 때문이다. 온 나라가 귀족과 왕족의 목에 거침없이 칼을 겨누었고 새로 탄생한 혁명 정권에 반대하는 무리는 부자이거나 가난하거나 간에 그 즉시 사살되거나 단두대로 보내졌다.

루이 16세 부처 참수 이후 공포정치의 절정기에 단두대에서는 한 때 38분 동안 21명이 참수되었고, 그 수치가 4만 명에 이르렀다고 한다. 공화국 시민들은 공포를 미덕으로 삼아 감시와 처벌을 자행하던 공안위원회에게 점차 환멸을 느꼈다. 또한 시민들은 물가 통제에 실패하고 혁명력 제정, 기독교의 부정과 이성 숭배 등의 급진적 정책을 쏟아내었던 자코뱅파 공포정치를 신뢰

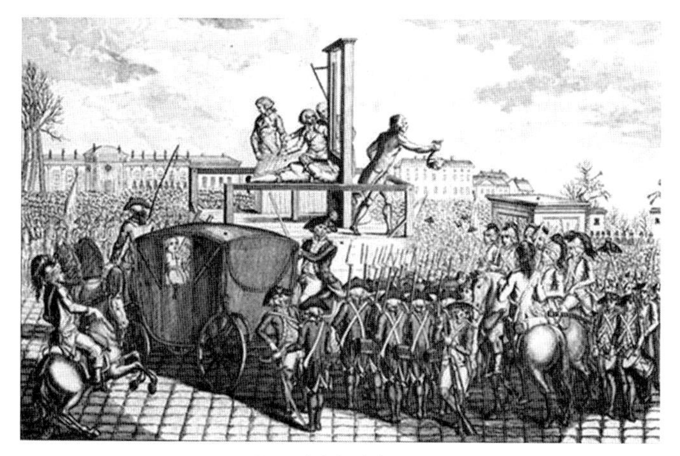

▲공포 정치의 상징, 단두대

하지 않게 되었다. 결국 1794년 7월 '뜨거운 달(열월)' 반(反) 로베스피에르 세력이 테르미도르 반동을 일으켜 독재자 로베스피에르를 체포하였고, 다음 날 로베스피에르는 단두대에서 처형되었다.

피비린내 나는 혼란과 무질서 속에 국민들에게 돌파구를 제시해 준 인물이 바로 나폴레옹 보나파르트(Napoleon Bonapart, 1769-1821)였다. 나폴레옹은 1769년 프랑스 식민지령 코르시카 섬 아작시오의 가난한 지주의 아들로 탄생하였다. 1779년 아버지를 따라 프랑스로 건너온 나폴레옹은 브리엔느 유년 육군사관학교와 파리 육군사관학교를 졸업하였다. 교육받는 동안 어린 나폴레옹은 코르시카 촌놈으로 불리면서 멸시와 온갖 차별을 당하였다. 그는 해군 장교를 희망하였으나 해군 장교 직은 왕족과 프랑스 귀족에게만 허락되었으므로 1785년 그는 발랑스에 주둔했던 라페르 연대 포병부대 소위로 임관되었다.

그렇다면 나폴레옹은 프랑스 혁명에 어떻게 연루되었던가? 그는 바스티유 함락 이후 혁명을 열정적으로 지지하였고 자코뱅을 지지하는 소책자 『보케르의 만찬』을 쓰기도 했다. 열렬한 공화주의자인 나폴레옹은 로베스피에르(Maximilien Francois Marie Isadore de Robespierre, 1758-1794) 동생 오귀스탱 드 로베스피에르 프레롱, 살리세티와 같은 공화주의자와 인연을 맺으며 혁명정부를 지지하였다. 당시 무명이었던 나폴레옹은 1793년 영국에게 점령되었던 툴롱 항구로 출정하여 성공적으로 툴롱을 탈환하였으므로 그때 이래 나폴레옹의 명성은 단번에 알려졌다. 이후 로베스피에르는 보나파르트에게 국민병 사령부직을 임명하였다. 짧은 기간 동안 화려한 경력을 갖추었던 나폴레옹은 테르미도르 반동 때 로베스피에르 지지 세력으로 낙인찍혀 니스의 감옥에서 두어 달 투옥되기도 했다.

그런데 안으로 왕당파를 대적하고 밖으로 외세를 척결해야 했던 프랑스는 유능한 군인을 필요로 했고 1795년 나폴레옹은 그 기회를 얻었다. 총재정부 출범을 앞두고 파리에서 왕당파가 반란을 일으키자 나폴레옹이 진압책임자로서 반란을 진압했다. 당시 나폴레옹은 대담하게도 시내(생로슈 성당 계단 위)에서 대포를 발포하여 반란을 진압했는데, 그 누구도 따라할 수 없는 대담한 행동이었다. 그 공로로 인해 1796-1797년 그는 당시 경력에 비해 중책이었던 이탈리아 원정 사령관으로 임명(1795. 3. 2)되어 출정(3. 5)하였고, 이탈리아를 오스트리아로부터 해방시켰다. 다음해 영국에 대한 간접공격으로 이집트 원정을 갔다가 이집트에 상륙했으나 넬슨 제독이 프랑스 함대를 격파함에 따라 나폴레옹은 자신의 군대를 이끌고 이집트를 탈출해 프랑스로 귀국하였다. 파리로 돌아온 나폴레옹은 1799년 11월(혁명력 브뤼메르)에 쿠데타를 일으켜 총재정부를 타도한 뒤 통령정부를 수렴하였고 3명의 통령 중 자신이 제1통령으로 취임하였다. 절대왕정이 무너졌으나 다른 군사 독재의 통치가 시작되었다.

나폴레옹제국의 전성기

제1통령으로서 나폴레옹은 자신이 원로원의 의원을 임명하고, 육·해군의 총사령관으로서 군대 통수권을 장악하여 권력을 독점하고자 하였다. 나폴레

옹은 첫 작업으로서 1801년 교황과 종교 협약을 맺었다. 혁명 정부와 갈등을 빚었던 가톨릭은 다시 프랑스 국민 대다수의 신앙이 되었으며 교회는 국가 질서에 편입되었다. 다음 작업으로 나폴레옹은 혁명 중에 제창되었던 사항들을 제도화하기 위해 법전을 편찬하였다. 1800년 이래 민법전의 초안 작업이 시작되어 1804년 3월에 법전이 공포되었다. 나폴레옹 법전이라 불리는 이 법전은 법 앞에서의 평등, 신앙의 자유, 봉건적 특권 폐지 그리고 프랑스 가정과 가족 간의 사적인 소유권과 가족법에 대해 36개의 법과 2,281개의 조항으로 잘 정립해 두었다.

나폴레옹 통치 시기 민법전 편찬만큼이나 중요했던 성과는 교육제도의 정비 작업이었다. 황제 즉위 당시 학교와 교수가 부족하였으므로 나폴레옹 통치 시기에는 새로운 형태의 학교(초등학교, 문법학교, 중고등학교)들이 설립되었고, 국가가 모든 학교들을 관리·감독해가는 근대적 교육의 틀이 마련되었다.

이 밖에도 나폴레옹은 프랑스 은행을 설립하였고, 혁명력을 폐지하고 태양력을 다시 사용했으며 세심한 조치에 따라 조세를 부과하였다. 뿐만 아니라 고위 관직의 독점을 타파하고 부패를 척결함으로써 혁명기 제시되었던 문제를 개선하여 제도적으로 정착시키고자 하였다. 이러한 나폴레옹의 통치 작업들이 국민들에게 신뢰를 얻게 되었으므로 1802년 나폴레옹이 종신 통령직에 오르는 것이 문제되지 않았다. 마침내 1804년 5월 나폴레옹은 357만 표의 지지와 2,569표의 반대라는 압도적인 표 차이로 황제로 추대되었고, 12월(2일)에 노트르담 대성당에서 황제 대관식이 거행되었다. 프랑스 변방 코르시카의 보잘 것 없는 어린 소년(10세)이 차별과 역경을 이겨내고 프랑스로 건너온 지 25년 만에 거두었던 쾌거였다. 그는 안으로 정국을 안정시키면서 밖으로 연대하여 프랑스를 침공해오는 대불동맹 군주국들을 상대해야 했다. 그는 후에 "나는 언제나 주권은 국민에게 있다고 생각했다. 제정 체제는 사실 일종의 공화제이다. …국민의 요청으로 지도자가 된 나는 출생 신분이나 재산에 차별을 두지 않았다"고 회고하면서 자신의 통치에 대한 신념을 변호하였다.

나폴레옹은 황제로 추대되기 전까지는 사실상 방어 전쟁을 치렀다. 그러나 황제 대관식 이후 나폴레옹은 유럽을 향해 프랑스 영토를 넓혀갔던 침략 전쟁을 수행하였다. 그리하여 1793년 1차 대불 동맹을 시작으로 7차까지 대불 동맹을 결성하며 프랑스를 압박하던 유럽 군주국들을 상대하였다. 나폴레옹은 프랑스 국민을 단결하게 하였고, 프랑스 국가의 자존심을 회복시켜 주었다. 나폴레옹은 황제로 추대된 바로 다음해 1805년 10월에 오스트리아군을 격파하여 승리하였고 12월에 아우스터리츠(Austerlitz) 전투에서 러시아와 오스트리아 동맹군을 격파하였다. 연이어 1806년에는 예나-아우어슈테트 전투에서 프로이센을 격파한 후 베를린에 입성하여 16개 연방을 라인 동맹으로 편성하였다. 1807년에 프로이센 리틀란트 전투에서 러시아와 프로

이센군을 격파하고 틸지트 조약(7월)을 맺어 프로이센 영토를 확보하였다. 그리하여 라인 강과 엘베 강 사이에 베스트팔리아 왕국이 세워지고 프랑스 세력은 라인 강 오른쪽까지 확대되었다.

▲나폴레옹 보나파르트(1769-1821)

1807년 나폴레옹은 자신의 승리를 기념하기 위해 파리에 로마식 개선문을 축조하도록 하였는데 그것이 바로 오늘날 파리 관광객 모두가 찾는 명소 에뚜알 개선문(L'arc de triomphe de l'étoile)이다. 개선문을 중심으로 난 12갈래의 거리 이름은 당시 나폴레옹이 승리했던 전투 이름 혹은 장군의 이름을 붙였던 것이다. 이후 1812년 러시아 원정 이전까지 나폴레옹의 군대는 라인 강, 알프스 산맥, 피레네 산맥 넘어 유럽 전 지역에서 깃발을 꽂으며 그 명성을 휘날렸다.

이처럼 전 유럽에 휘날린 나폴레옹 군대의 명성들은 다큐멘터리와 영화로 제작되어 전해지고 있다. 영화와 자료들에 나타난 나폴레옹에 대한 묘사는 가히 신화적이다. 당시의 유럽 군주국이 나폴레옹에게 패배하여 항복해 갈 때 영국민들 사이에 각종 소문들이 퍼졌다고 한다. 후퇴를 모르는 나폴레옹이 '날아서 영국해협을 건너올 수 있다'는 소문도 있었고, '바다 밑으로 터널을 파서 해협을 건너 올 것'이라는 소문도 있었다. 심지어는 밤에 어린 아이들이 칭얼대며 잠들지 않을 때면 '도깨비 나폴레옹'이 데리러 올 것이라 겁주기도 하였다. 나폴레옹의 침공을 두려워하는 마음은 카툰에서 나폴레옹과 그 연인을 경멸하는 표현으로 나타났다. 나폴레옹은 기회주의자, 졸부로 묘사되었고 그의 연인 조세핀은 사교계를 휩쓰는 매춘부로 표현되었다. 이는 영국이 해상에서 주도권을 잡고 있었을지라도 나폴레옹의 침공을 염려하고 있었기 때문에 나타난 반응이었던 것으로 판단된다.

제국의 융성 원인

나폴레옹 황제를 사령탑으로 한 제국이 유럽전역을 휩쓸며 융성할 수 있었던 비결은 무엇이었을까? 이에 대한 설명은 당시의 프랑스 국내의 상황과 군인이자 통치자로서의 나폴레옹의 능력과 전략, '나폴레옹 군대가 내세웠던 명분 즉 혁명사상 보급 등에서 추측 가능하다.

첫째, 나폴레옹은 혁명 시기에 제창되었던 공약과 정치적 과제들이 실제로 이행되지 않은 채 표류하던 것을 제도로서 정착시키고 실행시키고자 하였다. 그런 점 때문에 나폴레옹은 혁명의 수습자 혹은 혁명의 계승자로서 프랑스 국민들에게 환영받고 인정받았으며 그 결과 국내의 정치적 안정이 확보되었던 점을 들 수 있다.

둘째, 당시 유럽의 강력했던 국가들의 연합군에 맞서 싸웠던 나폴레옹 개인의 군인으로서의 자질과 리더십 그리고 탁월한 전쟁수행 능력을 들 수 있겠다. 나폴레옹의 리더십은 신뢰받는 지휘관으로서 병사들로부터 자신에 대한 충성을 끌어내는데 있었다. 그는 어떤 위험과 어려움이 있는 곳에서도 자신이 앞장서서 돌격함으로써 부하들에게 신뢰를 얻었으며, 오랜 야전생활에서도 다른 병사들과 다름없이 소박한 막사생활을 함으로써 병사들의 존경을 이끌어내었다. 뿐만 아니라 그는 전장에서 수시로 병사들을 돌아보는 친근한 지휘관으로서, 병사 개인의 공로를 기억하였다가 친히 자신의 사물이나 애용품을 선사하는 것으로 병사들을 감동시킴으로써 나폴레옹 자신에 대한 강한 충성을 끌어내었다고 한다. 그는 어떤 상관이 자신의 병사로부터 존경받는지를 알고 있었던 것이다.

이처럼 존경받는 군인으로서의 처세나 군사적인 지략에 대해 나폴레옹은 어디에서 어떻게 터득하였던 것일까? 그것은 바로 나폴레옹이 유년 브리엔즈 육군사관생도와 파리육군사관생도 시절부터 특별히 탐독해온 역사서들 즉 알렉산더 대제나 카이사르, 한니발 장군들 전적에 관한 역사서들로부터 배웠다고 한다. 실제로 나폴레옹은 전쟁터로 나갈 때 500여 권의 책들을 실은 '이동 도서관'을 대동하여 수시로 역사서로부터 전략을 도출해냈다고 한다.

이러한 나폴레옹 개인의 자질과 노력 이외 실제로 나폴레옹 군대가 유럽을 호령하며 승리해 갈 수 있었던 힘은 어디서 비롯된 것이었을까? 그것은 바로 나폴레옹이 직접 지휘했던 '야전군 그랑 아르메(Grande Armee)'의 존재로 설명되기도 한다. 그랑 아르메는 전장에서 나폴레옹 전투력의 상징으로, 1803년 이래 영국 상륙을 목표로 불로뉴에서 맹훈련을 거쳐 기동타격대로서 양성되었는데, 약 200,000명에 이르렀다. 그는 야전군(그랑 아르메)을 중심으로 상황에 따라서 다른 군사진을 합류시켜 전투를 수행하였다고 한다. 러시아 원정 때도 사실상 야전군이 동원되었으나 그들이 모스코바에 도착하였을 때는 이미 모스크바가 불타고 있었으므로 사실상의 전투 능력을 발휘할 수 없었다고 한다. 1805년 이후 본격적으로 전쟁을 치르면서 많은 군사가 필요하였으므로 나폴레옹은 상비군을 600,000명으로 증강시켰다. 그 많은 병사들을 어떻게 조달했을까? 계급이 높은 장교직은 지원자로 채웠고 나머지는 징병제로 채워졌다. 초기에는 20-24세 청년들이 징집되었으나 그 중 기혼자, 홀아비, 이혼 가장들은 면제시켜 주기도 했고 1803년부터는 대리 복무가 공식화되었다고 한다. 대리 복무는 주로 군 복무를 피하려는 유복한 계층의 자제들에게 허락된 것이었다.

셋째, 대서양으로부터 러시아 초원까지 그리고 북해로부터 지중해에 이르기까지 출정하며 나폴레옹이 정복해 갈 수 있었던 것은 그가 내세웠던 명분 즉 혁명 원칙의 보급이 유럽의 자유 시민들에게 호소력을 지녔기 때문이었다. 나폴레옹은 자신의 군대가 도달하는 곳의 절대 군주정을 무너뜨리고, 인권을 존중하며 정치, 종교, 언론의 자유를 허락하고 신분제를 철폐하는 평등 의식을 보급할 것이라고 연설하였다. 그리고 자신이 명령내리고 직접 개입했던 프랑스 민법전을 보급함으로써 자유를 갈구하는 시민들을 감동시켰기 때문이었다. 나폴레옹 군대가 지나는 지방의 국민들은 나폴레옹 군대를 환호하며 갈채를 보내주었다.

제국의 쇠망원인

그렇다면 나폴레옹제국이 왜, 어떤 시점부터 쇠망하게 되었던가? 나폴레옹제국 몰락을 초래했던 실제적인 사건은 첫째, 1805년 트라팔가(Battle of Trafalgar) 해전에서 참패한 후 영국에게 경제적인 타격을 입히기 위해 1806년 영국을 향해 대륙봉쇄령을 발령한 것에서 비롯되었다. 대륙봉쇄령에도 불구하고 영국은 유럽시장 대신에 아메리카와 근동시장을 무대로 무역하였다. 뿐만 아니라 아쉬운 입장의 대륙 국가들이 영국과 밀무역을 원하였으므로 영국은 어려움 없이 해상 중계무역을 계속하였다. 문제는 오히려 프랑스의 경제적 피해가 심했던 것이다. 제조 원료와 사탕 등 식민지에서 프랑스로 들여오는 수입품이 부족해지자 물가가 상승했고 프랑스가 과거 영국을 상대로 수출하던 곡물 수출이 막혀 프랑스의 경제적 피해가 심화되었던 것이다. 이로 인해 프랑스와 이웃한 나라들이 경제적 어려움을 겪게 되자 프랑스 몰래 밀무역을 하였으므로 프랑스와의 관계가 불편하였다.

둘째, 프랑스의 힘을 약화시켰던 것은 1812년 프랑스의 러시아 원정 실패이다. 이것은 앞에서 언급한 대륙 봉쇄령의 여파와 관련된 문제였는데 대륙봉쇄령 때문에 곡물 수출길이 막힌 러시아가 가장 먼저 영국과 통상을 재개하자 러시아의 배신을 응징하러 나폴레옹이 1812년 67만 명의 대군을 이끌고 러시아 원정길에 올랐는데, 오히려 원정에서 패배하자 나폴레옹은 물적 피해와 정신적 충격이 컸다. 1812년 9월 중순에 모스크바에 입성했으나 이미 도시를 불타고 있는 모스크바를 목격하면서 무혈입성했으나 미련을 두어 모스크바로부터 철수 할 때를 놓쳤다. 나폴레옹이 저지른 큰 실수는 러시아 황제 알렉산드르 1세(Aleksandr Pavlovich, 1777-1825)에 대한 판단 착오였다. 애초에 러시아 황제 알렉산드르 1세는 처음부터 유럽을 종횡무진하며 정복하는 나폴레옹과 화해할 마음이 없었다는 점과 그가 나폴레옹을 무너뜨릴 기회만 엿보고 있었다는 것을 나폴레옹이 알아차리지 못하였다. 오히려 그는 알렉산드르 1세가 협상하러 오기를 3주나 기다리다가 결국 혹한의 겨울을 맞아 궁지에 몰리게 되었다. 나폴레옹 병영의 현지 조달식(式) 식량조달이 제대로 이루어지지 못하였고 겨울 채비를 하지 못한 채 동장군을 만난 나폴레옹 군대는 기아와 추위에 시달리며 제대로 전투를 치르지도 못한 채 귀환 중에 죽어갔던 것이다.

셋째, 나폴레옹 전술의 한계를 들 수 있다. 즉 나폴레옹 전술의 3대 특징은 '기동성과 병력을 집중시켜 중앙을 돌파하여 각개 격파하는 전법' 그리고 무엇보다 '영광스럽게 죽겠다는 결의에 찬 전진'이었다. 그런데 이탈리아 원정 때 터득한 전술을 나폴레옹은 모든 곳에서 계속 고집하였으므로 에스파냐의 산악지대나 러시아 평원에서는 통용될 수 없었던 한계도 있었다. 한편 영광스럽게 죽을 각오로 싸운 기개는 두려움 없이 전진할 수 있었던 원동력이었으나, 멈추어야 할 때와 후퇴해야 할 때를 가리지 않고, 고집스럽게 오직 전진하였던 나폴레옹의 자존심은 패배를 자초한 하나의 원인이 되었다.

넷째, 나폴레옹은 강력한 군대와 경찰력 그리고 언론을 통제함으로써 정부의 명령을 신속하고 효율적으로 집행할 수 있는 장점이 있었지만 제국 말기에는 국민의 여론을 직접적으로 반영하지 않았다는 문제를 안고 있었다.

다섯째, 제국을 떠받치고 있던 혁명원칙, 자유 평등 이념의 보급이 부메랑이 되어 돌아왔다는 사실이다. 즉 나폴레옹은 유럽제국을 정복하여 자신이 이탈리아의 국왕, 라인 연방의 보호자, 스위스 연방의 중재자의 지위를 겸직하였고, 정복하는 국가들에서 자신의 형제와 부하 장교를 왕으로 봉하였다. 1808년 에스파냐 궁정 내부의 분열을 이용해 나폴레옹이 왕을 폐위시키고 자신의 형 조셉을 에스파냐 왕위에 봉하였을 때 에스파냐 수도 마드리드 민중은 봉기를 일으켰다. 그것은 전국적 폭동으로 확대되었고 영국의 에스파냐 지원으로 나폴레옹은 궁지에 몰리게 되었다. 독일의 음악가 베토벤

(Ludwig van Beethoven, 1770-1827)은 인간의 자유와 존엄을 표방하였던 프랑스 혁명과 그 계승자 나폴레옹을 기리며 1804년에 완성한 교향곡 3번 '영웅'을 나폴레옹에게 헌정하고자 하였으나 1804년 5월 나폴레옹이 황제로 즉위하고자 한다는 소식을 전해 듣자 격분하며 교향곡 헌정을 취소하였다고 한다. 베토벤은 나폴레옹 역시 권력을 탐한 속물이라고 비난하였다. 프랑스 혁명기 중 외세로부터 자국의 자유를 수호하는 데 그치지 않고 유럽을 향해 침략전쟁을 가속화하면서 자유의 수호자, 전파자, 해방자였던 나폴레옹은 자유의 압제자로 몰락하였다.

역사적 교훈

2004년(12. 2) 나폴레옹 황제 즉위 대관식 200주년을 맞이하여 〈르 피가로(Le Figaro)〉 신문은 프랑스 남녀 1,000명을 대상으로 '프랑스 국민들은 나폴레옹을 어떻게 생각할까?'에 대해 조사하였다. 그 신문의 조사에 따르면, 프랑스 국민의 49%가 나폴레옹을 '시대를 앞서가며 자신의 이상 실현을 통해 프랑스에게 영광을 가져다 준 정복자'로 평가했고, 39%는 그를 '정권을 위해 수단과 방법을 가리지 않았던 독재적 전제 군주'로 평가했다.

프랑스 혁명의 계승자이자 수습자라는 평가대로 20여 년의 통치 동안에 나폴레옹은 혁명시기에 표류하였던 많은 공약과 정치적 과제들을 제도화시키고, 법전으로 현실화시켰다. 그 결실은 프랑스 이외의 지역에도 이식되어 봉건제를 폐지시켰고, 유럽이 근대 시민국가로 이행되는 데 기여하였다. 무엇보다도 나폴레옹제국의 프랑스 혁명이념 보급은 19세기 유럽 각국이 각국의 환경 속에서 정치, 문화, 사회 전반에 대한 자유주의 개혁을 시도할 수 있도록 그 방향을 제시했다는 점에서 그 의미가 크다.

나폴레옹제국은 죽음을 불사하고 두려움 없이 전진하며 단 기간에 유럽 전역을 제패하였으나 멈추어야 할 때와 후퇴해야 할 때를 가리지 못하고,

고집스럽게 오직 전진만을 강조하였던 나폴레옹의 자존심 때문에 몰락하였다. 나폴레옹 보나파르트의 리더십은 위대한 군인이자 통치자로서 실제 정치인이나 군인들에게는 좋은 본보기가 될 수 있지만, 어떤 위대한 업적을 남긴다 하더라도 특정 한 사람이 자유를 유린하거나 억압하며 국가의 정치를 좌지우지해서는 안 된다는 사실과 그러한 토대 위에 군림하는 국가는 단명에 그칠 것이라는 교훈을 남긴다.

연표

- 1796년 나폴레옹 이탈리아 원정과 오스트리아 격파
- 1799년 나폴레옹 브뤼메르 쿠데타 일으켜 통령정부 수립
- 1800년 오스트리아군 격파(마렝고)
- 1802년 영국과 아미앵 조약체결(1802)
- 1802년 나폴레옹 종신통령으로 선출되다.
- 1804년 나폴레옹의 황제대관식
- 1806년 영국무역 고립시키는 대륙봉쇄령 발령
- 1807년 러시아 알렉산드르 1세와 틸지트조약체결
- 1808년 스페인 정복 후 형 조제프를 스페인 왕으로 임명하다.
- 1810년 황후 조세핀과 이혼, 오스트리아 황녀 마리 루이즈와 결혼
- 1812년 러시아 원정 출정 모스코바 입성했으나 러시아 원정 실패
- 1814년 유럽 동맹군 파리에 입성, 나폴레옹 엘바 섬으로 유배됨
- 1815년 엘바 섬 탈출, 워털루 전투 패배
- 1821년 나폴레옹 세인트 헬리나 섬에서 병사(52세)

참고문헌

• 단행본

그레고리 프리몬-반즈·토드 피셔, 박근형 옮김, 『나폴레옹 전쟁』, 플래닛미디어, 2009.
N.S. 류지, 문용수 옮김, 『영웅 나폴레옹-불가능은 없다』, 오늘, 1998.
조르주 보르도노브, 나은주 옮김, 『나폴레옹 평전』, 열대림, 2004.
콜린 존스, 방문숙·이호영 옮김, 『사진과 그림으로 보는 케임브리지 프랑스사』, 시공사, 2001.

• 다큐멘터리

〈EBS 대국굴기 – 프랑스〉
〈EBS 나폴레옹의 몰락〉
〈BBC 워리어스 – 타고난 승부사 나폴레옹〉

• 영화

〈당통(1983), 안제이 바미다 감독〉
〈나폴레옹(1955), 사샤 기트리 감독〉
〈워털루(1970), 세르게이 본다르처크 감독〉

'해가 지지 않는 나라' 해가 지다

영국

머리말

'해가 지지 않는 나라'라는 말은 어디에서 비롯된 것일까? 이 말은 어떤 영국을 의미하는 말인가? 1837년 18세의 어린 나이로 여왕에 즉위했던 빅토리아 여왕(Alexandrina Victoria Hanover, 1819-1901)이 64년간 통치하다가 1901년 사망할 당시 영국은 3,670만㎢의 대제국이었다. 그 제국의 규모가 얼마나 방대했던지 영국을 떠나 여러 식민지를 지나는 동안 그 시차로 인해 계속해서 '해가 떠 있는 낮의 제국 영토'를 만나게 된다는 사실을 비유한 표현으로 영국의 통치령이 엄청나게 방대하였음을 의미하였다. 1901년 당시 영국은 세계의 1/4의 면적과 세계 인구의 1/6의 규모였다.

대영제국이라고 하면 일반적으로 우리는 19세기의 빅토리아 여왕시기의 대영제국을 떠올린다. 그러나 대영제국이라는 말은 원래 잉글랜드(England), 스코틀랜드(Scotland), 웨일스(Wales) 그리고 아일랜드(Ireland)의 연합을 의미하는 것이라고 한다. 점차 그 의미가 확대되어 북서 유럽의 작은 섬나라에 불과하던 영국이 엘리자베스 1세 때 유럽 밖 신대륙에 새로운 식민지를 확보하였고 그 이래 1931년 영국 연방이 성립되기 전까지 영국이 해외에 건설하거나 영국에게 복속된 세계 각지의 식민 통치 지역 전체를 거느린 제국을 의미하게 되었다. 20세기에 들어와 식민지들이 독립하면서 대영제국의 개념은 영국의 상징적인 종주권을 인정하는 자치 속령지들을 포괄한 영연방(British Commonwealth)이라는 개념으로 발전했다.

영국은 언제, 어떤 과정을 거쳐 대영제국을 이루었으며 제국 전성기의 정치, 경제 및 사회 모습은 어떠했을까 ? 그리고 대영제국을 지속적으로 유지할 수 있었던 요인들이 무엇이었으며 영국은 결국 왜 쇠퇴하게 되었고 우리에게 어떤 교훈을 남기는지 살펴보자.

제국 초기 정국

제국의 시작은 엘리자베스(Elizabeth Tudor, 1533-1603 재위) 1세가 통치했던 영국에서 비롯되었다. 종교 개혁의 여파 속에 중도적 자세를 취하며 국내 안정에 힘쓰던 엘리자베스 1세는 로마 가톨릭을 신봉하던 에스파냐와 프랑스의 끊임없는 견제에 효과적으로 대응하며 나아가야 했다. 당시 에스파냐는 콜럼부스의 신대륙 상륙 이래 북아메리카를 장악하고 있었으며, 포르투갈은 아프리카 연안과 브라질까지 그리고 프랑스는 오늘날 캐나다 지역의 세인트 로렌스 강까지 진출하고 있었다.

주변국들의 해외 진출에 맞서 엘리자베스는 1584년 탐험가 월터롤리(Sir Walter Raleigh, 1552-1618)에게 특허장을 수여하며 신대륙으로 진출하게 함으로써 에스파냐와의 갈등을 심화시켰다. 그리하여 만반의 준비를 하여 1588년 영국 해안으로 쳐들어 온 에스파냐 무적함대(Armada Invincible)를 영국은 기적처럼 물리쳤으며, 그 후 영국은 대륙 국가들과의 관계에서 자신감을 지니게 되었다.

엘리자베스 시대 영국은 대외적으로 신대륙의 에스파냐 식민지를 영국의 식민지로 확보함으로써 해외로 그 세력을 넓혔으며 안으로는 인클로저 운동

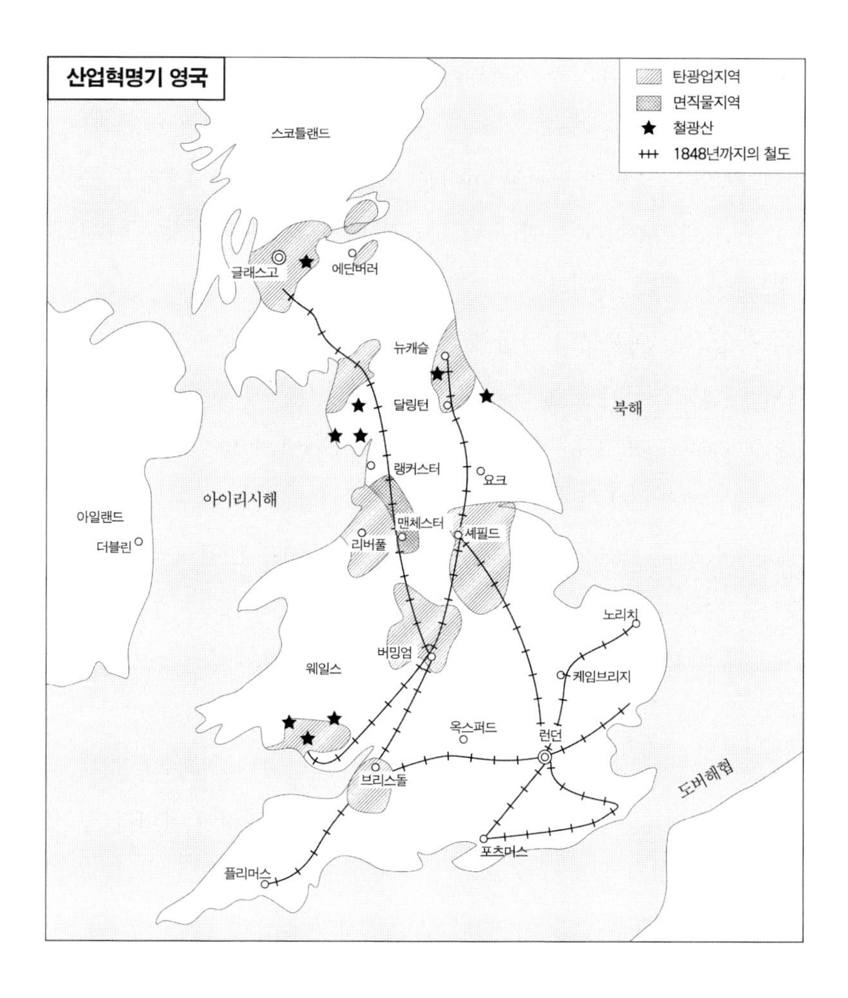

(Enclosure)을 통해 모직물 산업의 발전과 농업분야의 기술혁신을 후원함으로써 자본주의 경제로 이행하게 되었다. 인클로저 운동으로 인해 토지로부터 축출된 농업 노동자들은 도시로 이주하여 산업 노동력을 제공하였다. 인클로저 여파로 이주민들이 부랑함으로써 빈민구제나 치안유지 등의 과제가 대두되었지만, 엘리자베스 시대는 '골든 에이지(Golden Age)'로 평가될 만큼 국내가 비교적 안정되고 번영하였다.

버지니아 주(州)를 비롯하여 1760년대 13개 주의 식민지를 보유하였던 영국은 조지 3세(George 3세, 1760-1820 재위) 때 7년 전쟁(1756-1763) 비용과 식민지

방위 비용에 필요한 재정을 아메리카 식민지로부터 충당하려한 것이 도화선이 되어 보스턴 차사건(Boston Tea Party)이 발생했으며 그것은 1775년 북아메리카 식민지의 독립전쟁 발발로 이어졌다. 그 결과 승리한 13개 식민지 공동체는 1783년 파리조약을 통해 독립 국가로 인정되었으며 영국은 아메리카의 식민지를 상실했던 것이다.

미국 독립전쟁 이후부터 나폴레옹 전쟁 승리까지 영국은 아시아(특히 인도)와 태평양으로 그 세력을 넓히는 데 집중하였다. 이 시기 국내에서는 청교도 혁명(Puritan Revolution, 1642-1649), 크롬웰(Oliver Cromwell, 1599-1658년)의 공화정(1653-1658), 찰스 2세(Charles II, 1630-1685)의 왕정복고(1660-1685), 명예혁명(Bloodless Revolution, 1688)이 전개되었다. 청교도 혁명과 명예혁명을 통해 영국은 왕권을 견제하는 확실한 의회 정치가 확립됨으로써 대륙의 다른 나라들보다 1세기나 앞서 정치적 안정을 이루었다. 또한 크롬웰과 찰스 2세 때 건함(建艦) 도모 정책과 해군력 강화정책은 향후 영국의 핵심적인 힘인 '우세한 해군력 보유'에 이바지하게 되었다. 이시기 영국은 아시아와 태평양으로 관심을 확장하였는데, 특히 인도로의 진출은 국가의 공권력이 아니라 동인도회사라는 기업을 통해 진출하게 되었다. 동인도회사는 1595년 네덜란드가 인도로 진출하여 향료 무역을 본격적으로 개시하자 영국의 런던 상인이 중심이 되어 엘리자베스 여왕으로부터 특허를 얻어 동인도에서 무역을 독점하여 활동하였다.

동인도회사는 처음에는 개별적 기업체로 진출했으나 1613년에 합자 기업체로 바뀌었다가 찰스 2세(1660-1685 재위) 때 근대식 주식회사로 운영되었다. 17세기 동인도회사의 활동 범위는 아프리카에서 일본까지 미쳤다. 그런데 초기에는 네덜란드 동인도회사에게 밀렸으므로 영국의 동인도회사는 주로 인도에서 활동해야 했다. 즉 인도의 봄베이(오늘날 뭄바이)로부터 캘커타에 이르는 서부 해안선을 따라 활동하였다. 그리하여 광대한 영토와 인구를 보유했던 인도는 '영국 제국주의라는 왕관 중에서 가장 빛나는 보석'으로 인식되었다.

영국의 식민지는 두 가지 유형으로 구분된다. 첫 번째 유형은 정착식민지(Settlement Colonies)로서 대부분 온대 지방에 분포하며, 오스트레일리아, 미국, 캐나다 및 아프리카 케이프 식민지 등이다. 이 식민지들은 영국민들이 새로운 생활 터전을 찾아서 혹은 종교적 자유를 찾아 본국으로부터 이주하여 그들의 터전을 건설하였던 곳이다. 그들은 원주민을 정복하여 그들을 희생시키고 국가를 건설하기도 했으나 주로 원주민과 화합하여 지배 세력이 되기를 선호하였다.

두 번째 유형은 착취 식민지(Exploitation Colonies)로서 이들은 주로 열대 지방들에 분포하며 이집트, 열대 아프리카 및 말레이시아 등이 이 유형에 속한다. 이들 지역의 경우, 기후가 백인 영국인이 정착하기에 부적당하였으므로 영국민의 이주가 많이 이루어지지 않았다. 두 번째 유형 식민지에서의 영국의 주요 목적은 무역과 지하자원 개발 그리고 경제적 수탈이었다.

그런데 인도는 다른 식민지와 달리 영국의 법조문이나 공문서에서 식민지로 기재된 일이 없으며, 항상 대영제국에 의존하는 '분리된 하나의 제국'으로 구분되었다. 제국주의 국가로서 대영제국이 누렸던 영광은 식민지 인도를 떠나서는 생각될 수 없는 것이었다. 18세기 인도 약탈은 영국 산업자본주의 발달을 가능하게 하였으며, 19세기 인도는 영국 제조업자들에게 주요한 상품시장이었다.

처음에 영국이 동인도회사(English East India Company)에 설립 허가를 내 준 이유는 자국에서 향신료와 각종 물품을 필요로 하였을 뿐만 아니라, 상품 수출 시장이 필요했기 때문이다. 즉 영국은 동인도 제도와 아시아에 전통 산업의 모직물을 수출해서 국가 경제를 향상시키고 싶었기 때문이었다. 그러나 초기에 열대의 동인도 제도에서는 면제품에 대한 수요는 있었으나, 모직물에 대한 수요가 없어 그 수출이 어렵게 되자 향신료와 각종 물품의 수요를 충당하기 위해 수입을 늘리게 되었다. 영국 내 금값은 지속적으로 상승하고 적자를 면치 못하게 되어 이것을 해결하기 위해 회사는 인도에서 모직물이나 영국의 주력 상품인 주석과 철 등을 판매하여 이 비용으로 면제품을 사들인 뒤, 이를 다시 동인도에서 팔아 향신료의 비용으로 사용하고자 하였다. 그로부터 동인도회사는 인도의 면직물 수입을 주력 사업으로 삼았고 원료를 확보하기 위해 인도 원주민 생산자를 지배하였다.

그런데 1680년대에 영국 왕이 동인도회사에 징병권과 사관 임명권, 교전권까지 부여함으로써 국가와 같은 권한을 행사하였으므로 이후 동인도회사의 영향력은 더욱 증대된다. 그들은 세금도 내지 않고 상업을 하였고, 벵골(Bengal) 지배자의 영토에 요새와 상관을 건설하고 군대를 주둔시키며, 궁정에까지 영향력을 행사하였다. 동인도회사는 단순한 기업의 활동에 그치지 않고, 내륙 지방 소재의 토지와 주민에 대한 지배까지 감행하였던 것이다.

1757년에 플라시 전투가 벌어졌다. 클라이브가 이끄는 영국 동인도회사군과 벵골 군이 전투를 치른 결과 영국 사상자 29명, 벵골 측 사상자는 500명으로 영국이 이 전투에서 승리함으로써 인도에 진출한 프랑스를 축출해 내고 마침내 단독으로 인도를 식민지로 삼을 수 있었다. 그 후 동인도회사는 무굴제국 황제로부터 1765년 토지세로 대표되는 벵골 지방의 조세 징수권까지 양도받으면서 벵골의 토지 소유자가 되어 인도의 지배자가 되었다.

한편 영국에서는 1718년 이래 한해 대략 천명의 죄수가 대서양을 건너 아메리카 식민지로 귀향갔는데, 미국의 독립전쟁 패배로 1783년 아메리카 식민지를 상실하였으므로 그 대체 유배지를 찾고 있었다. 그런데 영국의 항해 탐험가 제임스 쿡(James Cook)이 1770년대 남태평양 항해에서 돌아오던 중 오스트레일리아 동쪽 해안을 발견하고 뉴사우스 웨일즈라고 이름 붙였고, 대체 유배지를 물색하던 영국 정부가 그곳을 새로운 죄수 유배지로 활용하였다. 그곳이 나중에 영국에 의해 '오스트레일리아'라는 이름으로 바뀌었다. 태평양을 항해하며 세계지도를 작성하였던 제임스 쿡의 항해 결과 오스트레일리아와 뉴질랜드는 영국의 식민지로 획득되었다.

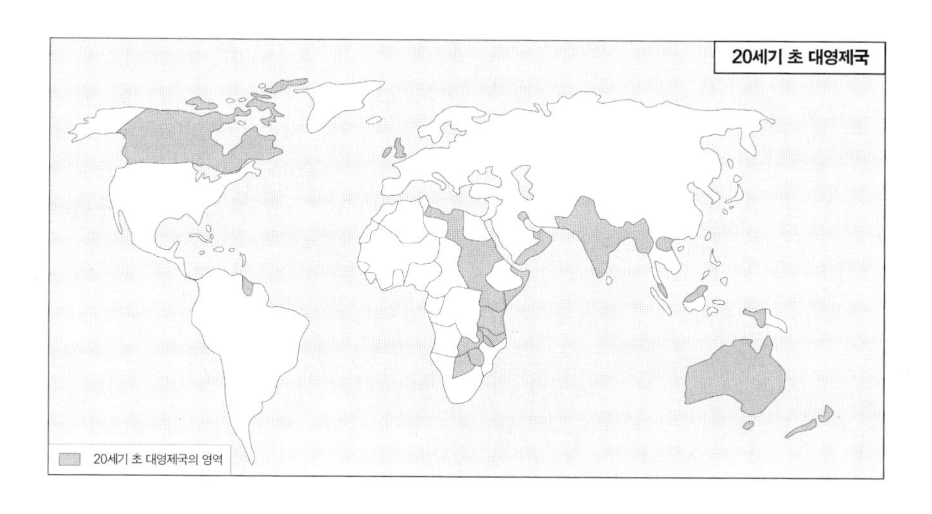

그리고 프랑스 혁명(1789)의 '반(反)군주제'의 기운이 유럽으로 보급될까 염려한 유럽 군주 국가들은 당시 프랑스를 재건하고 있었던 황제 나폴레옹(1804)에게 대항하기 위해 동맹을 맺었다. 그 결과 1805년 이래 종횡무진 유럽을 정복하던 나폴레옹이 1814년 유럽 연합군에게 패하여 엘바 섬에 유배되었으나, 유배 중 탈출하여 다시 유럽을 긴장시켰다. 나폴레옹의 대활약에도 불구하고, 프랑스 군대는 1815년 워털루 전투에서 최종적으로 패배하였으므로 유럽 최 강대국 프랑스의 기세는 위축되었고, 대영제국이 평화조약의 수혜자가 되었다.

제국의 전성기(1815–1914)

대영제국의 전성기는 1815년 나폴레옹 전쟁이 끝난 이래 1899년 보어 전쟁이 시작될 때까지 약 80년간의 시기로서 이때를 팍스 브리타니카(Pax Britanica)라고 한다. 팍스 브리타니카는 팍스 로마나(Pax Romana, 200여 년 간의 로마제국의 평화시대)에서 적용되어진 개념으로 '확대된 대영제국 영토 내에 평화를 정착시키려는 의도'를 내포하고 있다. 대영제국 최 전성기 통치 인물은 바로 빅토리아 여왕이다. 1837년 18세에 어린 여왕으로 즉위한 후 휘그당의 멜버른 수상의 보좌를 받다가 1839년 10월에 빅토리아의 외사촌 앨버트 공을 만나 1840년 2월 결혼에 이르렀다. 빅토리아 여왕은 남편 앨버트 공 사이에 4남 5녀를 출산하였으며, '화목한 가정'을 이루는 것이 사회의 미덕이자 여성의 미덕임을 강조하였으므로, 빅토리아 여왕은 19세기 대표 여성상으로 평가되기도 하였다. 그러나 1861년 앨버트 공(Prince Albert of Saxe coburg-Gotha, 1819-1861)이 사망하자 여왕은 실의에 빠져 국정에 참여하지 않았다.

이 시기 국정은 산업혁명의 번영을 토대로 토리당과 휘그당이 정책을 겨루며 다양한 자유주의 개혁을 추진하였던 시기였다. 휘그당(Whig)과 토리당(Tory) 정치가들 즉 멜버른(William Lamb, Viscount of Melbourne, 1779-1848), 웰링턴 공작(Arthur Wellesley, 1st Duke of Wellington, 1769-1852), 얼 그레이경(Charles Grey, 2nd Earl Grey, 1764-1845), 로버트 필(Sir Robert Peel, 1788-1850), 존 러셀 경(Lord John Russel, 1792-1878) 등 수상들의 정치 운영으로 19세기는 진정한 자유주의 개혁의 시대가 도래했다. 종교적 관용으로서 가톨릭 해방법(1829), 보통 선거권을 제한적으로 수여하였던 1차 선거법(1832), 2차 선거법(1867), 3차 선거법(1884), 공장법 개혁(1833)을 통해 민중들에게 참정권을 부여하고 생활 노동환경을 개선하고자 했으며, 곡물법 폐지(1846)를 통해 유럽 최초로 자유무역을 가능하게 하였다. 또한 기혼 여성 재산법(1870), 국민교육법(1870)을 제정하여 여성의 권익과 보편적 국민에 대한 교육의 기회를 제공하고자 하였다. 한마디로 19세기 영국사는 유럽사의 모범 사례로서 자유주의 개혁의 역사가 전개되었다. 이후 프랑스, 이탈리아, 독일 등 유럽 나라들의 자유주의 개혁이 수반되었다.

경제적으로 1846년 곡물법 폐지 후 자유무역이 유통되면서 1850년부터 1870년까지 약 20여 년 동안 영국의 대외무역은 세 배나 신장되었다. 그리하여 이 시기 영국의 국가적 위상은 근본적인 변화를 겪었다. 1850년대 영국의 대외투자 총액은 3억 파운드에 지나지 않았으나 1870년대에는 9억 파운드에 육박하는 성장을 보여준다. 투자 경향을 보면 1850년대까지의 투자는 유럽이나 북미 혹은 오스트레일리아 쪽의 시장경제에 투자된 것이었으며, 1870년대에 이르면 이집트, 터키, 페르시아 등을 상대로 정부 보증채 등의 정치성을 띤 투자로 바뀌고 있음을 보여준다.

한편 팍스 브리타니카(Pax Britanica)의 절정을 보여주는 하나의 사건은 바로 1851년의 런던에서 개최된 만국박람회였다. 당시 영국은 대·내외적으로 산업화에 대한 자신감에 힘입어 새로운 시장개척의 필요성이 대두되었으며, 산업화를 통해 생산되는 제품들의 품질 우위를 서로 비교하여 더 많은 상품을 판매하려는 의욕들이 생겨났다. 이러한 요구에 부응하여 전 세계의 산업기술력이 총집결되는 세계적 규모의 만국박람회가 런던에서 개최되었는데, 결과적으로 그 행사는 산업기술의 창조적 발전을 가능케 한 기점이 되었다. '모든 국가들이 참여하는 위대한 산업전시회'를 열망하였던 빅토리아 여왕 남편 알버트 공의 후원으로 조셉 팩스톤(Joseph Paxton, 1801-1865)이 설계한 수정궁(Crystal Palace)이 마침내 건축되었고, 1851년 5월 1일 빅토리아 여왕 자신이 직접 박람회의 개막을 선언하였다.

5월 1일 개막식에서 10월 15일 폐막일까지 총 600만 명이 박람회를 관람하였으며. 비록 이들 중에는 외국인과 중복 관람객이 있긴 했지만 1851년 인구조사 때 영국의 전체인구가 약 2천 1백만 명이었던 통계로 추산해 보면 상당한 수의 영국민들이 관람하였음을 알 수 있다. 한편 박람회에서 선보인 수많은 개별 전시행사 -약 1만 3,000여 개에 이르는 출품작- 가운데 절반이 외국인들의 전시품으로 채워졌다. 원심형 펌프(centrifugal pump, 영국), 각종 목재가공용 기계(미국), 프로이센의 강철제 대포에서 미국 농기구, 오스트리아제 가구, 프랑스의 고급직물과 스위스 시계, 인도 면제품 등 세계최고의 공산품이 자웅을 겨루었고 고대중동의 설형문자 점토판과 중국 도자기까지 선보이기도 하였다. 박람회 코너 중 관람객들이 가장 많이 몰린 곳은 바로 전시장의 절반을 점유하였던 영국관으로서 기관차와 선박용 엔진, 고속인쇄기, 공작기계가 전시된 곳이었다. 예상 초과의 박람회 인파로 얻어진 흑자 18만 6,000

파운드 수입은 박람회를 계획했던 빅토리아 여왕과 알버트 공 부부의 박물관 건립비용으로 쓰였다.

런던 만국박람회는 대영제국의 산업적·군사적·경제적 우월성에 대한 영국민의 자부심과 장차 고도산업사회에의 기대감을 함께 반영하고 있었으며, 무역 촉진에 초점이 맞추어져 다양한 상품과 서비스가 국가별 또는 지역별, 산업별로 전시되었던 수평적 전시회라는 점에서 그 의의를 찾을 수 있다. 특히 '산업의 부흥만이 살길'이라는 인식하에 영국의 산업과 발달된 교통과 통신, 도시환경을 직접 목격한 세계인들은 각기 고국으로 돌아가 기술개발을 부르짖었다.

대외정책에서는 특히 파머스턴(Henry John Temple, 3rd Viscount Palmerston, 1855, 1859 수상) 디즈레일리 수상(Benjamin Disraeli, 1868, 1874)의 공격적인 제국주의 정책과 글래드스턴(William E. Gladstone, 1868, 1880, 1886, 1892) 수상의 반(反)제국주의 정책의 상호작용 속에서도 19세기 영국은 대영제국의 전성기를 구가하였다. 영국정부는 신대륙에서부터 아프리카, 아시아 및 태평양에 걸친 방대한 영토를 관리해야했다. 특히 파머스턴 수상은 '과거 로마제국 신민이 세계 모든 곳에서 보호되었듯이 19세기에는 대영제국의 신민 그 누구라도 세계 어디에서라도 대영제국의 이름으로 보호받도록 하겠다'는 의지를 의회 연설에서 표명함으로써 국민적 지지를 얻었다.

그리하여 대영제국은 아프리카 즉 이집트, 수단, 케냐, 우간다, 영국령 소말릴란드, 잔지바르, 북 로디지아, 남 로디지아, 나탈, 오렌지 자유주, 트랜스발, 케이프 식민지에 걸친 지역과 아시아 태평양 지역에 걸친 제국 영토를 나름의 방식으로 유지할 수 있었다. 그것이 바로 제국 전성기의 융성 요인이라 할 수 있겠다.

제국 전성기의 융성 요인

영국이 나폴레옹의 전쟁에서 승리한 후 한 세기 동안의 평화의 제국 전성기 이른바 '팍스 브리타니카'(Pax Britanica)를 확립할 수 있었던 이유는 여러 가지를 들 수 있다.

첫째, 영국자체의 힘이 갖추어졌기 때문이었다. 즉 영국은 우월한 해군력을 보유하고 있었으며, 광대한 식민지를 보유함으로써 막강한 재정적 토대를 이루었으며, 산업혁명의 성과로서 거대한 공업 생산력과 기술력 및 금융, 보험, 해운 영역에서의 영국의 힘이 축적되어 있었기 때문이다. 영국은 크롬웰과 찰스 2세의 해군력 강화정책을 토대로 주철의 사용이나 군함에 강력한 대포를 장착하여 해군을 강화하였으며 그 해군력을 바탕으로 영국은 제국으로 성장하였다. 군사대국이 된 영국은 아프리카·아시아·태평양으로 진출하였다.

또한 영국이 광활한 해외식민지에 강력한 영향력을 행사할 수 있었던 것에는 몇 가지 요인이 있다. 1651년에 제정된 항해조례는 영국과 그 식민지를 폐쇄적인 경제관계로 묶어두는데 일조하였는데, 모든 식민지의 물품이 수출될 경우 영국 선박만을 이용해 영국 시장으로 수송되어야 했고, 식민지 수입품은 반드시 영국을 경유하도록 하였기 때문이었다. 또한 프렌치 인디언 전쟁(French and Indian War, 1755-1763)의 강화조약인 1763년 파리조약은 북아메리카와 인도에서의 영국의 우위를 약속해주었다. 비록 신대륙 식민지의 독립전쟁에서 영국이 패배함으로써 아메리카 식민지를 상실했으나, 1788년에 오스트레일리아를, 그리고 1840년에 뉴질랜드를 새로운 식민지로 획득함으로써 제국의 영토는 보강되었으며, 19세기 영국은 제국 전성기를 누릴 수 있었다. 과거의 영 제국은 온전히 인간의 노동력만으로 이루어졌지만 19세기 영국은 산업혁명에 따른 기계와 기술적 혁신 그리고 금융·보험·해운분야에서 이룩한 부를 축적으로 유지되었다.

둘째, 상대적인 정치적 안정을 들 수 있다. 19세기 전반에서 중반까지 프랑스를 비롯한 다른 유럽 국가들이 대부분 자국 내에서 발생한 혁명과 전쟁에 힘을 빼앗기고 있었다. 그러나 명예 혁명으로 일찍 정치적 안정을 확립한 영국은 상대적으로 축적된 힘을 유리하게 활용할 수 있었다.

셋째, 영국의 교묘한 외교전략 구사를 들 수 있다. 즉 영국은 대륙에서의 혼란이나 소용돌이에 불필요하게 참여하지 않음으로써 이른바 고립주의정책과 때로는 제국의 면모를 강하게 과시하는 전략으로서 강력한 국제적 위상을 유지할 수 있었다. 이 당시 영국은 국민 생산의 2%만 군사비로 지출했다. 영국이 이렇게 적은 군사비로 세계를 정복할 수 있었던 이유는 세력균형(Balance of Power)의 외교 정책을 썼기 때문이다. 세력균형 정책은 한 나라가 강대해지면 다른 경쟁 국가가 세력균형을 이루도록 영국이 주변 국가들을 상대로 전략적으로 처세하며 운영하였던 정책이다.

넷째, 영국이 실시한 식민지 통치술을 들 수 있다. 영국의 식민통치 정책은 제국주의 열강들의 식민통치의 전형을 제시하였다. 즉 영국은 국가 이익을 우선시하는 정책을 일관성 있게 내세우면서 한편으로는 외유정책을 다른 한편으로는 억압정책을 양용하면서 인도를 통치해갔다. 미국의 경제·경영학자 피터 F. 드러커(Peter Ferdinand Drucker, 1909-2005)는 세계경영(global management)의 3대 성공 사례 중 하나로 영국의 인도 통치를 드는데, 그 비결은 무엇보다 초기에 영국은 국가 정부가 직접 나서지 않고 동인도회사를 통해 인도를 통치하다가 후기에 국가가 전격적으로 개입하여 강한 식민통치를 했다는 점이다.

영국의 인도 통치는 세포이 항쟁(1857-1859)을 기준으로 그 이전 영국 동인도회사가 통치하던 전반기와 세포이 항쟁 진압 후 영국 국왕이 인도의 왕을 겸했던 통치 시기로 구분해 볼 수 있다. 동인도회사는 실제로 영업뿐만 아니라 행정을 할 수 있는 인재가 필요해지자 스스로 학교를 세워 행정관을 양성하였는데 초기에는 추천에 의한 폐쇄적인 행정관 채용이 이루어졌으나 후기

◀세포이 항쟁 (1857–1859)

에 공개 시험을 실시하여 신분 상승 욕구가 강한 중류 계급 출신의 우수한 인재를 수용함으로써 자국민을 통해 식민지를 경영하려 했던 점이 효율적이었다고 평가된다.

그러나 초기 동인도회사는 벵골 지방을 중심으로 대대적인 수탈을 하여 부를 축적했으므로 동인도회사 직원들은 영국에서 새로운 '벼락부자'집단으로 성장해갔다. 그런데 동인도회사 직원 개인들은 부자로 신분 상승하였으나 동인도회사 자체의 이익이 감소하자 동인도회사의 행태를 바로잡기 위해 영국정부와 의회가 개입하면서 총독정치가 시작되었다. 그때부터 동인도회사의 독점이 철폐되고 영국의 산업 금융자본이 인도를 공략했던 제국주의 시대가 전개되었던 것이다.

초대 총독 워런 헤이스팅스(Warren Hastings, 1732–1818)를 시작으로 콘월리스(Cornwallis Charles, 1738–1805)에 걸쳐 총독의 권한이 강화된 후 영국 정부는 사법제도를 정비함으로써 식민지에서의 통치원칙을 마련하고 향후 통치의 기본 자료로 삼았다. 또한 가장 중요한 수단으로서 영국은 수백 개의 방언 통용으로 인도 자체 내에서도 통일되지 않았던 언어 환경을 극복하기 위해 동인도회사 지배 시기부터 영어 교육을 통해 인도민을 효율적으로 지배하고자 하였다. 영어 교육이 인도민 전체를 상대로 하는 대중 교육으로 이루어지지는 않았으나 인도의 중간 계급에게 영어 교육을 보급함으로써 그들과 의사소통이 식민지배에 유리하게 작용하였다. 그런데 인도인에 대한 영어 교육은 단순한 의사소통의 수단이 아니라 영국 또는 서구의 사상을 인도에 보급하는 수단으로 작용하였다. 즉 영국의 복음주의와 공리주의가 보급되고 선진적인 영국 문화가 이식되는 매체로서 작용했다. 그러나 영국 정부의 진정한 의도는 인도 국민의 문맹 퇴치나 생활수준을 향상시켜 주려는 것이 아니라 영국의 제국주의를 실현하려는 것이었다.

영국의 초기 인도 식민 통치는 다소 이상주의적으로 이루어졌다. 즉 인도 거주 영국인들은 집과 직장에서 인도 의상을 입고 인도인의 풍습과 종교 행사에 관심을 보였으며, 영국 남성들은 인도 여성과 결혼하였다. 심지어 인도를 이해하려는 영국인들은 인도의 신과 여신들에게 공물(paja)을 바치기까지 하였다. 영국 남성들은 일반적으로 영국 여성들을 본토에서 데려오는 것보다 인도 현지의 여성과 결혼해서 가정을 꾸리는 것이 경제적 비용 면에서 이익일 뿐만 아니라 영속적인 식민정착에 도움이 된다고 생각했다. 심지어 아프리카 대륙으로 파견된 젊은 영국 장교들은 원주민을 효율적으로 통치하기 위해서 원주민의 언어를 습득해야 했는데 그러한 목적을 달성하기 위해 영국 장교들은 원주민 여성과 동거하면서 원주민 여성으로부터 필요한 언어를 습득하도록 교육받았다. 그리고 그러한 역할을 했던 여성을 슬리핑 딕셔너리(sleeping dictionary)라고 호칭하였다. 그리고 영국인 장교와 원주민 여성 사이 혼혈아들이 태어났다.

19세기 들어서 영국의 식민정책에 변화가 생겼는데 17세기 이래 2세기 간의 시간 속에 영국의 식민 전략은 인도와 영국 간의 문화 교류가 아닌 영국 중심의 일방적 강요로 바뀌게 되었다. 즉 초기의 인도의 문학과 종교 그리고 전통 등 토착 문화에 대한 영국인의 상대적 관심은 사라지고 개혁의 공리주의 사상과 원주민 개종을 위한 선교사들의 활동이 급속히 이루어졌다. 그리고 영국에게 인도의 경제적 가치가 점차 높아지자 영국은 인도를 더욱 강경하게 통치하고자 하였다. 그 결과 나타난 19세기 중엽의 두드러진 변화는 초기 영국 정부가 장려하던 영국인과 인도 여성과의 결혼 장려 정책이 철회되고 오히려 그들 사이의 결혼이 엄격히 금지되었다. 금지령이 크게 효력을 발휘하지 못하자 영국 정부는 현지여성을 아내가 아니라 후첩으로 들이도록 권장하다가 나중에는 영국 남성에게 공식적인 가족관계를 피하고 식민지여성과의 매춘으로 만족하도록 정책적으로 유도하였다.

영국정부는 노쇠하고 허약하며 빈곤한 자국 남성이 아니라 강하고 이성적인 남성상을 유지하기 위해 식민지배 계급에서 원주민을 배제시키고 원주민 여성과의 교감을 차단시키던 정책으로 바꾸었다. 또한 정부는 영국 남성과 식민지 여성 사이에 출생한 혼혈인에 대한 인종적 차별정책을 통해 식민지민들의 정신을 지배하고자 하였다.

특히 세포이 항쟁(1857. 5. 10-1859)의 사건은 동인도회사가 힌두교와 이슬람 종교를 신봉하는 인도현지인 용병 세포이들에게 그들이 사용하던 엔필드 머스켓 소총과 탄약통의 방수를 위해 탄약통 종이에 동물성 지방을 입히도록 하는 과정에서 문제가 시작되었다. 즉 돼지나 소의 지방을 이용한 종이 탄약통을 입으로 물어뜯도록 한 것은, 돼지를 불결하게 여기던 무슬림 병사나 소를 신성하게 여기는 힌두 병사 모두에게 종교적 수치로 받아들여졌다. 이에 분노한 세포이들이 봉기한 움직임이 그 동안의 백인중심주의, 기독교중심주의 식민정책에 대한 반감으로 이어져 거국적 반영(反英)운동으로 확산되었다.

영국군의 잔혹하고 강한 진압으로 인도의 세포이 항쟁은 실패로 돌아갔으나, 영국 동인도회사는 해체되었고 영국은 인도에 대한 지배 전략을 개편하게 되었다. 즉 영국은 영국령 인도 제국을 출범시켜 정부 직할 식민지로 삼았으며, 본토로부터 파견된 총독이 통치하게 되었다. 그리고 1877년 빅토리아 여왕은 인도의 황제를 겸하게 되었다.

제국의 쇠망 요인

영국은 17세기 이후 200년에 걸쳐 융성하여 절정에 올랐다가, 다시 200년에 걸쳐 서서히 내리막길을 걸었다고 볼 수 있다. 여기서는 대영제국의 쇠퇴를 초래했던 요인을 살펴보고자 한다.

첫째, 지속적인 전쟁과 과도한 전비를 들 수 있다. 영국의 쇠퇴를 가져온 세 차례에 걸친 주요한 전쟁으로서 미국독립전쟁(1775-1783), 보어 전쟁(1899-1902), 수에즈 전쟁(1956) 등이 있다. 이들 전쟁은 국론을 분열시켰으며 수에즈 전쟁을 제외한 두 전쟁은 영국에게 불명예스러운 패배를 안겨주었다. 보어 전쟁 결과 남아프리카의 식민지 경쟁에서 타격을 입은 영국이 외교적 고립 상태에서 쇠약한 모습을 노출하였으며, 수에즈 전쟁으로 인해 영국은 소련만이 아니라 영국의 동맹국이었던 미국마저 적으로 만드는 '외교적 실책'을 낳았다.

무엇보다 대영제국의 쇠퇴를 초래했던 결정적인 요인은 1·2차 세계대전으로서 1914년부터 1945년까지 30여 년 동안 영국이 지출한 군사비의 총액은 408억 4,500만 파운드에 달했다는 것이다. 같은 기간의 국민 소득 총액이 1,584억 9,900만 파운드였으므로 30여 년 동안 영국은 국민 소득의 평균 25%를 군사비로 지출하였던 것이다. 특히 1917년에는 전비 지출이 국민 소득 총액의 67%, 1944년에는 국민소득 총액의 61.2%를 전비로 지출하였으므로 영국 재무부와 중앙은행은 거의 파산상태에 이르렀다.

둘째, 국가의 막대한 부채 때문이었다. 1939년 이전의 영국은 대체로 금 또는 외화보유고가 충분했으나 1945년에는 대외부채가 엄청나게 불어나 외화자산의 대부분 즉 5년여 동안 11억 2,000만 파운드에 상당하는 해외자산이 매각되었으며, 부채는 4억 7,000만 파운드에서 33억 6,000만 파운드로 증가했다. 1944년 6월 영국 상무부의 보고서에 따르면 전후 영국은 수출증대가 거의 불가능한 상태였고 더구나 산업 경쟁력이 한 단계 하락하는 추세를 피할 수 없었다. 1945년 영국의 부채는 33억 6,000만 파운드에 달했고, 11억 2,000만 파운드에 상당하는 영국의 해외자산이 매각되어 중동의 석유 이권 등 해외자산을 미국 기업에 양도해야하는 처지에 이르렀다. 요약하자면 전쟁이 초래한 과도한 군비지출과 막대한 부채가 대영제국의 쇠퇴를 초래 하였던 요인이라 평가될 수 있다.

한편 긴 흐름에서의 영국의 쇠퇴를 살펴보았을 때 영국의 산업경쟁력 약화의 요인으로는 19세기 후반 산업혁명의 에너지원이 전기, 석유자원이었던 만큼 전기, 석유자원이 부재하였던 영국에게 불리할 수밖에 없었다. 무엇보다도 영국의 신사적 자본주의(Gentleman capitalism) 출현으로 기업가들이 귀족 따라잡기를 지향함에 따라 기업적 발전 풍토에 제동을 걸었던 점도 산업경쟁력 약화의 요인이었다고 할 수 있다.

제국이 남긴 교훈

영국은 제국 초창기에는 강한 군사력과 경제력에 바탕을 둔 중상주의적인 팽창을 했고, 19세기에는 우수한 산업 경쟁력으로 자유무역에 바탕을 둔 번영기를 가졌으며, 제국 말기에는 독일·프랑스 등과 과잉 제국주의 경쟁을 벌이다가 보호무역과 경제 블록화를 실행함으로써 세계전쟁을 유발하여 쇠퇴의 기로에 들어섰다.

17-19세기에 걸쳐 세계적인 제국을 건설했던 대영제국의 흥망사는 이 시대에게 적용 가능한 교훈을 남긴다.

첫째, 대영제국이 방대한 제국영토를 보유한 이후 일정 시기 군비경쟁에 국가 재정을 과다하게 소모함으로써 쇠퇴의 길로 들어섰던 점이 그것이다. 2차 세계대전 이래 미국은 세계 최대 강대국의 입지를 과시하며 팍스 아메리카나(Pax Americana)를 구축한 것으로 평가되지만, 21세기 현재 미국은 세계 대표 경찰국을 자처하며 위상을 유지하기 위해 국가의 막대한 부채보유에도 불구하고, 지구 곳곳에서 전쟁을 수행하며 국력을 소진하고 있다. 미국은 대영 제국의 쇠퇴를 기억하며 경계로 삼아야 할 것이다.

둘째, 대영제국으로서의 영국이 주는 교훈은 물질적 요인에 있는 것이 아니라 정신적 요인에 있다. 18세기-19세기 최초로 산업혁명을 일으키며 기술력으로 부를 축적한 영국의 기업가들이 기업의 이윤을 재투자하여 새로운 기술개발에 집중하지 않고, 자녀들의 신분상승을 위해 '귀족 따라잡기'에 몰입하였던 것은 산업 경쟁력을 약화시켰던 한 요인으로 분석된다.

오늘날 우리 사회 또한 고학력에 걸 맞는 전문직을 선호하면서 실질 현장 교육과 생산기술직을 경시하는 사회적 풍토가 만연하다. 일자리가 없다고 하지만 3D현장에서는 외국인들로 그 자리가 채워지고, 대학졸업 인력이 졸업을 미루며 수년간 각종 시험준비만으로 엄청난 사회적 비용을 소모하고 있다. 뿐만 아니라 외국인들에게 할애되는 일자리는 그 이상의 또 다른 사회문제를 내포한다. 이처럼 대영제국 쇠퇴과정에서 나타나는 현상들이 과거시대에 한정되는 것이 아니라, 오늘날 우리사회를 비롯하여 유사한 경험의 나라들에게 그대로 적용되거나 시사하는 바가 있음을 기억하자.

연표

- 1558–1603년 엘리자베스 1세 통치
- 1775–1783년 미국 독립전쟁 시작과 파리 강화조약
- 1795–1803년 영국의 희망봉 지배 첫 번째 시기
- 1801년 아일랜드 병합 법
- 1837년 빅토리아 여왕 즉위
- 1842년 아편전쟁
- 1857–1859년 인도 세포이 항쟁
- 1877년 빅토리아 여왕이 인도의 군주를 겸함
- 1899–1902년 남아프리카 전쟁
- 1931년 영연방 결성

참고문헌

• **단행본** 나카니시 테루마사, 서제봉 옮김, 『대영제국 쇠망사』, 까치, 1997.
사이먼 스미스, 이태숙·김종원 역, 『영국 제국주의 1750–1970』, 동문선, 2001.
조길태, 『영국의 인도통치 정책』, 민음사, 2004.
케네스 모건 편, 영국사 연구회 역, 『옥스퍼드 영국사』, 한울아카데미, 1988.

• **다큐멘터리** 〈EBS 빅토리아의 대영제국〉
〈KBS 인도이야기 – 6부 식민시대〉

• **영화** 〈엘리자베스 골든 에이지(2007), 셰카르 카푸르 감독〉
〈영 빅토리아(2009), 장 마크 말레 감독〉
〈어메이징 그레이스(2006), 마이클 앱티드 감독〉
〈미세스 브라운(2007), 존 매든 감독〉

절망의 늪에서 희망의 대국으로

미국

머리말

1929년 10월 24일 목요일 뉴욕시 월가의 증권 거래소에서 평소처럼 안정된 가격으로 시작되었던 시장의 거래량이 갑자기 늘어나면서 구리회사 케니코트(Kennicott)의 2만 주가 매도되었으며 제너럴 모터스(General Motors)사의 주식도 빠르게 매도되기 시작했다. 이후 거래 개시 1시간 만에 주가가 급격히 떨어지면서 11시 무렵 거래소의 거래원들은 앞 다투어 '현 시세에 팔기'에 나섰다. 하락! 하락! 하락! 거래소의 장바닥에서 올라오는 고함소리는 엄청난 공포의 시작이었다. 개장 때 205.5달러였던 철강회사 U.S. 스틸 주(株)는 193.5달러에 이르렀고, 제너럴 일렉트릭 주는 아침에 315달러였던 가격이 오후에 283달러로 떨어졌으며, 라디오 회사 주는 68.75달러에서 44.5달러로 떨어졌다. '암울한 목요일(Black Thursday)'이라 불리는 이날 오후, 투자자 11명이 자살했다느니, 버팔로와 시카고 거래소가 폐쇄되었다느니, 성난 폭도들이 뉴욕 거래소를 공격할까봐 군인들이 지킨다는 등의 소문이 돌았다.

주말 이후 월요일에 상황은 더욱 악화되어 193.5달러였던 U.S. 스틸 주는 4일 만에 17.5달러로 추락했고, 283달러였던 제너럴 일렉트릭 주는 47.4달러로 추락했으므로 29일 화요일 아침 10시 개장하자마자 사람들은 '무조건 팔기'에 나섰다. 마감 당시 그 날 거래량은 1,600만 주에 이르렀다. 수십억 달러의 이윤은 순식간에 사라졌고 잡화상, 유리창닦이, 재봉사들의 재산은 휴지로 변했으며 대기업들이 하나 둘씩 부도나기 시작했다. 공황의 피해는 눈덩이처럼 불어나, 1930년 3월 경 실업자 수는 400만 명, 1932년 3월 1,250만 명 그리고 1933년 3월에는 1,430만 명에 이르렀다.

▲미국의 대공황

수많은 실업자가 속출하는 상황에서 1932년 대통령선거에서 후버(Herbert Clark Hoover, 1874-1964)를 누르고 당선된 민주당의 프랭클린 루즈벨트(Franklin D. Roosevelt, 1882-1945, 1933-1945 재임) 대통령은 1933년 3월 4일 취임하자마자 특별 의회를 소집해 농업조정법(AAA, 1933. 5. 12), 테네시 계곡 개발공사(TVA, 1933. 5. 18), 전국 산업 부흥법(NIRA, 1933. 6. 16) 제정 등을 통해 물가를 안정시키고 공공 건축 사업을 일으켜 일자리를 창출하였다. 이른바 '뉴딜(New Deal) 정책'이라는 '새로운 정치'를 실시하였다. 실업자 구제(Relief), 경기 회복(Recovery), 개혁(Reform)을 단기 목표로 삼았던 루즈벨트의 3R정책은 소기의 성과를 거두었다.

21세기 현재 미국은 20세기 전반에 비해 많은 문제를 내포하며 약화되고 있다고 판단하는 연구자들에 의해 '미국 쇠퇴설'이 연구되고 있다. 그러나 미국의 세력은 여전히 경제적·군사적인 측면에서 세계 제1 강대국의 입지를 유지하고 있으므로 '완료형으로서의 미국의 쇠퇴 과정이나 요인'을 설명하기는 어렵다. 그러므로 본문에서는 미국이 세계 제1 강대국으로 부상하였던 초기과정과 그 과정에서 만난 위기 '대공황'을 중심으로 살펴보고자 한다. 즉 미국은 1920년대에 어떻게 황금시대를 구가했으며, 황금기를 누리던 미

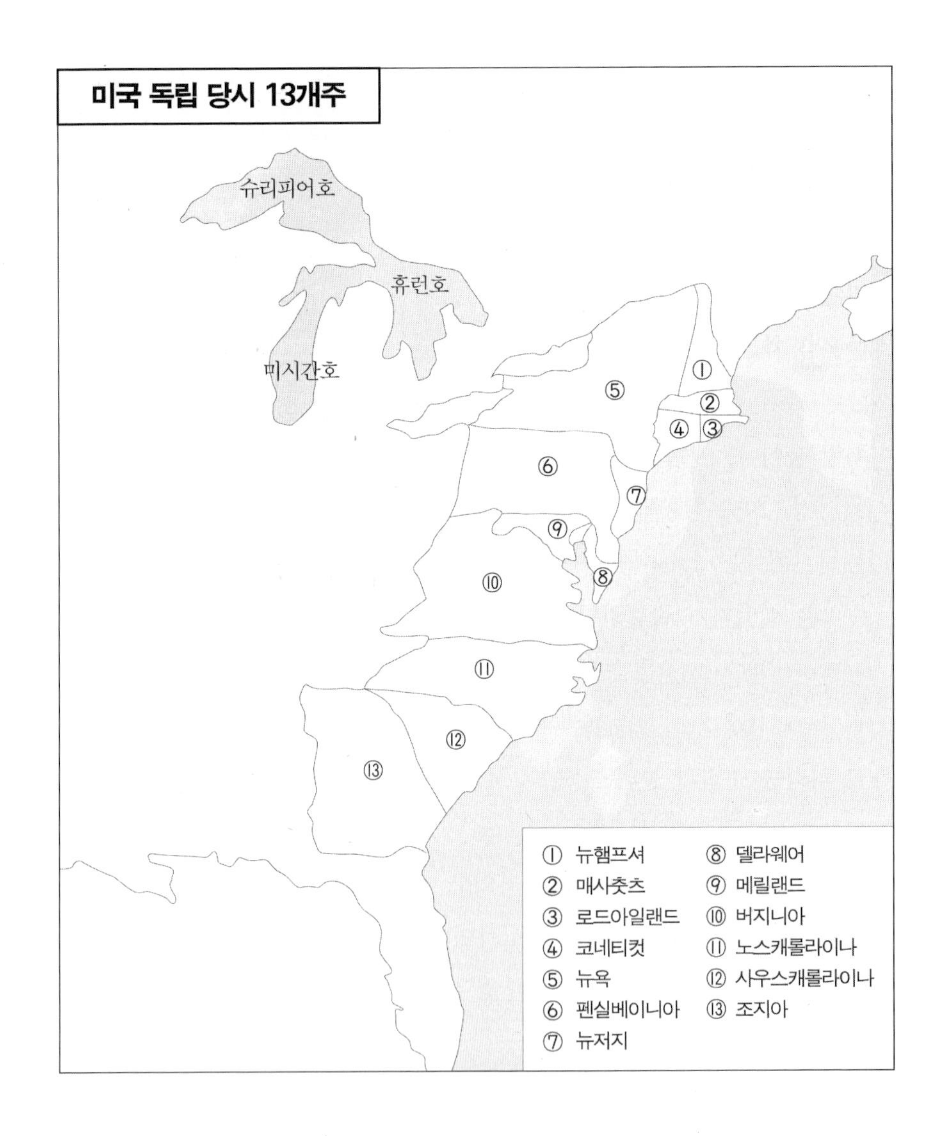

국이 갑자기 왜 대공황에 빠지게 되었던가? 무엇이 그 위기를 초래했던가? 누가 그리고 무엇이 그 위기를 극복할 수 있도록 해 주었던가? 이후 미국의 세계적 입지는 어떻게 되었는가의 질문들을 통해 미국이 어떤 시점에서 어떤 과정을 통해 제국으로 도약하게 되었는지를 살펴보고자 한다.

대공황 이전의 정국

1620년 12월 청교도들이 자유와 평등 세상을 꿈꾸며 메이플라워호(Mayflower)를 타고 플리머스(Plymouth) 항구에 도착한 이래 신세계를 이루었던 식민지는 정착한지 154년 만에 영국으로부터 독립을 쟁취하였다. 미국은 남북전쟁(1861-1865)을 계기로 농업 국가에서 산업 국가로 전환되었다.

남북전쟁 이후 미국의 경제는 급속히 발전하였는데, 19세기 후반 미국 경제가 크게 발전한 데는 몇 가지 요인이 있었다. 첫째 요인은 남북전쟁 자체가 북부와 서부의 여러 산업에 새로운 활기를 불어넣었으며, 전쟁 이후 산업발전이 가속화되었다는 점이다. 둘째 요인은 물적 자원이 풍부했다. 펜실베이니아, 웨스트버지니아 등지의 석탄, 미네소타의 철광석, 남부의 석유, 그리고 무한한 목재와 수력 전기 등 자원이 풍부했다. 셋째 요인은 풍부한 인적자원으로 미국 밖으로부터 유입된 엄청난 이민자들이 바로 미국 산업의 주된 노동력으로 활용되었다. 즉 1800년대 230만, 1870년대 280만, 1880년대 524만, 1890년대는 370만으로, 40여 년 동안 1,400만 그리고 1차 세계 대전 직전까지 1,700만 명이 이주해 옴으로써 산업화의 주된 노동력이 되었다. 초기에 독일, 잉글랜드, 스코틀랜드, 아일랜드로부터 유입되었던 이민이 점차 이탈리아, 헝가리 폴란드, 러시아뿐 아니라 아시아로부터도 유입되어 이른바 인종의 도가니를 이루었다. 넷째 요인으로는 산업화에 동원될 수 있었던 국내의 막대한 자본(1869년 15억 달러, 1899년 33억 달러)을 들 수 있고, 마지막으로 새로운 전기, 전화 분야에서의 기술 발명으로 인한 특허 기술 보유 등을 들 수 있다. 1900년경 미국 경제는 세계 역사상 가장 생산성 높은 구조를 갖추게 되었다.

그러나 엄청난 물질주의와 정치부패가 일어났던 1870년대 소위 금박시대(Gilded Age)는 말 그대로 금박을 입힌 듯 겉만 번지르르하였으나 내부에는 많은 문제를 내포하고 있었다.

금박시대는 서부개척이 끝나가면서 막대한 부를 축적한 미국의 부자들이 정치가들과 결탁해 파렴치한 행태를 일삼고 사회적으로 문제를 자아냈으므로 소설가 마크 트웨인(본명-Samuel Langhorne Clemens, 1835-1910), 찰스 더들리 워너(Charles Dudley Warner)의 『금박시대(The Gilded Age)』(1873) 등에서 탐욕스런 기업가와 정치인들을 신랄하게 풍자하였다.

그렇다면 19세기 후반의 탐욕스런 기업가와 정치인들의 결탁 그리고 투기 열풍은 어떤 모습으로 나타났을까? 1865년까지 미약했던 철도부설이 1890년대 전 세계 철도의 1/3에 해당되는 약 26만 3,000㎞로 확충되자 기회를 직감한 유럽 투자가들이 건설자금의 1/3을 지원하였으며, 최전성기를 누리던 1880년대 무렵 정부는 막대한 대출과 토지양도로써 지원하였다. 한 예로 센트럴 퍼시픽 회사(Central Pacific Railroad)와 유니언 퍼시픽회사(Union Pacific Railroad Company)의 경우 건설한 대륙횡단 철도의 길이에 따라 선로 인근 공유지를 할당받고 화물차 이용객이 될 이주민에게 매각했다. 1850-1871년 경 의회가 철도회사에 교부한 공유지는 1억 7,500에이커로서 그 결과 서부의 몇몇 주에서는 철도회사와 일부 투기업자들이 토지의 1/4를 소유하는 현상이 빚어졌다.

철도산업의 입지가 날로 확대되자 철도업계 거물들이 정부에 연줄을 만들어 공무원들에게 몇 백만 달러 상당의 주식, 현금, 그 밖의 다양한 뇌물을 제공받으며 새로운 노선 설립을 위한 특혜를 얻고자 하였다. 이러한 현상은 당시에 대두했던 새로운 유형의 보스정치(Boss politic)에 기인하는 것이었다. 즉 보스는 유권자들의 표를 매수하여 당의 정치기관을 장악하고 부하들을 요직에 안배하여 실질적으로 연방과 주, 도시의 정치를 좌우하였으므로 기업가들은 이들 정치세력들에게 뇌물을 제공하여 공익사업의 경영권과 각종이권을 획득하고자하였다.

그리하여 철도 산업뿐 아니라, 철강 산업, 석유 산업 기업들은 동맹을 맺어 가격과 임금을 통제했는데, 트러스트(Trust, 기업합동) 형태의 사업체를 처음으로 선보인 록펠러(John Davison Rockefeller, 1839–1937)는 오하이오의 스탠더드 석유회사(Standard Oil Company)를 통해 가능한 한 많은 정유소를 매입하여 1880년 무렵 전국 정유소의 90%를 수중에 넣었다. 그 즈음 한 사람이 다른 사람들을 대신해 자산을 관리하는 트러스트 결성이 이루어졌다. 트러스트는 경쟁 정유사의 주식을 모두 이사회의 관리 아래 두고 공동으로 기업을 경영하되 지분에 따라 이윤을 배분하는 것이었다. 트러스트 결성으로 광범위하게 시장을 장악하기 시작하자 소비자와 소규모 생산업자들의 항의가 빗발쳤다.

신대륙으로 이주한 이래 미국은 100여 년 동안 영국으로부터 배운 자유무역의 관행 속에 정부는 시장에 관여하지 않았으므로 강한 기업은 살아남고 약한 기업은 도태되는 원리에 따라 기업들은 트러스트, 합병과 매수를 통해 시장과 가격을 통제하며 이익을 챙길 수 있었다. 그리하여 국가 재산의 60%가 미국인구 2%의 기업인들에게 집중되었다. 정부의 관리 감독이 약했던 상황에서 바로 그 시기에 문제점이 드러나기 시작했던 것이다.

마침내 거대기업의 출현과 사회주의 이념의 확산으로 1893년 5월 금융공황이 도래하였다. 즉 당시 금융가 최우량 종목이던 필라델피아 & 레딩 철도회사와 유통물량 최다회사였던 내셔널 코디지(NC)의 파산의 여파로 초래되었는데, 철도 건설 붐을 타고 투기하였던 탐욕이 부른 결과였던 것이다.

이에 20세기 미국의 첫 대통령으로 취임한 시어도어 루즈벨트(Theodore Roosevelt, 1858–1919) 대통령은 정부가 경제를 관리 감독하는 정책을 실시하였다. 시오도어 루즈벨트 대통령의 "부드럽게 말하고 큰 몽둥이를 준비하라"라는 슬로건은 당시 심각했던 불평등의 주범 트러스트와 독점 기업에 대항한 자신의 투쟁을 묘사한 표현이었다. 시오도어 루즈벨트 때 수십 개의 트러스트들이 규제되고 해체되었다.

당시 미국은 주요산업 국들 중 노동자의 사망률이 가장 높은 최악의 노동환경 조건으로 유지되었다. 노동자들은 1주일의 6일 동안 매일 12시간 이상을 노동해야 했으나 그 대가는 겨우 1일 2달러에 불과한 상태였다. 200만 명의 어린이들이 위험한 노동현장에 동원되었으며, 광산붕괴, 화재(뉴욕의 한 의류공장의 화재 때 작업 시간 중 출입문 폐쇄 146명 사상자)로 많은 노동자들이 희생되었다. 부와 권력을 축척해가던 고용주들은 노동자들의 어려운 상황을 외면하였기 때문에 노동조합이 결성되어 1880년대 2만 4천여 건의 파업에 600만 명의 노동자들이 참여했다.

부작용이었던 독점은 자유 시장 경제의 산물로서 대량의 경제자원을 집결시키고 심각한 사회문제를 일으켰다. 산업화로 빠르게 성장하는 상황 속에서 미국의 중산층들은 어떻게 살아갈 것인가를 고민하였다. 정부는 관리감독을 통해서 부패를 뿌리 뽑고, 노동자들에 대해 관리 감독을 하더라도 그들을 위해 복지제도를 마련해야 한다고 생각했다. 사회 일각에서는 독점, 부패, 사회적 모순을 지적하는 글들이 나오기 시작했다. 언론은 추악한 사회의 실상을 없애고 합리적인 사회질서를 구축하기 위해 노력했다. 이에 20세기 초 진보운동이라 불리는 운동이 전개되어 사회의 부호 및 기업가들의 도덕적이지 못한 행적들을 캐내어 고발하였다. 진보인사들은 사회와 정부에게 '미국이 어떤 진보와 경제정책이 필요한지'를 질문하며 그 답을 찾도록 촉구했다.

시어도어 루즈벨트는 한 연설에서 "정부는 개인의 자유를 보호합니다. 그 누구도 정부 위에 있지 않고 그 누구도 정부의 밑에 있지 않습니다. 우리는 반드시 개개인의 가치를 인정하고 평등하게 대해야 합니다"고 하였다. 시오도어 루즈벨트 대통령은 진보학파의 입장에서 독점은 특정기업이 유리한 고지를 점하여 이윤을 추구함에 따라 같은 분야에 진입하려는 이들에게 평등하게 참여할 기회를 박탈한다고 생각했다. 자유와 평등을 중요한 가치로 생각하는 미국은 효율적 가치 대신 평등의 가치를 선택하였다. 그리하여 시어도어 루즈벨트는 사회와 국민을 위해 독점 자본가들을 향해 칼을 빼들어 독점 기업과 트러스트를 정리하기 시작하였다. 1911년 록펠러의 석유회사 트러스트였던 스탠더드 석유회사가 여러 개의 작은 회사로 해체되었다. 반(反)트러스트법이 연방정부에 자리 잡기 시작했다. 시어도어 루즈벨트는 노사갈등 법을 만들었으며 노동자들을 백악관으로 초빙했던 그리고 노동조합을 인정했던 최초의 대통령이었다. 연방정부는 노동자들의 권리, 산업재해에 대한 보상 방침, 평균노동시간 제정, 공개청문회 제도를 도입하였다. 경제제도에 대한 정부의 관리감독이 효과를 볼 무렵 국제무대에서 미국이 또 한 단계 성장하게 되는 사건이 나타났다.

1914년 '유럽에서 전쟁이 터졌다'는 소식은 한동안 미국 국민들에게 충격이었으나 1915년부터 유럽으로부터 밀려든 군수물품에 대한 주문량과 철강 생산의 주문 덕분에 침체되었던 경기가 살아났다. 초기에 유럽에서의 전쟁을 관망하고 있던 미국이 1915년 봄 영국의 여객선 루시타니아(Lusitania) 호가 독일의 공격을 받고 침몰하여 승객 1,200명이 사망하였고 그 중 128명이 미국 시민으로 판명되면서 대전에 합류하였다. 1917년 1월 22일 이후 독일정부가 '무차별 공격 재개'를 선언한 4월에 미국 배 5척이 침몰하자 우드로 윌슨 대통령(Thomas Woodrow Wilson, 1856-1924)은 마침내 의회 승인을 받아 1918년 10월에 175만 명의 미군을 프랑스에 파송하였다. 뒤늦게 미국이 합류했지만 전쟁은 연합군의 승리로 끝났다.

1차 세계 대전에서 승전국이 된 미국은 전쟁 전 '채무국의 입장에서 유럽의 채권국'의 입장으로 바뀌었으며, 세계 40%의 재산을 소유하게 되었다. 1919년 윌슨 대통령은 파리 평화회의에 참석하였고 각국의 이해관계로 국제질서를 지배하려던 미국의 의도는 수포로 돌아갔다. 1차 대전 이후 새로운 한 세기는 발전과 혼란 그리고 불안이 공존했으며 새롭게 부상한 나라와 지난날의 강대국들이 서로 충돌하던 시기였다.

미국의 황금시대(1920년대)

1920년대 이른바 미국의 황금시대는 정치·경제·사회적으로는 사회 전반의 개혁을 목적으로 혁신주의가 대세를 이루었다. 시오도어 루즈벨트, 윌리

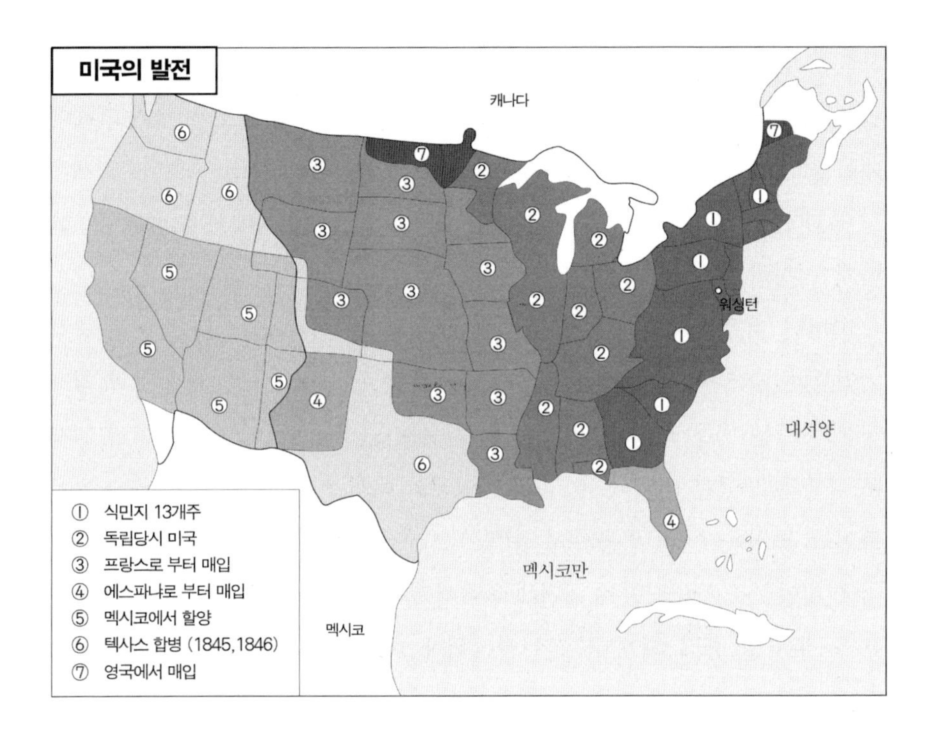

엄 H. 태프트(William Howard Taft, 1857-1930), 윌슨 대통령에 걸쳐 혁신주의 개혁운동이 진행되면서 개혁의 방향은 자유방임에 기초하되 대기업에 다소 엄격한 규제를 가하는 산업주의를 지향하였다. 무엇보다 사회구성원에 대한 평등정책을 도모하고자 하였다.

경제적으로 1920년대에는 자동차 산업뿐만 아니라 라디오, 통조림, 기성복 문화 그리고 TV, 냉장고, 에어컨 등의 소유가 개인의 윤택한 삶의 표상이 된 가전제품의 문화가 고임금 노동자들에게 광범위하게 보급되기 시작하였다. 이후 1940년대까지 확산되다가 2차 대전 이후에는 저임금 노동자들과 농민들에게도 그 보급이 이루어졌다.

도축장 작업대의 '쇠고기 걸이' 시스템을 관찰한 헨리 포드(Henry Ford, 1863-1947)는 1913년 미시간 주 디트로이트(Detroit)의 공장에서 '이동식 조립 라인(The moving assembly line)' 시스템을 설비하여 노동한 결과 부품 조립 속도가 10배나 빨라졌다. 포드 자동차의 생산방식에 따른 '저렴한 자동차의 대량보급'은 고임금 노동자(1일 5달러 최대 수입)들의 높은 수준의 여가문화를 꿈꿀 수 있도록 많은 분야에 적용되어 공업 분야의 혁명을 초래했다. 대량의 자동차들이 컨베이어 벨트를 타고 한 방향으로 들어가면 한번에 T형 자동차 2,500대가 조립되어 나왔다. 당시 포드 자동차 회사에 종사하던 노동자들은 대략 8만 명에 이르렀다 한다. 1924년 1천 만 번 째 자동차가 생산되던 즈음 최초 800달러에 달하던 자동차 가격이 290달러로 낮아지면서 미국은 집집마다 자동차를 소유하게 되었다. 미국은 세계 최대의 자동차 생산국이 되었다.

1920년대에 미국인들은 만족감에 행복하였고 모든 것이 가능해 보였다. 1930년에 포드 자동차 회사(Ford Motors Company)의 T모델 차량은 820만 대(국민 13명당 자동차 1대)의 전체 미국 자동차 중 절반 이상을 생산하였다. 조사에 따르면 당시 제2 자동차 대국이었던 영국은 국민 228명당 1대를 소유한 것으로 기록되었다. 자동차 산업 덕분에 짧은 시간 내에 전국 어디서나 도로변에는 서비스업이 번창하여 새로운 산업분야를 형성하였다. 주요소, 식당, 모텔이 들어섰다. 자동차는 노동계급과 중산계급 대중들에게 성취감을 안겨주었다.

1920년대 문화에 대해서는 두 가지 용어들이 사용되었는데, 대중문화를 일컫는 '로브로 문화(lowbrow culture)'와 지식인 문화를 일컫는 '하이 브로 문화(highbrow culture)'가 그것이었다. 당시 각종 라디오 방송이나 상류층의 댄스파티에서는 재즈가 유행했는데 재즈의 유행을 선도하고 지원했던 것은 바로 할렘이나 시카고의 지식인 및 예술인 그리고 프렌시스 스콧 피츠제럴드(Francis Scott K. Fitzgerald, 1896-1940)와 같은 작가들이었다.

1920년대를 '재즈시대(Jazz Age)'라고 이름 붙였던 F. 스콧 피츠제럴드는 잘 알려진 소설 『위대한 개츠비(The Great Gatsby)』(1925)에서 대공황 직전의 이 시대에 대해 잘 묘사했다. 제1차 세계 대전의 혼돈과 충격을 겪은 미국 사회가 1920년대 경제 성장에 따라 유례없는 번영을 누리면서 당시 미국이 내렸던 금주령에도 밀주사업을 통해 부를 축적하는 가운데 벌어지는 범죄들과 그 시대 사람들의 도덕성을 다루었다. 소설 『위대한 개츠비』에서는 소설 속 주인공의 이웃이자 밀주 사업으로 엄청난 부를 이룬 '제이 개츠비'가 헤어진 옛 애인을 우연히 만나고픈 마음에 막연히 '홍청대는 파티'를 개최하였다는 내용이나, 당시 자동차를 소유하는 것은 부자들의 상징이었는데, 개츠비가 저택의 수영장에서 옛 애인을 기다리다 교통사고로 죽은 피해자 남편의 총에 맞아 사망한다는 내용, 그러나 수많은 파티 때에 손님으로 초대되었던 밀주 동업자 및 관계자들이 개츠비의 장례식에 참석하지 않았다는 내용 등으로 당시의 황금만능주의와 도덕성의 타락 등을 잘 보여준다.

또 다른 새로운 문화의 세계는 유성영화 산업이었다. 1927년 새로운 기술 개발로 인해 태어난 유성영화 산업은 비약적 성장이 이루어져, 당시 독일, 프랑스의 영화 산업에도 불구하고 미국의 캘리포니아 주 로스엔젤레스 시 북서쪽의 할리우드(Hollywood)를 중심으로 번창하기 시작했다. 사실 할리우드는 1900년대 초에는 인구 500명의 작은 농촌이었으나 1910년에 로스엔젤레스에 합병되었다. 초창기 영화 산업은 미국 동부의 뉴욕과 뉴저지 일대에서 번성하였으나 할리우드의 좋은 날씨와 밝은 빛이 조명의 기능처럼 영화 촬영에 유리하다는 이유 때문에 영화 산업이 할리우드 쪽으로 이동하게 되었다. 그런데 그 당시 영화 산업에는 유대인들이 많이 종사하였으므로, 오늘날 우리가 알고 있는 많은 영화사들은 미국으로 이주해 왔던 유대인들이 설립한 영화사이다. 파라마운트(Paramount), MGM, 컬럼비아(Columbia), 워너브라더스(Warner Brothers), 20세기 폭스(Fox) 등이 그것이다. 미국의 대형 영화사들은 높은 수익을 올렸고 포스터나 예고편을 통해 전국적인 광고가 이루어졌고, 영화 제작 속도가 빨라서 1926년 경 미국의 주요 영화사들은 미국을 제외한 전 세계 영화 제작 분량의 약 3배에 달하는 영화를 배급하였다.

사회 분위기를 짐작하게 해주는 금주법은 시행이 불가능했다. 금주법 이후에 새로운 용어들이 생겨났다. 담배 밀조자를 의미하는 '버틀 레거 buttlegger'를 술을 밀조하는 사람에게도 사용하였으며, 주류 밀수입자를 일컫는 '럼 러너 rum runner', 밀주 또는 밀수입된 술을 말하는 '문샤인 moonshine', 부자들이 가는 비밀술집은 '스피키지 speakeasy'로 통하였다. 특히 비밀 술집은 '클럽'으로 위장하여 회원은 암호명을 대고 출입하였으며 대개 경찰의 비호 속에서 운영되었다. 가난한 사람들에게는 밀주 합성주(Bathtub gin)가 거래되었고, 약국에서는 '약용 알코올'의 처방전이 남발되어 알코올이 합법적으로 이용되었고 가톨릭 교회에서는 미사에 참례하는 사람들이 늘어남에 따라 합법적으로 성체성사용 포도주의 생산이 수백 수천 갤런씩 늘어났다.

금주법 이후에 범죄단체들이 주류의 밀수, 배달 조직망을 장악함으로써 그 조직이 대형화되었다. 술을 마시고 싶은데 못 마시는 이는 거의 없었다. 법을 무시하는 풍조가 도덕 기준의 전반적 타락을 부채질하였다. 공직자의 부패는 개혁주의자들과 부정을 폭로하는 사람들의 활동으로 현저히 줄어들었으나 대신 조직범죄가 성행하면서 각계각층의 공직자들 즉 아래로는 무허가 술집을 단속하는 경찰관으로부터 위로는 상원의원, 판사, 시장 및 지사에 이르기까지 범죄조직과 내통하고 정기적인 보수를 받았다.

서부에서는 금주법 시행 후 일반적으로 조용한 편이었으나 도시에서는 금주법 아래서 스콧 피츠제럴드가 지칭했던 '재즈시대'가 시작되었다. 이른바 '광란의 20년대' 즉 엉덩이 뒤주머니에 든 밀주 병의 시대, 자동차 뒤 보조 좌석에 탄 말괄량이 아가씨의 시대였다. 말괄량이는 20년대의 '새 여성상'이었다. 자유연애를 즐기며 피임법을 이용하는 여성이 생겨났다.

절망의 늪으로 빠져들다

1) 대공황의 위기

뉴욕의 증권 거래소에서는 모든 주식이 한 없이 오르고 있었다. 경제가 고속으로 성장하며 호전되면서 경제에 대한 진보 세력의 관리감독의 경향도 줄어들고 1928년 후버(Herbert Clark Hoover, 1874-1964) 대통령은 자유지상에 대한 확신을 가지고, 성급하게 "번영이 길모퉁이에 와 있습니다"라는 말로 고난의 시기가 끝날 것임을 선언했다. 후버는 연방정부가 직접 투자하지 않으며 빈곤층에 대해서도 직접적인 원조를 하지 않는 등 정부가 경제 주체가 되지 않을 것이라는 자유방임 정책을 선언하였다. 그럼에도 불구하고 후버는 은행 보증 기구의 창설에 동의하고 지방 정부의 토목공사에 자금 대출을 허락하는 등 정부가 직접 개입하는 정치를 행하기도 하였다. 그런데 세계 최대 수출입국이자 채권국이었던 미국의 경제는 1928년에 이미 불황의 조짐을 보이고 있었다. 가계부채가 크게 늘어나고 소비는 줄어들었다. 산업재고가 쌓여가는 반면 투자는 줄어들었고 기업의 신용도도 떨어졌다.

1929년 10월 24일 뉴욕 증권 거래소에서 한 사람의 주식을 대량으로 매도하자 수많은 사람들은 불안에 휩싸였다. 하루 만에 주식시장은 붕괴되었고 순식간에 매도는 도미노처럼 이어졌다. 하루 만에 주식 300억 달러를 초과하던 시가는 거품처럼 꺼졌다. 주식시장의 붕괴는 경제 발전의 적신호였다. 800개의 은행이 파산했고 900만 개의 예금통장이 사라졌다. 사람들의 재산이 순식간에 사라졌다. 투자와 소비가 급격히 위축되었다. 2년 만에 미국의 경제위기는 14만개 기업의 부도를 초래했다. 미국인구의 1/4에 해당하는 사람들이 거리로 내 몰리었다. 도시에서는 굶주린 사람들이 줄지어 무료로 나눠주는 빵과 스프를 기다렸다. 1929년 1,040억 달러였던 미국의 국민 총생산액은 1932년에 580억 달러로 떨어졌다. 미국의 재산이 반 토막 나 고속으로 성장하던 경제는 폭격을 맞은 탱크처럼 멈추어 섰고 전례 없던 성장이 전례 없는 위기로 변했다. 위기는 미국을 출발해서 영국, 독일 유럽으로 세계로 파급되었다 1929년부터 1933년까지 전체 가격이 37% 하락했으며 농산물 가격은 약 60%나 하락했다. 경제학자들이 진단하기를 자유 시장을 지나치게 풀어놓은 결과였다. 증권시장이 붕괴된 원인으로는 독점기업들과 욕망에 찬

시민들 중심으로 거국적으로 가열되었던 투기, 부채를 창출할 수밖에 없는 지주회사의 운영, 투자신탁회사의 확신 그리고 청산이 불가능한 대규모 은행 대부의 증가 등으로 평가되었다.

▲ 프랭클린 루즈벨트 대통령(1933-1945 재직)

절망의 먹구름이 미국을 뒤덮었다. 절망에 찬 어떤 미국인은 갓 세워진 워싱턴 다리에서 뛰어내리기도 했다. 후버 대통령은 자유주의 경제로 국가의 위기를 극복할 수 있을 것이라 믿었다. 그러나 후버 대통령의 판단은 빗나가 1,700만 명의 사람들이 직업을 잃고 200만 명의 사람들이 길거리 노숙을 하게 되었다. 북동부의 산업 대도시들에는 후버 대통령의 이름을 딴 빈민촌 '후버 빌(Hoover ville)'이 등장하기도 하였다. 1929년 이후 3년이 지난 1932년의 실업률은 25%에 달했고 인구의 40%정도가 빈곤층으로 평가되었다. 최상위 부유층을 제외하고 중산층 전체가 타격을 입었다.

1932년 뉴욕 주의 프랭클린 루즈벨트(Frankline Delano Roosevelt, 1882-1945)가 대통령으로 당선되었다. 루즈벨트는 1933년 3월 4일 취임식 날 10만 명의 사람들 앞에서 "우리 위대한 나라는 계속 앞으로 나아갈 것입니다. 우리가 두려워해야 할 것이 있다면 그것은 바로 두려움 그 자체입니다"라고 연설하며 국민들의 결속을 촉구하였다. 국민들은 주로 주말 저녁 난로 옆에 앉아 루즈벨트 대통령의 희망의 연설을 기대하였으므로, 루즈벨트 대통령의 국민과의 소통방식을 '난로 옆의 담화'라고 칭하였다. 루즈벨트는 재임 12년 동안 약 35차례 난로 옆의 담화를 발표했다고 한다.

2) 루즈벨트 대통령의 'New Deal-새로운 정치'

재임취임 연설에서 루즈벨트는 "내가 뉴딜을 하는 것은 부자에게 더 많은 부를 주기 위해서가 아니라 가난한 사람들을 풍요롭게 하기 위한 것입니다. …우리의 전진은 많은 것을 소유한 부자들에게 더 많은 부유함을 주기위해서가 아닙니다. 우리의 전진은 너무 적게 가진 이들에게 우리가 충분히 나누어 줄 수 있는지에 달려있습니다. 저는 오늘 밀농사를 망친 가족, 옥수수 농사를 망친 가족, 가축을 잃은 가족, 우물물이 말라붙은 가족, 채소밭을 망친 사람들과 이야기하고 있습니다."라고 밝힘으로써 자신의 정책을 선언하였다. 그는 "국민들에게 가난을 피할 자유가 있으며, 진정한 자유인에게는 기본적인 경제가 허용되어야한다. 정부는 국민들의 빈곤을 막아줄 책임과 의무가 있다"고 생각하였다. 그 결과 '빈곤 없는 자유'가 기본인권으로 선언되었으며, 미국정부에게는 그것은 커다란 혁명이었다.

그리하여 루즈벨트는 대공황의 악화로 위기에 직면했던 당면 목표로서, '실업자 구제(Relief), 경기 회복(Recovery), 정치, 사회, 경제 전반에 걸친 개혁(Reform)' 달성을 추진하였다. 1933-1935년 긴급한 조치로서 '연방예금 보험공사'를 설립(1933)하여 파산위기에 빠진 은행에 대출해 주었고, 증권거래위원회(1934)를 설립하여 주식시장을 감독하게 했으며, '연방 주택청'을 설치하여 주택시장을 통제하고 담보 대출을 보장해 주었다. 각주와 시가 제공하는 공적 원조에 대한 연방정부의 재정지원을 늘렸고 공공 토목 공사를 활성화시키기 위해 '시민자원 보존단'과 '공공 사업청' 그리고 수력발전 공기업인 '테네시 강 유역개발공사'를 설립하여 실업자를 구제하는 일자리를 창출하였다. 정부의 지도와 투자로 테네시 강 주변 20여 개의 새로운 댐을 건설하고 원래의 5개 댐 복구사업을 통해 고질적인 홍수의 피해를 덜었다. 또한 테네시 강을 지나는 7개 주(州) 강 전력 및 산림 및 농업생산력이 증대되었으며, 특히 실직자들을 위한 대량의 일자리가 창출되었다.

농업분야를 살리기 위해 농업조정법(AAA, 1933. 5. 12)을 제정하여 농민들에게 보상금을 지불하는 방식으로 농민들의 '생산물 제한'을 유도하여 농산물 가격을 안정시키고자 하였다. 전국 산업 조정법(National Industrial Recovery Act)

을 제정하여 산업에 대한 정부의 통제 정책을 실시하였다. 그는 기업가에 대한 공격보다는 협력을 구하여 산업별로 공정 경쟁 규약을 제정하여 산업체 간의 협동과 조화를 통해 공황을 극복하도록 했다.

그럼에도 불구하고 공동 관리 정책이 실패하고 보수 경영자들의 비판과 불황이 지속되자 1935-1937년에 2차적으로 뉴딜을 실시하여 자유방임주의와의 단절을 더욱 강화하는 정책을 재정비하였다. 1935년 '사회 보장법', 노동조합 보호법으로서의 '와그너(Wagner)법'을 시행하였고 그리고 '전국 노동관계위원회'를 설치하여 노사 갈등의 중재자역할을 하도록 했다. 또한 사업진흥청을 창설해 대규모 토목 공사 계획을 확대시켰고, 농촌에 대한 전력 공급과 농촌에 젊은 인력 확충 그리고 미국 최초로 노동자들을 위한 사회보장제도를 마련하였다. 그것을 위해 미국 최초로 기업과 부자들에게 높은 세금을 부과하였다. 최저 임금법, 복지법, 정부고용 및 기타 대책을 통해 미국 국민의 경제안정을 보장하고 국민들의 경제적 자유를 지향하였다.

절망의 늪에서 빠져나오다! 대공황 극복 성공요인

결국 대공황 타개의 과제는 32대 대통령 F.D. 루즈벨트의 수중에 맡겨졌다. 대공황의 위기를 성공적으로 극복할 수 있었던 첫째 요인으로는 경제정책의 방향에 대한 전문가들의 인식과 여론의 공감대가 이루어졌다는 점이다. 즉 경제가 붕괴된 후 사람들은 자본주의체제에도 정부의 개입이나 역할이 필요하다고 생각했는데, 그러한 전문가들의 견해와 F.D.루즈벨트 대통령의 인식을 토대로 정책 방향이 모색되었다.

서방국가가 경제위기를 맞고 있었을 때 공산주의 체제를 확립한 러시아에서는 계획경제라는 것이 행해졌는데, 농업국가에서 공업국가로 발전했던 러시아의 경제체제를 보고 프랭클린 루즈벨트는 소련의 성공에 주목하였다. 그리고 정부의 간섭이 적을수록 좋다고 생각했던 미국은 시어도어 루즈벨트의 정부간여 정책에 대해 관심을 환기하였다. 영국의 경제학자 케인즈는 "정부는 보이는 손이 되어 국가경제에 개입하여야 하고 국가의 힘을 적극적으로 경제정책에 이용해야 한다"는 내용의 편지를 루즈벨트에게 보내기도 하였다.

대공황 타개를 성공적으로 전개할 수 있었던 두 번째 요인은 루즈벨트 정부의 '중산층 결사 보호'의 노선이었다. 즉 정책으로 실현시키기 전 '무엇을 가장 중요한 명분과 원칙으로 삼을 것인가'의 문제로서 연방정부가 중산층 대중을 위해 경제적인 개입을 하고자 했을 때 고려했던 두 가지 사안은 먼저, 미국에서 '다시는 똑같은 참상이 발생하지 않아야 한다'는 것과 '최악의 경우에도 정부는 중산층을 보호해야 한다'는 원칙이었다. 그것을 주장한 사람들이 1930년대 진보주의자들로서 '자본주의를 제대로 관리하기 위해서는 일정한 통제가 가해져야 한다'는 그들의 사상이 대공황을 타개해가는 주요 노선이 되었다.

대공황 타개 성공의 세 번째 요인은 루즈벨트 대통령 개인의 정치적 자질 즉 전통적인 민주당 지지자들과 아프리카계 미국인들 그리고 자유방임에 적대적인 중산층의 생존과 이해를 묶어내는 탁월한 감각의 정치력에 있었다. 루즈벨트는 금융과 산업의 최고 수장들이 개인적 야심보다 먼저 공익을 위해 힘쓰기를 바랐다. 정부에서는 개인적 야심만 생각하는 이들의 행동을 규제하기 위한 채비를 갖추어야 한다고 여겼다. 요컨대, 서로 협력하여 타인의 자유와 행복 추구를 위협할 만한 것은 무엇이든 피해야만 자유와 행복 추구가 가능하다고 보았다. '설득하고 지도하고 희생하고 가르치면서' 협력적인 관계를 구축하였던 루즈벨트가 다원론적 가치관에 따라 국가를 경제적 고통에서 탈출시키고자 했다. 그는 다른 그룹에 고통을 가하지 않은 채 특정그룹의 특정문제를 바로잡으려 하였으며, 그러한 태도로 연방 정부의 지출, 실업자 구호, 특정 도시경제, 철도, 공익사업. 해외투자, 부동산 담보대출에 관한 문제에 접근하려 했다. 1936년 미국의 경제는 회복되고 있었다.

마지막으로 미국이 대공황의 위기에서 온전히 탈피할 수 있었던 것은 아이러니하게도 1차·2차 대전의 발발 때문이었다. 두 차례의 대전 동안 유럽으로부터 쇄도했던 무기와 군수물품의 공급으로 미국은 미진했던 경기를 회복함으로써 2차 세계대전 이후 강한 세계 경제의 지도력을 획득했다. 후속적으로 동맹국에의 무기대여(Lend-Lease), 국제연합 구제부흥 사업국(UNRRA), 영국 차관에 대한 유리한 청산방식(British loan), 동맹국과 패배한 적국들 모두에 대한 원조, 국제 통화기금(IMF), 국제부흥개발은행(IBRD)의 브리튼-우즈체제가 정착되었다. 마지막 유럽부흥계획(마샬 플랜)을 통해 유럽 국가들과 무역, 산업, 금융에서 긴밀한 협조를 하도록 추진하며 세계 경제에 책임 있는 제1 강대국으로 부상하였다. 두 차례 대전으로 대부분의 나라들이 초토화되고 소진되었던 반면 미국은 50개 나라에 미군을 파견, 주둔시키며 미국의 세력을 확대하였다(1945. 4. 12. 루즈벨트 사망).

독립 신생국의 출범이후 19세기 말 20세기 초, 사회구성원을 돌보지 않았던 독점기업과 부자들의 가열화된 욕망으로 빚어진 대공황의 위기 속에 루즈벨트 대통령의 뉴딜 정책과 국민의 단결된 노력으로 미국은 희망의 대국으로 거듭날 수 있었다.

역사적 교훈

2008년 9월 리먼 브라더스(Lehman Brothers Holdings Inc.) 파산 이후 10월 3일 정부의 '금융 구제 법안'이 하원에서 가결된 후 7,000억 달러에 이르는 대규모 공적 자금이 투입되었다. 그 후 미국의 사태는 유럽과 러시아, 싱가포르, 홍콩, 중국까지 미치어 주가가 폭락 되었으며, 영국에서는 최대 500억 파운드의 공적 자금을 투입하는 경제정책을 발표했다.

약 83년 전 대공황을 초래했던 요인들은 첫째 1920년대 당시 대 기업가들과 부를 좇는 중산층의 욕망으로 과열된 투기 열풍, 둘째 부채를 창출할 수밖에 없는 지주회사의 운영, 셋째 투자신탁회사의 근거 없는 확신, 넷째 청산이 불가능한 대규모 은행 대부의 증가 등의 요인들이었다. 그 결과 증권시장이 붕괴되었고, 미국이 유럽과 세계에 끼쳤던 피해는 막대하였다. 20세기 초의 위기처럼 21세기 2008년의 리먼 브라더스의 파산 또한 거의 동일한 요인들 때문에 재현되었으며 더구나 기업 운영자들의 결과와 파장을 예상하지 않고 무조건 출시했던 '묻지 마' 투자 상품, 기업의 파산을 돌보지 않은 채 개인의 이윤을 챙긴 운영자들의 도덕적 해이 그리고 루즈벨트 정부와 달리 2008년 현재 미국 정부의 때 늦은 안일한 대응 등은 대공황 당시 보다 더 최악의 국면에 이르렀다고 평가될 수 있다.

이처럼 세계 제1의 강대국이자 최대의 경찰국가를 자처하는 미국이 그 명성에 비해 막대한 부채를 보유하게 됨에 따라 미국 경제의 국제적 신용도는 점차 실추되고 있으므로, 향후 미국 지도자들 및 국민적 각성과 노력이 없다면 미국의 쇠퇴설은 머지않은 시기에 현실화될지도 모른다.

연표

- 1901년 시오도어 루즈벨트 대통령 취임
- 1912-1916년 혁신당 결성
- 1912년 우드로 윌슨 대통령 당선
- 1917년 미국이 독일에 선전 포고
- 1929년 뉴욕 주식시장 대폭락(대공황의 시작)
- 1932년 프랭클린 루즈벨트 대통령 당선
- 1933년 초기 뉴딜 제 입법(TVA법, AAA법, NIRA법 등)
- 1935년 와그너 노동법 제정, 사회보장법 제정, 산업별 노동조합 위원회 결성
- 1941년 무기 대여법 제정
- 1944년 루즈벨트 대통령 4선 당선
- 1945년 루즈벨트 사망

참고문헌

• 단행본 조지 맥짐시, 정미나 역, 『위대한 정치의 조건:프랭클린 델라노 루즈벨트』, 21세기 북스, 2000.
앨런 와인스타인·데이비드 루벨, 이은선 역, 『사진과 그림으로 보는 미국사』, 시공사, 2004.
이보영, 『미국사 개설』, 일조각, 2005.
케네스 C. 데이비스, 진병호 옮김, 『교과서에서 배우지 못한 미국의 역사』, 고려원미디어, 1996.
피에르 제르베, 소민영 옮김, 『최초의 세계 제국, 미국』, 부·키, 2006.

• 다큐멘터리 〈EBS 다시 보는 미국〉

• 영화 〈황금광 시대(1925), 찰리 채플린 감독〉
〈모던 타임즈(1936), 찰리 채플린 감독〉
〈위대한 개츠비(1974), 잭 클레이톤 감독〉
〈순수의 시대(1973), 마틴 스콜세지 감독〉
〈분노의 포도(1940), 존 포드 감독〉

히틀러에 의한 히틀러를 위한 제3제국

독일

머리말

"유대인은 무슨 일에도 망설이지 않으며 그의 야비함은 너무 악독해서 유대인의 혐오스러운 모습이 악마의 탈을 쓴 인간이라거나 악의 상징물이라 해도 우리 가운데 전혀 놀랄 사람이 없을 정도이다."

위의 글은 히틀러가 지은 『나의 투쟁(Mein Kampf)』의 일부이다. 이 글에서 나타났듯이 그는 철저한 반유대주의 인물이었다. 그리고 그가 이끈 민족 사회주의 독일 노동자당(NSDAP, 이후는 나치당으로 통일) 역시 철저히 유대인을 배격했으며, 결국 나중에는 그들을 완전히 '절멸'하기에 이르게 된다. 흔히 반유대주의의 대명사로 여겨지는 독일 나치당이 독일을 지배했던 시대를 일반적으로 '제3제국(1933~1945)'이라고 말한다. 나치당은 독일의 역사에 있었던 '신성로마제국'을 제1제국, 1871년 프로이센을 중심으로 독일 통일을 이루었던 제국을 제2제국으로 간주하고, 자신들의 제국을 제3제국이라 명명했다.

당원들이 영원히 지속될 것이라고 호언장담을 했었던 제3제국도 2차 세계대전을 끝으로 역사 속으로 사라져 버렸다. 비록 12년밖에 존속하지 않았던

◀ 아돌프 히틀러(Adolf Hitler)

제3제국이었지만 많은 과거 인류의 경험 속에서 절대로 잊어서 안 되는 중요한 역사적 교훈을 주고 있는 대표적인 전체주의 국가로 기억되고 있다. 그렇다면 무엇이 제3제국을 가장 강력한 전체주의 국가로 만들었으며, 그리고 무엇이 이러한 강력한 국가를 멸망하게 하였는지 살펴볼 필요가 있을 것이다. 제3제국의 성쇠와 더불어 이 제국의 중심이었던 나치당과 그의 당수였던 아돌프 히틀러(Adolf Hitler)에 대하여 이야기 할 필요가 있다. 왜냐하면 나치당의 기본강령과 사상적 배경은 바로 제3제국의 근본 통치이념과도 일맥상통하기 때문이며, 나치당이 국민들로부터 지지를 받게 된 이유는 여러 가지가 있겠지만 히틀러의 조직력과 지도력이 밑받침된 정치적인 카리스마가 매우 크게 작용했기 때문이다.

바이마르 공화국과 히틀러의 등장

제3제국은 바로 나치당의 대표였던 히틀러가 바이마르 공화국의 수상으로 오르면서 시작된다. 극우익정당이었던 나치당의 정권획득을 견제하기 위해 바이마르 공화국 정당들과 정치가들의 노력에도 불구하고, 1929년부터 시작된 경제 대공황의 여파와 바이마르 정치권 내 권력자들의 정치적 오판은 결국 히틀러를 수상으로 오르게 하였다. 1933년 1월 30일 히틀러가 수상에

오르고 난 뒤, 그날 밤 나치당 당원 가운데 가장 행동파 대원이었던 '돌격대(SA, Strümabteilung)'를 중심으로 깃발과 횃불을 높이 들고 마침내 그들의 혁명을 성공했음을 알리는 베를린 시가행진을 하게 된다. 돌격대 제복의 색깔에 맞추어 '갈색혁명'이라 불리는 이 돌격대의 시가행진은 제3제국의 건설을 전 독일에 알리는 신호였으며, 앞으로 있을 독일의 운명을 암시하는 시작에 불과했다.

오스트리아 출신으로 독일 군 정보기관에 근무하고 있었던 히틀러가 정치적인 행동을 위해 첫 모습을 드러냈던 곳은 1921년 바이에른 주의 중심지였던 뮌헨이었다. 그 당시 독일은 1차 대전 패전의 후유증으로 혼란스러웠다.

정치적으로는 민주적인 바이마르 공화국이 건설되었음에도 좌익과 우익세력들의 반란과 폭동으로 혼란스러웠으며, 경제적으로는 1차 대전의 패전국 처리를 위한 베르사이유 조약에 따라서 엄청난 전쟁배상금 지불로 인하여 막대한 인플레이션을 겪어야만 했다. 그 당시 가장 민주적 헌법으로 평가받았던 바이마르 헌법에 입각하여 세워진 바이마르 공화국은 현실에서는 극도의 정치적, 사회적, 경제적 혼란의 연속이었다.

이러한 혼란 속에서 히틀러는 1923년 뮌헨에서 소수 우익세력들과 함께 쿠데타를 일으켰다. 하지만 이 쿠데타는 곧바로 진압되고 재판을 거쳐 형무소에 수감되었다. 이 수감기간 중에 히틀러는 자신 대표작인 『나의 투쟁』를 저술하여 나치즘의 배경과 전파, 그리고 자신의 반유대주의 사상을 세상에 알리게 된다. 형무소에서 나와서 종전의 극단적인 운동방식을 바꾸어 바이마르 공화국내에서 합법적인 방법을 통해 정권을 잡고자 노력하게 된다. 이러한 운동은 바이마르 공화국의 안정 속에서 큰 힘을 발휘하지 못하다가 1929년 미국에서 시작된 금융위기가 유럽을 덮치고, 독일의 경제가 급속도로 악화되면서 다시 큰 힘을 얻게 되었다. 경기 침체가 가져온 결과 가운데 가장 눈에 띄는 부분은 급속한 실업 인구의 증가였다. 1928년 연평균 140만 명이었던 실업인구가 대공황이 시작된 1929년 190만 명을 넘어서, 1930년에는 무려 310만 명으로 늘어났고, 이어 1931년 에는 450만 명에 이르게 되었다. 이러한 실업인구의 증가는 바로 바이마르 공화국을 지탱하고 있었던 중산층의 몰락을 의미하고 있으며, 이는 극단적인 극우와 극좌의 정치적 세력이 등장하는 배경이 되었다.

이러한 배경 속에 나치당은 마침내 1930년 9월 의회 선거에서 18.3%의 득표로 107명의 의원을 탄생시키면서 의회 제2당을 차지하게 된다. 의회에서 급성장에도 불구하고 나치당은 여전히 내각을 구성하는 정당으로 참여하지는 못하고 있었다. 가장 큰 원인은 공화국의 정치적 실력자인 대통령 힌덴부르크는 히틀러를 신뢰하지 못하였고, 히틀러 역시 수상을 통해 전체 정권

인수를 요구하는 '전부가 아니면 필요 없음'을 주장하고 있었기 때문이었다. 이러한 상황에서 연이은 내각의 경제정책이 큰 실효를 거두지 못하게 되고 군 내부에서도 서서히 히틀러를 수상으로 천거하는 움직임을 보이게 되었다. 결국 슐라이허 내각이 물러나고 나치당은 국가 인민당과 함께 내각을 구성하게 된다. 이를 위해 히틀러는 대통령의 신임을 받는 파펜과 국가 인민당 대표 후겐베르크와 협상을 통해 자신이 수상 직에 오르면서 나치당 소속으로 내각에 유일하게 단 2명만 관료로 임명하고 나머지는 무소속과 국가 인민당에 할애할 것을 약속하였다. 이러한 전술로 마침내 히틀러는 의회의 반대와 대통령의 거부를 물리치고 수상을 차지하게 되었다.

이렇게 수상에 오른 히틀러는 먼저 대통령으로부터 긴급권을 발동할 수 있도록 허락을 받아 의회를 해산하고 선거기간 동안 돌격대와 경찰을 동원하여 총선거에 승리하여 의회 내에서 다수파를 형성하였다. 특히 선거가 실시되기 전 '국회 의사당 방화 사건'을 계기로 공산당 의원과 유력한 정치 지도자들을 체포하고 구금함으로써 의회에서 공산당을 제거하였다. 이러한 행동을 통해 바이마르 헌법의 기본권이 대폭 제한되었으며 마침내 수권법을 통해 그의 권력은 확고해졌다. 이 수권법은 의회를 거치지 않고 4년간 정부에게 입법권을 위임하고 행동의 자유를 허용하는 것으로 바이마르 헌법의 가장 중요한 의회의 기능을 정지시키는 역할을 하였다. 이제 모든 권력은 바로 행정부로 집중되었고 의회의 허가나 감시 없이 마음대로 국가의 재정과 정책을 계획하고 실행하게 되었다. 그리고 1934년 나치당 내부의 숙청 작업을 통해 돌격대 대장 룀과 함께 당내의 유력한 반대자였던 슈트라서를 제거함으로써 자신의 위치를 확고한 다진 후, 힌덴부르크가 죽자 대통령직을 폐지하고 히틀러는 자신이 모든 권력을 차지하는 이른바 '지도자(Führer)'가 되어 일인독재 체제를 완성하게 된다.

제3제국의 침략과 몰락

'룀 사건'을 통해 돌격대의 당내 기반을 약화시키면서 기존 바이마르 공화국 시대의 군부와 손을 잡은 히틀러는 당내에서 가장 큰 반대세력이었던 슈트라서마저 제거하여 더 이상 반대세력은 당내에 존재하지 않게 되었다. 특히 힌덴부르크 사망 이후 '지도자'가 된 이후, 당은 물론 내각에서도 일인 독재를 굳건히 하면서 독일 국가 전체를 '전체주의화' 시키는 작업에 들어가는 동시에 주변 국가와의 관계도 1914년 이전 독일의 지위로의 회복에 주력하게 된다.

그 첫 번째 걸음은 바로 라인란트(Rheinland) 점령이었다. 윌슨의 민족자결주의 원칙에 따라 주민투표로 독일 영토로 복귀한 자를란트(Saarland)에 대해 프랑스가 히틀러와 나치당을 불신하면서 소련과 상호원조동맹을 맺자 히틀러는 독일 안보에 매우 큰 위협이 된다는 구실을 들어 비무장지대인 라인란트를 무장 점령 해버렸다. 이러한 그의 행동에 연합국의 반대목소리가 커지자, 히틀러는 베르사유 조약 전체를 일방적으로 파기하였다. 동시에 병력제한 규정으로 인하여 실시되지 못했던 병역 의무를 다시 부활시켜 본격적인 군비 확충에 들어가게 된다.

이러한 강경태도에 영국과 프랑스가 미온적인 반응을 보이게 되자 히틀러는 한걸음 더 나아가 지금까지 비밀리에 진행되어 오던 나치의 군비확장 정책을 표면화시키면서 경제 회복을 주력으로 하는 경제 계획을 발표하였다. 이 계획에 따라서 독일 경제는 군수 산업과 중화학 산업 특수 경기를 불러일으켜 바이마르 시대의 혼란을 극복하고 성장을 하게 되었다. 국내 경제의 회복은 실업자 수의 대폭 감소로 나타났으며 이로 인하여 많은 독일 국민들의 지지를 받게 되었다.

대외적으로, 국내적으로 안정된 국가건설에 성공하고 있음을 확신한 히틀러와 나치당은 이러한 전체주의적 체제의 우월성을 세계적으로 과시하기 위해 1936년 하계 올림픽을 베를린에서 개최하였다. 이 자리에서 히틀러는 나치 체제에 의심의 눈초리를 보내는 세계 각 나라들에게, 독일은 세계 평화를 걱정하면서 기독교 세계의 수호자 역할을 맡고 있음을 강조했다.

이렇게 한편에서는 '평화의 전도사'라고 주장하면서, 다른 한편에서는 무력을 통한 영토 확장에 심혈을 기울이고 있었다. 특히 이탈리아의 파시스트 정권과 함께 친 전체주의 정권인 에스파냐의 프랑코 장군을 지원했다. 에스파냐 내전에 관여한 나치 정권은 앞으로 있을 전쟁을 대비하였다. 신무기인 비행기를 바스크 지방의 게르니카 시에 먼저 실험하였다. 이 실험은 게르니카 시민들의 희생을 가져왔고, 나치 정권의 폭력성과 잔인함을 보여주는 계기가 되었다.

히틀러의 영토 확장의 첫 번째 목표는 오스트리아였다. 1920년 말부터 오스트리아에서도 나치당의 지구당 조직이 활발히 활동을 하고 있었고, 1933년 히틀러가 집권을 한 이후에는 오스트리아의 나치 당원들은 독일과의 합병을 공공연하게 주장하였다. 하지만 오스트리아 기독교 사회주의당의 슈슈니크(Schuschnigg) 수상은 독일과의 합병에 반대하는 입장이었다. 아울러 한 걸음 더 나가 슈슈니크 정권은 오스트리아에서 나치당을 불법화 시켜 히틀러의 오스트리아 합병 계획에 정면으로 도전했다. 이에 히틀러는 슈슈니크와 단독 회담을 하여 나치당의 불법화를 철회할 것을 요구하였다. 하지만 슈슈니크는 독일의 무력 시위와 압력에 즉각적으로 강력한 반대 입장을 표명하지 못한 채 모든 것을 국민 투표로 결정하고자 하였다. 오스트리아의 국민 투표 결과 독일과의 병합은 거부되었지만 독일과 이탈리아의 압력에 결국 슈슈니크는 1938년 수상 직에 사퇴를 하고 만다. 며칠 뒤 시민들의 환영을 받으며 독일 군대는 빈에 입성을 하고 마침내 오스트리아는 독일에 병합되고 만다.

오스트리아 병합에 성공한 히틀러의 다음 목표는 체코슬로바키아의 주데텐(Sudeten) 지역이었다. 역사적으로 이 지역은 독일계 주민이 다수 민족을 차지하고 있었던 곳으로 히틀러의 영토 확장의 야욕에 잘 부합되는 조건을 가지고 있었다. 히틀러는 1938년 3월 주데텐 지역의 독일지도자인 헨라인(Henlein)을 통하여 체코슬로바키아 정부에 주데텐에 대한 요구를 하게 했고, 국제적으로는 전쟁 분위기를 연출하였다.

▲ 뮌헨협정

이에 프랑스와 영국은 프라하에 쥬데텐 지역에 자치권을 부여할 것을 권고하면서 히틀러와 직접 면담을 통해 사태를 해결하고자 노력하였다. 영국의 체임벌린 수상은 히틀러와의 회담을 통해 가능한 히틀러의 요구를 수용하면서 전쟁 방지에 주력하였다.

결국 무솔리니의 중재로 말미암아 1938년 9월 29일 뮌헨에서 히틀러, 체임벌린, 달라디에, 무솔리니가 참석한 4자 회담이 개최되었다. 이 뮌헨 회담에서 영국, 프랑스, 이탈리아는 히틀러의 요구안대로 쥬데텐 지역을 분리하여 독일에 병합시키고 유럽 내의 평화를 유지한 것처럼 보였다. 하지만 이 '뮌헨협정'은 다음 해 3월 히틀러 군대가 체코슬로바키아의 나머지 영토를 점령하면서 산산조각 나버리고 이제 히틀러의 전쟁발발은 현실화 되었다. 문제는 얼마나 빨리, 어느 지역에서 시작할 것인가이였다.

전쟁 발발의 시작은 바로 히틀러가 베르사유 조약에 따라 자유무역항이 되었던 단치히(Danzig)의 반환을 폴란드에 요구하면서 전개되었다. '뮌헨협정'의 실패를 바로 곁에서 지켜 본 폴란드는 히틀러의 모든 제안을 거부하고 결사항전의 자세로 들어가게 되었다. 이에 따라서 영국은 폴란드를 지원하고, 히틀러는 소련과의 상호 불가침 조약을 맺어 폴란드 침공의 최대숙제를 해결하였다. 이에 따라서 침공의 빌미를 만들기 위해 폴란드 군대로 위장한 독일군이 독일 국경 부근의 송신소를 공격하고 이를 빌미로 독일군은 폭격기와 전차를 앞세워 1939년 9월 1일 폴란드 국경을 넘어 공격을 개시하였다.

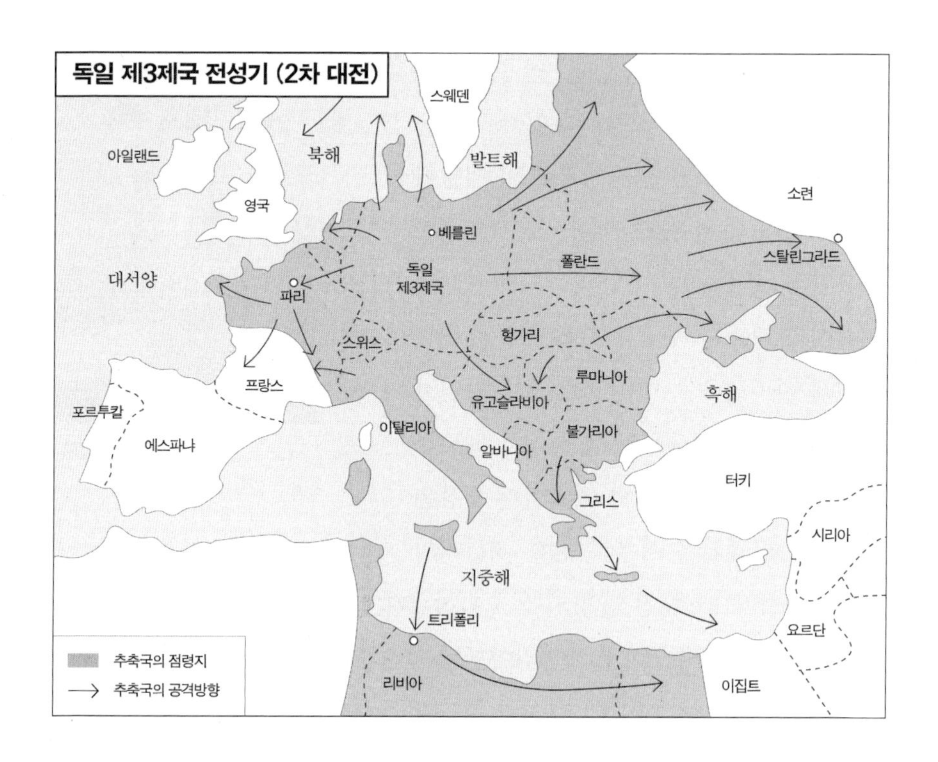

마침내 세계 2차 대전이 시작되었다.

전쟁이 발발하자 영국과 프랑스는 독일에 대해서 즉각 선전포고를 하였지만 폴란드 땅에는 어떠한 지원군도 존재하지 않았다. 전차를 주축으로 하는 독일의 기갑부대는 빠른 속도로 수도 바르샤바로 진군하여 점령하였고 반대편에서는 소련이 폴란드를 공격하여 10월 6일 지도상에 폴란드는 완전히 사라지고 말았다. 동부 전선에 폴란드를 상대하고 있는 동안 서부전선의 프랑스는 독일 군대에 방어 전략을 구사하고 있었다. 프랑스는 독일의 전차부대를 무력화 시키는 '마지노선'을 건설하여 독일 침공에 대비하고 있었다. 수많은 요새와 참호로 구성된 철통 방어선이자 프랑스 군대의 자존심이었던 '마지노선'은 폴란드를 점령하고 서부 전선으로 군대를 이동하고 있었던 독일군으로부터 안전하게 방어해 줄 것으로 믿고 있었다.

본격적인 프랑스 공격을 앞두고 히틀러 군대는 먼저 노르웨이와 덴마크를 공격하여 정복하고, 스웨덴에게도 항복 선언을 받았다. 그 이후 독일의 기갑 부대는 1940년 5월 네덜란드와 벨기에, 룩셈부르크를 공격한 후, 프랑스의 예상과는 완전히 다르게 '마지노선'이 건설되지 않는 프랑스와 벨기에 사이의 '아르헨' 숲을 지나 프랑스 땅으로 들어가 버렸다. 이에 독일과 동맹을 맺은 이탈리아가 프랑스 남부를 침공하여 전쟁은 전 유럽으로 확대되었다. 독일 기갑 부대의 속도전과 화력에 속수무책으로 당한 프랑스와 영국 군대는 수도 파리를 내어주는데 채 두 달이 걸리지 않았다. 파리를 점령한 히틀러는 프랑스 전체를 점령하지 않고 남부에는 친 나치 정권의 꼭두각시 정부인 '비시정부'를 수립하고 북부만 직접 통치하는 이중점령정책을 실시하였다.

이제 유럽 대륙에서 히틀러에 저항하는 국가는 영국뿐이었다. 히틀러는 영국을 점령하기 위해 독일 공군을 총동원했지만 처칠을 중심으로 굳게 뭉친 영국인들의 결사 항전으로 번번이 수포로 돌아가고 말았다. 시간이 흐르면서 유럽에서 전쟁이 점차로 확대되어 가고 있었다. 북아프리카에서 무솔리니의 군대가 영국군에게 밀리게 되자 히틀러는 롬멜(Rommel) 장군을 아프리카로 보내어 이탈리아를 지원하도록 했다. 롬멜 장군이 이끄는 독일전차 부대는 뛰어난 기동력과 전술을 바탕으로 영국군을 물리치며 북아프리카에서 독일의 영토를 확대해 가게 되었다. 사막의 전투에서 승리를 거둔 독일장군 롬멜은 '사막의 여우'라는 별명이 붙을 정도로 뛰어난 전투력을 보여줌으로써 영국군에게는 두려움의 대상이 되었다.

롬멜 장군의 아프리카 전투에서 승리로 이제 전쟁의 전선은 유럽을 넘어 북아프리카와 지중해까지 확대되었다. 롬멜 장군의 아프리카 전선에서의 승리도 중요했지만 무엇보다 히틀러의 최종 목표는 소련정복이었다. 소련 침공의 발판을 마련하기 위해 히틀러는 발칸 반도를 먼저 공격하여 그리스에서 영국군을 몰아내고, 세르비아와 크로아티아를 차례로 정복하였다. 소련침공의 교두보는 확보되었다. 하지만 가장 큰 문제는 바로 영국이었다. 영국을 정복하지 못한 채 소련을 침공한다는 것은 엄청난 위험부담이었다.

하지만 히틀러는 1941년 6월 22일 소련에 대한 공격명령을 내리게 되고 독일 신성로마제국의 황제 '바바로사'에서 이름을 가져온 이른바 '바바로사 작전'을 전개하게 되었다. 동맹군을 포함한 소련으로 들어간 독일부대의 규모는 153개 보병사단과 19개 기갑사단이 포함된 약 300만 명에 다다랐다. 대규모 병력과 전차, 비행기가 동원된 소련 침공의 초기에는 성공적으로 진행되었다. 하지만 전쟁이 점차로 장기화되고 전선이 동쪽을 길게 이동하면서 앞서가는 부대와 후발 부대 사이의 거리가 점점 길어지게 되고 이에 따라서 보급선 역시 갈수록 연장되어 원활하고 충분히 물자보급이 이루어지지 않게 되었다. 급기야 독일군 사이의 통신마저 서서히 붕괴되고, 일찍 찾아온 겨울에 독일군의 전투사기와 전투력은 떨어지고 말았다. 시간이 지날수록 전선은 고착화되어 갔다.

소련과의 전투에서 신속한 승리가 절실했던 히틀러는 동부 전선에서 스탈린그라드에 대해 총공격을 명령했고 연료 부족과 병사들의 사기 부족으로 대공세는 실패로 돌아가고 말았다. 독일 제 6군은 고립된 채 더 이상 싸울 수 없게 되고 결국 1943년 1월 소련군에 항복을 하고 말았다. 15만 명 이상의 사상자와 9만 명 이상의 전쟁포로가 된 스탈린그라드 전투의 패배는 2차 세계 대전의 전환점이 되었다. 이와 함께 아프리카 전선에서도 원료지원 부족으로 롬멜 장군이 패배하면서 전세가 연합군에게 유리한 방향으로 전개되기 시작했다.

1943년 5월에는 아프리카에서 독일과 그 연합군대는 완전히 축출되고 연합군이 지중해 해상과 수에즈 운하를 점령하게 되었다. 8월-9월에는 연합군이 이탈리아 시칠리아 섬을 점령하여 무솔리니는 실각을 하게 되었다. 독일의 소련 침공으로 소련이 영국, 프랑스와 함께 연합국에 가담하고, 이어서 미국이 전쟁이 참전을 하게 되면서 연합국의 전쟁 수행 능력은 배가 되었다. 특히 미국이 후방에서 막대한 양의 군수 물자를 공급해 주기 시작하자 전쟁은 독일군에게 불리한 방향으로 전개되었다.

마침내 연합군은 1944년 6월 6일 2,700여 척의 함대가 프랑스 노르망디 해안에 접근하여 15만 명 이상의 병력이 상륙하게 되었다. 연합군은 의외로 쉽게 노르망디 상륙 작전을 성공적으로 완수하게 되었고 빠른 속도로 내륙 지방으로 공세를 펼쳐 8월에 파리를 해방하였다. 독일군대의 총력전에도 불구하고 독일군은 모든 전선에서 패배를 거듭하였고 1945년 3월 연합군은 독일 라인 강을 건너 베를린으로 진격하고, 소련군은 빠르게 동부 전선을 통과해 베를린으로 다가오게 되었다. 결국 히틀러는 소련군이 베를린 근교에 다다르게 되자 최후의 항전을 명령하고 자신의 연인인 브라운과 벙커에서 결혼을 한 후 함께 자살하였다. 그리고 히틀러의 유언에 따라서 후계자로 지명된 해군 장군 되니츠가 연합국에 항복하게 되었다.

1945년 5월 7일-8일 독일 요들 장군은 연합군 총사령관 아이젠하워 장군 앞에서 결국 '무조건 항복 문서'에 서명을 하고, 이틀 후 카이텔 장군은 소련군 사령관 앞에서 항복문서에 서명을 하여 마침내 2차 대전은 끝나게 되었다.

히틀러의 집권 가능 요인

제3제국이라는 비상식적인 정권이 집권하고 또 세계 침략이라는 야욕을 불태울 수 있었던 요인은 과연 어디에 있을까? 어느 제국과 마찬가지로 어느 한 요인만으로는 설명이 부족할 수 있다.

첫째, 그 당시 가장 민주주의적인 헌법을 보유하고 있었던 바이마르 공화국의 자유민주주의 실패를 들 수 있겠다. 1차 세계대전이 끝나고 난 뒤 독일의 입헌군주제는 노동자와 병사들의 반란으로 무너지게 되었다. 황제는 네덜란드로 망명을 가게 되고 베를린을 중심으로 새로운 정부가 구성되었지만 정치적으로는 매우 불안정한 상황이었다. 그 과정에서 연합군의 베르사유 조약은 패전국 독일 국민의 자존심을 밟는 동시에 경제적으로 매우 어려운 상황으로 몰아가고 있었다. 혼란스러운 베를린을 벗어나 독일 고전주의 중심지였던 바이마르에서 새로운 헌법을 제정했고 이 헌법에 입각하여 독일은 공화국 시대를 열어가게 되었다. 하지만 자유민주주의 실험은 매우 힘들고 험난한 시행착오를 동반했다. 외부로부터 패전국으로서의 의무라는 부담감과 내부에서는 극좌와 극우 간의 정치이념 간의 갈등이 점차로 고조되고 있었기 때문이었다. 바이마르 공화국 초기 극심한 인플레이션을 그 당시 독일경제의 극단적인 일면을 보여주는 한 예에 불과할 뿐이다. 결국 가장 민주주의적인 헌법을 가지고 있었던 바이마르 공화국도 많은 시행착오를 거치면서 결국 미국에서 시작된 경제 대공황의 파고를 넘지 못하고 쓰러지게 되었다. 이러한 바이마르 공화국의 실패는 역설적으로 히틀러와 그의 추종자들에게는 더 없는 좋은 기회를 제공해 주었고 마침내 합법적인 방법을 통해서 히틀러는 수상에 오르게 된 것이다.

둘째, 히틀러 개인의 정치적인 권위와 함께 철저한 일인 지배체제가 그 원인이다. 나치당의 급성장에는 외부적으로 경제적인 원인도 있었지만 내부적으로 본다면 히틀러 개인의 정치적 카리스마가 크게 작용한 것도 부인할 수 없는 사실이다. 무명의 오스트리아 출신의 하사가 독일 수상에 오르기까지 개인의 자질과 능력, 무엇보다 여론을 빠르게 읽을 수 있는 통찰력을 가지고 있었기에 그와 그의 추종자들은 정권 획득을 달성할 수 있었다. 1932년 바이마르 최고의 권력기구인 대통령을 선출하는 선거에서 히틀러는 그 당시 국민들의 절대적인 지지를 받고 있었던 1차 대전의 영웅 힌덴부르크와 대결하여 30.1%라는 높은 지지율을 획득하여 전국적인 정치인임을 증명해보였다.

셋째, 나치주의에 입각한 철저한 이념무장으로 국민들에게 높은 지지도를 받았다. 나치당의 주요강령은 오스트리아와 병합하는 대독일 건설, 철저히 승리자의 입장에서 독일 경제와 사회에 커다란 부담과 짐으로 작용하고 있었던 베르사유 조약을 폐지하고, 독일 제1, 제2제국 시대의 영토 회복은 물론 더 넓은 영토를 확보하여 우수한 민족이 더 넓은 지역에 퍼져 살면서 동시에 많은 해외 식민지를 보유하여 경제발전에 기여해야 하며, 가장 추악한 민족인 유대인을 반드시 모든 공직과 직업에서 추방하고, 늘어난 인구를 위해 식량 공급이 원활이 하면서 동시에 삶의 터전을 가꿀 수 있도록 생활 공간을 확보하는 것이었다. 이러한 그들의 주요강령을 끊임없이 선전했으며 많은 선거를 통해 다른 정치적인 성향을 가지고 있었던 독일 국민들조차 점차로 동화되어 나치의 전체주의적 이념에 물들어 갔다.

넷째, 나치의 조직적이고 광범위한 선전과 선동정책을 들 수 있겠다. 1936년 히틀러를 비롯한 나치당의 일인, 일당 독제체제 구축은 마무리 되었고 독일 내에 그들의 권력은 무소불위처럼 여겨졌다. 이러한 상황을 전 세계적으로 선전하기 위하여 베를린 올림픽 대회를 개최하게 된다. 1936년 하계 베를린 올림픽 경기는 나치체제의 우월성을 세계에 과시하기 위한 도구로 사용되어졌다. 서구 세계에서 독일 히틀러와 나치당을 우려와 불안감으로 바라보는 시각을 전환시키기 위해 마련되었을 뿐만 아니라 국내적으로 독일 국민들에게 아리안 족의 우수성을 스스로 깨닫게 하면서 동시에 강력한 독일 국가가 탄생했음을 알리는 역할을 하게 되었다. 히틀러 역시 뛰어난 연설가였으며 동시에 선동정치에 달인처럼 라디오나 군중 앞에서 나치체제의 우월성과 이념들을 국민들에게 심어주기 위해 노력했다. 특히 선전부 장관이었던 괴벨스는 히틀러 못지않은 연설가로서 나치체제 속에서 모든 선전, 선동정책을 총괄했던 책임자였다. 그는 새롭게 등장한 값비싼 라디오를 모든 가정에 보급하면서 새로운 대중매체를 이용한 선동 대중정치를 효과적으로 실현시켜 많은 독일국민들에게 나치체제와 강령에 찬성할 수 있도록 유도하였다.

전체주의 독일의 패망 요인

하지만 이렇게 오랫동안 지속될 것이라고 믿었던 제3제국도 마침내 2차 대전을 끝으로 역사 속으로 사라지고 말았다. 잠시나마 유럽의 거의 모든 국가를 상대로 전쟁을 수행할 수 있는 국력을 가지고 있었던 독일 제3제국이 과연 무엇 때문에 멸망의 길로 접어들어 갔게 되었을까? 그 해답은 다음과 같다.

첫째, 2차 대전을 진행되어 가는 과정에서 나타났듯이 전쟁 전에 전쟁의 준비가 완벽히 이루어지지 않았다. 독일 전쟁과정을 자세히 들여다보면, 전쟁 과정에 정복한 국가들로부터 많은 전쟁 물자를 직접 조달하는 형태로 진행되었음을 알 수가 있다. 북유럽의 스웨덴을 정복하여 전쟁 무기 제작에 필요한 철광을 확보한 것, 독소불가침 조약을 깨트리면서 우크라이나를 침공한 것, 이탈리아가 먼저 시작한 아프리카 전쟁에 개입한 것 모두가 전쟁을 진행하면서 소모되는 많은 전쟁 물자와 원료를 확보하기 위한 방편이었던 것이다. 그리고 아프리카 전선에서 영국과 미국의 연합군에게 밀려 패전을 할 수밖에 없었던 이유도 바로 원료의 부재에서 비롯되었다. 실제로 2차 대전 발발 전에 연합국은 독일에 공급하는 원유를 차단함으로써 독일 중화학공업 발전에 많은 영향을 주었다. 히틀러도 원활한 전쟁준비가 이루어지지 않게 되자 많은 부분을 스스로의 기술력을 가지고 직접 해결하게 된다. 전쟁 전 완벽하지 못한 전쟁준비로 인하여 초기에는 별무리가 없었지만 전쟁 기간이 길어지게 되자 이미 비축해 둔 전쟁물자와 원료는 바닥을 드러냈고, 장기전으로 전쟁이 진행되면서 점차 힘이 빠지게 되면서 패전하게 되었다.

둘째, 독소 불가침 조약을 깨뜨리면서까지 독일이 소련을 공격을 한 것은 몇 가지 이유가 있었다. 무엇보다 중요한 것은 소련과의 전쟁에서 실패로 끝났다는 점이다. 수십만 명의 포로를 양산한 스탈린그라드 전투의 패전을 기점으로 독일의 소련 정복은 완전히 수포로 돌아가게 되고 결국 독일은 전쟁에서 서서히 패전의 길에 들어서게 되었다.

셋째, 미국을 든든한 지원국으로 둔 연합국들의 강력한 저항과 반격이었다. 서부전선에서 영국의 지속적인 저항과 항전은 결국 독일군의 소련 침공이 실패로 돌아간 뒤에 더욱 더 강화되었다. 거기에다 미국이 후방에서 지원해주는 막대한 양의 군수물자와 전쟁무기로 결국 전쟁은 서서히 연합군에게 유리하게 진행되어졌고 결국 '노르망디 상륙작전'을 통해서 연합군은 서부전선에 대규모 군대를 큰 저항 없이 상륙시키는 데 성공하게 된다.

독일 패망의 역사적 교훈

제3제국 패망이 남긴 역사적 교훈은 다음과 같이 정리될 수 있을 것이다.

먼저 '홀로코스트'로 불려지는 '유대인 집단 대학살'이다. 이 사건은 제3제국 기간 동안 유럽에 있는 유대인들을 조직적으로 제거한 대규모 집단학살로 현재까지 연구된 결과로는 약 200만 명에서 800만 명 사이의 유대인들이 희생되었다. 전쟁이 시작하기 전에 유대인들의 시민권을 박탈하고 독일 국경 밖으로 추방했었던 나치들은 1942년 1월 베를린 '반제(Wannsee) 회의'를 통해 유대인들을 조직적으로 선별한 후, 집단적으로 수용하고 학살할 수 있는 수용소로 보냈다. 이 수용소에서 유대인들에게 살인적인 노동을 강요하거나, 아니면 가스실로 보내어 집단 학살하였다. 흔히 아우슈비츠로 대변되는 이 집단학살수용소는 여러 학살수용소 가운데 가장 규모가 컸다. 특히 4개의 거대한 가스실과 화장장은 절멸과 화장능력에 있어서 타의 추종을 불허한다. 이러한 집단학살 수용소는 2차 대전이 끝나갈 무렵 연합군에 의해 그 진상이 전 세계적으로 공개되었다.

산더미 같이 쌓인 트렁크와 옷, 수용소 군데군데 다 태우지 못해 쌓여 있는 시체, 더욱이 영양결핍으로 마치 산송장 같은 수용소 수감원들을 보면서 전 세계인들은 나치의 만행에 경악을 금치 못했다. 이러한 인류 최악의 범죄행위에 대한 심판은 종전 이후 뉘른베르크 재판을 통해서 철저히 이루어졌다.

다음으로 히틀러의 집권 과정에서 드러난 독일 정치가들의 정치적 오판을 들 수 있다. 바이마르 말기 힌덴부르크 대통령을 움직여 의회 제1당 나치당의 당수 히틀러를 수상으로 임명하도록 설득한 것은 바로 파펜과 후겐베르크였다. 이들 보수주의 정치가들은 히틀러를 둘러싸고, 그들이 원하는 대로 히틀러를 조종할 수 있을 것이라고 판단을 했었다. 하지만 히틀러는 이러한 오판을 이용하여 수상직에 오르고 난 뒤, 천천히 일당독재 체제로 가기위해 수단과 방법을 가리지 않게 된다.

게다가 독일 국민들이 히틀러와 나치당의 선전과 선동에 속아 집단적 오류를 저지른 점이다. 히틀러와 나치당은 바이마르 헌법에 입각하여 합법적으로 의회에서 제1당이 되었다. 이는 히틀러를 비롯한 나치들이 교묘한 선동과 선전으로 실의와 패배에 빠져 있는 많은 독일 국민들에게 희망과 미래를 약속하였고, 많은 국민들은 선거를 통해 그들을 선택했기 때문이었다. 독일 국민들은 실업자 구제와 일자리 창출 등 경제적인 효과 이외에도 '베르사유 조약폐지'를 외치며 1차 대전의 패전으로 일그러진 독일 국민의 자존심을 회복시키는 등 가시적 정책을 실행에 옮겨 많은 이들로부터 호응을 받았다. 하지만 그 이면에는 유대인을 조직적으로 선별하여 제거했으며, 생활 공간 확보라는 명목으로 영토 확장에 앞장서 주변 나라들로 하여금 전쟁의 위기로 몰고 갔었다. 즉 국민 다수가 나치당의 본질을 정확하게 꿰뚫어 보지 못한 채 눈앞의 가시 효과에만 현혹되었다는 점이다.

연표

- 1933년 1월　히틀러 제국수상 임명
- 1933년 3월　수권법 통과
- 1934년 6월　렘 쿠데타 사건
- 1934년 8월　힌덴부르크 대통령 사망
- 1936년 8월　베를린 하계올림픽 대회
- 1938년 3월　오스트리아 병합
- 1938년 9월　뮌헨 협정 체결
- 1938년 11월　유대인 학살의 밤
- 1939년 8월　독소불가침 조약 체결
- 1939년 9월　2차 세계대전 발발
- 1940년 6월　파리 점령
- 1941년 6월　소련 침공
- 1943년 1월　스탈린그라드 전투
- 1944년 6월　연합군의 노르망디 상륙작전
- 1945년 5월　독일의 무조건 항복

참고문헌

• 단행본

윌리엄 샤이러, 유승근 역, 『제3제국의 흥망 1-4』, 에디터, 1993.
안진태, 『독일 제3제국의 비극』, 까치, 2010.
데이비드 웰시, 최용찬 역, 『독일 제3제국의 선전정책』, 혜안, 2001.
마르틴 브로샤트, 김학이 옮김, 『히틀러국가: 나치 정치혁명의 이념과 현실』, 문학과지성사, 2011.

• 다큐멘터리

〈의지의 승리(1934), 레니 리펜슈탈〉
〈BBC 아우슈비츠〉

• 영화

〈쉰들러 리스트(1993), 스티븐 스필버그 감독〉
〈유로파, 유로파(1991), 아그네츠카 홀란드 감독〉
〈지상 최대의 작전(1962), 켄 아나킨 감독 외〉
〈인생은 아름다워(1997), 로베르토 베니니 감독〉
〈몰락(2004), 올리버 히르비겔 감독〉

유신을 넘어 아시아의 맹주를 꿈꾸다

일본

머리말

일본은 현재 미국과 더불어 고도로 발달된 자본주의 국가이다. 하지만 메이지 유신 이전의 일본은 동양의 낙후된 섬나라에 불과하였다. 일본은 100년 간의 유신을 통해 낙후된 봉건국가에서 아시아 유일의 자본주의 대국으로 부상했다. 근대 일본은 메이지 유신으로 힘을 합치고, 중국·러시아와의 전쟁을 승리로 이끌면서 동아시아 국가 중에서 유일하게 식민지를 소유한 국가로 성장하였다. 그러면서도 대동아 전쟁을 벌였던 2차 세계대전 이후에는 패전국으로 전락하였다. 근대 이전까지만 해도 중국이나 한국으로부터 선진 문물을 받아들였던 국가라는 것을 고려한다면 일본의 도약과 패전은 놀랍다.

1868년 10월 23일부터 1912년 7월 30일까지를 메이지 시대라고 한다. 1867년 16세의 어린 나이로 즉위한 무쓰히토 천황은 이듬해 자신의 연호를 메이지(明治)로 바꾼다. 이에 따라 그의 재위 기간을 메이지 시대라고 부른다. 이 메이지 유신으로 일본은 근대적 통일국가에 들어서게 되었다. 경제적으로는 자본주의가 도입되었고, 정치적으로는 입헌 정치가 시작되었다. 행정구역을 개편하여 전국을 현(縣)으로 나누었으며, 중앙 정부에서 파견한 관리가 현을 관리하였다. 사민평등(四民平等)이라는 사상을 천명하여 평민들도 성(姓)을 가질 수 있게 하였고, 직업과 거주의 자유가 보장되었다. 학제를 개정하여 모든 국민이 교육을 받을 수 있도록 하였으며 고등 교육기관을 세우기 시작했다. 또한 서양의 태양력, 단발, 양복 등의 서양 문물과 문화를 받아들여 자유주의와 개인주의의 서구 근대 사상이 퍼지게 되었다.

그러나 메이지 정부는 서양에 대한 태도와는 달리 아시아 여러 나라에 대해서는 매우 강압적인 태도를 보였다. 1894년에 일어난 청·일전쟁과 1904년의 러·일전쟁이 대표적인 예이다. 청·일전쟁과 러·일전쟁으로 배상금과 풍부한 자원을 손에 쥔 일본은 근대 산업을 성장시켰고, 전쟁을 통한 발전은 일본을 군국주의로 이끌었다.

1941년 12월 진주만 기습공격에 성공하면서 일본의 군국주의는 절정을 향해 달렸다. 그 후 6개월 동안 일본군은 승승장구했다. 특히 일본의 기동부대는 무적을 자랑하며 진주만부터 인도양까지 반을 제압했다. 일본 국민들도 미국 해군이 전멸한 것처럼 환호했다. 국민들에게는 천황의 하사주가 배포되었으며, 소학교 학생들에게는 고무공이 하나씩 배급되었다. 이렇게 일본이 착각과 오만에 도취되어 있을 때, 미국은 전열을 재정비했다.

태평양 전쟁의 말기 일본군은 최후의 수단으로 비이성적인 폭력과 순교를 택했다. 이른바 가미카제(神風)라고 불리는 항공 자살 특공대가 그것이다. 패색이 짙어지자 일본군은 특공대를 조직하여 폭탄이 장착된 비행기를 몰고 미군 함정을 자살 공격하게 된다. 가미카제는 1944년 10월 필리핀의 레이트(Leyte)만 전투에서 처음 등장했다. 가미카제는 당시 미군에게 새롭고 전율스러운 공격 방법이었고, 일본군 지휘부는 열세를 만회할 수도 있다는 희망을 갖고 특공 작전을 치하하고 격려했다. 도요타 연합 함대 사령관은 "혁혁한 전과를 올리고 유구한 대의를 위해 순국하였으니 그 충렬 만세에 빛날 것이다"라는 내용의 군사 포고문을 발표했다. 천황도 가미카제 소식을 접하고 "그렇게까지 하지 않으면 안 되었는가. 그러나 정말 장하다"라는 충격과 격려의 메시지를 전했다. 또한 일본군 지휘부는 가미카제의 성공을 강조하여 일반 국민들에게도 승리의 환상을 심어주려고 노력했다.

패전 시까지 3백 차례에 걸친 출격으로 산화한 일본 해군의 특공대원은 2,516명에 달했다. 육군 특공대원은 1,329명이 희생되었다. 가미카제의 공격으로 미군 함정 30여척이 침몰하고 350척이 넘게 피해를 보았다. 다만 미군이 육탄 공격에 대한 대책을 강구해 나갔기 때문에 전투가 계속될수록 가미카제의 위력도 떨어졌다.

일본은 강대국이 되기 위해 메이지 유신의 긍정적인 측면을 계승하지 못하고 잘못된 유산으로 군국주의를 택했고, 인접한 조선과 중국 등을 침략하여 자국의 부흥을 꾀했다. 그러나 무력을 남용하다가 일본의 부흥은 결국 패망으로 이어졌다. 그에 대한 해답은 분명 일본의 근현대사 속에 있을 것이다. 마침내 비참한 최후를 맞이한 일본을 되돌아볼 필요가 있고, 아시아 유일의 자본주의 강대국으로 불리는 일본의 흥망성쇠는 우리에게 커다란 교훈을 남긴다. 그것은 과거에도 미래에도 우리와 밀접한 관련이 있기 때문이다.

메이지 정부의 초기 양상

일본의 에도 막부가 쇄국 정책을 고수하는 동안 유럽은 프랑스 혁명과 산업 혁명에 의해 근대 국가로서 눈부신 발전을 이룩하였다. 무력을 앞세우고 가장 먼저 일본의 개국을 압박한 나라는 미국이었다. 1853년 6월 3일, 미국 동인도 함대사령관 매튜 페리(Matthew C. Perry)가 군함 4척을 이끌고 에도의 안마당인 우라가에 나타나 고압적인 태도로 필모어 미국 대통령의 국서 수리와 개국을 요청했다. 당황한 막부는 숙의를 거듭했으나 묘안이 나오지 않았다. 막부는 1년 뒤에 회답하겠다는 구실을 붙여 페리를 돌려보냈다.

이듬해 페리가 이번에는 함대 7척을 이끌고 나타났다. 결국 미국의 통상 압력에 굴복하여 미일 화친 조약을 체결하고 미국 영사의 일본 주재도 약속

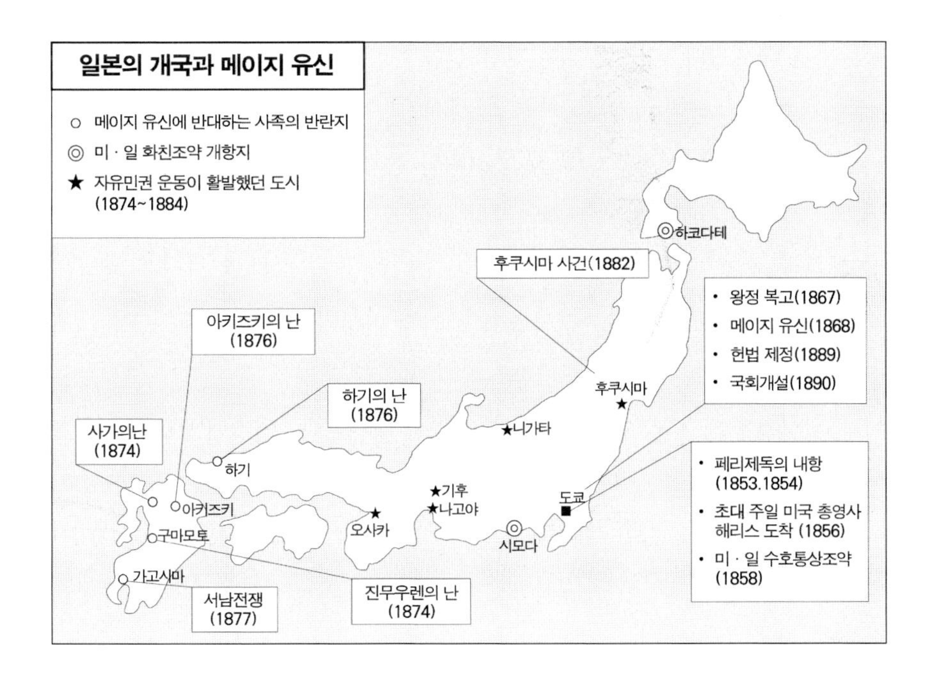

했다. 이후 막부의 정치를 장악하고 있던 이이 나오스케(井伊直弼)가 5개 항구의 개항, 치외 법권을 인정하는 통상 조약을 체결하였다. 당시 교토 조정과 각 번에서는 서양 오랑캐를 물리쳐야 한다는 양이 분위기가 팽배한 상태였고, 천황의 칙허도 없었다. 따라서 막부에 반대하는 운동과 존왕양이의 횃불이 전국적으로 일어나게 되었다. 일본은 개국에 따른 이념적 갈등과 외국과의 통상으로 인한 여러 가지 영향, 즉 국내 산업의 피폐, 물가앙등으로 인한 민생의 파탄 등 극도의 혼란 속으로 빠져들었다.

막부 말기에 상업이 발전하면서 종래에 천대받던 상민의 힘이 커졌고 같은 농민이라도 상층부에서는 지주, 상인, 기업가 등이 생겨났으며 하층부에서는 토지 없는 농민과 소작인이 생기는 등 농민 분화가 일어났다. 농민들은 고단한 일상에서 벗어나기 위해 농민 폭동을 일으켰으며 무사들은 막부에 대해 심한 불만을 가지고 있었다. 이러한 사회의 동요는 막부의 몰락에 중요한 역할을 했다. 무사 계급과 상민들은 왕정복고를 주장하며 천황제 지배 이데올로기를 내세웠다. 이것은 메이지 유신을 주도한 유신 지사들의 행동 강령으로 채택되어 근대 국민 국가를 탄생시킬 수 있었다.

왕정 복고 이후 신정부가 가장 두려워한 존재는 외국 세력이었다. 자신들이 지금까지 존왕양이를 부르짖었기 때문에 열강이 간섭한다면 일본은 극도의 혼란에 빠질 수가 있었다. 그리하여 1868년 1월 그간의 사실을 각국에 알리고, 개국화친의 정책을 취하면서 이전에 막부가 체결한 모든 조약을 계승할 것을 선언했다. 이어 3월 14일 메이지 천황은 교토 황궁에서 군신들을 이끌고 신정부의 기본 정책을 천지신명에게 맹세했다. 이것이 이른바 5개조 서약문이다. 신정부는 내전의 승리를 위해 국내외 여러 세력을 결집시키고, 서양 열강의 지지를 얻을 필요가 있었다. 그리하여 서약문에 여러 다이묘의 의견을 수렴할 것과 양이를 중지하고 외국과 우호를 증진하여 국제간 규정을 준수할 것을 재천명했다.

아무리 신정부가 성립되었다고는 해도 각 번이 독립적으로 존속하여 그것을 지배하는 한 중앙 정부는 허울뿐이었다. 그러므로 어떻게든 번의 독립성을 깨뜨려야 했다. 따라서 조슈(長州)의 기도 다카요시(木戶孝允), 사쓰마(薩摩)의 오쿠보 도시미치(大久保利通) 등은 네 곳의 번주들에게 토지대장(版)과 호적(籍)을 천황에게 바치겠다는 표문을 올리게 했다. 이렇게 되자 다른 번들도 마지못해 따르게 되고 불과 반 년도 안 되어 토지와 호적의 봉환이 완료되었다. 이를 판적봉환이라고 한다. 판적봉환이 이루어진 뒤 번주들을 그대로 번지사로 임명하였다. 이제 번주는 일개 지방관으로 전락하였다.

그리고 1869년 3월에는 신정부의 분위기를 일신하기 위하여 에도를 도쿄로 고쳐 수도로 삼고, 과거 쇼군의 거처였던 에도 성을 황궁으로 삼았다. 그리고 지방 제도를 대대적으로 개편하였다. 그에 따른 반발을 무마하기 위하여 신정부를 뒷받침할 강력한 군사력이 있어야 했고, 이에 사쓰마·조슈·도사에서 1만 명의 병사를 모아 정부의 친위대로 활용했다. 이러한 힘을 바탕으로 당시 도쿄에 머물고 있던 번지사 56명을 궁중으로 불러들여 번을 폐지하고 전국을 3부와 302현으로 나누며, 새로 현지사를 임명한다고 통보했다. 이를 폐번치현이라 한다. 이제 번주들이 수백 년간 누려오던 기득권은 상실되었고, 비로소 일본은 완전한 중앙집권 체제를 갖추게 되어 번주 세력의 정치적 발언권은 완전히 소멸되었다.

판적봉환이 있던 1869년부터 징병제가 실시된 1872년까지 4년에 걸쳐 옛 질서가 빠른 속도로 무너졌다. 대표적인 것이 국민의 신분을 개편한 것이다. 궁중 귀족과 다이묘는 화족, 무사는 사족, 일반 민중과 천인들은 평민으로 편성했다. 평민도 성을 갖게 하고 신분 간의 통혼도 인정하여, 형식적으로는 사민평등이 이루어졌다. 물론 무사들의 특권도 폐지되어 칼도 찰 수 없었고, 복수와 살인도 사사로이 해서는 안 되었다. 여러 가지 특권을 향유하면서 농민들로부터 수취한 연공미로 녹봉을 받으며 무위도식하던 무사들도 세상이 바뀌자 상황이 달라졌다. 막부타도에 참여하여 신정부에 참여한 극소수의 무사들은 여전히 호사를 누렸지만 대부분의 무사는 그렇지 못했다. 적은 금액의 녹봉을 받게 된 하급 무사들은 곤궁하여 장사를 하거나 농사에 손을 대었다가 실패하는 자가 속출했다. 다만 무사 중에도 사관·순경·교사 등으로 나간 사람은 정상적인 생활을 할 수 있었으나 그 수가 많지 않았다. 대다수 무사들의 불만은 높아갈 수밖에 없었고, 이것은 정국 불안의 요인이 되었다.

메이지 정부의 근대화 정책

메이지 유신은 일본 역사상 유례가 없는 대변혁을 가져오고 일본 부흥의 바탕을 마련했다. 메이지 정부의 국가 운영 목표는 빠른 시일 안에 부강한 나라를 만드는 것이었다. 그 첫 단계로서 종래의 봉건적인 여러 제한을 철폐하는 개혁을 실시하여 경제를 발전시킬 조건을 마련하는 데 있었다. 이러한 토대 위에서 정부 주도로 급속한 근대 산업을 육성해 나갔다. 이것이 이른바 식산흥업 정책이다. 이 정책은 1870년 설립한 공부성이 중심이 되어 추진했다. 정부는 민간 기업의 통제나 육성만으로는 부국강병을 지향하는 산업 진흥이 불충분하다고 생각하고 막부시대의 조선소와 병기창을 접수하여 군수 산업을 집중 발전시켰다.

한편 외국 기계와 기술을 도입하여 제사 방적 공업도 발전시킴으로써 수출 원자재와 국내 소비재 생산에도 힘을 쏟았다. 이들 공장에는 초빙된 외국인 기술자들이 일본인을 훈련시키고, 서구의 신기술은 즉시 도입하여 보급했으므로 일본의 산업 기술은 급속도로 향상되었다. 예를 들면 1876년 벨이 전화를 발명하자 이듬해인 1877년에 전화를 수입하여 도쿄와 요코하마 간에 설치했다. 그리고 1872년 11월에는 국립은행 조례를 공포하여 미쓰이를 비롯한 환전상의 자본을 은행 자본으로 전환시킴으로써 산업화에 필요한 자본의 축적도 정부 주도로 이루어졌다.

메이지 시대에 재벌의 형성도 이루어졌다. 막부 토벌 과정에서 무사들에게 자금을 지원했던 대상인들은 국가의 정책에 참여하였다. 선박이나 공장을 무상 또는 헐값에 불하받기도 하고, 정부 업무를 대행하여 보조금을 챙겼다. 이렇게 하여 별다른 노력 없이 막대한 이익을 취득하여 대기업으로 성장하였다. 대표적인 기업이 미쓰비시(三菱)와 미쓰이(三井) 등이다.

그리고 부국강병을 위해서는 국민개병제를 실시하여 강력한 군대를 창설할 필요가 있었다. 1873년 1월 징병령에 의한 징병제도가 실시되었고, 징집한 군대에 서양식 군사훈련을 시켰다. 당시 사족과 평민은 누구나 군에 입대해야 했지만, 대부분의 유력층은 징집에서 제외되어 매우 불평등했다. 즉 관리, 일정한 상급학교 수학자, 유학생, 호주, 독자, 양자 등은 면제되고, 270원의 면역료를 내는 사람도 면제받을 수 있었다.

징병제가 시행되자 이에 대한 반대가 격렬하게 일어났고, 병역 기피 풍조도 만연했다. 예컨대 호주 독자가 되면 병역 면제를 받을 수 있으므로 남의 양자로 들어가거나 분가를 하기도 하였다. 징병령을 시행할 때 평민을 병사로 징집하는 것에 대한 우려도 있었다. 왜냐하면 수백 년 동안 전쟁은 무사들의 전유물로 인식되어 왔기 때문이었다. 그러나 평민 출신의 새로운 군대는 정부에 대항하여 일으킨 사족의 폭동을 효과적으로 진압하여 능력을 인정받았다.

또한 신교육, 신문물과 서양 제도를 도입하기 위해 정부에서는 문명 개화 정책을 실시하였다. 가톨릭의 금지를 해제하고 단발과 양복의 착용을 추진하였으며 소학교와 전문학교를 전국에 설립하여 기술인재를 양성했다. 계몽적인 지식인들은 문명 국가를 위해 구 관습의 타파를 주장하고, 이러한 노력은 서양의 지식을 이용하여 국민들의 무지를 타파하고자 한 정부의 의무교육 정책으로 나타났다. 1872년 학제가 반포되면서 모든 국민에게 의무 교육을 실시한다는 계획이 추진되었다. 그 결과 이듬해에는 1만 2천여 개의 소학교가 설립되었고, 6년 후에는 아동 취학률이 40%를 넘어섰다. 당시 학제는 소학교 8년 과정을 마치면 중학교로 진학할 수 있었는데, 중학교 4년까지 의무교육이었다. 이러한 제도는 부작용도 많았다. 아동을 취학시키지 않으면 부모가 처벌을 받아야 했고, 무거운 수업료를 부담해야 했다. 특히 아동이 노동의 일부를 담당했던 농촌에서는 기피 대상이었고, 징병제 반대와 맞물려 소학교 폐지를 주장하는 폭동이 연이어 일어났다. 그리고 교원의 양성을 위하여 사범학교와 고등교육 기관으로 도쿄 대학이 설립되었다.

메이지 정부의 문명 개화는 처음에는 서양의 것을 그대로 모방했지만 점차 서구적 양식과 일본의 전통이 조화롭게 융화되어갔다. 철도가 개통되고, 도쿄 거리에는 가스등이 켜지고 벽돌로 지은 양옥이 들어섰다. 생선을 주로 먹던 식생활에서 소고기가 식용되고 우유도 맥주와 더불어 상품화되었다. 당시 문명 개화와 서양 문물의 보급에 앞장선 것은 신문과 잡지였다. 서양의 제도와 기술을 직접 배우려는 적극적인 방법의 하나로 해외 유학생의 파견이 활발해지고 외국인 기술자의 초빙이 이루어졌다. 1872년 정부의 구미 시찰단에 59명의 유학생을 동행시켜 유럽의 행정지식을 배우게 했다. 서양의 기술뿐만 아니라 학술의 수용도 매우 활발했고, 서양 학문 연구의 중심은 도쿄

대학이었다.

이와 같이 메이지 정부의 적극적인 서양 학술 문물의 섭취로 일본은 단시일 안에 세계적인 강국으로 부상할 수 있었다. 메이지 정부는 일본의 발전목표와 방침을 명확하게 제시하였다. 또한 구체적인 정책을 제정하고 집행했으며 서양을 모방하는 유럽화 운동과 복고 운동이 교대로 나타나는 어려움은 있었지만 개혁을 지속하였다.

메이지 정부의 융성 원인과 군국주의로 가는 길

메이지 유신이 수백 년간 계속된 지방 할거의 막번 체제를 일거에 청산하고 불과 10여 년 만에 강력한 중앙집권적 근대국가를 탄생시킨 것은 세계 역사상 유례가 없다. 그러면 메이지 정부의 성공과 융성 배경이 어떤 것인지 그 원인을 살펴보자.

첫째, 막부 체제의 모순과 위기 의식을 들 수 있다. 260여 년간 유지되던 막부 체제가 내부적 모순으로 인하여 무너지는 과정에서 외세의 압력은 일본을 위기 속으로 몰아넣었다. 이를 극복하기 위해서는 특단의 대책이 마련되어야 한다는 공감대가 형성되었다는 것이다. 특히 궁핍한 하급 무사들은 장기간에 걸친 막부의 전제 정치에 대해 불만이 팽배해 있었다. 이들은 보수적 기득권층이 아니고, 변혁이 있어야 어떤 이익이나 특권을 기대할 수 있는 신진 세력이었다. 중국이 아편 전쟁 이후 반식민지화 되는 것을 알고 있었기 때문에 일본도 대응하지 않으면 안 된다는 것을 알았다. 따라서 그들의 목표는 열강의 압력에 굴복하기 전에 신속하게 강력한 통일 국가를 만드는 것이었다. 이것이 막부 타도와 왕정복고, 그리고 메이지 유신의 추진에 동력이 되었다.

둘째, 메이지 정부는 봉건 시대를 뛰어넘어 근대 국가 단계로 진입하고자 하는 분명한 목표가 있었다는 것이다. 또한 서양 문물을 수용할 충분한 준비가 되어 있었다는 점이다. 메이지 정부의 산업 진흥 정책은 초기에는 국영 기업을 중심으로 철도, 해상 운송, 우편 행정, 전보, 전화 등 근대적인 교통과 통신 사업을 발전시켰으나, 궁극적 목표는 정부가 아닌 민간 기업을 육성하는 것이었다. 그래서 민간 자본이 모일 수 있는 주식회사의 설립을 장려했다.

셋째, 국가 건설에 소요되는 막대한 재원이 비교적 안정적으로 확보되었다는 것이다. 특히 경제개혁 중에서 토지세 개혁은 가장 근본적인 것이었는데, 전국적으로 통일된 과세 기준을 정하고 법률상으로 봉건 영주들의 토지 소유제를 폐지하였다. 봉건제 하에서 이뤄지던 현물납을 금납화로 바꿨으며 부과 방법도 추수한 양에 따라 지불하는 것이 아닌 토지 가격을 기준으로 했기 때문에 신정부는 더 많은 재원을 확보할 수 있었다.

넷째, 천황을 중심으로 하는 신정부는 지방에 할거하는 번주의 직함을 폐지하고 중앙에서 임명한 관리를 파견하여 중앙집권적인 통치체제를 확립하였다. 봉건 체제를 해체하여 사민평등 정책을 실시했는데, 즉 황족(皇族), 화족(華族), 무사(武士), 평민(平民)으로 나누어 천민을 평민에 포함시켜 천민 신분을 없앴다. 또 특권을 누리던 무사 계급 역시 신민으로써 국가에 봉사하도록 했다.

다섯째, 강력한 군사력의 확보와 천황 숭배 의식의 고취였다. 신정부는 군사력 강화를 위하여 서양을 모방한 국민 군대를 창설하였다. 징병령을 발표하여 3년간 현역에 복무하고, 제대 후 4년간은 보충역으로 편성하였다. 군대 내에서는 철저한 천황 숭배 교육을 실시함으로써 국수주의 국민을 양성하는 기능과 체제에 순응하도록 하였다.

이후 일본은 1차 세계대전에서 승전국이 되면서 지속적으로 경제의 발전을 가져왔다. 그 후 아시아 시장으로 다시 진출한 다른 열강들과 경쟁을 하면서 그동안 확보해 두었던 경제 시장을 지키고자 하였다. 하지만 일본 국내의 경기불황이 오자 일본이 탈출구로 삼은 것이 바로 군국주의였다. 군부가 실권을 잡고 정권 담당자로 등장하면서 일본은 침략 야욕을 본격적으로 실행하였다. 여기서 메이지 유신과 경제 부흥의 한계가 분명히 드러난다. 서양 문명을 도입하면서 자유나 인권, 민주주의와 같은 근대 정신은 배우지 못했던 것이다. 그들이 배운 것은 제국주의 침략 전쟁을 흉내 내는 것이었다. 메이지 유신으로 근대화에 성공하고 경제가 발전하였지만 불황을 타파하는 방법으로 군국주의를 택한 것이다. 근대화의 방향이 순수한 근대문명국가를 위한 것이 아니라 군사력을 바탕으로 제국주의 흐름에 따라 추진되었으므로 주변 국가들은 침략의 대상이 되었다. 그 침략의 결과는 동아시아 민족들에게 말할 수 없는 고통을 안겨주었다.

군국주의 일본의 패망

강국이 되기까지 일본의 역사는 영광과 슬픔이 교차한다. 신속한 발전에 힘입어 열강들과의 불평등조약을 개선한 일본은 동아시아의 대부분을 차지하고 나아가 세계적인 패권 국가를 지향하였다. 신흥강국 일본은 서구 열강들보다 더욱 잔인하고 무자비하게 주변의 아시아 국가들을 침략하고 태평양을 아우르는 대동아 공영권의 야심을 드러냈다. 일본의 군국주의는 탐욕스러운 약탈자의 모습을 보여주는데, 특히 중국과의 전쟁으로 2억 3,000만 냥의 은화를 배상금으로 받았으며, 이는 당시 일본 국고수입의 4배에 달하였다. 때문에 일본에서는 정계는 물론 재야의 인사들까지 전쟁의 확장을 반겼다.

일본이 노골적으로 중국을 침략하자, 중국에 이권을 가진 열강과 마찰이 불가피하였다. 1937년 7월 미국은 일본과 맺었던 통상조약이 만기가 된 것을 계기로 조약의 파기를 통고하고, 영국과 미국은 장개석 국민정부를 적극적으로 원조하기 시작하였다. 일본은 독일·이탈리아와 제휴를 강화하는 한편, 대동아 공영권 건설의 기치를 내걸고 남방 진출을 적극적으로 추진하였다. 동시에 독일·이탈리아와 함께 삼국 동맹 조약을 체결하였다. 그 목적은 미국이 제2차 세계대전에 참전하는 것을 저지하기 위해서였다. 그러나 일본의

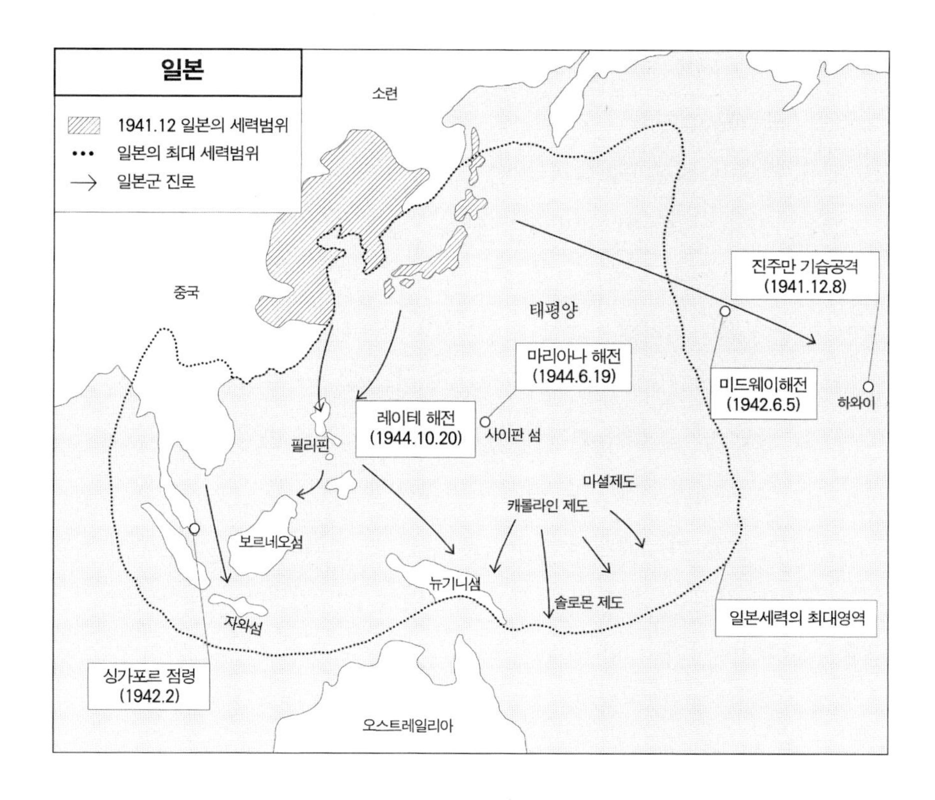

동남아시아 침략과 삼국 동맹의 체결은 오히려 미국을 자극하여 양국 관계는 급속하게 냉각되었다. 미국은 일본에 대하여 새로운 통상조약의 체결을 거부하고 전략물자인 철강의 대일 수출을 금지하였다.

일본은 장기화되고 있는 중일전쟁을 타개하기 위해서는 미국과 국교를 정상화하여 물자를 확보할 필요가 있었다. 미국도 영국과 협력하여 독일을 타도하는 것이 시급한 과제였기 때문에 일본과 타협할 가능성이 있었다. 일본은 1940년 11월에 루즈벨트 대통령이 3선이 된 것을 기회로, 그와 친분이 있었던 해군대장 노무라 기치사부로(野村吉三)를 주미대사에 임명하여 교섭을 개시하였다. 동시에 1941년 4월 소련과 협상하여 일·소중립조약을 체결하면서 미국과의 협상을 일본에게 유리하게 이끌고자 하였다. 이러한 일본의 이중적인 태도는 오히려 미국을 자극하여 대미교섭을 어렵게 만들었다.

결국 미국과 영국은 국내의 일본자산의 동결을 결정하고, 미국은 필리핀에 극동군사령부를 설치하면서 일본에 대한 경제제재를 강화하였다. 1941년 8월 초에는 대일 석유수출을 금지하고, 미국·영국·중국·네덜란드의 소위 ABCD포위망을 구축하여 대일 경제 봉쇄를 강화하였다. 미국의 대일 석유수출 전면금지와 경제 봉쇄는 일본에게 커다란 충격을 안겨주었다. 미국과의 전면 전쟁이 불가피하다는 여론이 정부와 군부에서 순식간에 고조되었다.

1941년 9월 6일 천황이 참석하는 어전회의에서는 미국이 중일전쟁에 개입하지 않고 필요한 물자의 획득에 협조한다면, 일본은 프랑스령 인도차이나반도와 중국 이외의 지역으로 진격하지 않을 뿐만 아니라, 필리핀의 중립을 보장한다는 것을 미국에게 약속하기로 하였다. 그리고 10월 상순까지 일본의 요구가 관철될 가망이 없을 경우에는 미국과의 전쟁에 돌입한다는 것을 내용으로 하는 국가의 방침이 결정되었다. 결국 교섭은 진전되지 않았고, 육군의 압력에 의하여 협상을 주도하던 고노에 내각은 총사퇴하였다.

고노에 내각의 뒤를 이어 육군 대신인 도조 히데키는 대미 강경파를 중심으로 하는 내각을 구성하였다. 천황의 명령에 의하여 도조 내각은 대미 개전에 관하여 재검토하고 전쟁준비와 외교교섭을 병행하기로 결정하였다. 즉 12월 1일까지 미·일교섭이 성립되지 않으면 12월 초에 개전한다는 방침을 정하고, 그것은 11월 5일 어전회의에서 천황의 승인을 받았다.

미국은 11월 26일 일본과의 협상에서 중국과 프랑스령 인도차이나반도에서 일본군의 전면적인 철수와 만주 사변 이전 상태로의 복귀를 요구하였다. 그리고 삼국 동맹을 파기할 것을 요구하여 결국 일본은 교섭을 단념하고 12월 1일 어전회의에서 미국과 영국을 상대로 하는 전쟁의 개시를 최종적으로 승인하였다.

1941년 12월 8일 새벽, 일본군은 미국과 영국의 군사 기지에 대한 총공격을 개시하였고, 야마모토 이소로쿠가 이끄는 함대는 선전 포고도 없이 하와이의 진주만을 기습 공격하였다. 일본이 동남아시아를 완전히 장악하기 전까지 미국의 태평양 함대가 출동하는 것을 지연시키는 것이 목적이었고, 기습공격이 성공한 다음에야 연합군에 선전 포고를 하였다.

미국은 일본의 진주만 공격으로 말미암아 보복 여론이 비등하자, 아시아와 태평양에서 일본의 세력 확장을 막기 위해 참전을 결정하였다. 미국은 유럽과 태평양에서 초기에는 연이은 전투에서 고전하였지만 1942년 6월 미드웨이 해전의 승리를 시작으로 전황을 유리하게 이끌고 1944년 사이판에 상륙하였다. 1945년 3월 이오지마를 점령하면서 태평양에 항공 기지를 확보한 미국은 B-29 등의 폭격기를 동원하여 일본의 대도시에 대한 폭격을 개시하고, 결국 1945년 8월 히로시마와 나가사키에 원자 폭탄을 투하하면서 태평양 전쟁은 끝났다.

일본의 침략으로 아시아는 물질적으로나 정신적으로 심각한 상처를 입었고, 일본 국민에게도 커다란 고통이었다. 전쟁으로 일본은 310만 명의 사상자를 냈고, 일본 경제는 완전히 붕괴되었다. 이렇게 한 시대를 좌우한 군국주의는 실패가 예정된 것이었다.

첫째, 일본은 너무나 많은 나라들과 적대관계를 만들었다. 섬나라에서 벗어나 대륙으로 향하고자 과다한 욕심을 부렸고, 소련이나 미국까지 적국으로 만들었기 때문에 주위에 일본의 적이 아닌 나라는 없었다. 아무리 일본의 군대가 용맹스럽고 철저한 군인 정신으로 무장되었다지만 사방의 적과 싸워야했고, 더군다나 진주만 공습으로 인한 많은 민간인의 살상은 세계인의 공분을 불러일으켰다.

둘째, 태평양 전쟁 개전 당시 미·일 양국 간의 국력은 크게 차이가 났다. 1941년 일본의 국민총생산은 대략 90억 달러 정도였는 데 비해 미국의 국민총생산은 1척 1백억 달러에 이르렀다. 즉, 일본의 경제규모는 미국의 8.2%에 불과했다. 일본은 자국의 경제 규모보다 12배나 거대한 국가에게 무모하게 도발을 한 것이다. 구체적으로 전시에 필요한 물자를 비교하면 일본의 무모함은 더욱 확연해 진다. 미·일 양국은 철강에 있어서 20배, 석탄은 10배,

전력은 6배, 알루미늄은 6배 정도의 격차를 보이고 있었다. 그리고 미국의 비행기 생산력은 일본의 5배, 자동차 생산력 450배, 공업 노동력은 5배에 달했다. 더구나 전함이나 전투기를 움직이는 데 가장 필수적인 석유는 개전 당시 미국의 비축량이 대략 14억 배럴로 일본의 7백배였다.

셋째, 러·일전쟁 후 일본군은 군사적인 진보가 거의 없었다. 일본군은 조직의 합리성이나 실패한 전투에 대한 최소한의 학습도 없이 오로지 정신력만 강조하였다. 그 결과 무참히 그리고 무기력하게 전투에서 패배했다.

그렇다면 일본은 왜 러·일전쟁 후 아무런 진보를 하지 못했을까. 그것은 일본의 너무 빨랐던 성공이 그 원인이다. 동양에서 가장 먼저 근대화를 시작한 일본은 메이지 유신 이후 서구 열강을 따라잡는 데 국가적으로 총력을 기울였다. 그 결과 과거 동양의 패권을 쥐고 있던 중국을 청·일전쟁으로 간단하게 물리치고, 열강 중 하나였던 러시아까지 꺾어버렸다. 특히 러·일전쟁의 승리는 일본 스스로도 놀라운 경험이었다. 노기 마레스케 육군대장이 이끌었던 뤼순전투는 병력 13만 명 중 5만 9천 명을 희생하는 막대한 피해를 냈지만 결국 승리했고, 그 결과 총검을 들고 돌격하는 백병전이 향후 일본 육군의 주요 교본으로 자리 잡게 된다. 해군에게도 러·일전쟁은 중요한 전환점이었다. 도고 헤이하치로가 이끄는 연합함대가 당시 최강이라 불리던 발틱 함대를 괴멸시킴으로써 함대끼리의 결전을 중심으로 한 함포주의가 주요 교본으로 자리 잡게 되었다.

일본은 유럽이 전쟁의 소용돌이에 빠져있는 동안, 무주공산이었던 아시아 지역을 마음껏 돌아다니며 황군의 깃발을 꽂았다. 특히 일본 육군은 중국에 이어 홍콩과 싱가포르에서도 백병총검으로 연승을 거두자, 백병총검 돌격주의가 하나의 경전처럼 떠받들어졌다. 그러나 이들 나라는 제대로 된 근대화를 겪지 못하고 식민지로 전락했거나 소수의 서구 열강 군대가 주둔하고 있었을 뿐 제대로 된 상대라고는 할 수 없었다. 문제는 이후 일본군이 본격적으로 맞붙게 되는 미국은 그 전에 경험했던 전투와 차원이 달랐다는 점이다.

일본의 진주만 기습으로 시작된 태평양 전쟁에서 일본군은 그들의 전술이 얼마나 허황된 것인지를 드러냈다. 일본 육군은 미군과 지상에서 본격적으로 맞붙은 과달카날전 패배 이후 화력을 중시할 필요가 있었음에도 불구하고 전쟁이 끝날 때까지 총검돌격주의로 일관했다. 일본 육군은 미군의 기계화 화력에 몰살당하기 일쑤였고, 특히 물적 자원보다 인적 자원을 구하는데 돈도 적게 들 뿐 아니라 쉽게 획득 할 수 있다는 점을 들어 점령지에서 끌고 간 사람들을 무작정 전선에 투입시켰다.

일본의 패망이 주는 역사적 교훈

강대국을 향한 잘못된 선택과 군국주의와 무력의 남용으로 일본은 자멸했다. 일본의 흥망을 통해 우리는 '역사로 하여금 미래를 비추도록 하라'는 교훈을 얻을 수 있다.

첫째, 국가의 기본적인 국책과 목표가 올바르지 않으면 막대한 희생이 따른다는 것이다. 각국과의 대결을 통한 국위선양을 추구했던 일본의 군국주의는 끊임없는 침략전쟁의 원동력이 되었고, 결국 잘못된 국가전략이 패망의 일차적인 원인이 되었다.

둘째, 메이지 유신의 '부국강병'의 기조가 점차 '강병부국' 정책으로 바뀌면서, 침략전쟁을 통한 발전은 결국 멸망의 길로 몰아넣었다. 2차 대전 이후 일본의 발전을 보면 평화속의 개혁을 통한 발전만이 강국이 되는 정도라는 사실을 알 수 있다.

이제 일본이 패망하고 우리가 독립한지 67년이 되었다. 일본은 이제 더 이상 어두운 과거에 연연해하지 않으면서 패전의 멍에를 벗어던지고 정치 경제적으로 강대국이 되었다. 그런데 변화하는 현재의 일본을 과거의 일본과 떼어서 생각할 수는 없다. 현재의 일본은 패망한 일본제국이라는 밑그림 위에 덧칠된 그림이기 때문이다. 67년 전 일본은 어떻게 패망했던가. 일본군부가 어떤 역할을 했던가. 천황의 책임은 왜 철저하게 추궁되지 않았던가. 그들은 왜 반성하지 않는가. 이러한 문제들은 앞으로 어떤 모습으로 복원되고 해결될지는 알 수 없다. 일본의 식민지 유산을 철저하게 청산하지 못한 우리는 지금까지 역사인식의 혼란을 겪고 있고, 영토분쟁을 계속하고 있다. 일본이 지나온 길을 가슴에 새겨야 하기에 우리는 일본의 역사에 대해 공부해야 하며, 나아가 이것을 바탕으로 다시는 고통의 역사가 반복되는 것을 방지해야 할 것이다.

연표

- 1868년 메이지 천황, 메이지 유신 시작
- 1868년 보신 전쟁 발발, 막부가 붕괴함
- 1869년 메이지 천황에 의해 에도의 명칭이 도쿄로 바뀜
- 1876년 일본과 조선이 강화도조약을 체결함
- 1878년 오쿠보 도시미치가 암살됨, 이토 히로부미가 뒤를 이음
- 1879년 류큐 왕국이 일본의 공격을 받아 멸망함
- 1881년 메이지 천황이 군인칙유를 발표함
- 1885년 일본에 내각제도 성립됨
- 1889년 메이지 천황이 대일본제국헌법 발표함
- 1894년 청일전쟁 발발
- 1895년 일본군이 대만을 점령함
- 1904년 러일전쟁 발발
- 1905년 이토 히로부미가 대한제국에 부임한 뒤 을사조약 체결됨
- 1909년 이토 히로부미가 하얼빈에서 안중근에게 총살당함
- 1910년 한일합방조약 체결
- 1912년 메이지 천황 사망
- 1914년 세계 1차 대전 발발하자 일본정부는 독일에게 선전포고함
- 1921년 히로히토가 쇼와 천황으로 즉위함
- 1937년 7월 중일전쟁 발발함
- 1939년 세계 2차 대전이 발발함
- 1941년 12월 일본의 해군이 진주만을 공습함
- 1945년 연합군이 히로시마와 나가사키에 원자폭탄을 투하함
- 1945년 8월 일본은 무조건 항복을 선언하고 패망함

참고문헌

• 단행본

고로 야스시 외, 이남희 옮김, 『천황의 나라 일본』, 예문서원, 2006.
김희영, 『이야기 일본사』, 청아, 2006.
노나카 이쿠지로, 박철현 역, 『왜 일본제국은 실패하였는가?』, 주영사, 2009.
박찬수, 『한국에서 쓴 일본역사이야기』, 솔, 2003.
이창위, 『일본제국흥망사』, 궁리, 2005.

• 다큐멘터리

〈HC 세상을 바꾼 사람들 – 히로히토〉
〈EBS 근대 일본의 탄생〉
〈MBC 난징대학살〉

• 영화

〈도라도라도라(1970), 리처드 플레이셔 감독〉
〈태양의 제국(1987), 스티븐 스필버그 감독〉
〈진주만(2001), 마이클 베이 감독〉
〈이오지마에서 온 편지(2006), 클린트 이스트우드 감독〉

부패한 국민당 대만으로 도망가다

중국

머리말

역사는 승자중심으로 돌아간다. 중국 현대사에서 승자는 공산당이다. 그렇기 때문에 공산당이 어떤 식으로 성장하였고, 어떻게 내전을 승리로 이끌 수 있었는지는 매우 중요하다. 하지만 상대적으로 국민당이 왜 패하였는지 패자의 역사도 중요하다. 그 모두가 중국의 역사이기 때문이다. 장개석과 모택동은 현대 중국 역사를 주체적으로 주도했던 두 개의 정치세력, 즉 국민당과 공산당을 대표하는 지도자이다. 그들은 중국의 대권을 놓고 정치적으로 대립하였고 내전을 벌였다.

신해혁명으로 청나라가 무너진 후 새로운 질서로 중국을 재편하려는 국민당은 손문을 거쳐 장개석 시기에 가장 번성하게 된다. 북벌의 성공으로 인해 국민당의 장개석은 중국을 대표하는 정치세력으로 성장하였다. 공산주의 소련과 대립 중이었던 미국의 지지를 받으면서 일본이 물러나고 난 후 명실상부한 일인자가 되었다. 그 때까지만 해도 공산당은 국민당과 비교하면 전력면에서 큰 열세를 보이고 있었다. 그럼에도 불구하고 중국은 1949년 10월 공산당에 의해 통일되었고, 국민당은 대만으로 도망갔다. 분명히 절대적으로 우세하였던 국민당정권이 패하게 되는 과정은 우리에게 많은 교훈을 준다.

국민당의 영수 손문과 장개석은 송씨 집안의 여식을 아내로 맞았다. 손문의 혁명동지 송가수에게는 미국에서 교육을 받고 돌아 온 세 자매가 있는데 한 명은 돈을 사랑했고, 한 명은 권력을 사랑했고, 다른 한 명은 중국을 사랑했다.

경제방면에서 뛰어난 수완가이면서 돈을 사랑하였던 첫째 딸 송애령은 산서의 부호 공상희(孔祥熙)와 결혼하였다. 그리고 다른 이들보다 한 발 앞서는 감각으로 은행업을 시작하여 중국의 경제력을 장악하는 최고 부자가 되었다.

둘째 딸 송경령은 중국의 국부로 여겨지는 손문과 결혼하였다. 사랑하는 단 한사람을 위해 가족과 주위의 모든 것을 버렸다. 사랑이라는 이름으로 27살이나 연상인 아버지의 친구 손문과 결혼하고 그녀는 손문의 완벽한 신봉자가 되었다. 중국 인민을 사랑하였던 송경령은 손문의 삼민주의를 바탕으로 새로운 중국을 꿈꾸었다. 그리고 각계각층이 참여하는 국민혁명을 추구하면서 중국인들의 희망을 대변하고자 하였다.

권력을 사랑한 셋째 딸 송미령은 뛰어난 미모, 탁월한 재능의 소유자로 많은 뭇 남성들에게 사랑을 받는다. 그러나 새로운 영웅 장개석과의 만남은 그녀를 거부할 수 없는 사랑으로 이끌었다. 송미령의 어머니는 결혼을 허락받으러 온 장개석에게 기독교를 믿고, 이혼을 조건으로 유부남이었던 장개석과의 결혼을 허락하였다. 결혼 후 그녀는 중국의 정계에 많은 영향력을 행사하는 실력자가 되었고, 남자 못지않은 배짱과 야심으로 국제정치 무대에서 능력을 발휘하였다. 이리하여 중국 최대의 재벌인 송가의 2세들은 아름답고 용감한 사랑으로 막강한 재력과 권세를 휘두르는 송씨 집안을 세운다.

하지만 손문이 죽고 난 후 뒤를 이은 지도자 장개석이 공산당을 무차별 탄압하고, 손문의 혁명이념을 포기하자 송경령과의 갈등이 시작되었다. 송경령과 동생 미령과의 우애는 깨지고 서로를 증오하기에 이른다. 일본과의 전쟁이 끝나고 내전이 격화되자 애령, 경령, 미령 세 자매는 각자 서로의 상처와 사랑을 가슴에 묻은 채 상반된 길을 갔다. 중국이 북경 정부와 대만 정부로 분열된 후, 송경령은 중국 공산당의 부주석이 되었고 송미령은 대만의 영부인이 되었다. 하나의 가족이면서 사상의 차이로 증오하고, 같은 민족이면서 정치이념의 차이로 본토와 대만으로 갈라져야 했던 중국의 현대사 이야기는 우리와도 닮아있다.

장개석은 국공내전에서 밀려 50만 군대와 함께 1949년 대만으로 패주한 뒤 1975년 4월 사망할 때까지 다시는 고향 시코우로 돌아오지 못했다. 1928년부터 실질적으로 중국을 지배했고, 1945년 8월 공산당과의 평화가 깨졌을 때에도 보유한 군대가 공산당보다 두 배가 넘었던 국민당이 대륙을 상실하고 대만으로 간 이유를 살펴보고자 한다.

국민당 정권의 초기 양상

중화민국의 성립으로 황제 체제가 무너지면서 민족과 국가의 위기를 구할 수 있는 국민국가의 수립이 시급한 과제로 등장하였다. 20세기가 되면서 대세가 된 서구식 근대화가 점차 꾸준한 성과를 거두었음에도 불구하고 정치적 혼란은 계속되었다. 이 때문에 국가권력의 장악과 바람직한 근대화의 방향을 놓고 경쟁하던 중국국민당과 중국공산당은 일당 독재체제를 선호하면서 경쟁하였다.

국민당은 손문이 5·4운동에 힘입어 당시의 중화혁명당을 개조하여 만든 정당이다. 소련의 도움으로 제1차 국공합작을 달성하면서 대중 정당으로의 발전을 기대하였다. 손문은 소련과 연합하고 공산당을 수용하면서 국민혁명을 추구하였다. 국민당이 지향하는 바는 손문의 민족, 민권, 민생의 삼민주의에서 엿볼 수 있다. 국민당은 도시를 중심으로 세력을 형성했으며 민족주의에 기반을 두었다. 당원은 근대식 교육을 받은 지식인과 군인이 중심이었다. 군인을 제외한 일반 당원은 30만 명 내외였는데, 당시의 중국 인구가 5억

명 정도였음을 감안하면 소수의 지식인 정당이었음을 알 수 있다. 또한 내부에 파벌적으로나 정책적으로 다양한 집단이 존재하였기에 중요한 문제를 결정할 때 자주 충돌이 있었다.

▲ 국민당의 최고 지도자 장개석, 공산당 지도자 모택동(위쪽부터)

손문의 사망 이후 공산당과 국민당의 갈등 속에서 군사력을 장악한 장개석은 국민당에서 권력의 핵심으로 급부상하였다. 그는 전형적인 군인상의 인물이라고 할 수 있다. 그는 1887년 절강성(浙江省) 봉화시(奉化市) 시코우(溪口)에서 부유한 상인의 아들로 태어났다. 1906년 보정(保定) 군관학교에 입학하고 다음해 일본에 유학하면서 군인으로서의 경력을 쌓아갔다. 이후 손문의 밑에서 군사적인 부분을 담당하면서 군벌들을 몰아내는 북벌 준비에 앞장섰다.

혁명운동의 중심으로 등장한 광동의 국민정부 내에서는 중공과의 합작에 반대하는 국민당 우파의 반발이 점차 거세졌다. 이러한 좌·우파의 갈등 속에서 장개석은 1926년 7월 국민혁명군을 동원한 북진통일의 실현을 선언하였다. 북벌과정에서 중공이 주도하는 대중운동이 폭발했다. 노동자들이 폭동을 통해 상해시의 권력을 장악하고, 수백만의 농민들이 토지분배를 요구하며 농민운동을 일으켰다. 이러한 긴장의 고조는 결국 국민당의 공산당에 대한 배척으로 나타났고, 우파의 은근한 지원을 받고 있던 장개석은 공산당을 국민당 내부에서 몰아내고자 1927년 4·12쿠데타를 일으켰다. 북벌 도중 장개석의 명령으로 국민당의 군대 중 일부가 1927년 4월 12일 상해로 진격하여 300~400명 정도의 공산주의자들과 노동자를 사망하게 한 사건이다. 결국 제1차 국공합작이 끝나고 모택동이 이끄는 홍군은 농촌지역과 산간오지로 철수하게 되었다.

장개석은 공산당을 축출한 후 군벌이 장악했던 북경을 정복하고 북벌을 완수하였다. 이로 인해 중국 전역에 대한 지배권을 확립하게 되었다. 그리고 여태까지의 공로를 인정받아 1인 독재체제의 발판을 마련하게 되었다. 그리고 남경을 새로운 국민정부의 수도로 삼아 국민정부의 주석과 육·해·공군 총사령관에 올라 당·정부·군부를 모조리 이끌게 되었다. 이로서 국민당의 최고 전성기인 남경 국민정부 시대(1927-1937)가 시작되었다.

전성기의 국민당 정권

1928년 10월 정식으로 출범한 남경 국민정부는 중국의 유일한 중앙정부로서 격상된 국제적 지위를 확보하고 상당한 성과를 거두었다. 황금의 10년으로 불리는 이 시기동안 근대적 경제발전을 위한 개혁시도는 일정한 성공을 거두었다.

손문의 건국방침에 따라 국민정부는 6년간의 훈정을 실시했는데, 이는 국민당에 의한 일당 지배를 의미했다. 국민당 전국대표대회가 국민대회를 대체하고, 국민당 중앙정치회의가 행정·사법·입법·고시·감찰권을 감독하는 오원제 정부가 구성되었다. 군사력을 장악한 장개석 중심의 독재 정치가 시작된 것이다. 국민정부는 1931년 5월 약법(約法)을 공포하여 민중 운동을 제한하고, 국민당 이외의 다른 모든 정당의 정치행위를 금지했다.

즉 장개석은 정치 근대화를 이룩함에 있어서 손문의 이념에 따라 군정·훈정·헌정을 단계적으로 완성하고자 하였다. 장개석은 정치 민주화의 목표를 달성하기 위해서는 한 번으로 되거나 끝나는 것이 아니고, 상당히 긴 과정을 거쳐 점진적으로 해야만 적은 노력으로 많은 효과를 거둘 수 있다고 생각했다. 따라서 두 번째 단계인 훈정은 민주화의 기초를 확립하는 것으로 보고, 가장 중요한 것은 지방자치의 실시였다. 장개석은 지방자치를 위한 여러 가지 일이 민주화를 실현하는 기본적인 조건이라고 생각했다. 국민이

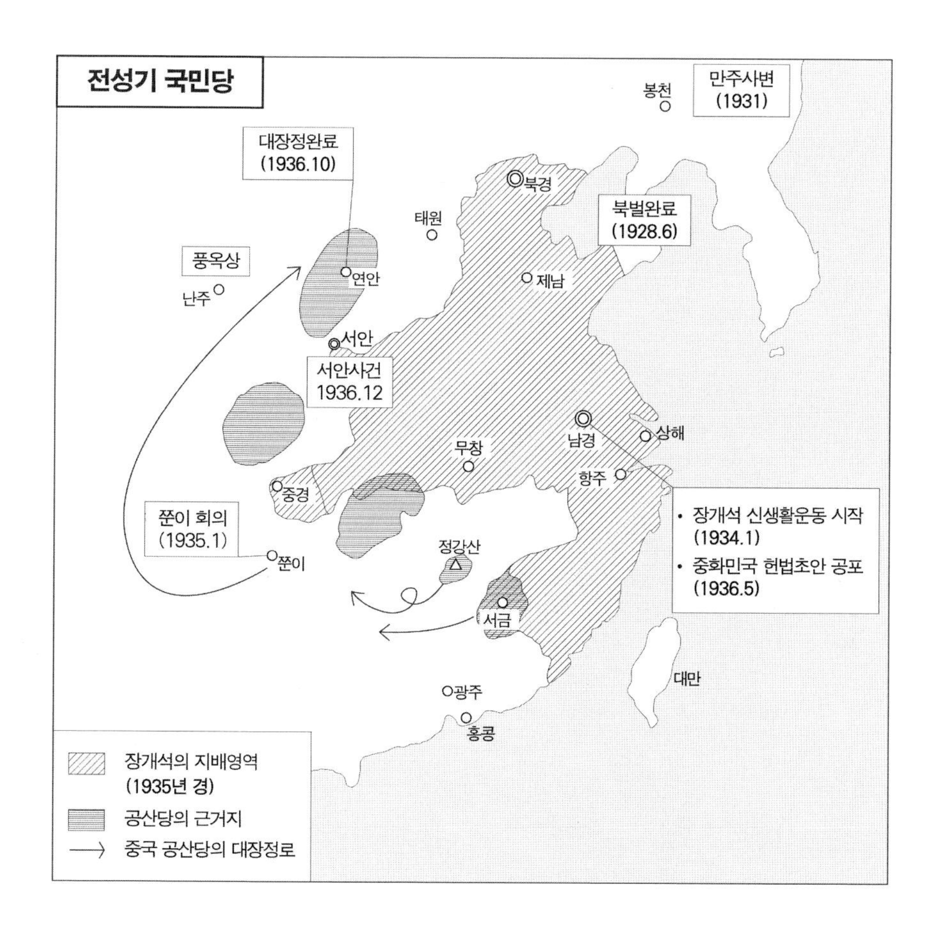

조직적으로 훈련되지 않으면 정치의 기초가 확립될 수 없고, 자치 의식과 능력이 없으면 어떠한 건설도 추진할 수 없다고 생각하였다. 즉 전국 대부분의 성에서 자치작업을 완성한 뒤에 헌정으로 나아가고자 하였다.

그리고 민족의 숙원이었던 관세자주권이 일부 회수되면서 관세의 인상이 가능해졌다. 그리고 외국인 치외법권 지역인 한구(漢口)와 구강(九江)의 조계가 회수되면서 중국의 주권은 착실하게 회복되었다. 이러한 주권 회복에는 국민정부의 중국 근대화에 협조적이었던 미국과 영국의 지원이 있었다. 반대로 일본은 이러한 움직임에 적대적이었고, 만주에서의 이권 상실을 두려워해서 1931년에는 만주사변을 일으켰다.

민간 자본을 중심으로 한 자본주의도 발전하였다. 장개석은 정부의 통제를 받는 민간경영의 방식으로 경제의 근대화를 실현하고, 경제발전의 장애요인을 제거하려고 노력하였다. 민족의 독립을 실현하기 위해서는 반드시 경제적으로 자급자족의 능력을 갖추고, 생산의 중심을 농업에서 공업으로 전환해야만 했다. 또한 외자유치에 적극적으로 나섰는데, 1930년대 전반 세계대공황에 휘말리면서 심각한 위기에 빠지기도 했다. 그러나 이 위기는 오히려 상해를 중심으로 하는 경제적 통합을 가속화시켰으며 자본주의 확대를 촉진하였다. 화폐 개혁으로 인한 금융 기구의 강화와 법폐에 의한 통화의 전국적 통일, 그리고 경기의 회복 등이 자본주의의 발전을 상징적으로 보여준다. 안정적인 세수를 확보한 국민당은 철도나 도로 등 기반시설을 정비하였고, 인구 300만으로 성장한 상해는 근대적인 도시문화가 발전하였다. 신문이나 잡지 라디오 방송 등 대중 매체는 양적으로 급속히 성장하여 많은 소비자를 확보하였다. 영화나 연극, 가요 등의 대중문화도 시민을 토대로 급속하게 확산되었다.

경제적 통합은 정치적 통합의 기초가 되었다. 정부 수립초기 중앙의 실질적인 지배는 장강 하류에 제한되었으나 공산당을 토벌하는 과정에서 서남과 서북에 대한 지배력이 확보되었다. 동시에 이러한 과정은 국민당 내에서 장개석의 권위를 강화하는 것이었다. 동시에 훈정에서부터 헌정으로의 이행도 진행되었다. 1936년 총통의 권한이 강화된 헌법초안이 발표되어 이것을 채택한 국민대회의 선거가 시작되었으나 일본의 침략에 의하여 중단되었다.

하지만 통일소비세의 신설이나 염세, 도량형, 화폐단위의 통일 등의 경제개발에도 불구하고, 농업분야는 여전히 GDP의 65%를 차지했다. 일본의 침략과 공산당과의 끊임없는 내전으로 국민정부 예산의 상당 부분은 국방비로 지출되었다. 게다가 각 지역에서 토지세를 흡수하는 지방 정부는 군벌이 장악하고 있었기에 국민정부는 양자강 하류의 대도시에서 나오는 상공업세와 관세수입에 의존해야 했다. 군벌과의 타협으로 완성된 국민혁명의 결과, 자연스레 남경 국민정부에 흡수된 군벌은 정부 내에서도 문제가 되었다. 부패한 군벌이 정권에 합류하고, 군벌 추종자들이 고위직을 차지함에 따라 국민당은 혁명성을 상실하였다. 군벌은 곧 남경 국민정부의 고질적 문제였던 심각한 부패와 비효율의 주요 원인이 되었다. 농촌을 장악한 군벌의 농민 착취는 일상화되고, 일본과 공산당의 존재는 큰 위협이 되었다.

남경 국민정부의 첫 4년 동안 교육 정책은 매우 불안정하였다. 공산당과의 전쟁에 전념하였기 때문에 교육제도는 정착되지 못하고 실험단계 수준에 머물러 있었다. 이는 교육 정책과 교육부장의 빈번한 교체로 나타났다. 초창기 정부의 교육정책을 시작한 사람은 채원배(蔡元培)였다. 그는 프랑스식 교육제도를 모방하여 교육이 피교육인 중심으로 행해져야 한다고 주장하였다. 하지만 그의 교육 사상은 국민당 이념의 교육 지배라는 교육정책의 기본노선과 잘 부합되지 않았다. 결국 채원배의 시도는 미국과 일본에서 교육받은 교육 전문가들의 저항으로 인해 곧 사라졌고, 지방교육행정에 대한 국민당의 통제가 점차 강화되었다.

국민당 정권의 위상

남경 국민정부는 정치적으로 중국의 유일한 정부의 역할을 수행했다. 여기에는 초기 남경 정부에 대한 국민들의 지지와 열강의 인정이 한 몫을 하였다. 국민들이 장개석 남경 국민정부를 지지한 데에는 군벌에 대한 반감이 크게 작용했다. 군벌은 1912년 청나라가 멸망한 이후, 군사력을 기반으로 중앙 또는 지방의 일부에 웅거하면서 실질적으로 권력을 행사한 고급 군인 및 그들의 병력을 뜻한다. 원세개 사후 남경 국민정부가 수립될 때까지 중국은 북양군벌이 통치하였다. 군벌들은 서로 치열한 내전을 통해 권력을 다투었고, 이에 따라 죄 없는 국민들은 전쟁의 소용돌이에 휩싸여 고통 속에서 살아가야 했다.

남경 국민정부의 통일은 군벌의 기득권을 인정해 줌으로써 통합을 유도한 것이다. 그러한 의미에서 본다면 통일은 군벌과 일정한 연합을 전제로 한 것이라는 기본적인 한계가 있었다. 하지만 국민들의 눈에는 악의 근원인 군벌들을 정복하거나 굴종을 받아낸 것이 장개석이었고, 군벌들은 표면적으로 그에게 복종의 의사를 내비쳐야 했다. 또한 장개석의 국민정부가 수립될 때 각 군벌들 간의 내전이 줄어들고, 잠깐이나마 평화로운 생활이 일반 국민들에게 주어졌다. 이에 국민들은 장개석의 남경 국민정부를 열렬히 지지하게 되었다.

서양 열강들도 장개석의 남경 국민정부를 지지했다. 그것은 열강의 이권을 보장하는 중국의 공식정권이었고, 장개석의 부인인 송미령의 영향력도 크다. 송미령은 조지아 주 웨슬리안 대학(Weslean College)에서, 후에는 매사추세츠 주의 웰슬리 대학에서 공부하고, 졸업 후에는 중국에서 기독교 여자청년회 활동에 참여했다. 장개석이 총통으로 국정 전반을 통치할 때 그녀는 외교 고문을 맡으면서 구미 각국들과 외교 관계를 수립하는데 적극적으로 참여했다. 장개석을 보완하여 세계적 인물로 각인시키고 또한 중국을 세계 4대 열강의 하나로 참여시키는 데 영향력을 발휘하여 중국의 국제지위 향상에 획기적인 공헌을 하였던 것이다.

또한 소련도 장개석을 유일한 중앙정부로 인정하였다. 북벌 과정에서 수많은 공산당원들이 살해당했기에 장개석에 대한 우려는 있었지만, 국민당을 중심으로 항일전이 전개되어야 한다고 생각하였다. 따라서 장개석이 구금되는 서안사변이 발생했을 때 처음부터 장개석의 석방을 요구했다. 그것은 국민당이 일본과 전쟁을 하는 동안 공산당의 세력을 만회하려는 의도였다. 공산당 입장에서도 석방이 이로웠다. 당시 장개석을 제거하면 중국은 항일전의 구심점이 될 만한 지도자를 상실하게 됨으로써 내전에 휘말릴 위험성이 컸다. 이는 곧 일본과 국민당 정부 내의 친일세력에게만 유리한 것이었다. 소련의 입장을 고려하여 공산당은 그를 석방하였다.

경제적인 면에서 남경정부는 서양 국가들과의 교역을 통한 경제 성장에 집중했다. 영국 같은 전통 강대국은 물론 신흥 강국으로 떠오른 독일과도 긴밀한 관계를 유지했다. 독일정부는 서구 정부로서는 처음으로 장개석을 인정하고 북경에 있던 대사관도 남경으로 옮겼다.

그리고 상해를 비롯한 대도시의 지주와 자본가 세력이 장개석 정권을 강력히 지지했다. 장개석의 공산당 토벌은 금융자본가의 지지와 보호의 상호작용을 하였고, 공산당의 세력이 축소되면서 국민당에 대항할 세력이 사라졌다. 또한 초창기 장개석은 국민당 공직자들의 부정부패를 용납하지 않고 강경히 대처하였다. 그런 청렴한 국정도 남경정부에 대한 민중의 신뢰를 얻는데 보탬이 되었다.

일본이 본격적으로 침략하자 1935년 장개석은 내정과 외교, 군사, 재무에 대한 각 분야의 개혁을 단행하였다. 일본이 동북지역으로부터 남하하는 데 대비하여 국제적 지원을 호소하였다. 특히 소련으로부터 적극적인 지원을 얻어내는 동시에 화폐를 개혁하고 자원의 절약과 개발로 전쟁 물자를 준비했다. 3년간의 국방계획을 세워 육군을 새로이 편제하고 병역법을 실행하여 신병을 모집하였다. 군수공업을 일으키는 동시에 군비를 강화하고 전략상의 요충지에 군대를 주둔시켰다. 장개석은 일본과의 싸움이 장기화될 경우 광대한 중국 영토 중에서도 서남과 서북지방이 최후의 결전지가 될 것으로 예견하였다. 따라서 서남지방의 개발을 강화하고 서북지역의 국경선 밖으로 통하는 철로와 국도를 건설하였다. 또 신생활운동을 통하여 국민정신을 함양하고, 대학과 문화재를 서남지역으로 옮겼다. 그러나 이러한 노력에도 불구하고 국민당 군은 일본에게 적절하게 대응하지 못했다.

국민당 정권의 쇠망 원인

일본과의 전쟁이 끝나가면서 국민당과 공산당은 각각 종전 후의 정권구상을 세웠다. 전쟁이 한창일 때는 어느 쪽이 정통성과 대중적인 영향력을 가지고 있었는가 하는 것은 그다지 문제가 되지 않았다. 그러나 일본의 패전이 불가피하게 됨에 따라 그것은 양측의 결정적인 대립점이 되어갔다. 국민당에게 불행했던 것은 전쟁의 비참함과 부정적인 현상의 책임을 져야만 했다는 점이다. 즉 경제정책의 계속되는 실패와 인플레이션, 물자부족에 허덕이는 서민들, 행정의 부패와 무능, 파벌끼리의 파멸적인 다툼, 군대에 널리 퍼진 무능과 사기저하, 독점적으로 비대해진 국가자본주의의 출현 등은 집권당이었던 장개석과 중국국민당에 대한 국민대중의 이미지를 크게 손상시켰다.

항일 전쟁이 끝났을 때 중국의 군대는 장개석의 국민정부군이 430만, 모택동의 공산군이 정규군 91만에 민병 22만이었다. 국민정부군은 미국의 지원을 받아 장비와 보급품도 우수했던 반면 공산군은 일본군에게서 빼앗은 구식 장비가 대부분이었다. 그리고 국민정부군은 여전히 중국의 주요 도시와 지역 대부분을 장악하고 있었다.

한편, 중국공산당은 재야의 당으로서 국민당의 이러한 실정을 최대한 이용하여 서민과 중간파의 다수를 획득하기 위해 노력하였다. 즉 승리의 과실을 평등하게 분배할 것, 자유와 민주를 실현하여 풍요롭고 강력한 중국을 건설할 것 등을 호소하며 국민들의 공감을 얻었다. 특히 토지개혁은 중국 공산당이 농촌지역의 사회·경제적 구조를 변혁시킨 성공의 기반으로서 가장 많이 언급된다. 1946년 5월 4일 대지주에 대한 청산투쟁을 골자로 하는 토지문제에 관한 지시가 내려졌다. 토지몰수는 친일파, 악랄한 지주의 토지에 대해서만 행하고, 부농의 토지재산에는 원칙적으로 손대지 않는다는 입장이었다. 내전이 전면적으로 벌어지게 되면서 공산당이 '경작자가 토지를 소유한다'는 원칙에 입각해 전면적인 토지혁명으로 전환하자 농민들은 새로 얻은 자신의 땅을 지키기 위해서라도 공산당을 지지했다.

1948년이 되면 양측의 전세가 뒤바뀌어 해방구가 늘었고, 병력 차이도 줄어들었다. 내전에서 군사적으로 공산군이 차례로 승리를 거두면서, 결국

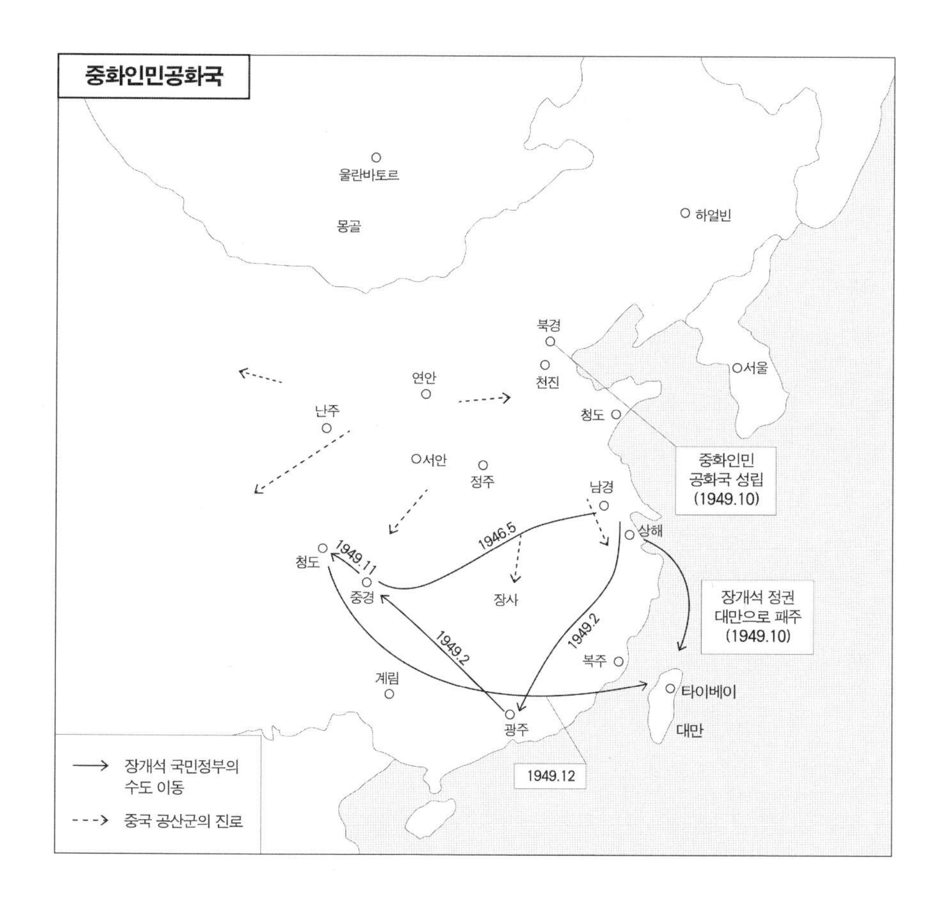

1949년 1월 인민해방군이 북경에 입성하였다. 중국 대륙의 대부분을 잃게 된 국민당은 대만으로 옮겨감으로써 중국 대륙은 완전히 공산당 지배하에 들어가게 되었다.

그러면 국민당은 미국의 원조를 받으면서도 왜 공산당에게 패배한 것인가?

미국 정부가 발표한 『중국백서』에서는 부패가 국민당의 저항력을 치명적으로 붕괴시켰다고 보았다. 실제적으로 장개석을 중심으로 한 권력층의 정치·경제적 부패는 만연했다. 중앙에서는 '4대 가족'이 정치와 경제를 주물렀으며, 중국 전역에서 권력을 남용했다. 이는 반대편에 있는 공산당의 대두에 대한 공포의 결과이기도 했다. 이들은 권력을 강화함으로써 공산당의 도전에 대항할 수 있다고 믿었고, 그 결과로서 권력의 집중이 부패를 발생시킨 것이다. "솔직히 말해 중국에서나 외국에서나 오늘날의 우리처럼 노후하고 퇴폐한 혁명정당이란 있어 본 일이 없다. 얼이 빠져 있고 규율이 없으며 더 나아가 오늘의 우리처럼 옳고 그른 기준이 없는 정당이 있어 본 적이 없다. 이따위 당은 오래 전에 부서져 쓸어버려야 했다." 이 말은 1948년 1월 장개석이 휘하의 군사 지휘관들이나 민간인 간부들에게 종종 한 것이다. 그렇다면 장개석은 이러한 결점들을 다 알고 있으면서도 왜 아무런 조치도 취하지 않은 것일까? 이유는 문제의 본질을 이해하지 못하였다는 점이다. 이 점은 아마도 국가지도자로서 치명적인 결점이었다. 정치적인 문제나 행동상의 문제, 심지어 경제상의 문제까지도 본질적으로 도덕적인 것으로 본 장개석은 정치제도와 행위라는 것이 국민의 지지위에서 창조되는 것이라는 점을 이해하지 못하였다.

이러한 점을 바탕으로 장개석이 패한 이유를 조금 더 검토해보고자 한다.

첫째, 장개석은 자신의 정부 내에 부패가 만연되도록 방관했다. 재능보다는 충성심을 더 높이 사게 되었고, 조직보다는 개인적인 유대관계에 의존했다. 지방군벌들을 서로 경쟁시키고 국민당 내의 정적들끼리 서로 싸우게 했다.

둘째, 외부 사정의 변화에 신축성 있게 대응하지 못했다는 점이다. 세월이 흘러갈수록 그의 지도력은 점점 더 경직되었고 민심의 움직임과 새로운 사고에 효율적으로 대처하지 못했다. 국민당 정부는 도시민들을 제대로 다루지 못했으며, 그 결과 중국 민중의 주요한 구성요소인 이들로부터 소외당하게 되었다. 또한 학생들의 지지를 끌어내는 데에도 실패했다. 정부는 투기꾼과 사리사욕만을 추구하는 관리들에게는 세금을 부과하지 않은 채 일반인에게만 세금을 거두는 일을 계속했다. 또한 대중적 평화운동에 대한 묵살과 탄압으로 인해 국민당정부는 민중의 지지를 잃었고, 중국공산당보다 더 내전을 선동하는 것으로 보이게 하였다.

셋째, 일본군과의 전쟁보다 공산당과의 내전에 집착하였던 점이다. 중국을 점령한 일본군에게 저항하는 데 있어서 미국제 장비를 갖춘 자신의 군대를 적극적으로 활용하지 않으면서 그 대신 미국이 결국 일본을 패배시키리라고 기대했다. 그는 중·일전쟁이 끝난 뒤 공산당과의 내전에 대비하여 자신의 군대를 아껴두었다가 공산당을 일거에 격멸시킨다는 전략을 세웠다. 그러나 실제 내전의 단계에 들어가자 이 같은 전략은 역효과를 냈다. 일본의 침략에 대하여 수동적인 자세를 취함으로써 지도자의 위신과 국민들의 지지를 잃어버린 반면, 중국공산당은 일본에 대항하여 맹렬히 싸움으로써 국민의 신임을 얻었다. 공산당군은 국민의 감정에 호소하면서 치열한 전투를 벌여 나가는 동안 대규모의 정예군대가 되었다.

넷째, 폭넓은 사회 경제 개혁을 이루는 데 필요하였던 안목과 일관된 계획이 없었다. 인플레이션의 폭등이 발생했고 농촌지역에서는 여전히 기근과 고리대가 지속되었다. 또한 일본으로부터 해방된 지역에 국민당군대가 들어와 한 것이라고는 세금과 징발의 가중이었다.

결론적으로 국민당의 대륙상실의 큰 원인은 외부적 요인과 내부적 요인이 복합적으로 작용하였다. 외부적 요인으로는 첫째, 일본의 침략이 공산당에게 기사회생의 기회를 부여했다는 점이다. 장개석의 공격으로 25,000리 장정 끝에 섬서성 연안에 도착했을 때 그 세력은 풍전등화와 같았는데, 공산당과의 합작으로 살길을 열어주었다. 둘째, 미국의 중재와 원조가 적절하지 못하였으며, 소련군이 국민당의 만주진입을 방해하고 노획한 일본군의 무기를 공산당군에 지원하였다.

그리고 내부적 요인으로는 첫째, 손문이 제창한 초기 국민혁명의 이념이 변질되어 중국 인구의 대다수를 차지하는 농민과 노동자의 세력을 혁명의 주요세력으로 간주하지 못하였다. 둘째, 남경정부의 사회 경제적 기반은 주로 상해를 비롯한 개항장의 대상인, 지주, 금융 자본가이기에 국민당의 시책은 기존질서와 현상유지에 치우치게 되었다. 셋째, 모든 정치가 군과 재정을 장악한 장개석을 중심으로 이루어지는 정치의 개인화와 군사화가 이루어졌다. 따라서 국민당은 국가정책 결정이나 정부를 감독하는 능력을 상실하였다. 결과적으로 국내외의 많은 새로운 도전에 창조적 대응을 하지 못하게 된 것이다.

우수한 전력을 가진 국민당이 패한 데에는 스스로 붕괴된 측면이 크다. 즉 전장에서의 어리석음과 전선 후방에서의 무능력 두 가지가 동시에 작용했다. 군대를 전개시키는 과정에서 장개석은 자신의 낡아빠진 내전 지휘방식을 고집했다. 일단 대도시를 장악하면 그것을 유지하는데 주력하였고, 자신의 통일적 권력을 과시했지만 이 도시들 대부분은 곧바로 포위를 당했다. 국민당군은 군대 조직에서도 실수를 하였다. 일본군 투항병, 친일파 등을 적극 활용하여 반공 전선에 보냈던 것이다. 정예군이 아닌 이러한 군인들은 부정부패를 일삼고 군대 내의 보급 물자나 무기들을 착복하곤 하였다.

국민당의 전장에서의 무능력은 후방에서의 실정과 맞물려 있었다. 항전과정에서 국민당은 가능한 한 오지의 경제를 발전시키고 산업 기반 시설을 정비해야만 했다. 오지의 경제 건설에는 막대한 비용이 들었다. 결국 국민당은 대외 원조 이외에도 공채의 발행, 법폐의 남발이라는 인플레이션 정책에 의지할 수밖에 없었는데, 통화안정 문제를 제대로 해결하지 못하였다. 식료품 가격도 통제가 불가능할 정도로 올라갔고, 물가 상승에 산업노동자들은 파업하기 시작했다. 화폐가 부족할 때 국민당이 내리는 일반적인 처방은 더 많은 은행권을 발행하는 것이었는데, 이는 악성 인플레이션을 더욱 부채질할 뿐이었다. 국민당이 과감히 적자를 줄이지 못한 것은 대부분이 군사비 지출이었기에 해결이 쉽지 않았다.

이러한 심각한 인플레이션과 경제 위기에서 직권을 이용하고 수단을 가리지 않고 물자만 장악하면 투기로 큰 재산을 모을 수 있었다. 장개석 휘하의 지휘관들은 물론 송애령과 공상희 같은 친인척들도 전시를 틈타 자신의 배를 채웠다. 장개석은 측근들의 부패를 제대로 처리하지 못하였고, 민중들의 국민당에 대한 불신은 커져갔다. 장개석의 지지기반의 중심이었던 중산층도 붕괴되기 시작하면서 자연스레 국민당의 통치 기구는 해이해지고 변질되었다.

국민당의 또 다른 정책의 실패는 민중의 평화운동에 대한 묵살과 탄압이었다. 교수를 비롯한 지식인들은 전쟁에서 민간사회의 발전으로 전환할 것과 내전을 조장하는 미국의 원조에 의존하지 않기를 바랐다. 어리석은 경제정책이 도시의 중산계급이나 산업자본가들을 소외시킨 것처럼, 정부의 폭력적인 탄압은 학생들이 국민당에 등을 돌리게 하는 결과를 낳았다.

결국 국민당 정부는 민중의 지지를 잃었다. 국민당 정부는 너무 군사화가 진행되어 대중에 봉사하는 정부로서의 기능은 무시한 채 오로지 내전에 의한 군사 해결만을 생각하고 있음이 분명해졌다. 마지막까지 국민당을 지지했던 중산층들도 1948년의 화폐개혁으로 완전히 등을 돌렸다. 이 통화 개혁은 모든 법폐와 외화를 강제적으로 새로운 금원으로 바꾸도록 하여, 물가를 고정시키고 통화 팽창을 저지하려는 것이었다. 그러나 물가는 여섯 달 만에 8만 배나 올랐다. 중산층은 몰락했고 국민당은 중국을 통치할 수 있는 모든 기회를 상실하게 되었다.

대륙 상실이 주는 역사적 교훈

최근 대만에서는 대만 출신들이 정치적 권력을 장악하기도 하면서 장개석은 잊혀진 존재가 되고 있으나 반면에 중국에서는 오히려 재평가를 받고 있다. 시코우에 있는 그의 고향집은 깨끗이 복원되었고, 주변 시설과 도로도 정비되었다. 그에 대한 일반 중국인들의 인식에서도 과거의 적대관계 흔적은 찾아보기 어렵다. "모택동 주석보다 조금 덜 뛰어났을 뿐이지 그도 역시 훌륭한 중국인"이라는 평가는 쉽게 들을 수 있다. 중국에서 장개석이 재평가되는 이유는 그의 민족주의적 이념 때문이다. 장개석과 모택동은 대륙의 패권을 놓고 싸웠지만 중국의 완전한 통일을 지향한 점에서는 일치했다. 대만으로 패주한 후에도 전체 중국에 대한 대표권을 놓고 북경 정부와 대결했지만 '중국은 하나'라는 정치노선은 끝까지 견지했다는 것이다.

장개석과 모택동, 두 사람 모두 중국에서 군벌통치와 제국주의 시대를 종식시키고, 부강하고 위대한 중화시대를 재연해야 한다는 공통의 이상을 추구했다는 점에서 모두 중화민족주의자였다. 그러나 두 사람은 각자 그 방법이 달랐다. 국민당은 위로부터의 혁명을 통해서 근대적 민족국가를 건설하려고 한 우파적 사상을 대표한 세력이었다면, 중국공산당은 아래로부터의 혁명을 통해서 근대적 민족국가를 건설하려고 했던 좌파적 사상을 대표한 세력이라고 할 수 있다. 이런 점에서 장개석과 모택동은 각기 근대국가건설이란 역사적 프로젝트에 대한 우파와 좌파의 구상을 대변하고 있다는 점에서 공통점과 차이점이 있다는 데 주목할 필요가 있다.

중국 공산당이 결국 역사의 승리자가 되긴 했지만, 이는 역사적으로 그렇게 운명지어져 있거나 반드시 일어나야만 했던 사건이라기보다는, 중국 공산당의 몇 가지 장점, 그리고 국민당의 몇 가지 약점과 여러 가지 역사적 상황이 맞물려서 일어난 일이라는 것을 알아야 한다. 누가 더 나은지 누구의 사상이 올바른지 판단하는 것은 쉽지 않다.

순발력과 창의력이 요구되는 21세기에 과연 중국은 어떤 행보로 나아 갈 것인가? 그 행보에 관심을 갖지 않을 수 없는 까닭은 바로 중국이 세계사의 흐름에 발을 들여놓고 미국 일본 등과 함께 강대국으로 부상하고 있다는 점이고, 과거에도 그렇고 미래에도 우리에게 많은 영향을 미치며 역사로 기록될 것이기 때문이다. 또한 사상논쟁을 경험한 중국의 현대사를 통해서 우리 사회의 이념 갈등도 민족이라는 큰 틀에서 극복의 실마리를 찾을 수 있기 때문이다. 우리가 중국의 역사를 공부하는 까닭은 역사를 통해 우리의 미래와 우리 자신의 문제점을 파악할 수 있기 때문이다. 역사는 과거만 배우는 것이 아니라 현재와 미래를 이해하기 위하여 공부하는 것이다.

연표

- 1911년 10월 무창(武昌)에서 신해혁명 발발
- 1912년 1월 신해혁명 성공으로 중화민국 수립 선포
- 1919년 10월 국민당창당
- 1921년 7월 중국공산당 창당
- 1923년 1월 손문이 국민당의 개진을 발표, 국공합작 시작
- 1924년 1월 중국국민당 제1차 전국대표대회
- 1926년 7월 광동국민정부의 국민혁명군 북벌개시
- 1927년 4월 남경 국민정부 수립
- 1928년 10월 장개석 주석 취임
- 1931년 통일소비세 창설, 훈정시기 약법공포
- 1934년 1월 장개석 신생활운동 시작
- 1935년 5월 중화민국 헌법 초안 공포
- 1937년 9월 2차 국공합작 성립
- 1945년 10월 국공양당, 쌍십협정 체결
- 1945년 12월 트루먼, 국민당 지지 선언
- 1946년 6월 국공양당의 내전 본격화
- 1949년 1월 인민해방군 북경에 무혈입성
- 1949년 10월 장개석 정권 대만으로 패주
- 1949년 10월 중화인민공화국 성립

참고문헌

- **단행본**
  - 오쿠무라 사토시, 박선영 역, 『새롭게 쓴 중국현대사』, 소나무, 2001.
  - 조너선 스펜스, 김희교 역, 『현대 중국을 찾아서2』, 이산, 1998.
  - 박완호, 『영화로 이해하는 중국 근현대』, 르네상스, 2006.
  - 박한제 등, 『아틀라스중국사』, 사계절, 2007.
  - 존 킹 페어뱅크, 김형종 역, 『신중국사』, 까치글방, 2005.

- **다큐멘터리**
  - 〈KBS 중국대장정〉
  - 〈EBS 부흥의 길〉

- **영화**
  - 〈마지막 황제(1987), 베르나르도 베르톨루치 감독〉
  - 〈송가황조(1997), 장완팅 감독〉
  - 〈건국대업(2009), 한산핑 감독〉
  - 〈신해혁명(2011), 장리 감독〉

세계 강대국으로 가는 길

강대국으로 가는 요인

앞으로 우리가 나아갈 방향을 찾고자 한다면 미래학자들의 진단을 통해 미래를 더듬어 가는 방법이 있다. 그러나 그 미래의 길은 너무나 어둡고 갑갑하여 무엇이 올바른 방향인지를 제대로 알 수 없다. 그러나 역으로 과거 역사에 들어가 보면 현재 보이지 않던 미래로의 길을 볼 수도 있을 것이다. 왜냐하면 우리는 과거의 경험을 통해 역사의 교훈을 얻을 수 있기 때문이다.

이 책은 과거 역사를 통해 우리나라가 나아가야 할 길을 살펴보기 위해 작성하였다. 즉 과거 국가의 흥망성쇠 과정을 살펴봄으로써 과연 무엇이 부강한 국가로 가기 위한 필수 불가결의 조건이며, 또한 무엇을 교훈으로 받아들여야 하는가를 밝히려고 하였다.

여러 학자들이 강대국의 몰락 원인을 다양하게 지적하여 왔다. 폴 케네디는 『강대국의 흥망』에서 제국주의적 팽창과 과도한 전비 낭비가 강국의 몰락 원인이라고 하였다. 제러드 다이아몬드는 『문명의 붕괴』에서 환경 파괴가 강대국 붕괴의 원인이라고 하였다.

그런데 에이미 추아는 『제국의 미래』에서 패권 장악을 위해 없어서는 안 되는 필수불가결한 요소가 '관용'이라는 관점에서 제국의 역사를 정리하였다. 그리하여 역사 속 강대국들은 다양한 민족을 동화시켜 통합하고자 하였고, 외국인이라도 동화되면 누구나 권력의 정상에 오를 수 있도록 한 반면에 이를 수용하는 데 실패한 강대국의 경우에는 멸망하였다고 주장한다.

피터 터친은 『제국의 탄생』에서 제국의 흥망보다는 어떻게 제국으로 성장했는지에 대한 문제에 초점을 두었다. 그는 사회집단이 일치된 행동을 할 수 있는 '아사비야'가 높을수록 제국으로의 성장이 가능하였다고 적고 있다. 상호간 협력이 제국을 건설하는 토대가 된다는 것이다.

이들 석학들의 주장에 따르면 군사력이나 환경 등 외형적 조건뿐만 아니라 협력이나 관용과 같은 내부를 접착시키는 이념들이 국가의 흥망을 좌우하게 된다는 것이다.

아시아의 이집트와 페르시아, 유럽의 로마에서는 일찍부터 제국이 등장하였다. 이 고대 제국들은 전쟁을 통해 영토를 확장하고 상대 국가의 부를 빼앗는 데서 출발하였다. 이 강대국들의 공통 조건은 강한 군사력을 가졌다는 점이다. 그러나 군사력을 강하게 해 두면 제국은 영원히 유지될 수 있다는 믿음은 곧 실망으로 변하였다.

이집트는 인류 초기 문명의 전범을 보여주었으며, 피라미드와 같은 장대한 건축물을 통해 그 문명의 위상을 보여주었다. 그러나 파라오의 죽음과 함께 이집트는 끊임없는 나락의 길로 들어섰다. 페르시아는 최초의 패권 국가를 구성하여 중동의 지배자가 되었다. 그러나 페르시아가 2백여 년 동안 누리던 영광도 한 젊은 침략자의 공격으로 허무하게 무너졌다. 로마는 지중해를 하나의 호수로 만들 정도로 대제국을 건설하였다. 제국 내에서는 로마인처럼 행동하고 사고하는 것이 유행이 되었고 그것이 제국 내 사람들의 사고와 행동을 규정하였다. 그러나 그러한 로마도 수세기 동안 자신들도 알지 못하는 가운데 서서히 내리막길을 걸었다.

고대 제국들의 성장을 보면 같은 조건을 가졌는데도 성공한 제국과 성공하지 못한 제국이 있다. 성공한 제국은 한 가지 공통점을 가지고 있다. 고대사회는 계급을 근간으로 하고 있었지만 성공한 제국은 모든 계급에 대해 능력에 따른 대우를 어느 정도는 하였다. 로마의 경우 속주 출신도 얼마든지 권력을 차지할 수 있었는데 트라야누스처럼 스페인 출신이 황제가 되기도 하였다. 출신 계층의 혈통도 중요하지만 개인의 능력에 입각한 사회적 유동성이 어느 정도 작동하였던 것이다. 특히 변방 출신 인물이라도 중앙 정부에 동화된 모습만 보인다면 로마 권력의 최상층에 오를 수 있었다. 몽골에서는 전통적인 씨족 제도를 타파하기 위해 여러 민족의 병사를 섞어 분대를 만든 다음 지휘관은 재능과 충성도에 따라 선발하였다. 능력을 중시하는 이러한 모습은 개별 국가들이 성장하는 데 있어 매우 중요한 기초가 되었다.

1492년 콜럼버스에 의한 신대륙의 발견은 동양과 서양의 장벽, 대서양과 태평양의 장벽을 제거하고 세계를 하나로 만든 일대 사건이었다. 그러나 이것으로 다시 국가 사이의 대결과 충돌이 격화되기도 하였다. 이후 포르투갈, 스페인, 네덜란드, 영국, 프랑스, 독일, 러시아, 일본, 미국이 차례로 성장하면서 세계사의 주역으로 등장하였다.

이 국가들이 세계사의 주역으로 등장하게 되는 조건이 어디에 있었는가. 고대 제국이 침략과 점령을 통해 부를 확대한 반면에, 신대륙 발견 이후는 교역권과 식민지를 먼저 장악하는 나라가 강대국이 되었다. 또한 지도자의 리더십, 강대한 군사력, 국가 내부의 응집력, 건실한 국가 재정, 기술 발전, 내부적인 사회 혁신 등이 제국으로의 발전을 초래하였다.

근대 국가의 성장에도 중요한 공통된 요인이 있었다. 즉 강대한 국가를 형성할 수 있는 새로운 사상과 제도가 국가 발전과 함께 나타났다는 것이다.

사실 이러한 사상과 제도는 근대 이전에도 이미 제국의 성립과 발전에 매우 중요한 조건으로 작동하고 있었다. 서방 역사가들은 사상 최초의 대제국을 건설하였던 페르시아의 아케메네스 왕조를 아시아의 야만족이라고 적고 있다. 그러나 페르시아제국은 정복된 국가의 통치자들에게 호사스런 생활을 보장하였고 제국의 각지에서 재능 있는 자들을 수용하는 관용과 포용의 정책을 시행하였다. 여타 국가에서는 찾아볼 수 없었던 페르시아의 관용과 포용 정책은 제국이 200년 동안 광대한 영토를 가지고 번영할 수 있게 한 요인이 되었다. 이후 등장하는 많은 제국의 성립과 발전을 살펴보면 페르시아가 보였던 '범세계성'이라는 제국 구성의 기본 원리에서 출발하지 않은 제국이 없었다.

그러한 점은 로마제국도 마찬가지였다. 로마가 제국으로 성장하게 된 것은 정복한 식민지의 각 민족에게 정치적 규율과 법률적 제도를 달리하여 효율적으로 시행함으로써 당시 식민지인들로 하여금 한결같이 로마인이 되고자 열망하도록 만들었다. 게다가 로마는 이러한 열망을 새로운 사상과 제도로 끊임없이 채워주었다. 식민지인들에게는 감내할 만한 수준의 의무를 부과하고 대신 선망하였던 제국 로마의 다양한 문화적 경험을 공유할 수 있도록 하였다.

근대사회에 들어와서 새로운 사상과 제도는 동양보다 늦게 출발하였던 서구 사회를 급속도로 발전하게 하였다. 영국은 시민의 등장과 함께 입헌군주의 개념을 만들어내고 이를 시민혁명의 동력으로 전환시켰다. 이를 통해 산업혁명을 마련하고 또한 이를 뒷받침하는 아담 스미스의 자유주의 경제사상을 만들었다. 네덜란드는 새로운 세상의 개막과 함께 상업질서의 중요성을 누구보다 먼저 깨닫고 최초의 상업제국을 건설하였으며, 금융과 자본에 있어서 새로운 제도와 정신을 낳았다. 미국은 자유경제가 한계에 부딪쳐 경제 공황으로 이어지자 정부의 강력한 개입을 통해 자유주의의 폐단을 극복하고 공공과 민간이 함께 중요한 역할을 하는 혼합 형태의 미국을 만들어내었다. 미국은 인디안 박해와 초기 종교의 자유와 관련하여 논란이 있기는 하지만 포용과 관용 정책이 강화되는 과정이 미국 역사 흐름의 본질이며, 그 결과 민주주의 국가로서는 최초의 초강대국을 형성하였다.

후발 국가로서 강대국으로 성장하였던 러시아 · 일본 · 독일은 이웃 강대국으로부터 새로운 제도와 사상을 적극적으로 배웠다. 이들 국가들은 선진국가의 기술과 문화를 수용하여 자신의 것으로 만들어 갔다. 후발국들은 새로운 제도와 사상을 직접 만들지 못하였다 하여도 후일 제국으로 성장했던 나라들은 선진 제국으로부터 자신들의 사회에 걸맞은 제도와 사상을 적극적으로 받아들여 이를 효율적으로 적용시켜 나갔던 것이 공통점으로 나타난다.

이와 같이 과거 역사를 통해 보면 사회의 유동성에 대한 개방적인 태도와 새로운 제도 · 사상을 적극적으로 수용하려던 정신이 강대국 발전의 길로 이끌어왔다.

미래 국가 발전의 길

우리 사회는 1960년대 이래의 경제성장 정책으로 현대화된 국가의 필수적인 조건인 경제력을 어느 정도는 갖추었다. 그러나 성장정책에서 소외되었던 가난한 노동자와 농민들은 이러한 성장의 혜택을 고루 받지 못하였다. 1960년 이래 재벌 위주의 산업화 정책은 국민들을 소수의 상류층과 다수의 하류층으로 나누어 놓아 오히려 계층간의 간격을 확대시켰다. 최근 경제위기는 근대 시민사회의 근간이 되는 중산층의 몰락을 가속화시키고 있다. 게다가 구미 제국에서는 부의 축적 과정에서 기독교적 윤리관이 내재하고 있어 자기보다 낮은 계층에 적당한 양보와 기부를 통해 상황을 악화시키지 않고 있다. 국가적으로는 사회적 복지 기반 조성에 적지 않은 노력을 기울여 적어도 계층간 위화감이 우리처럼 큰 간격으로 벌어지지 않았다.

자본주의 사회체제를 기초로 발전한 현재 우리나라는 자본가, 정치가, 지식인, 전문가 등이 광범위한 사회적 권력집단을 형성하고 있다. 우리나라에서는 이들 권력집단이 시민사회 다수의 구성원으로부터 대체로 인정이나 지지를 받지 못하고 있다. 예를 들면 자본가 집단만 하더라도 이들의 부의 축적 과정이 정치권력과 결합되어 이루어져 그다지 정당해 보이지 않으며, 현재도 부의 정상적 분배에 힘쓰기보다 전통시기의 가족간 상속과 마찬가지로 부의 대물림에 집착함으로써 자본의 천민(賤民)적 행동 방식에서 벗어나지 못하고 있다. 다수의 시민 계층이 바라보는 우리의 권력집단에 대한 부정적인 시각은 우리나라의 사회 체제의 운영이 국가 발전에 요구되는 수준에 미달하고 있다는 것을 단적으로 보여주고 있다.

오늘날 환경이나 전쟁 등의 대량 파괴로부터 인류가 위협을 받고 있고 이 역시 우리나라도 당면하고 있는 문제이다. 그런데 이러한 문제를 해결하기 위해서는 올바른 판단과 건전한 상식을 지닐 수 있도록 지속적인 교육이 필요하며 이를 위한 국가적 관심과 지도가 절실하다. 또한 교육은 사회적 유동성을 확대하는 통로가 되어야 한다. 그리고 국가발전을 이끌어낼 수 있는 창의적인 인간 양성을 위해서는 건전한 상식과 이웃을 생각할 수 있는 인간형의 창조가 시급하다.

현재 우리의 학교 교육은 세계적인 경쟁력을 가졌다고 말하고 있다. 그러나 우리 교육은 과도한 교육 투입 시간과 소용 비용에 비해 나오는 효과는 효율적이지 못하다. 우리나라는 중고등학교 학생들이 학교에서 보내야 하는 시간이 전세계에서 가장 긴 나라 가운데 하나이다. PISA 평가에서 항상 1위를 차지하고 있는 핀란드와 같은 서구 각국의 학교 교육에서 보내는 시간이 우리에 비해 절대적으로 적으면서 경쟁력에서 앞서고 있다. 이는 우리의 교육이 주로 암기식, 주입식으로 이루어짐에 따라 오랜 시간의 투입을 요구하고 있기 때문이다. 게다가 교육이 사회 계층의 차별 해소는커녕 오히려 사회 내 신분을 고착화시키는 역할을 하는 경우도 있으며, 올바른 인성교육에 실패하고 있다는 우려의 목소리가 나오고 있다. 따라서 우리 교육에서는 무엇보다 교육격차 해소, 상호공존 정신의 학습, 인성교육의 올바른 방향 정립 등의 과제 해결이 시급하다.

또한 사상적으로는 신앙이나 피부색에 따른 차별하지 않는 다문화에 대한 공존의식이 필요하다. 오늘날의 개방 체제에서는 모든 사람에게 민족적이거나 종교적인 측면에서, 모든 사람에게 공평하게 기회를 제공하는 것이 강대국으로 가는 길이다. 그러나 우리 민족은 지속적인 외침과 고난 속에서 배타적인 민족의식을 키워왔다. 최근 한류의 열풍 속에서 다른 문화를 무시하면서 우리의 문화를 일방적으로 수출하려는 위험스러운 시도가 나타나기도 한다. 이 경우 다른 국가나 민족으로부터 분노를 불러일으킬 가능성이 있다. 게다가 다른 나라나 다른 민족의 희생을 대가로 자신의 부를 이루려는 것은 야만적 시대의 산물이다.

한편 글로벌 시대에 국가 간 협력과 공존이라는 인식 체계를 받아들일 수 있어야 한다. 각 나라들이 단기 이윤에 지나치게 집착하여 금융자본의 무한한 탐식을 허용하는 것, 인류의 미래를 위해 전혀 도움이 되지 않는 군사 부분에 과도하게 자금 투입을 하는 것, 경제 개발이라는 이름으로 인류의 마지막 자원까지 낭비하는 것, 근본주의적 종교 신념으로 인해 상대방을 박멸 대상으로 보는 것 등 협력과 공존을 해치는 일이 문명화된 오늘날에도 아무런 거리낌도 없이 행해지고 있다.

이러한 현실에도 불구하고 인류 사회의 문명 발전을 위해서는 약소국의 어려운 상황을 돕기 위해 이타적(利他的)으로 행동하는 협력 정신이 있어야 한다. 또한 자원 낭비, 지구 온난화, 환경오염, 종교 갈등, 각종 테러와 전쟁 등 현대 사회가 당면하고 있는 문제를 해결하려는 시대 정신을 가지고 있어야 한다. 이러한 협력 정신의 실천과 시대 정신의 구현은 초국가적으로 반드시 실행해야 할 이로운 이데올로기이며, 국가 간 충돌을 사전에 예방케 하는 정의로운 생각이다.

그렇다면 우리가 국가 발전을 위해서 어떻게 대처해야 하는가에 대한 대답은 명확하다. 과거 역사의 변화를 통해 미래 국가의 나아갈 방향을 보면 외부적으로는 관용과 협력의 정신이, 내부적으로는 공정과 공평의 정신이 살아나야 한다. 특히 외부적인 문제를 해결하기 위해서는 보편과 합리를 존중하고 서로의 존재를 인정하는 정신이 필요하다. 내부적인 문제를 해결하기 위해서는 상하층 간의 격차 해소와 교육을 통해 사회적 유동성 확대가 필요하다. 이러한 것이 어느 정도 이루어질 때 비로소 우리가 세계사의 변화에 능동적으로 기여할 수 있는 자리에 설 수 있을 것이다.

참고문헌

• 단행본

제레드 다이아몬드, 강주헌 역, 『문명의 붕괴』, 김영사, 2005.

CCTV 다큐멘터리 대국굴기 제작진, 『강대국의 조건』(전 8권), 안그라픽스, 2007.

에이미 추아, 이순희 역, 『제국의 미래』, 비아북, 2008.

피터 터친, 윤길순 역, 『제국의 탄생』, 웅진지식하우스, 2011.

찾아보기

ㄹ

ㅁ

ㅂ

ㅅ

ㅇ

ㅈ

ㅊ

ㅋ

ㅌ

ㅍ

ㅎ

기타

집필자소개

책임편집 및 집필

박인호(朴仁鎬)

경북대학교 사학과를 졸업하고 한국학중앙연구원 한국학대학원에서 박사학위를 받았다. 조선시대사와 사학사를 전공하였다. 현재 금오공과대학교 교양교직과정부 교수로 재직하고 있다. 저서로는 『한국사학사대요』, 『조선후기 역사지리학 연구』, 『조선시기 역사가와 역사지리인식』, 『제천관련 고문헌 해제집』, 『제천지역사연구』 등이 있으며, 공저로는 『21세기 역사학 길잡이』 등이 있다.

집필

김건우(金建佑)

경북대학교 사학과를 졸업하고 독일 프라이프르그대학교에서 박사학위를 받았다. 독일현대사를 전공하였다. 현재 대구대학교와 금오공과대학교에 출강하고 있다. 박사학위논문으로 『Um die Koreanische Wiedervereinigung – die Sonnensch- einpolitik Kim Dae Jungs im Vergleich mit der Ostpolitik Willy Brandts』(2007)가 있으며, 논문으로는 「바덴의 NSDAP」, 「21세기를 향한 새로운 도시의 창조」 등이 있다.

김필영(金必英)

경북대학교 사학과를 졸업하고 독일 튀빙겐대학교에서 박사학위를 받았다. 독일근대사를 전공하였다. 현재 금오공과대학교와 강원대학교 삼척캠퍼스에 출강하고 있다. 저서로는 『Ein deutsches Reich auf katholischem Fundament. Einstellungen zur deutschen Nation in der strengkirchlichen katholischen Presse 1848–1850』(Frankfurt am Main: Peter Lang, 2010)이 있으며, 논문으로는 「독일 3월 혁명 시기의 슐레스비히–홀스타인 문제 인식」과 「3월 혁명기 가톨릭 보수 언론의 독일 통일국가 안(案)」이 있다.

손재현(孫在賢)

경북대학교 사학과를 졸업하고 동대학원에서 박사학위를 받았다. 중국 근현대사를 전공하였다. 현재 경북대학교 한중교류연구원 연구교수이고, 경상대학교와 금오공과대학교에 출강하고 있다. 박사학위논문으로 『20세기 초 천진의 도시성장』(2004)이 있으며, 공저로는 『중국 동북 연구』가 있다. 논문으로는 「학습을 통해 본 중화인민공화국 건국 초기 신민주주의에 대한 인식」, 「중화인민공화국 성립시기 경제건설과 천진에서의 권력기반 확립 노력」 등이 있다.

최윤정(崔允精)

경북대학교 사학과를 졸업하고 중국 남경대학교에서 박사학위를 받았다. 중국 원대 및 몽골제국사를 전공하였다. 현재 경북대학교와 금오공과대학교에 출강하고 있다. 박사학위논문으로 『원대진휼제도(元代賑恤制度)』(2003)가 있으며, 논문으로는 「원대 구황제도의 운영방식과 그 실태」, 「원대 동북지배와 요양행성」, 「몽골의 요동·고려 경략 재검토(1211~1259)」 등이 있다.

최현미(崔賢美)

경북대학교 사학과를 졸업하고 동대학원에서 박사학위를 받았다. 영국 근대사를 전공하였다. 영남대학교에서 연구교수를 역임한 바 있으며, 현재 경북대학교와 금오공과대학교에 출강하고 있다. 박사학위논문으로 『리처드 곱던의 자유주의 개혁운동』(2004)이 있으며, 논문으로는 「1860년 영불통상조약과 곱던의 역할」, 「20세기 전반 영국 모리스 모터스사와 옥스퍼드 지역경제」 등이 있다.

흥망으로 본 세계의 역사

2012년 1월 31일 초판 1쇄 펴냄
2012년 11월 29일 초판 2쇄 펴냄
2014년 8월 28일 초판 3쇄 펴냄
2017년 8월 30일 초판 4쇄 펴냄
2019년 7월 30일 초판 5쇄 펴냄

지은이 박인호, 김건우, 김필영, 손재현, 최윤정, 최현미
펴낸이 김흥국
펴낸곳 도서출판 보고사

책임편집 이경민
표지디자인 오동준

등록 1990년 12월 13일 제6-0429호
주소 경기도 파주시 회동길 337-15 보고사 2층
전화 031-955-9797(대표)
02-922-5120~1(편집), 02-922-2246(영업)
팩스 02-922-6990
메일 kanapub3@naver.com / bogosabooks@naver.com
http://www.bogosabooks.co.kr

ISBN 978-89-8433-964-4 03900

정가 16,000원